제 5 판

민법총칙

백 성 기 저

진 원 사

제5판을 내면서

대학 및 대학원 등에서 강의를 한지도 20년 이상의 세월이 흘렀다.

제5판에서는 2011년 3월 7일 제18차 개정을 통하여 종래 민법상 무능력자인 한정치산제도, 금치산제도에 대체하여 2013년 7월 1일부터 시행된 제한능력자, 즉 성년후견제도, 한정후견제도, 특정후견제도의 개정내용에 대해서도 자세히 설명하여 개정된 민법의 내용을 쉽게 이해할 수 있도록 구성하였다는데 그 특징이 있다. 아울러 몇 군데 오탈자 부분을 손질하기도 하였다.

법학을 처음으로 접하는 초보자 및 민법, 특히 민법총칙 부분을 연구하려는 독자분들께 본서가 길라잡이 역할을 충분히 해낼 수 있기를 바라고, 다만 다소 미흡하거나 부족한 점은 독자분들의 지도편달을 바라며 판을 거듭하면서 이를 보완하고자 한다.

끝으로 어려운 가운데서 본서의 출판을 위하여 불철즈야 노력하신 진원사 양진수 사장님을 비롯하여 편집자 및 여러 임직원들에게도 깊은 감사를 드리는 바이다.

2018. 1.

저자 백 성 기

머리말

21세기에 들어선 오늘날 지식정보화의 물결 속에 세상은 급격하게 변화하고 있다. 이에 우리들의 삶의 질적·양적 변화도 인간의 행동 모습과 함께 생활문화도 크게 달라졌고, 그에 따른 분쟁도 날로 증가하고 있는 것이 현실이다.

사회생활 대부분은 법적 관계로 이루어지고 있으며, 이에 우리들은 눈에 보이지 않는 법망 속에서 하루하루의 일상생활을 하고 있다. 이와 같이 현대사회에서 발생되는 법률문제의 해결, 즉 그 사회의 질서와 제도의 기반을 구성하고 있는 법률관계에서 권리보호와 분쟁해결을 위해서는 필시 기본적인 법률을 이해하는 것이 필요하다고 본다.

민법은 일상생활에서 누구에게나 일반적으로 적용되는 것을 예정하고 있음을 볼 때, 특히 민사분쟁이 생기거나 또는 그 예방을 위해서라도 민법에 대한 지식의 중요성이 크게 인식되고 있는 실정이다.

이 책은 일상생활에서 빈번하게 발생하는 법률관계, 즉 사인간의 생활관계 중 민법총칙의 지식을 얻어 분쟁의 해결 또는 그 예방으로 민주적 시민생활을 영위할 수 있는 힘을 배양하는 것에 그 목적이 있다.

저자는 그동안 법률사무소 및 법원공무원 재직 시 얻은 실무경험과 그리고 대학교, 대학원에서 법률을 강의하면서 축적한 지식 등을 토대로 이 책을 꾸며 보았다. 특히 민법은 법학 가운데 가장 방대하고 다양한 이론구성으로 이루어진 과목인데, 민법 중에서도 민법총칙은 민법전반에 대한 통칙적 규정으로써 우리의 법질서 전 체계 내에서 갖는 막중함과 그 중요성은 주지의 사실이다.

저자는 그동안 중앙대학교 안성캠퍼스에서 사회과학대학 학생들을 상대로 민법총칙을 강의해 왔는데, 그 동안의 강의자료를 모아서 이 책으로 정리를 해 본 것이다. 민법총칙에 관한 전문적이고 방대한 이론서들이 많으나 저자는 이 책의 집필목적을 어디까지나 법학을 전공하지 아니한 대학원생 및 법학을 처음 대하는 대학생들과 일반시민 등을 그 대상으로 하고 있기 때문에, 가능한 한 쉽게 서술하려고 하였다(판례는 사례에 적합성을 위하여 다소 오래된 것도 실었다).

그러나 저자의 노력과 의지에도 불구하고 아직 부족한 점이 많은 것을 인식하고 앞으로 독자 여러분의 비판과 조언을 겸허하게 받아 이 책을 끊임없이 보완해 나갈 것을 약속드린다.

끝으로 이 책이 나오기까지 많은 부분의 교정을 도와준 우리사무소의 장미애씨의 노고와 출간을 위해 애써주신 진원사의 양진수 사장님 그리고 편집부의 여러 선생님들께도 감사의 말을 전합니다.

2008. 2.

법학박사 백 성 기

차 례

제1장 민법의 일반

제2장 권 리

제3장 권리의 주체

제4장 권리의 객체

제5장 권리의 변동

제 1 장

민법의 일반

제1장 민법의 일반

제1절 민법의 의의

민법은 개인 사이의 사적 생활관계를 규율하는 법이다. 즉 민법은 사인간의 생활관계 내지 법률관계를 규율하는 법이며, 이는 개인의 권리 또는 의무의 발생·변경·소멸을 정하는 실체법이다. 이러한 민법은 사법의 일반법으로 재산관계 및 가족관계를 포함한 사법관계를 적용하는 법이라 할 수 있다. 이러한 민법은 민법 총칙을 비롯하여 총 1118개의 조문으로 되어있다.

민법은 크게 형식적 의미의 민법과 실질적 의미의 민법으로 구분할 수 있는데, 실질적 의미의 민법은 모든 사람들에게 일반적으로 적용되는 「일반사법」을 뜻하며, 형식적 의미의 민법은 실질적 의미의 민법 중 1960년 1월 1일부터 시행(1958. 2.22. 법률 제471호로 제정)되고 있는 현행의 「민법전」을 말한다.

I. 근대 시민사회법으로서의 민법

1. 민법의 개념이 성립하게 된 것은 중세 봉건사회의 신분관계를 타파하고 성립한 근대 시민사회에서 각 개인 사이의 자유로운 생활관계를 규율하기 위한 규범으로서 발생되었다. 이와 같이 민법은 자유로운 근대 시민사회를 유지하고 그 질서를 보호하기 위하여, 개인 사이의 생활관계에 적용하기 위하여 만들어진 법규범으로서 근대 시민사회의 법이라고 할 수 있다.

2. 근대 시민사회에서 개인의 생활관계를 규율하기 위한 규범 가운데는 민법이외에도 도덕이나 종교·관습과 같은 사회규범이 다양하게 존재하지만, 법규범으로서의 민법은 조직적인 사회력, 즉 국가의 공권력에 의하여 그 준수가 강제된다는 점에서 다른 규범들과의 차이점이다.

Ⅱ. 민법의 기본원리

1. 의 의

민법을 올바르게 이해하기 위해서는 그 기본원리를 파악하는 것이 필요한데, 근대민법은 19세기 초에 자유와 평등이라는 이념 아래서 신분관계를 기반으로 하는 봉건사회를 무너뜨리고 개인의 인격을 존중하는 것, 즉 개인주의와 자유주의를 사상적 배경으로 하는 프랑스인권선언 제1조는 「사람은 출생 및 생존에 있어서 자유와 평등의 권리를 가진다」라고 규정함으로써 개인주의·자유주의 이념은 1804년 프랑스 민법전을 비롯하여 이후의 각국 민법전의 기초가 된 것이다.

2. 19세기 근대민법의 3대 기본원칙

(1) 소유권절대의 원칙

「소유권절대의 원칙」은 각자의 재산에 대한 소유권은 국가도 간섭할 수 없는 신성불가침한 것이므로 절대적으로 존중해야 한다는 원칙을 말한다. 소유권절대의 원칙은 프랑스인권선언에서 비롯한 것으로서 '소유권자유의 원칙' 또는 '사유재산권존중의 원칙'이라고도 한다. 이는 근대사회에 있어서 자본주의 문명을 발전시키는데 커다란 공헌을 하였고 민법상 '물권법'이 주된 지배영역이다.

(2) 계약자유의 원칙

「계약자유의 원칙」은 개인은 자기의 법률관계를 자유로운 의사에 의하여 권리를 취득하고 상실할 수 있다는 원칙을 말한다. 이는 '개인의사자치의 원칙' 또는 '사적자치의 원칙'이라고도 한다. 일상의 법률행위 가운데서 가장 주된 것이 계약이므로 「계약자유의 원칙」이라고 하며 민법상 '채권법'이 주된 지배영역이다.

(3) 과실책임의 원칙

「과실책임의 원칙」은 각 개인은 사법상으로 자기의 '**고의**'나 '**과실**'에 의하는 경우에만 책임을 진다고 하는 원칙을 말한다. 즉 개인은 자기의 과실로 인한 행위에 대해서만 책임을 지고 타인의 행위에 의하여서는 책임을 지지 않기 때문에 이를 '자기책임의 원칙'이라고도 한다. 각 개인의 과실 책임의 원칙에 의하여 개인의 자유 활동이 크게 보장되었고 특히 근대사회에서의 기업이 발전하는데 크게 공헌하였다. 민법상 '손해배상'이 주된 지배영역이 된다.

■ 책임성립요건으로서의 고의와 과실 ■

1. 의 의

(1) 고 의

고의란 일정한 결과의 발생을 인식하면서도 이를 의욕하고 행하는 정신상태를 말한다. 고의는 결과발생을 인식하는 인식적 요소와 이를 행하는 의지적 요소의 두 가지가 모두 갖추어야 하는데 결과발생을 인식하는 것 이외에 위법하다는 인식까지 요하는가에 대해 견해대립이 있으나 판례는 위법성의 인식을 요하지 않는다고 본다.

관련판례

불법행위에 있어서 고의는 일정한 결과가 발생하리라는 것을 알면서 감히 이를 행하는 심리상태로서 객관적으로 위법이라고 평가되는 일정한 결과의 발생이라는 사실인식만 있으면 되고 그 외에 그것이 위법한 것으로 평가된다는 것까지 인식할 것을 필요로 하는 것은 아니다(대판 2002. 7. 12. 2001다46440).

(2) 과 실

과실이란 일정한 결과가 발생할 것이라는 것을 인식하고 이를 회피하여야 했음에도 불구하고 주의의무를 다하지 못하여 이를 인식하지 못하고 그러한 행위를 하는 심리상태를 말한다. 일반적으로 과실이란 주의의무위반을 의미하며, 채무불이행의 요건으로서의 과실은 거래상 요구되는 주의의무를 위반한 것을 말하며, 불법행위의 요건으로서의 과실은 사회생활상 요구되는 주의의무 위반을 의미한다.

2. 고의와 과실의 구별 실익

형법과 달리 민법은 손해배상책임에 있어 그 손해가 고의에 의한 것이든 과실에 의한 것이든 원칙적으로 구별하지 않는다. 다만 예외적으로 다음에 있어 양자의 차이가 있다.

(1) 배상액의 경감

불법행위의 경우 배상으로 인하여 배상자의 생계에 중대한 영향을 미치는 경우에 법원에 배상액의 경감을 청구할 수 있는데 이를 불법행위가 고의나 중과실에 의하지 않은 경우에만 허용된다(민 765조).

(2) 상계금지

고의에 의한 불법행위에 한하여 배상채권을 수동채권으로 한 상계를 금지하고 있다(민 496조). 판례는 중과실에 의한 불법행위인 경우에는 상계가 가능하다고 본다(대법원 1994. 8. 12. 93다52808).

(3) 과실상계 제한

피해자의 부주의를 이용하여 고의로 불법행위를 저지른 자가 피해자의 부주의를 이유로 자신의 책임을 감안하여 달라고 주장하는 것은 허용될 수 없다고 본다(대법원 2000. 1. 21. 99다50638).

(4) 면책특약

고의에 대한 면책특약을 하는 것은 사회질서에 반하여 무효로 한다.

(5) 특별손해의 예견가능성

손해배상의 범위와 관련해서 특별손해는 예견가능성이 있어야 배상책임이 인정되는데(민 393조 2항), 고의의 경우 예견가능성을 상대적으로 쉽게 인정할 수 있는 여지가 많다.

3. 과실의 종류

(1) 추상적 과실

일반적으로 행위자의 직업이나 경제적 지위 등에 비추어 평균인에게 통상적으로 요구되는 주의의무를 위반 한 것을 말한다. 주의의 정도가 구체적 행위자의 능력에 따라 정해지는 것이 아니라 일반적, 객관적 표준에 의해 정해진다. 이에는 추상적 경과실과 추상적 중과실 두 가지를 규정하고 있는데 경과실이란 통상적으로 요구되는 주의의무를 다하지 못한 것을 의미하며, 중과실이란 주의를 심히 결여한 경우로서 거의 고의에 가까운 과실을 말한다. 민법에서는 착오로 인한 의사표시 취소의 불허(민 109조), 채권자지체 중의 채무자의 책임성립요건(민 401조), 지시채권·무기명채권의 선의취득(민 514조), 긴급 사무관리에서의 면책요건(민 735조), 수급인의 불법행위에 대한 도급인의 책임(민 757조), 불법행위에서 배상액감경 요건(민 765조)등에서 중과실을 규정하고 있다.

(2) 구체적 과실

행위자의 구체적, 주관적 능력에 따른 주의의무를 게을리 한 것으로서 구체적 과실의 유무는 행위자 개인의 지식이나 개인적인 주의능력을 기준으로 결정한다.

(3) 객관적 과실(추상적 과실)과 주관적 과실(구체적 과실)

주의의무 판단을 통상적인 일반인을 기준으로 객관적으로 판단할 것인지 주관적 능력이나 사정에 따라 개인차를 인정할 것인지에 따라 객관적 과실과 주관적 과실로 나뉜다. 일반적으로 추상적 과실은 객관적 과실로 파악하고, 구체적 과실은 주관적 과실로 이해는 하는 것이 통설이다. 불법행위 요건으로서의 과실의 기준에 관해 판례는 객관적 과실설에 따른다.

관련판례

불법행위에 의한 손해배상 의무의 전제가 되는 과실의 유무와 그 과실의 경중에 관한 표준은 그 개인에게 관한 구체적인 사정에 의하여 결정하는 것이 아니고 일반적인 보통인으로서 할 수 있는 주의의 정도를 표준으로 하여야 할 것이며, 일반적 보통인이라 함은 추상적인 일반인을 말하는 것이 아니고 그와같은 업무와 직무에 종사하는 보통인을 말하는 것이므로 그와 같은 직무에 종사하는 사람으로서는 보통 누구나 할 수 있는 주의의 정도를 표준으로 하여 그 과실 유무를 논하고 위와 같은 주의를 심히 결여한 때에는 중대한 과실이 있다고 하여야 한다(대판 1967. 7. 18. 66다1938).

3. 근대민법 기본원리의 수정

(1) 의 의

위와 같이 개인을 봉건적인 여러 구속으로부터 해방시켜 개인의 사회적·경제적 활동의 자유를 보장하였는데 이로 인하여 근대민법의 3대 기본원리는 자본주의가 발달함에 의하여 나타난 각종 병폐, 즉 가진 자와 못 가진 자의 빈부격차, 불공정한 계약불평등문제 등으로 가진 자의 무기화 또는 각종 기업이 발달함에 따라 발생되는 위험에 의한 손해발생의 증가와 보상의 필요성 등 각종 문제점을 해소하기 위하여 경우에 따라서는 국가(사회)가 이를 간섭하도록 수정되었다.

(2) 수정후의 현대 민법의 기본원리

근대민법의 3대 원칙은 19세기 말엽 이래의 자본주의 발달로 인하여 점차 새로운 국면을 맞게 되었다. 따라서 ① '소유권절대의 원칙'에서 소유권의 공공성과 사회성을 인정하는 「소유권상대의 원칙」으로, ② '계약자유의 원칙'에서 계약자유에 따른 경제적 약자의 희생을 막는 「계약공정의 원칙」으로, ③ '과실책임의 원칙'에서 기업의 발달로 인한 사용자책임 및 위험책임을 강조하는 「무과실책임의 원칙」으로 수정되었다.

4. 우리 민법의 기본원리

헌법은 민주주의와 경제적·사회적·정치적 민주주의를 선언하고 이들을 합리적으로 조정하고 조화함을 근본이념으로 하고 있다. 따라서 민법은 이러한 헌법정신을 존중하여 자유와 평등을 원칙으로 하면서 "**공공복리의 원칙**"을 "**최고원리**"로 하고 그 실천 원리 내지 행동 원칙으로서 신의성실의 원칙(제2조 제1항)·권리남용금지(제2조 제2항)·선량한 풍속 기타 사회질서(제103조·제105조)·거래안전 등을 우리 민법의 기본원리로 삼고 있다. 그러나 수정되고 달라진 3대 원칙이지만 어디까지나 소유권절대·계약자유·과실 책임의 근대민법의 3대 원칙이 근간이 되고 존중되어야 함은 당연한 것이다.

Ⅲ. 형식적 민법과 실질적 민법

민법은 형식적 민법과 실질적 민법으로 나누어지는데, 이는 서로 독립한 별개의 개념은 아니며 실질적 민법은 형식적 민법을 포함하는 넓은 의미로써 사용한다.

1. 형식적 민법

「형식적 민법」은 성문화된 민법전을 말하며, 이는 1958년 2월 22일 법률 제471호로 제정·공포되어 1960년 1월 1일부터 현재까지 시행되고 있는 총칙·물권·채권·친족·상속 등 전체 총5편과 부칙으로 구성되어 있는 「민법전」 그 자체이다.

2. 실질적 민법

「실질적 민법」은 일반적으로 민법의 존재형식에 해당하는 것인데, 여기에는 국민의 일반적 사법생활의 실질적 법률관계를 규율하고 있는 민법전·관습민법·조리 등을 포함한 모든 법령을 말한다. 즉 실질적 민법은 많은 사법 가운데서 상법 등 그 밖의 특별사법을 제외한 일반사법인데, 이러한 실질적 민법은 민법전뿐만 아니라 민법부속법령·민사특별법령·공법의 규정 중에도 일부 산재되어 있다. 예컨대 가족관계의 등록 등에 관한 법률·공탁법·부동산등기법·집합건물의소유및관리에관한법률·가등기담보등에관한법률·주택임대차보호법·상가건물임대차보호법·부동산등기특별조치법 등이 그것이다.

Ⅳ. 민법의 성질과 형식

1. 민법은 사법이다

시민사회법으로서의 민법은 시민의 모든 법률관계를 규율하기 위한 규범이 아니라, 개인의 생활관계 가운데 사법의 적용을 받는 사적 생활관계에만 적용되기 위한 사법이라는 성격을 갖는다. 공법과 사법의 구별기준에 관해서는 여러 학설(이익설·성질설·주체설·생활관계설 등)이 있지만, 이 구별은 역사적·연혁적인 것이다. 따라서 어느 학설이나 부분적으로는 모두 옳은 것을 포함하고 있으며 공법(공법은 대부분 강제성을 띤 강제규범이다)과 사법의 본질을 이해하는 데는 도움이 된다. 그러나 어느 설에 의하든 간에 헌법·행정법·형법·형사소송법·민사소송법·국제법 등은 공법에 속하고, 민법·상법은 사법에 속하는 것으로 분류하는 것이 일반적이다.

- 공법 · 사법의 구별기준 -

① 이익설 : 법이 보호대상의 이익을 기준으로 하여 공익을 보호하는 법이 공법이고, 사익을 보호하는 법은 사법이라는 설

② 성질설 : 법이 규율하는 법률관계의 성질을 기준으로 하여 법률관계가 명령이나 복종관계. 즉, 불평등한 관계이면 공법이고, 평등·대등관계이면 사법이라는 설

③ 주체설 : 법률관계의 주체를 기준으로 하여 국가상호간 또는 국가와 개인간의 관계를 규율하면 공법이고, 개인상호간의 관계를 규율하면 사법이라는 설

④ 생활관계설(통설적입장) : 사람의 생활관계를 기준으로 하여 국민으로서의 생활관계를 규율하는 법은 공법이고, 인간(인류)으로서의 생활관계를 규율하는 법이 사법이라는 설

〈 공법과 사법의 구별실익 〉

	공 법	사 법
지배원리	법치주의	사적차지
권리구제	행정소송	민사소송
의사표시규정	표시대로 효력발생하며, 의사표시규정 및 표현대리규정 적용되지 않음	의사표시규정이나 표현대리규정 적용
국가배상법과 사용자책임	국가배상법적용	사용자 책임적용
등 기	행정처분에 의한 경우 등기없이 물권변동 될 수 있다	물권변동에 등기를 요하는 것이 원칙

2. 민법은 일반사법이다

민법은 사법 중에서도 「일반사법」이다. 즉 민법은 인간이기만 하면 누구에게나 일반적으로 적용되는 것을 예정하고 있다. 이에 대해 「특별사법」의 대표적인 것으로는 '상법'이 있다. 상법은 영리를 목적으로 활동하는 '상인'을 그 적용대상으로 하는 점에서, 일반사법인 민법과 구별된다. 민법이 사법의 일반법이라고 하는 것은 각종의 특별법의 영역에 공통적으로 적용되

는 법규범이라는 뜻이다. 특별법은 일반법에 우선하여 적용된다.

3. 민법은 실체법이다

민법은 법률관계에 있어서 권리와 의무의 발생·변경·소멸 등을 정하는 「실체법」에 속한다. 그리고 민법이 규정하는 법의 실체는 주로 민사소송법 및 민사집행법을 비롯한 절차법을 통하여 실현된다. 특히 실체법인 민법은 행위규범으로서 뿐만 아니라, 법원에 의한 재판규범으로서도 기능한다.

■ 실체법과 절차법의 조화 ■

1. 의 의

실체법에서 일정한 권리가 보장되더라도 절차법상 이를 행사해야 그 권리가 보호되는 경우가 있는데 예를 들어 배당요구채권은 실체법상 우선권이 있는 권리이지만 그러한 권리가 있음이 등기부 등에 공시되어 있지 않기 때문에 절차법상 그 권리자가 권리를 주장하여야만 우선배당을 받을 수 있다.

2. 배당요구채권

이와같은 배당요구채권에는 ① 근로자의 임금 및 퇴직금등의 우선변제권 ② 대항요건과 확정일자를 갖춘 임차보증금 우선변제권 ③ 소액임차인의 최우선변제권이 있다.

3. 배당요구채권의 효력

우선변제권이 있는 배당요구채권이라도 해도 경매에서 경락기일까지 배당요구를 하여야 경매대가에서 우선배당을 받을 수 있다 따라서 배당요구를 하지 않아 그 보다 후순위자가 배당을 받아가더라도 그 후순위자에게 부당이득반환청구를 할 수 없다.

4. 재산법과 가족법의 특질

(1) 민법은 개인 사이의 생활관계 가운데 재산권의 변동, 즉 재산관계를 규율하는 재산법과 혼인이나 상속과 같은 개개인의 친족에서의 지위나 권리·의무의 발생·변경·소멸에 관한 법률관계를 규율하는 가족법(친족·

상속법)으로 나누어진다.

(2) 재산법은 이해관계의 합리적인 분배를 기초로 하고 있으므로 무엇보다도 개인의 재산권 보호와 이러한 재산권의 원활한 거래를 보장하기 위한 거래의 안전 보호가 중시되는 특질을 갖는데 반하여, 가족법은 공동운명체적인 성격에 따라 습속성·보수성을 강하게 갖고 있기 때문에 전통적인 가족관계의 유지 및 가족질서 존중이라는 측면에서 당사자의 진의를 절대적으로 존중한다는 성질을 띤다.

〈 재산법과 가족법의 차이 〉

구 분	재 산 법	가 족 법
1. 성 질	세계적으로 통일화 경향 합리적·타산적(이해관계에 따름)	각 나라의 전통중시(관습) 비합리적·비타산적(비계산적)
2. 능 력	재산법상의 의사표시에 행위능력이 있어야 함(원칙)	가족법상의 의사표시에 원칙적으로 행위능력불요, 의사능력만 있으면 충분
3. 법 규	임의법규(당사자의 의사·계약중시·계약자유의 원칙 ○)	대부분 강행법규 (계약자유의 원칙 ×)
4. 권리·의무의 행사	원칙적으로 대리이행·대리행사·양도·처분인정	원칙적으로 대리이행 불가·양도·처분제한(일신전속성)
5. 요식성	불요식 행위 (사실적 계약관계 인정)	요식행위 (혼인·이혼·입양·유언 등)

5. 우리 민법의 구성

현행 우리 민법은 총칙·물권·채권·친족·상속 및 부칙의 순으로 총 1118조로 구성되어 있으며, 그 구체적 내용은 다음과 같다.

(1) 총 칙

민법전 제1편 총칙은 민법전반에 걸친 통칙적 규정(법원, 신의칙, 권리남용, 주소, 기간, 시효 등)이다. 즉 총칙은 체계상으로는 민법 전반에 공통되는 통칙적 성격이 있으나 몇 개의 규정을 제외하고 그 대부분은 재산법에 관하여만 적용될 뿐이고, 가족법의 분야에는 원칙적으로 그의 적용이 배제되어 있다. 따라서 실제로는 주로 재산법에 대한 통칙규정으로 기능한다는 점에서 보면 반드시 민법 전체의 통칙성을 갖는다고 보기는 어렵다.

(2) 물 권 법

물권이란 각종재화에 대한 배타적 지배관계, 즉 사람이 물건을 직접 지배해서 이익을 누릴 수 있는 권리이다. 예컨대, 독자가 읽고 있는 책이 빌린 것이 아니고 산 것이라면 독자는 각자의 책에 대해 소유권이라는 물권을 갖는다. 이는 각자가 그 책을 스스로의 힘으로 이용할 수 있기 때문이다. 이와 같이 타인의 협력을 필요로 하지 않고 행사가 가능한 권리를 절대권이라 하며, 세상사람 모두가 독자의 권리를 존중할 의무를 가진다는 뜻에서 대세권이라고도 한다.

물권법은 채권법과 함께 재산법을 이루고 있으나, 채권법이 사람과 사람과의 관계에 관한 법이라 한다면, 물권법은 물권관계, 즉 사람의 물건에 대한 지배관계를 규율하는 법이라 할 수 있다. 물권법의 주된 내용은 재산권 가운데 물권의 발생·변경·소멸 등에 관한 사항을 규정하고 있다.

– 민법상의 물권 –

- 물권
  - 점유권(물건에 대한 사실적 지배)
  - 본권
    - 소유권(물건에 대한 전면적·포괄적 지배)
    - 제한물권(부분적 지배)
      - 용익물권(지상권·지역권·전세권)
      - 담보물권(유치권·질권·저당권)

(3) 채 권 법

채권이란 거래의 규율(사람과 사람관계), 즉 특정인이 다른 특정인에 대해 일정한 행위를 요구할 수 있는 권리이다. 예컨대 갑이 을의 집을 사기로 계약을 체결하였다고 하자. 이로 인해 갑은 을에 대해 집값을 치루어야 할 의무를 가지며 을은 갑에게 집의 소유권을 이전해 줄 의무를 부담한다. 한편, 을은 갑으로부터 대금을 받을 수 있는 권리를 가지며, 갑은 을로부터 집의 소유권을 이전해 받을 권리를 가지는 바, 이를 채권이라 하고 채권을 갖는 자를 채권자라 한다. 채권은 필히 이에 대응하는 의무를 요하는데, 이 의무를 채무라 하고 채무를 갖는 자를 채무자라 한다. 채권은 채무자가 자신의 의무를 이행함으로써 실현된다. 이와 같이 타인의 협력을 얻어야만 실현할 수 있는 권리를 상대권이라 한다.

채권법은 물권법과 마찬가지로 재산권에 속한다. 그러나 그 내용은 물권법과는 달리 차후 이행의 문제가 남는 채권관계를 규율하고 있는 법이다. 즉 사람과 사람 사이의 관계를 어느 특정인(채권자)이 다른 특정인(채무자)에 대하여 특정의 행위(급부·이행)를 청구하는 모습이고 그 채권의 실현을 강제하기 위하여 만든 법이 바로 채권법이다.

(4) 친족법·상속법

친족·상속법은 가족 또는 친족의 공동생활과 공동생활에 기초한 재산의 승계관계 등을 규율하는 법이다. 즉 친족법은 친족의 신분관계의 발생·소멸 및 효과와 이와 관련되는 모든 법규를 말하는 것이며, 상속법은 피상속인과 일정한 신분관계를 가지는 자가 일정한 사유에 의해서 피상속인에게 귀속되어 있던 재산과 지위를 승계하는 것에 관한 법규를 말한다. 즉 가족법은 혼인관계, 친자관계, 상속관계 등 가족관계를 규율하는 신분법이다.

- 민법의 체계 -

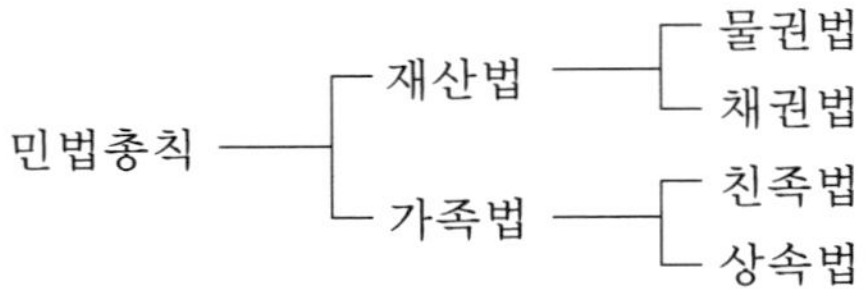

- 사권(私權)의 체계 -

(사법관계, 즉 재산과 신분에 관한 법률관계에서 인정되는 권리)

- 물권
  - 본권
    - 소유권
    - 제한물권
      - 용익물권
      - 담보물권
  - 점유권
- 채권
  - 계약
  - 사무관리
  - 부당이득
  - 불법행위

제2절 민법의 법원(法源)

Ⅰ. 의 의

일반적으로 법원이란 법의 연원을 줄인 말로서 법관이 재판을 함에 있어서 적용하여야 할 기준, 즉 법의 존재형식 또는 법의 현상형태를 말한다. 법원은 성문·불문 등 그 형식에 관계없이 생활관계에 적용하기 위한 모든 규범을 포함하는 것이다. 따라서 민법의 법원이라고 할 때는 민법의 존재형식 내지 인식자료를 뜻하므로 결과적으로 민법전·특별법·관습법 등이 민법의 법원이라고 할 것이다.

Ⅱ. 민법 제1조의 규정

민법 제1조는「민사에 관하여 법률에 규정이 없으면 관습법에 의하고 관습법이 없으면 조리에 의한다」라고 규정하고 있다. 이 규정은 다음과 같은 뜻을 지닌다. 즉, ① 민사적용법규로서 성문법 이외의 불문법도 인정한다는 뜻이며, ② 불문법은 성문법에 규정이 없는 때에 한해 적용된다는 즉, 성문법주의를 뜻하며, ③ 불문법으로 인정되는 범위는 관습법과 조리의 두 가지에 한정한다는 뜻이며, ④ 불문법간에는 관습법이 먼저 적용되고, 그것이 없는 경우에 조리가 적용된다는 뜻이다.

Ⅲ. 민법의 법원의 종류

1. 성문법원

민법의 성문법원으로는 법률·명령·규칙·조약·자치법 등이 있다. 즉 성문법은 문장의 형식으로 표시된 제정법을 말한다.

(1) 법 률

일반적으로 법률이란 입법기관인 국회에서 제정된 성문법을 말한다. 이러한 법률에는 민법·부동산등기법·주택임대차보호법·공탁법 등 여러 가지가 있으나 민법의 법원으로서 가장 중요한 것은 민법전이다.

- 민법전 이외의 민법의 법원인 법률 -

① 민사특별법(민법전의 규정을 보충·수정하는 법률)
공장저당법, 가등기 담보등에 관한 법률, 입목에 관한 법률, 주택임대차보호법, 상가건물임대차보호법, 약관의 규제에 관한 법률, 할부거래에 관한 법률, 부동산 실권리자명의 등기에 관한 법률, 이자제한법, 제조물책임법 등이 있다.

② 민사부속법률(민법전에 규정되어 있는 제도들을 구체적으로 실현하기 위한 법률)
부동산등기법, 공탁법, 유실물법, 가족관계의 등록에 관한 법률 등이 있다.

(2) 명 령

명령(법규명령·행정규칙)이란 협의로 행정기관에 의한 입법형식을 말한다. 법규명령의 종류로는 대통령이 발하는 대통령령과 국무총리가 행하는 총리령, 그리고 각 부의 장관이 할 수 있는 부령 등이 있는데, 이 가운데 민사관계에 적용 가능한 사항을 포함하고 있다면 그것은 민법의 법원으로 될 수 있다.

(3) 규 칙

국회 또는 국가기관이 제정하는 성문법 가운데는 규칙이라는 것이 있는바, 이러한 규칙은 법률이나 명령보다 하위에 있는 규범으로서 대법원(대법원규칙)·지방자치단체(자치법규) 등이 그 업무에 필요한 범위 내에서 법률이나 명령을 위임받아 제정한 것을 말한다. 이 가운데 대법원이 제정한 대법원 규칙은 민사에 관한 사항은 민법의 중요한 법원이 된다.

(4) 조 약

헌법에 의하여 체결·공포된 국제조약과 일반적으로 승인된 국제법규는 국내법과 같은 효력이 있으므로 이것이 민사에 관한 것이면 민법의 법원이 된다.

2. 불문법원

불문법이란 성문법에 대립되는 개념이며, 그 내용이 입법기구인 국회에서 정한 것이 아니면서 존재하는 법이다. 이러한 불문법에는 관습법, 판례법, 조리 등이 있다.

(1) 관 습 법

1) 의 의

관습법이란 사회에서 일정한 행위가 상당히 오랫동안 계속·반복되어 그 행위가 관행으로 되고, 그 관행이 사회 일반인들로부터 법적 확신을 얻어 법규범으로서 인식된 사회의 관행내지 관습을 말한다. 판례에 의하여 확인된 관습법으로는 ① 분묘기지권 ② 관습법상의 법정지상권 ③ 명인방법 ④ 동산의 양도담보 ⑤ 사실혼 등이 있다. 이러한 관습법이 성립하는 시기는 실제 사안에서 법원의 판결에 의하여 사실상 관습법의 존재가 인정된다.

■ 판례가 인정한 관습법 제도 ■

1. 분묘기지권
분묘기지권은 타인의 토지에 있는 분묘를 소유하기 위하여 그 분묘가 있는 토지를 사용할 수 있는 권리이다. 토지소유자의 승낙을 받아 분묘를 설치 한때(대법원 2000. 9. 26. 99다14006) 자신의 토지에 분묘를 설치하였다가 분묘철거나 이전의 특약을 하지 않은 채 토지소유권을 타인에게 이전한 때(대법원 1967. 10. 12. 67다1920) 타인의 토지에 분묘를 설치하여 20년간 평온 공연하게 분묘의 기지를 점유하여 분묘기지권을 시효취득한때(대법원 1996. 6. 14. 96다14036) 관습에 의해 분묘기지권이 취득된다.

2. 관습법상의 법정지상권
토지와 건물이 동일인에게 속하였다가 매매 등으로 그 소유자를 달리하게 된 경우 그 건물을 철거한다는 특약이 없으면 건물 소유자는 관습법에 의해 지상권을 취득한다.

3. 명인방법
수목의 집단, 미분리의 과실, 농작물 등을 그 토지와 별개의 물건으로 하여 소유권을 이전하고자 하는 경우 관습법상 인정되는 소유권의 공시방법이다.

4. 동산양도담보
양도담보란 채권담보의 목적으로 채권자에게 재산권을 양도하는 것으로서 이러한 양도담보를 판례는 전통적으로 신탁행위로 보았고 이에 따라 관습법상의 제도로서 이용되었다. 부동산 양도담보와 달리 동산 양도담보는 가등기담보등에관한 법률이 적용되지 않아 이를 신탁행위로 보면서 관습법상의 제도로 활용하고 있다.

5. 명의신탁
명의신탁이란 등기나 등록등으로 공시하는 재산권에 대해 권리자와 타인 사이의 계약에 의해 그 타인에게 실제로는 어떠한 권리를 이전함이 없음에도 등기명의만을 타인에게 이전하거나 타인명의로 등기를 취득하게 하는 것이다. 이러한 명의신탁을 판례는 신탁행위로 보고 수탁자 명의로 등기가 되면 명의신탁자와 수탁자의 내부적 관계에서는 명의신탁자의 소유로 인정되나 대외적으로는 소유권이 명의수탁자에게 이전된다고 한다. 따라서 명의수탁자로부터의 전득자는 수탁자의 배임행위에 적극 가담한 것이 아닌 한 선의 악의를 불문하고 보호를 받는다(대법원 1963. 9. 19. 63다388).

6. 사 실 혼

혼인관계의 실질은 존재하나 법률이 정하는 혼인신고가 되어 있지 않은 남녀의 공동생활체를 사실혼이라 한다. 과거에는 사실혼을 혼인의 예약으로 다룬적이 있으나(대법원 1960. 8. 18. 4292민상955), 현재는 사실혼을 혼인에 준하는 이른바 준혼관계로 다루는 것이 판례이다(대법원 1997. 11. 11. 97다34723).

2) 발생과 성립요건

아무리 완비된 성문법전이 있다 하더라도 모든 생활관계에 관한 사항을 포함한다는 것은 입법 기술상 한계가 있다. 따라서 관습법은 자연 발생적으로 생성된다.

관습법의 성립요건으로는 ① 일정한 관행이 존재하고 있어야 하고, ② 이러한 관행이 일정기간 동안 계속 반복되어야 하며, ③ 관행이 대다수의 사람들에 의하여 법적 확신을 얻어야 하고, ④ 관행이 선량한 풍속 내지 사회질서에 반하지 않아야 한다.

이러한 일반적 성립요건이외에 국가 승인이 필요한가가 문제된다.

(가) 국가승인 불요설(법적확신설)

사회의 법적확신으로 관습법은 성립하고 국가의 승인은 관습법의 성립요건은 아니라고 보는 견해이다. 이 견해에 의하면 법원의 판결을 통하여 관습법의 존재가 확인되지만 법원에 의해 관습법의 존재가 인정되더라도 이는 이미 성립된 관습법을 확인하고 적용하는 것일 뿐 국가의 승인이 있어야 관습법이 성립하는 것은 아니라고 한다.

(나) 국가승인설

관습법의 성립요건으로 국가의 승인이 필요하다고 보는 견해이다 이는 국가의 입법권을 중시하는 사상에 바탕을 두는 견해이다.

3) 관습법의 성립시기

관습법은 관습이 법적확신을 얻은 때에 성립하며 판결에 의해 관습의 존재가 인정되면 그 관습은 법적확신을 얻어서 그 사회에 행해지고 있던 때에 소급하여 성립한다고 본다.

4) 효 력

(가) 문제의 소재

관습법이 인정되더라도 그것과 다른 성문법이 존해하는 경우 관습법에 대해 성문법을 개폐 또는 변경하는 효력까지 인정할 것인가 아니면 관습법에 성문법이 없는 부분에 한하여 성문법을 보충하는 효력만 인정할 것인지 민법 제1조와 106조의 해석과 관련해서 견해가 대립하고 있다.

(나) 보충적(보완적) 효력설

우리나라는 성문법주의 국가이므로 관습법은 성문법이 불비한 영역에서만 성문법에 보충적으로 적용될 수 있다는 입장이다. 더욱이 우리 민법 제1조에서는 명문으로 법원의 순위를 규정하고 있으므로 관습법에 대하여 성문법과 동등한 효력을 부여하는 것은 입법론적으로는 가능하지만, 현행 민법의 규정상 성문법에 보충적으로 적용될 수 있는 효력 이상을 갖는 것은 불가능하다고 한다(통설). 이는 민법 제1조에 충실한 입장이다.

- 관습법과 사실인 관습 -

「관습법」이란 사회의 거듭된 관행으로 생성한 사회생활규범이 사회의 법적 확신과 인식에 의하여 법적 규범으로 승인·강행되기에 이르는 것을 말하고, 「사실인 관습」은 사회의 관행에 의하여 발생한 사회생활규범인 점에서 관습법과 같으나 사회의 법적 확신이나 인식에 의하여 법적 규범으로서 승인된 정도에 이르지 않은 것을 말하는데, 「관습법」은 법령과 같은 효력을 갖는 관습으로서 법령에 저촉되지 않는 한 법칙으로서의 효력이 있는 것이며, 이에 반하여 「사실인 관습」은 법령으로서의 효력이 없는 "단순한 관행"으로서 법률행위의 당사자의 의사를 보충함에 그치는 것이다(예컨대 은행거래나 보험거래에서 돈을 빌리거나 보험료는 이자 및 보험료 납입을 한 달마다 지급하여야 한다. 는 등이 사실인 관습으로 볼 수 있다).

(다) 변경적(개폐적·대등적) 효력설

민법 제106조·제185조에 근거를 두며 세계적인 추세가 관습법의 경우도 성문법과 동등한 효력을 부여하고 있으므로, 관습법도 구범으로서 성문법과 동일한 효력을 갖는다고 한다.

이러한 성문법과 관습법의 내용이 서로 상충되는 경우에는 양자의 효력이 동등하므로 "신법우선의 원칙"을 적용하여 해결하면 된다고 한다(소수설).

- 관습법과 사실인 관습 -

위의 보충적 효력설과 달리 변경적 효력설에서 106조에서 말하는 사실인 관습도 법규범성이 있다고 보고, 그 결과 제106조의 사실인 관습과 제1조의 관습법을 구별하기 어렵다는 것을 전제로 한다. 따라서 제1조(강행규정-임의규정-관습법-조리)와 제106조(강행규정-관습-임의규정)는 모순된다고 보고 이러한 모순을 해결하기 위해 관습법에 대해 임의규정보다 우선하는 효력을 인정하고자 한다. 따라서 관습법에 의해 성문법(임의규정)을 변경할 수 있는 효력을 인정할 수 있다고 본다.

(라) 판 례

판례는 관습법에 보충적 효력만 인정한다(보충적 효력설).

관련판례

가정의례준칙 제13조의 규정과 배치되는 관습법의 효력을 인정하는 것은 관습법의 제정법에 대한 열후적, 보충적 성격에 비추어 민법 제1조의 취지에 어긋나는 것이다(대판 1983. 6. 14. 80다3231).

(2) 판 례 법

1) 의 의

판례는 한 국가의 법원에 의하여 부단히 이루어진 판례의 집적체로서 특히 성문법을 중심으로 하는 국가에서는 실정법과 법 현실을 중개하는 역할을 한다. 즉 판례란 동일·유사한 사안에 누적·반복되는 법원의 판결례를 말하는데, 불문법계 국가인 영·미에서는 제1차적인 법원으로서의 역할을 담당하고 있다.

2) 판례법의 법원성

(가) 적 극 설(긍정설)

선례구속력에 의하여 판례는 살아있는 법으로서 법원이 된다는 입장인데, 즉 재판은 동종의 사건은 같은 재판이 반복될 수 있기 때문에 판례는 사실상의 구속력을 가진다는 견해로서 소수설의 입장이다.

(나) 소 극 설(부정설)

선례구속력은 오직 당해 사건에 한하여 하급심에 적용되는 것에 불과하므로, 판례법의 법원성은 일반적으로 인정될 수 없다고 한다. 우리나라는 판례법의 법원성을 부정하는 입장이 통설적 견해이다.

(3) 조 리 법

1) 의 의

조리란 사물의 근본도리나 자연의 법칙 또는 사물의 본성·사람의 이성을 기초로 한 규범을 말한다. 조리의 법원성을 인정하는 이유는 아무리 완비된 법전이 있다 하더라도 입법의 불비는 있는 것이므로, 이 경우 적용할 법규가 없다 해서 법관은 재판을 거부할 수 없기 때문에 조리는 최종적으로 실정법을 보완하고, 그 해석의 기준으로 작용하는 것이다.

2) 조리의 법원성

(가) 적 극 설(긍정설)

위와 같은 인정이유에 의하여 조리는 민법의 법원이 될 수 있다고 하는데, 그 근거로는 민법 제1조·헌법 제103조 등을 들고 있다. 즉 우리나라는 조리의 법원성을 인정하는 견해가 통설적 입장이다.

(나) 소 극 설(부정설)

조리는 민법의 법원에 속한다고 할 수 없는 것으로, 이는 어디까지나 예외적인 경우 법관에 의하여 적용되는데 불과하다고 한다. 즉 재판의 준거

기준으로 모든 것이 법이라고 할 수 없다는 견해로서 소수설의 입장이다.

(다) 판 례

조리의 법원성을 긍정하는 태도를 보인다. 다만 이러한 판례가 조리를 법원으로 보고 조리에 의해 재판한다고 판단한 것으로 볼 수 있느냐에 대해서는 학설의 평가가 나뉘고 있다.

관련판례

정관에 보수에 관한 규정이 없고 주주총회의 의결도 없는 경우의 구 민법상의 상무취체역에 대한 보수는 그에 대한 상관습이나 민법의 규정 또는 민사관습도 없는 바이니 조리에 의하여 상당한 액을 지급하기로 한 것이라고 단정하거나 그 상당액을 증거에 의하여 일정액으로 인정한 조처에 위법이 있지 아니하다(대판 1965. 5. 23. 94마2218).

(4) 헌법재판소의 결정

헌법재판소의 결정은 법원·국가기관·지방자치단체에 대하여 그 영향력이 미치기 때문에 헌법재판소의 결정사항이 민사에 관한 것이라면 민법의 법원이 될 수 있을 것으로 본다.

Ⅳ. 민법의 적용

1. 적용 순서

(1) 원 칙

제1조에 의하면 법률이 우선 적용되고 법률이 없으면 관습법이 적용되며, 관습법도 없다면 조리에 의한다.

(2) 외 국 법

국내법과 마찬가지로 외국의 성문법, 외국의 관습법, 조리의 순서에 의한다.

(3) 특 별 법

특별법 우선의 원칙에 따라 상행위에 관련된 법률관계에 대해서는 상법－상관습법－민법－민사관습법－조리의 순서로 적용된다.

2. 적용 범위

(1) 시간적 효력 범위

법률의 적용은 불소급이 원칙이나, 민법은 특별규정이 있는 외에는 민법 시행일 전의 사항에도 적용된다는 것을 규정함으로써 소급효가 있음을 밝히고 있다(부칙 제2조). 다만 예외적으로 구법에 의해 이미 효력이 발생한 것에 대해서는 영향이 없다고 함으로써 이미 취득한 권리를 보호하고 있다.

(2) 장소적 효력 범위

민법은 대한민국의 영토내에 있는 모든 사람에게 미친다(헌법 제3조).

(3) 인적 효력 범위

민법은 대한민국의 국민에 대해 적용된다. 다만 우리나라 국민이 외국에서 또는 외국인과 법률관계를 발생시키는 경우 우리나라 법과 외국법이 충돌하는 경우에는 국제사법에 의해 적용될 법이 정해진다.

■ 민법의 기본 개념 ■

1. 준 용
준용이란 이미 규정되어 있는 내용과 동일한 내용을 다른 곳에서 다시 규정해야 할 때에 조문으로 동일한 내용을 반복하지 않고 이미 규정된 내용을 동일하게 적용하는 것이다.

2. 유 추
유추적용이란 어떤 사안에 대해 마땅히 적용할 법조문이 없는 경우 그와 유사한 사안에 대한 규정을 적용하는 것으로서 법률 해석의 한 방법이다.

3. 추 정

추정이란 어떤 사실관계나 법률관계가 불분명한 경우 일단 어는 한쪽으로 정함으로써 그 것이 실제와 다른 경우 그것이 다르다고 주장하는 쪽에서 입증하도록 하는 것이다. 따라서 추정규정은 입증책임과 관계된다.

4. 간주(의제)

사실관계에 관한 의제는 그것이 사실과 다르다는 것을 알면서도 필요에 의해 법률에 그렇게 규정한 것으로 추정과 같이 입증하는 것으로는 그 간주되는 효과를 부정할 수 없고 간주의 근거가 되는 것을 제거해야 한다. 예를들어 실종선고를 받은자는 그가 실제로는 살아 있더라도 그 사실만으로는 실종선고에 다른 상속 등의 효과를 부정할 수 없고 실종선고 취소를 하여야 한다.

5. 제 3 자

당사자가 아닌 자를 말한다. 다만 예외적으로 당사자를 제3자로 표현하는 경우가 있는데 예를 들어 대리의 경우 대리인이 본인을 대리하여 제3자와 계약을 체결할 때 이 경우 제3자는 계약의 당사자가 되나 제3자라고 표현하고 있다.

제 2 장

권 리

제1절 법률관계와 권리·의무

제2절 권리의 종류

제3절 권리의 행사와 그 제한

제2장 권 리

제1절 법률관계와 권리·의무

Ⅰ. 법률관계

1. 의 의

인간의 생활관계를 규율하는 사회규범은 여러 가지가 있다. 법·도덕·관습·종교가 그러한 것이다. 그런데 그 중 사람의 생활관계 중에서 법규범에 의하여 규율되는 생활관계를 가리켜 「법률관계」라고 한다. 법률관계는 구체적으로 권리와 의무관계로 나타난다.

2. 법률관계의 구성내용

법적 생활관계설(통설)에 따르면 '법규범에 의하여 규율되는 생활관계'를 법률관계라고 한다. 이에 반해서 특히 채권관계를 설명하는데 적합한 것으로 평가되는 법적 연계설에 따르면, 법률관계란 법적 구속력을 가진 권리·의무의 총체로서 당사자 사이의 연계관계라고 할 수 있다.

법률관계의 내용은 구체적인 권리와 의무이며, 주된 권리·의무뿐만 아니라 부수적 권리·의무도 포함한다. 특히 법률관계는 일반적으로 그 법적 원인인 계약에 의해 발생되는데, 계약은 두 개의 의사표시가 합치됨으로써 성립하는 법률행위이다. 따라서 계약이 법률관계의 발생요건이라고 한다면 법률관계는 계약의 효과이다.

3. 권리·의무관계로서의 표출

인간의 생활관계는 주로 사람과 사람 사이의 관계로 모아진다. 따라서 그것을 규율하는 법률관계도 결국은 사람과 사람 사이의 관계로 나타나는데, 그것은 다름 아닌 법에 의하여 구속되는(의무를 지는) 자와 법에 의하여 옹호되는(권리를 가지는) 자 사이의 관계로 나타난다. 즉 권리와 의무의 관계로 나타나는 것이 보통이다.

– 법률관계와 권리 · 의무 –

사법은 사인(개인)간의 권리와 의무를 함께 규율대상으로 하는데, 즉 권리를 가진 자가 자기의 권리를 충실하게 행사할 수 있도록 의무를 가진 자가 이를 돕고 또 충실히 이행할 수 있게 하는 것이 사법의 역할이다. 이와 같이 사인과 사인간의 관계에서 서로 권리와 의무를 갖고 있을 때 이 양자 간의 권리와 의무관계를 우리는 법률관계라고 한다.

예컨대 甲과 乙사이에 甲 이 소유하는 아파트를 乙이 사기로 하고 매매계약을 하였다면 乙은 甲에게 아파트매매대금을 지급하여야 하고 甲은 乙에게 자신의 아파트에 대한 소유권을 넘겨주어야 할(등기이전) 의무를 지게 된다. 즉 乙은 甲에 대하여 매매대금지급의무와 지급하였다면 등기이전청구에 대한 권리를 갖게 되고, 甲은 乙에 대하여 매매대금지급청구에 대한 권리와 등기이전의무를 갖게 된다. 이와 같이 甲과 乙사이에 갖는 권리·의무를 법률관계라고 한다.

– 호의관계와 구별 –

호의관계는 법적구속력이 없는 생활관계를 말하는데, 예컨대 甲은 생일파티에 친구인 乙을 초대하여 乙이 참석할 것을 승낙하고 참석하지 않았거나 반대로 甲은 생일파티를 열지 않았다고 하여 甲과 乙사이에 채무불이행에 기한 손해배상을 청구할 수 없다. 이는 단순히 사회적·사교적인 행위로서 법적구속력이 없기 때문이다.

그러나 호의관계라도 호의동승사고의 경우에는 가해자(운전자)는 동승자(피해자)에게 손해배상책임이 있다. 다만 운행의 목적·경위·인적관계 등의 구체적 사정을 참작하여 손해배상액을 경감할 수 있다. 다만 판례는 책임감경의 근거를 신의칙에 구하면서도 호의동승이라는 이유만으로 당연히 책임감경이 되는 것은 아니라고 본다.

관련판례

차량의 운행자가 아무런 대가를 받지 아니하고 동승자의 편의와 이익을 위하여 동승을 허락하고 동승자도 그 자신의 편의와 이익을 위하여 그 제공을 받은 경우 그 운행 목적을 허락하고 동승자도 그 자신의 편의와 이익을 위하여 그 제공을 받은 경우 그 운행 목적, 동승자와 운행자의 인적관계, 그가 차에 동승한 경위. 특히 동승을 요구한 목적과 적극성 등 여러 사정에 비추어 가해자에게 일반 교통사고와 동일한 책임을 지우는 것이 신의칙이나 형평의 원칙으로 보아 매우 불합리하다고 인정될 때에는 그 배상액을 경감할 수 있으나, 사고차량에 단순히 호의로 동승하였다는 사실만 가지고 바로 이를 배상액 경감사유로 삼을 수는 있는 것은 아니다(대판 1996. 3. 22. 95다24302).

법률관계인가 호의관계인가의 문제는 법률행위 해석의 문제인데 그 것은 당사자가 법적으로 구속당할 의사가 있느냐의 여부에 따라 결정된다고 보는 것이 일반적인 견해이다. 하지만 이에 반해 당사자의 의사에 의해 호의관계와 법률관계를 구별하는 것은 부당하고 당사자의 실제 의사가 아니라 구체적인 사정에 비추어 합리적으로 판단하여야 한다는 견해도 있다.

Ⅱ. 권리와 의무

1. 의 의

권리·의무관계란 인간이 사회생활을 영위하면서 타인과 맺게 되는 각종의 생활관계 가운데 법률에 의하여 규율되는 생활관계를 말한다. 따라서 법에 의하여 규율되지 않는 생활관계인 도덕관계·종교관계 등과 구별하여 법률관계라고도 한다.

2. 권 리

권리는 일상생활에 있어서의 일정한 권리를 보호 또는 향수하기 위하여 법이 인정한 힘을 말한다. 권리의 본질이 무엇인지는 법철학에서도 근본적인 과제이다. 권리의 본질에 관한 주요 학설을 살펴보면 다음과 같다.

(1) 의 사 설

권리란 법에 의하여 주어진 의사의 힘 내지 지배라고 하는 설로 역사법학파에서 주장하나, 의사능력이 없는 자(유아, 정신병자 등)의 경우도 권리를 가질 수 있다는 점에서 비판되고 있다(Savigny·Windscheid).

(2) 이 익 설

권리는 법에 의하여 보호되는 일정한 이익이라고 하며 이익법학파에서 주장하나, 권리가운데는 권리자에게 아무런 이익이 없는 권리(친권 : 부모가 미성년자인 자녀를 보호·교양·양육에 관한 책임 등)가 있다는 점에서 비판되고 있다(Jhering).

(3) 권리법력설

권리란 일정한 이익을 향수하기 위하여 법이 인정하는 힘이라고 하며, 현재의 통설적 입장이다(Enneccerus).

3. 권리와 구별되는 개념

(1) 권 한

권한은 권한을 갖는 자가 타인을 위하여 일정한 법률효과를 발생시키는 법률 행위를 할 수 있는 지위 내지 자격을 말한다(예 : 대통령의 권한·국회의원의 권한·대리인의 대리권·법인이사의 대표권 등).

(2) 권 능

권능은 권리의 내용을 구성하는 개개의 법률상의 힘(법적인 힘)을 말한다(예 : 소유권이라는 권리는 소유물을 사용·수익·처분을 할 수 있고, 임차인은 임차목적물을 사용할 권능이 있다).

(3) 반사적 이익

반사적 이익이란 법률이 특정인 또는 일반인에게 어떤 행위를 명하는 경우에 다른 특정인이나 일반인이 그에 부수하는 어떤 이익을 얻는 경우 이 사실상의 이익을 말하며, 이것은 그 이익이 법률에 의하여 권리자에게 직접 주어진 것이 아니라는 점에서 권리와 다른 것이다. 예컨대 각종의 교통법규가 있으므로 인해 사람들이 안전하게 왕래할 수 있는 것 등이다.

4. 의 무

(1) 의 의

의무란 일정한 행위를 반드시 하여야 하거나 또는 하지 않아야 할 법률상의 구속을 말한다. 의무의 내용으로는 어떤 행위를 하여야 할 작위의무와 하지 않아야 할 부작위의무가 있다.

일반적으로 의무는 권리와 대응한다. 그러나 의무만 있고 권리가 없는 경우(청산인의 채권신고 공고, 책임 무능력자에 대한 감독자의 책임 등)도 있고, 반대로 권리만 있고 의무가 없는 경우(미성년자의 법률행위에 대한 법정대리인의 취소권, 계약의 해지·해제권 등)도 있다.

(2) 구 별

간접의무(책무)는 이를 지키지 아니하면 그 부담자(준수해야 할 자)에 대하여 법률상 일정한 불이익을 줄 수 있지만, 상대방이 이를 강제 또는 그 위반에 대하여 손해배상청구를 할 수 없는 것을 말한다. 예컨대 증여자의 증여목적물에 대한 하자고지의무(민제559조), 채권자의 수령의무(채권자지체) 등이 있다.

- 작위의무와 부작위의무 -

① 작위의무는 의무자가 상대방(권리자)에 대하여 적극적으로 일을 해 주어야 할 의무자가 지고 있는 채무를 말하며, 이를 적극의무라고도 한다.

② 부작위 의무는 어떤 일을 하지 않은 것을 내용으로 하는 의무를 말하며, 이를 소극적 의무라고도 한다.

제2절 권리(사권)의 종류

권리는 여러 기준에 의해 이를 분류할 수 있다. 이를 나누어 본다.

Ⅰ. 내용에 의한 분류

사권을 그 내용이 되는 생활이익을 기준으로 하여 분류한다면 재산권·인격권·가족권·사원권으로 나눌 수 있다.

1. 재 산 권

이는 경제적으로 가치 있는 이익의 향수를 목적으로 하는 권리이다.

(1) 물 권

권리자가 물건을 직접적으로 지배함으로써, 일정한 이익을 얻는 배타적 권리를 말하는데, 우리 민법은 소유권·점유권·지상권·지역권·전세권·유치권·질권·저당권 등을 인정하고 있다.

(2) 채 권

특정인이 다른 특정인에게 대하여 일정한 행위나 급부를 요구할 수 있는 권리이다.

(3) 무체재산권(지적재산권)

저작·발명 등 정신적·지능적 창조물을 독점적으로 이용하는 것을 내용으로 하는 권리이며, 여기에는 저작권·상표권·특허권·실용신안권 및 최근 신지적재산권(영업비밀권·인공지능·반도체설계·캐릭터·프랜차이징 등) 등이 있다.

2. 인 격 권

권리의 주체와 분리할 수 없는 인격적 이익의 향수를 목적으로 하는 권리로, 생명·신체·정신의 자유(명예, 신용, 정조, 성명, 초상, 사생활의 보호 등)를 총칭하게 된다. 이러한 인격권은 권리의 주체와 분리하여 양도할 수 없으므로 일신전속권에 해당한다. 구체적으로는 정신적 측면의 인격보호인 privacy권과 경제적 측면의 권리보호인 publicity권 등이 있다.

3. 가족권(신분권)

가족관계에서 발생하는 일정한 이익의 향수를 내용으로 하는 권리로, 친족권·상속권이 있다.

(1) 친 족 권

친족관계에서의 일정한 지위에 따르는 이익을 향수할 것으로 내용으로 하는 권리이나, 의무적 색채가 강하다.

(2) 상 속 권

상속의 개시 이후 상속인이 갖는 권리로, 재산상속권이 있다.

이러한 가족권은 인격권과 마찬가지로 권리 주체와 분리하여 타인에게 양도할 수 없는 일신 전속적 권리에 속하며, 다른 권리와 달리 권리인 동시에 의무라는 성격이 강하다.

4. 사 원 권

(1) 단체의 구성원이 그 구성원이라는 지위에 기하여 단체에 대하여 갖는 권리를 통틀어서 말한다. 이러한 사원권에는 비영리법인인 사단에 관하여 사원들이 갖는 권리와 영리법인으로서의 주식회사에서 주주들이 회사에 대하여 갖는 주주로서의 권리 등이 있다.

(2) 사원권의 종류로는 공익권과 자익권(사익권)이 있는바, ① 공익권은 민법상의 법인인 비영리법인의 핵심을 이루는 것으로 사단의 관리나 경영에 참가하는 권리를 말하는데, 결의권·소수사원권·업무집행권·감독권 등

이 있으며, ② 자익권(사익권)은 상법상의 회사인 영리법인의 핵심을 구성하는 것으로 각 구성원의 이익을 위한 권리로, 이익분배청구권·잔여재산분배청구권·사단의 설비이용권 등이 있다.

〈 권리의 내용에 의한 분류 〉

(1) 재 산 권	물권, 채권, 무체재산권
(2) 인 격 권	생명·신체·정신의 자유에 대한 권리
(3) 가 족 권	친족권, 상속권
(4) 사 원 권	사단법인의 사원의 권리, 주식회사의 주주의 권리등

Ⅱ. 작용(효력)에 따른 분류

권리를 그 효력에 의해 분류하면 지배권·청구권·형성권·항변권으로 나눌 수 있다.

1. 지 배 권

타인의 행위의 개입없이 권리의 객체를 직접적·배타적으로 지배하는 권리로, 물권·인격권·무체재산권 등이 있다. 따라서 지배권은 객체를 직접적으로 지배할 수 있는 "대내적 효력"과 객체에 대한 제3자의 침해를 직접적으로 배척할 수 있는 "대외적 효력"이 있다.

2. 청 구 권

특정인이 다른 특정인에 대하여 일정한 행위, 즉 작위 또는 부작위를 요구하는 권리가 청구권이다. 청구권은 모두 어떤 권리를 기초로 하여 성립한다. 예컨대 금전소비대차라는 채권에 기해 변제기에 그 이행을 청구하는 것이나, 물권의 점유를 침탈당한 경우에 물권에 기해 그 반환을 청구하는 것 등이 그러하다. 그 밖에 가족관계에 기하여 생기는 청구권도 있다. 부양청구권·부부간의 동거청구권·상속회복청구권이 그러하다.

3. 형 성 권

권리자의 상대방에 대한 일방적 의사표시로 법률관계의 발생·변경·소멸 등이 일어나는 권리로, 이에 대응하는 의무가 없다는 특징을 갖는다.

형성권의 행사방법에 따라 분류해보면 다음과 같이 분류된다.

(1) 권리자의 일방적 의사표시로 행사할 수 있는 형성권

법률행위의 동의권, 취소권, 추인권, 상계권, 최고권, 계약해제·해지권, 철회권, 거절권 등이 있다.

(2) 재판상 판결에 의하여야만 하는 형성권

채권자취소권, 친생부인권, 재판상 이혼권, 입양취소권, 재판상 파양권 등이 있다.

(3) 청구권이라 불리나 실질은 형성권인 것

공유물분할청구권, 전세권자의 부속물매수청구권, 전서권설정자의 전세권소멸청구권, 지상권자의 지상물매수청구권, 지상권설정자의 지상권소멸청구권, 지상권자 및 지상권설정자의 지료증감청구권, 매매대금감액청구권, 임차임 및 전차인의 부속물매수청구권 등으로 분류될 수 있다.

4. 항변권(반대권)

특정인의 청구권 행사에 대하여 그 작용을 저지할 수 있는 효력을 가지는 권리이다.

(1) 연기적 항변권

상대방의 청구가 있는 경우 일정한 기간 동안 그 효력을 연기할 수 있는 항변권으로, 동시이행의 항변권과 보증인이 갖는 최고 및 검색의 항변권이 있다.

(2) 영구적 항변권

상대방의 청구에 대항하여 한 번의 행사로 영구히 그 청구의 효력을 발생하지 않도록 할 수 있는 항변권을 말하는데, 상속인의 한정승인 항변권이 이에 속한다.

〈 권리의 효력에 의한 분류 〉

구분	내용
(1) 지배권	물권, 무체재산권, 인격권, 친권 등
(2) 청구권	물권적 청구권, 채권적 청구권(예:불법행위의 손해배상청구권), 가족관계의 형성에 관한 청구권(예:재판상 이혼청구권, 재판상 인지청구권), 가족관계로부터 발생하는 재산적 청구권(부양료청구권, 상속회복청구권)
(3) 형성권	권리자의 의사표시만으로써 효과가 발생하게 되는 경우: 법률행위의 동의권, 취소권, 추인권, 계약의 해제권 및 해지권, 상계권 매매의 일방예약 완결권, 약혼해제권, 상속포기권
	법원의 판결에 의하여 비로소 효과를 발생하는 경우: 채권자취소권, 혼인취소권, 재판상 이혼권, 친생부인권, 입양취소권, 재판상 파양권
(4) 항변권	연기적 항변권(동시이행의 항변권, 보증인의 최고 및 검색의 항변권), 영구적 항변권(상속인의 한정승인의 항변권)

Ⅲ. 기타의 분류

1. 절대권과 상대권

절대권은 특정의 상대방이라는 것이 없고 모든 일반인에 대하여 주장할 수 있는 권리로 대세권이라고도 하는데 지배권은 절대권에 속한다. 상대권은 특정의 상대방만을 그 권리의 의무자로 하여 주장할 수 있는 것으로 대인권이라고도 말하며, 청구권이 이에 속한다.

절대권이 침해된 경우에는 누구에 의한 침해이든 불법행위가 되나 상대권의 경우 특정의무자 이외의 자에 의해 권리침해가 될 수 없다는 점에서

양자의 구별 실익이 있다. 상대권인 채권이 채무자 아닌 제3자에 의해 침해된 경우에 예외적으로 일정한 경우 불법행위가 성립할 수 있으므로 절대권과 상대권의 구별을 부정하자는 견해도 있으나, 채권침해시 불법행위가 성립하는가의 여부는 이와는 별개의 문제(채권의 효력이 직접 제3자에게 미치기 때문이 아니라 침해행위가 위법하기 때문에)이므로 양자를 구별하는 것이 일반적인 견해이다.

2. 일신전속권과 비전속권

일신전속권은 두 가지 의미가 있다. 즉 권리의 성질상 타인에게 양도하거나 상속될 수 없는 권리로서 이를 귀속상의 일신전속권이라 하며, 가족권·인격권이 이에 속한다, 이에 반해 채권자 대위권의 객체가 될수 없어 타인의 대위행사가 허용되지 않는 것을 행사상의 일신전속권이라 하며 위자료 등이 이에 속한다. 반면 청구권 또는 비전속권은 타인에게 자유롭게 양도할 수 있는 권리로서 재산권이 이에 속한다.

3. 주된 권리와 종된 권리

다른 권리와 독립되어 행사될 수 있는 권리가 주된 권리이며, 다른 권리에 종속되어 행사될 수 있는 권리가 종된 권리이다. 예를 들면 원본채권과 이자채권, 주채무와 보증채무, 혼인과 부부 재산계약 등이 있다.

Ⅳ. 권리의 경합

1. 의 의

권리의 경합은 하나의 사실이 몇 개의 법규가 정하는 요건을 충족하여, 수 개의 권리가 동시에 발생하는 상태를 말한다. 예컨대 임대차계약에 의하여 A 소유의 주택에 세를 들어 살고 있던 임차인 B는 임대차계약이 종료하였는데도 집을 비우지 않을 경우에 임대인인 A는 B에 대하여 ① 임대차에 기한 반환청구권과 ② 소유권에 기한 반환청구권의 2가지 권리를 모두 주장할 수 있는 경우를 말한다. 이 경우 동시에 행사할 수 있는 수 개의 권리는 동일한 목적을 가지므로 하나의 권리행사에 의하여 목적이 달성되면 다른 권리는 자동적으로 소멸하게 되는 것은 물론이다.

2. 권리경합의 형태

권리의 경합은 수 개의 권리가 행사하는 모습에 따라 단순한 권리경합과 법규경합으로 구분할 수 있다.

(1) 단순한 권리경합

1) 지배권의 경합

지배권의 경합의 모습은, 즉 하나의 부동산에 동일채권을 담보하는 수 개의 담보물권이 경합하는 경우를 말하는데, 예컨대 동일한 부동산 위에 여러 개의 저당권이 존재하는 경우이다.

2) 청구권의 경합

청구권의 경합의 모습은, 즉 ① 하나의 급부(지급·교부)에 관하여 수개의 청구권이 병존하는 경우, ② 채무불이행에 기한 손해배상청구권과 불법행위에 기한 손해배상청구권이 경합하는 경우를 들 수 있다. 예컨대 버스기사인 A의 운전 부주의로 개문발차를 하여 승객인 B가 다친 경우에는 A는 승객을 태우고 목적지까지 가지 못하였으니 이에 대하여 채무불이행에 의한 손해배상청구권이 발생하고 또한 ② 과실로 사고를 일으켜 승객이 다쳤으니 '불법행위에 의한 손해배상청구권'이 함께 발생하므로 이 경우는 발생한 두 가지의 손해배상청구권이 경합한다. 이 때, 각각의 권리는 서로 독립적으로 존재하므로 서로 각각 행사할 수 있다. 그러나 어느 한 권리가 행사되어 목적이 달성되면 다른 권리는 목적을 잃고 자동적으로 소멸하게 된다.

■ 채무불이행과 불법행위의 경합 ■

1. 문제의 소재

채무자의 행위가 채무불이행의 요건을 충족하는 동시에 불법행위의 요건도 충족하는 경우 채무불이행에 의한 손해배상청구권과 불법행위에 따른 손해배상청구권의 양자를 모두 인정할 것인가(청구권경합설), 당사자 사이에 사전에 이미 채권관계라고 하는 특별한 관계가 있는 경우에는 채무불이행 책임만 인정할 것인가(법조경합설)의 견해 대립이 있다.

2. 학 설

(1) 청구권경합설

채무자의 행위가 채무불이행의 요건을 충족하는 동시에 불법행위의 요건도 충족하는 경우에는 그에 따른 각각의 청구권을 모두 인정하자는 견해이다. 이 견해는 구수송물이론(소송물을 실체법상의 권리나 법률관계의 주장으로 파악하여 소송물의 복수, 별개성을 인정하는)에 따른 견해이다

(2) 법조경합설

채무불이행과 불법행위의 법률요건 중에서 당사자간에 특별관계가 있는 채무불이행책임만을 인정하는 견해이다. 이 견해는 구소송물이론을 전제로 하면서 실체법(민법상 특별관계)상의 해결을 도모한 이론이다.

(3) 청구권규범통합설

채무불이행과 불법행위의 법률요건을 충족시키더라드 양자 모두 동일한 손해배상청구권이라는 동일한 성질을 갖는 청구권이 경합하는 것이므로 각각의 규범을 통합하여 하나의 손해배상청구권이 발생하는 것으로 이론구성하는 견해이다. 복수의 청구권이라도 당사자 및 내용이 동일하다면 구체적인 청구권을 단일한 것으로 다루자는 것이다. 이 견해는 소송법상으로는 신소송물이론(실체법상 권리가 아닌 청구취지등 소송법상의 고려에 의해 소송물을 정하는)에 바탕을 두고 발전한 이론이다.

(4) 판 례

판례는 기본적으로 청구권 경합설을 따르고 있다.

관련판례

전세권자의 실화로 가옥을 소실케 하여 그 반환의무를 이행할 수 없게 된 때에는 한편으로는 과실로 인하여 전세물에 대한 소유권을 침해한 것으로서 불법행위가 되는 동시에 한편으로는 과실로 인하여 채무를 이행할 수 없게 됨으로서 채무불이행이 되는

것이다(대판 1967. 12. 5. 67다2251). ※ 채무불이행과 불법행위의 양자의 요건이 갖춘 경우 어느것이나 주장할 수 있다는 취지이다.

3. 계약에 면책특약이 있는 경우 불법행위책임의 면책여부

(1) 학 설

① 청구권 경합설에서는 면책특약이 불법행위책임에는 영향을 미치지 않는다고 보고, ② 법조경합설에서는 이 경우 불법행위 책임을 물을 수 없으므로 면책특약에 따라 채무자가 책임을 면한다고 보며, ③ 청구권규범통합설에서는 계약상의 면책특약은 불법행위책임에도 적용이 되어 면책된다고 한다.

(2) 판 례

판례는 원칙적으로 청구권경합설에 따라 계약상의 면책특약이 있더라도 이는 원칙적으로 불법행위 책임까지 면책시키는 것은 아니라고 보면서도 다만 예외적으로 선하증권에 기재된 면책특약은 불법행위 책임까지 면책시키는 것으로 해석하고 있다.

관련판례

운송계약상의 채무불이행 책임에 관하여 법률상 면책의 특약이 있거나 또는 운송계약에 그와같은 명시적 또는 묵시적 합의가 없는 한 당연히 불법행위 책임에 적용되지 않는 것이나 해상운송인이 발행한 선하증권에 기재된 면책약관은 일반운송계약상의 면책특약과는 달리 운송계약상의 채무불이행 책임뿐만 아니라 그 운송물의 소유권침해로 인한 불법행위 책임에 대해서도 이를 적용하기로 하는 당사자간의 숨은 합의가 포함되어 있다고 보는 것이 타당하므로 별도로 당사자 사이에 위 면책약관을 불법행위 책임에도 적용키로 한 합의를 인정할 증거가 없더라도 그 면책약관의 효력은 당연히 운송인의 불법행위 책임에까지 미친다고 보아야 한다(대판 1983. 3. 22. 82다카1533). ※ 이 판례를 청구권규범통합설을 따르는 판례라고 주장하는 견해도 있지만 선하증권의 특수성을 고려한 것으로 보아야 할 것이다.

(2) 법규의 경합

법규의 경합은 단순한 권리의 경합과 구별되는 것으로, 하나의 생활사실이 수 개의 법규가 정하는 요건을 충족하지만 하나의 권리규정이 다른 권리규정을 배제하여 처음부터 하나의 권리만이 성립하는 경우를 말한다. 예

컨대 피용자(공무원 등)의 불법행위로 인한 사용자배상책임에 있어서 민법 제756조의 '사용자의 배상책임'과 국가배상법 제2조의 '국가배상책임'이 경합하는 경우를 말한다. 이러한 법규의 경합은 일반적으로 일반법과 특별법과의 관계에서 주로 나타난다. 따라서 원칙적으로 '일반법보다 특별법이 우선'하므로 이 경우에는 민법상의 사용자 배상책임은 배척되고 특별법인 국가배상법상의 손해배상청구권만이 발생한다.

■ 법규경합의 구체적인 사례 ■

1. 민법과 자동차손해보장법
   자동차 운행으로 인한 인신사고에 대해서는 자동차손해배상보장법이 민법에 우선하여 적용된다. 다만 자동차손해배상보장법이 우선 적용된다 하더라도 피해자가 민법상의 손해배상청구를 하지 못하는 것은 아니다(대판 1998. 3. 22. 86다카2747).
2. 국가배상법과 사용자책임
   공무원이 직무수행과 관련하여 고의 또는 과실로 타인에게 손해를 가한 경우 그 피해에 관한 국가의 책임에 대해서는 특별법인 국가배상법이 우선 적용되고 사용자책임의 규정은 적용이 배제된다(대판 1976. 12. 28. 76다2006).
3. 자동차손해배상보장법과 국가배상법
   자동차손해배상보장법은 민법이나 국가배상법의 특별법이므로 우선 적용된다(대판 1996. 3. 8. 94다23876).
4. 담보책임과 착오
   담보책임과 착오의 관계에서 다수설(경합부정설)은 이를 법조경합으로 보아 특칙인 담보책임을 우선 적용한다.

제3절 권리의 행사와 그 제한

Ⅰ. 권리의 행사와 방법

1. 권리행사의 의의

권리의 내용을 구체적으로 실현하는 것을 「권리의 행사」라고 한다. 예를 들어 소유권은 물건의 사용, 수익, 처분을 할 수 있는 힘을 내용으로 하는 권리이므로 이를 구체적으로 사용하거나 처분함으로써 또는 이를 방해하는 자를 배제함으로써 권리가 실현되는 것이다. 권리의 행사는 사실행위일수도 있고(소유자가 소유물을 사용), 법률행위일수도 있다(소유물을 양도).

2. 권리행사의 방법

권리행사는 그 권리의 내용에 따라서 다음과 같이 행사하게 된다.

(1) 지배권의 행사는 권리의 객체를 직접적·배타적으로 지배함으로써, 그에 따른 일정한 이익을 향수하는 형태로 행사된다(예를 들면 소유권의 행사로서 목적물에 대한 사용·수익·처분 등).

(2) 청구권의 행사는 권리자가 그의 상대방인 의무자에게 일정한 행위나 급부의 이행을 청구 또는 요구하고 그 급부를 수령하는 형태로 행사된다(예를 들면 금전의 지급이나 물건의 인도를 청구하거나 이행 받는 것).

(3) 형성권의 행사는 권리자의 상대방에 대한 일방적 의사표시를 통하여 행사된다(예를 들면 동의·추인·취소·해제를 하는 것).

(4) 항변권의 행사는 권리자의 일정한 청구에 대하여 항변권자가 이를 거절하는 형식으로 행사된다.

Ⅱ. 권리행사의 제한

1. 권리행사자유의 원칙

(1) 개인주의·자유주의를 기초로 한 근대민법에서는 권리의 행사는 권리자의 「자유」에 맡겨져 있었다. 따라서 권리의 행사로 인하여 타인에게 손해가 발생하여도 그 권리행사가 불법행위로 되는 것은 아니다. 다만, 가족(신분)법상의 권리는 권리인 동시에 의무라는 성격도 아울러 갖고 있는 경우가 많으므로, 재산법상의 권리와는 달리 그 행사에 있어서 일정한 제한이 있기도 하다.

또한 권리자가 자신의 권리를 행사하느냐 행사하지 않느냐의 자유도 가지는 것이므로, 권리자에게 권리행사의 의무가 있는 것은 아니다. 다만, 그 권리의 불행사가 정당한 이유없이 계속되는 경우 실효되느냐, 또는 그것이 부작위에 의한 권리남용으로 되느냐는 별개의 문제이다.

(2) 권리는 권리자가 직접 행사하는 것이 원칙이지만 행사상의 일신전속권이 아니면 타인으로 하여금 대신 행사하게 할 수 있다. 특히 그 권리행사의 방법이 법률행위인 경우는 대리인에 의해서도 행사할 수 있다.

2. 권리의 사회성 · 공공성

(1) 19세기 이후 권리의 사회성·공공성이 부각되면서 권리자의 권리행사에도 그 권리행사의 정당성이 요구되었다. 즉, 개인의 권리는 존중되어야 하지만 현대사회에 있어서 권리는 근대 시민사회의 경우처럼 더 이상 절대 신성불가침의 것이 아니라 그 사회의 모든 구성원 상호간의 승인으로 인정되고 나아가 사회의 이익에 반하여서는 안 된다는 권리행사의 공공성이 요구되었다.

(2) 이에 따라 당해 권리의 행사는 원칙적으로 권리자의 자유이지만 그러한 권리의 행사가 사회전체 구성원의 신뢰에 반하지는 않아야 한다는 권리의 사회성·공공성이 강하게 요구되는 것이다.

Ⅲ. 신의성실의 원칙(제2조 제1항)

1. 의 의

신의성실의 원칙이란 사인간의 거래관계는 서로 상대방의 신뢰에 어긋나지 않도록 성실히 행동하여야 한다는 원칙을 말한다. 이는 원래 도덕상의 원칙이었으나, 권리행사 및 의무이행에 있어 그 정당성 및 타당성을 판단하는 하나의 기준으로 인식됨에 따라, 법의 영역내로 흡입되게 된 것이다.

따라서 신의성실의 원칙은 민법 전체뿐만 아니라 법 일반에 적용되는 대원칙이다.

2. 신의칙의 연혁

신의성실의 원칙은 로마법에서 기원하는 것으로 민법 최초의 규정은 프랑스 민법에서 채권법에 적용되는 기준으로 나타났으나, 민법 전체에 걸치는 최고의 원리로서의 규정은 스위스 민법이 최초이고, 우리 민법은 이를 본받아 제2조에서는「권리의 행사와 의무의 이행은 신의에 좇아 성실히 하여야 한다」라고 규정하고 있다.

3. 신의칙의 성격

(1) 일반조항

1) 의 의

신의성실의 원칙은 일반적, 추상적 규범으로써 윤리규범적 성격을 갖는다. 따라서 그 개개의 내용은 재판을 통해 구체화 되며 이는 법관을 구속하는 재판규범이면서 일반인에 대한 행위규범이기도 한다.

2) 적용의 범위

신의성실의 원칙은 민법뿐만 아니라 상법을 비롯한 사법 전반에 적용되는 원칙이며, 노동법이나 경제법 분야에도 적용되며 소송법에서도 적용되고 행정법이나 세법등 공법에서도 적용된다. 다만 법치주의가 적용되는 행정법이나 세법분야에서는 합법성의 원칙을 희생하더라도 상대방의 신뢰를 보호함이 정의의 관념에 부합하는 것으로 인정될 수 있을정도의 특별한 사정이 있는 경우에 한하여 예외적으로 신의칙을 적용한다.

관련판례

신의칙이나 국세기본법 제18조 제3항 소정의 조세관행존중의 원칙은 합법성의 원칙을 희생하여서라도 납세자의 신뢰를 보호함이 정의에 부합하는 것으로 인정되는 특별한 사정이 있을 경우에 한하여 적용된다고 할 것이다(대판 1992. 9. 8. 91누13670).

(2) 신의칙의 규범성 여부

1) 문제의 소재

신의칙을 일반적인 형평규범으로 보아 신의칙을 근거로 개인에게 직접 권리를 인정하는 것도 허용할 것인지 아니면 이미 존재하는 권리보장을 수정하기 위한 이익형량의 기준에 지나지 않는 것으로 볼 것인가에 대해 견해가 대립하고 있다.

2) 학 설

(가) 규 범 설

신의칙을 민법 전반에 걸치는 기본적 규범으로 파악하고 법규정이 미비한 경우 이를 보완하고 수정하는 기능을 하는 일반적인 형평규범으로 본다. 이 견해는 신의칙을 일반적 형평규범으로 보면서 법의 미비를 신의칙을 통해 보완할 수 있다고 보기 때문에 신의칙에 의한 법형성권을 인정하고 조리에 대한 법원성을 인정하는 태도를 보인다.

(나) 이익형량설

신의칙을 일반적 형평규범이 아니라 제도적 권리보장을 수정하기 위한 이익형량의 수단에 불과하다고 본다. 즉 법의 미비는 다른 법의 유추해석을 통해 보완하면 되고 신의칙은 기존의 제도적으로 보장된 권리를 수정하기 위한 이익형량의 수단이므로 상대방의 이익을 고려해서 행위해야 할 의무만을 부담하지 법규범은 아니라고 보기 때문에 신의칙에 의한 법관의 법형성권을 부정하면서 조리의 법원성에 관해서도 부정적인 태도를 취한다.

3) 판 례

판례는 법규범설에 따르고 있어 신의칙에 의한 법형성적 기능을 인정하는 태도를 보인다.

관련판례

민법상 신의성실의 원칙이란 법률관계의 당사자는 상대방의 이익을 고려하여 형평에 어긋나거나 신의를 저버리는 내용 또는 방법으로 권리를 행사하거나 의무를 이행하여서는 안된다는 추상적 규범을 말하는 것이고 신의성실의 원칙에 반하는 것 또는 권리남용은 강행규정에 위배되는 것이므로 당사자의 주장이 없더라도 법원은 직권으로 판단할 수 있다(대판 1995. 12. 12. 94다42129).

4. 신의칙의 기능

(1) 의 의

신의칙의 기능에 대해서는 신의칙의 성질을 법규범으로 볼 것인가 이익형량의 기준으로 볼 것인가에 따라 달라질 수 있으나 이와 무관하게 일반적으로 인정되는 기능을 보면 다음과 같다.

(2) 해석의 기준

법규정의 의미를 구체화 하고 법률행위 해석을 하는데 있어서 신의칙이 적용되며, 약관조항에 관한 수정해석(효력유지적 축소해석)의 기능을 한다.

관련판례

보통거래약관의 작성이 아무리 사적 자치의 영역에 속하는 것이라고 하여도 위와 같은 행위원칙에 반하는 약관조항은 사적 자치의 한계를 벗어나는 것으로 법원에 의한 내용통제, 즉 수정해석의 대상이 되는 것은 당연하며, 이러한 수정해석은 조항 전체가 무효사유에 해당하는 경우 뿐만 아니라 조항 일부가 무효사유에 해당하고 그 무효부분을 추출배제하여 잔존부분만으로 유효하게 존속시킬수 있는 경우에도 가능하다(대판 1991. 12. 24. 90다카23899).

(3) 보충, 수정 기능

법률에 미미한 부분이 있는 경우 또는 법률행위의 내용에 틈이 있는 경우 이를 보충하는 기능으로 신의칙이 작용하며, 이미 명백하게 존재하는 법률이나 계약이 있음에도 이를 관철하는 것이 정의관념에 어긋나는 경우 신의칙에 의해 이를 수정할 수 있는데 사정변경의 원칙등이 대표적인 경우이다.

(4) 권리의무의 구체화 기능

신의칙은 계약상 주된의무 이외에 안전배려의무, 보호의무, 설명의무, 고지의무 등 부수의무를 인정하는 근거가 된다.

(5) 금지 기능

신의칙에 의해 선행행위와 모순된 행위의 금지, 실효의 법리등이 인정된다.

(6) 책임제한의 기능

1) 보증인의 책임제한

관련판례

이른바 계속적 보증계약도 그 본질은 보증계약이므로 보증인은 변제기에 있는 주채무 전액에 관하여 책임을 지는 것이 원칙이고 다만 보증당시 주채무의 액수를 보증인이 예상하였거나 예상할 수 있었을 경우에는 그 예상범위로 보증책임을 제한할 수 있고 그 외에도 주채무 과다발생의 원인이 채권자가 주채무자의 자산상태가 현저히 악화된 사실을 잘 알면서도 이를 모르는 보증인에게 아무런 통보나 의사타진 없이 고의로 거래규모를 확대함으로 인한 것인 때에는 신의칙에 반하는 경우에 한하여 합리적인 범위내로 책임을 제한 할 수는 있다(대판 1984. 10. 10. 84다카453).

2) 손해담보책임의 감경

관련판례

손해담보계약상 담보의무자의 책임은 손해배상책임이 아니라 이행의 책임이고 따라서 담보계약상 담보권리자의 담보의무자에 대한 청구권의 성질은 손해배상청권이 아니라 이행청권이므로, 민법 제396조의 과실상계 규정이 적용될 수 없음은 물론 과실상계의 법리를 유추적용하여 그 담보책임을 감경할 수도 없는 것이 원칙이지만 다만 담보권리자의 고의 또는 과실로 손해가 야기되는 등의 구체적인 사정에 비추어 담보권리자의 권리 행사가 신의칙 또는 형평의 원칙에 반하는 경우에는 그 권리 행사의 전부 또는 일부가 제한될 수는 있다(대판 2002. 5. 24. 2000다72572). ※ 판례는 손해담보계약상의 채무에 대해 과실상계를 부정하면서도 신의칙에 의한 책임제한을 긍정한다.

5. 적용기준

신의칙은 일반적·추상적인 일반규정으로 되어 있기 때문에 그 적용에 관한 명확한 기준은 없으므로 구체적인 경우에 있어 법률행위의 해석에 의존한다.

따라서 구체적인 경우에 실질적 정의·형평 등을 기준으로 무엇이 사회적 타당성 내지 공공복리에 적합한가를 기준으로 판단하게 되는데, 당해 행위가 과연 사회 일반의 정의관념에 부합하는가의 여부에 의해서도 판단할 수 있다.

6. 적용의 효과

법률행위 해석 내지 권리행사·의무이행의 적법성 여부를 판단하는 기준으로 작용한다. 신의칙 위반의 효과로는 ① 신의칙에 위반한 권리행사는 권리남용에 해당하는 경우가 대부분이다. ② 신의칙에 위반한 의무이행은 의무불이행으로 되는 경우가 대부분이다. ③ 만일 신의칙에 위반한 당해 행위가 불법행위로 되는 경우는 그에 따른 손해배상의 책임도 발생하게 된다.

관련판례

실권 또는 실효의 법리는 신의성실의 원칙에 바탕을 둔 파생적인 원리로서 이는 본래 권리행사의 기회가 있음에도 불구하고 권리자가 장기간에 걸쳐 그 권리를 행사하지 아니하였기 때문에 의무자인 상대방이 이미 그의 권리를 행사하지 아니할 것으로 믿을 만한 정당한 사유가 있게 됨으로써 새삼스럽게 그 권리를 행사하는 것이 신의성실의 원칙에 위반되는 결과가 될 때 그 권리행사를 허용하지 않는 것을 의미한다(대판 2004. 3. 26. 2001다72081).

7. 적용의 한계

(1) 강행규정

강행규정에 위반하는 법률행위를 스스로 행한 사람이 강행규정 위반을 이유로 그 행위의 무효를 주장하는 것은 신의칙에 반하지 않는다. 강행규정의 취지를 신의칙보다 우선하여 관철시켜야 하기 때문이다.

관련판례

강행법규인 국토이용관리법 제21조의3 제1항, 제7항을 위반하였을 경우에 있어서 위반한 자 스스로가 무효를 주장함이 신의성실의 원칙에 위배되는 권리의 행사라는 이유로서 이를 배척한다면 투기거래계약의 효력발생을 금지하려는 국토이용관리법의 입법취지를 완전히 몰각시키는 결과가 되므로 거래당사자 사이의 약정내용과 취득목적대로 관할관청에 토지거래허가신청을 하였을 경우에 그 신청이 국토이용관리법 소정의 허가기준에 적합하여 허가를 받을 수 있었으나 다른 급박한 사정으로 이러한 절차를 회피 하였다고 볼만한 특단의 사정이 엿보이지 아니하는 한 그러한 주장이 신의성실의 원칙에 반한다고는 할 수 없다(대판 1993. 12. 24. 93다44319).

(2) 민법상제도

1) 공시방법

관련판례

무효등기의 유용은 권리등기의 유용만 가능할 뿐 무효인 표제부 등기의 유용은 허용할 수 없다(대판 1980. 11. 11. 80다441). 그리고 표제부 등기를 유용하기로 합의한 당사자가 후에 등기의 무효를 이유로 그 말소를 청구하는 것은 신의성실의 원칙이나 금반언의 원칙에 위배되지 않는다(대판 1992. 3. 31. 91다39184).

2) 상속의 포기 또는 인지청구권의 포기

관련판례

피상속인의 생전에 상속포기를 한 상속인이 피상속인 사망 후에 자신의 상속권을 주장하는 것은 신의칙에 반하는 것은 아니다(대판 1980. 7. 24. 98다9201). 인지청구권은 포기할 수 없고 포기하였다 하더라도 효력이 발생할 수 없는 것이므로(대판 1987. 1. 20. 85므70), 조정이나 재판상 화해로 인지청구권을 포기하였다고 하더라도 인지청구가 금반언의 원칙에 반한다거나 권리남용에 해당한다고도 할 수 없다(대판 1990. 10. 8. 98므1698).

3) 판결의 기판력

판결에 의한 권리행사가 신의칙에 반하더라도(채무를 변제하였다 하더라도 입증을 하지 못해 재판에서 지급하라는 판결을 받은 경우) 기판력 자체를 부정할 수 없어 신의칙의 한계가 있다.

8. 신의칙의 파생원칙

(1) 사정변경의 원칙

1) 의 의

사정변경의 원칙은 법률행위의 성립 당시에 기초가 된 사정이 당사자가 예견하지 못하였거나, 예견 불가능한 중대한 사정의 변화로 인하여 당해 법률행위에 따른 의무의 이행을 강요하는 것이 현저히 부당한 경우 이를 변경할 수 있게 하는 원칙을 말한다.

2) 요 건

법률행위 당시의 사정이 그 후에 변경이 있어야 하고, 그 사정변경의 원인이 법률행위의 성립 후 그 효과의 완료 전 또는 소멸 전에 발생해야 하며, 그 사정변경을 당사자가 예견하지 않았고, 예견할 수 도 없는 성질이어야 하고, 사정변경이 당사자의 책임없는 사유로 생겨야 한다. 또한 사정변경의 결과 당초의 법률효과를 그대로 유지하고 발생케 하는 것이 심히 신의칙과 공평의 원칙에 반해야 하고 당사자가 사정의 변경을 원하여야 하는데, 이것은 반드시 명시적일 필요는 없고 묵시적으로 있기만 하면 가능하다.

3) 효 과

민법은 이에 관한 일반적 규정은 두지 않고, 구체적인 경우마다 개별적으로 이에 관한 규정을 두고 있을 뿐이다. 예를 들면, 제218조 제2항의 수도시설의 시설변경권·제286조의 지료증감의 청구권·제557조의 증여자의 재산상태 변경에 따른 증여의 해제·제628조의 차임증감의 청구권 등이 있다.

판례는 사정변경의 원칙의 일반적인 적용을 부인하는 입장이지만, 다만 근보증과 같은 불확정적이고 계속적 거래계약에서는 사정변경의 원리를 토대로 계약의 해지를 인정하고 있다.

관련판례

사정변경을 이유로 보증계약을 해지할 수 있는 것은 포괄근보증이나 한정금보증과 같이 채무액이 불확정적이고 계속적인 거래로 인한 채무에 대하여 한 보증에 한하는 바, 회사의 이사로 재직하면서 보증 당시 그 채무액과 변제기가 특정되어 있는 회사의 확정채무에 대하여 보증을 한 후 이사직을 사임하였다 하더라도 사정변경을 이유로 보증계약을 해지할 수 없다(대판 1996. 2. 9. 95다27431).

(2) 실효의 원칙

1) 의 의

실효의 원칙은 독일의 판례와 학설을 통해 발전되어온 이론인데, 권리자가 장기간 권리를 행사하지 않고 방치함으로써, 그 상대방이 이제는 그 권리의 불행사를 신뢰할 만한 정당한 사정이 발생하였을 때, 이에 반하여 권리자가 새삼스럽게 그 권리를 행사하는 것은 신의성실의 원칙에 반하는 결과가 되어 그 권리행사를 허용 하지 않는 것을 말한다. 종전의 판례는 부정하는 입장이었지만, 최근 판례는 실효의 원칙을 인정하는 태도이다.

2) 요 건

권리실효의 요건으로는 권리자의 권리행사의 가능성이 있어야 하고, 상당한 기간에 걸친 권리의 불행사가 있고, 권리자가 더 이상 권리행사를 하지 않을 것으로 믿을 만한 의무자의 정당한 기대가 있어야 할 것이다.

3) 효 과

권리실효의 근거를 신의칙(민법제2조)에 두는 이상 권리의 행사가 허용되지 않을 것이다. 그렇다고 해서 권리 그 자체가 소멸되는 것은 아니다. 의무자가 자진해서 의무를 이행하는 것은 유효하다.

관련판례

① 실권 또는 실효의 법리의 의미 : 실권 또는 실효의 법리는 신의성실의 원칙에 바탕을 둔 파생적인 원리로서 이는 본래 권리행사의 기회가 있음에도 불구하고 권리자가 장기간에 걸쳐 그 권리를 행사하지 아니하였기 때문에 의무자인 상대방이 이미 그의 권리를 행사하지 아니할 것으로 믿을 만한 정당한 사유가 있게 됨으로써 새삼스럽게 그 권리를 행사하는 것이 신의성실의 원칙에 위반되는 결과가 될 때 그 권리행사를 허용하지 않는 것을 의미한다(대판 2004. 3. 26. 2001다72081).

② 회사의 자신에 대한 징계면직처분에 대하여 재심청구를 하였으나 기각되자 회사가 자신의 급여구좌에 입금한 해고예고수당을 반환하기 위하여 이를 공탁까지 하였다가 그 후 아무런 이의 없이 회사로부터 퇴직금을 수령하고 그 후로는 부당노동행위구제신청을 하는 등으로 징계면직처분을 다툼이 없이 다른 생업에 종사하여 오다가 징계면직일로부터 2년 10개월 가량이 경과한 후 제기한 해고무효확인의 소는 노동분쟁의 신속한 해결이라는 요청과 신의성실의 원칙 및 실효의 원칙에 비추어 허용될 수 없다(대판 1996. 11. 26. 95다49004).

4) 적용의 한계

실효의 원칙은 포기할 수 없는 권리이거나 사회질서에 관한 것일 때에는 적용할 수 없다. 특히 소유권이나 친권 등 배타적 영구적 권리는 그 본질을 해치지 않는 범위 내에서만 인정해야 한다.

관련판례

① 인지청구권의 실효를 부정한 판례 : 인지청구권은 본인의 일신전속적인 신분관계상의 권리로서 포기할 수도 없으며 포기하였더라도 그 효력이 발생할 수 없는 것이고 이와 같이 인지청구권의 포기가 허용되지 않는 이상 거기에 실효의 법리가 적용될 여지도 없다(대판 2001. 11. 27. 2001므1353).

② 중혼취소권에 대해 실효를 부정한 판례 : 중혼관계를 10년간 유지한 후 배우자가 사망한 후 배우자의 동생이 중혼을 이유로 혼인취소를 청구한 경우 중혼 성립후 10여년 동안 혼인취소청구권을 행사하지 아니하였다 하여 권리가 소멸되었다고 할 수 없으나 다만 그 행사가 권리남용에 해당한다(대판 1993. 8. 24. 92므907).

(3) 금반언의 원칙(모순행위금지의 원칙)

1) 의 의

영미법상 인정되어 온 것으로 자신의 선행행위와 모순되는 행동과 양립되지 않는 후의 언행이나 행동은 신뢰에 어긋나는 것으로 허용될 수 없다는 원칙이다.

민법에도 이 원칙을 명문으로 정한 규정이 있다(제452조).

2) 요 건

① 신뢰의 창출이 있어야 한다.

② 상대방의 신뢰가 객관적으로 보호받을만한 정당한 것이어야 한다.

3) 모순행위금지 원칙의 적용사례

관련판례

① 피고가 원고의 장기간 무단결근을 이유로 해고한 후 퇴직금을 공탁하였는데, 원고가 그 공탁금을 조건 없이 수령한 후 8개월이 지나서 해고무효의 확인을 구하는 것은 금반언의 원칙에 위배되는 위법한 것이다(대판 1989. 9. 29. 88다카19804).

② 근저당권자가 담보로 제공된 건물에 대한 담보가치를 조사할 당시 대항력을 갖춘 임차인이 그 임대차사실을 부인하고 임차보증금에 대한 권리주장을 않겠다는 내용의 확인서를 작성해 준 경우, 그 후 건물에 대한 경매절차에서 이를 번복하여 대항력 있는 임대차의 존재를 주장함과 아울러 임차보증금의 배당요구를 하는 것은 금반언 및 신의칙에 위반되어 허용될 수 없다(대판 1997. 6. 27. 97다12211).

4) 적용 한계

강행규정에 위반한 행위를 스스로 한자가 강행규정을 위반을 이유로 무효를 주장하는 것은 금반원의 원칙에 반하지 않으며, 하자가 있는 단체의 결의에 적극 가담한 사람이 그 결의의 부존재나 무효를 주장하는 것과 같이 하자있는 결의 행위에 가담했던 자의 무효주장이 신의성실의 원칙에 위배되는가에 대해 판례는 신의칙 위반이 아니라고 본다.

관련판례

학교법인의 이사회가 소집권자에 의하여 소집된 바도 없으며 소집권자를 포함한 이사 전원의 동의에 의한 것이 아니라면 그 이사회의 결의가 사실상 이사 전원의 의사에 일치한다 하더라도 적법하다 할 수 없고 위와같은 이사회에 참석하여 그 결의에 적극가담하고 문교당국의 인가를 받아 학교 법인을 운영해온 자라 할지라도 이사회결의부존재 또는 무효주장이 반드시 신의성실이나 금반언의 원칙에 반하는 것은 아니다(대판 1978. 8. 22. 76다1747).

Ⅳ. 권리남용금지의 원칙(제2조 제2항)

1. 의 의

우리 민법 제2조 제2항에는 「권리는 남용하지 못한다」라고 권리남용을 규정하고 있다. 즉 권리남용이란 권리자가 권리를 법률상 인정된 목적에 반하여 부당하게 행사한 경우로 외형상 일응 권리의 행사로 볼 수 있으나, 구체적·실질적으로 보면 당해 권리에 수반된 권리의 공공성·사회성에 반하기 때문에 정당한 권리의 행사로 보기 어려운 경우를 말한다.

■ 권리남용금지의원칙과 신의칙의 관계 ■

1. 문제의 소재
   권리남용금지의 원칙을 신의칙과 별개의 원칙의로 보아야 하는지 아니면 공통의 가치관에 바탕을 둔 표리관계로 파악해야 하는지 견해가 대립하고 있다.
2. 학 설
   (1) 중 첩 설
   신의칙에 반하는 권리행사는 권리남용이 된다고 보아 양자가 별개의 원칙이 아니라 공통의 가치관에 바탕을 둔 것으로서 표리관계를 이루고 있다고 파악하거나 권리남용금지의 원칙을 신의칙의 파생원칙이라고 본다.
   (2) 적용범위 구분설
   양자는 적용국면을 달리하는 것으로 신의칙은 채권법등 특별한 관계에 있는 당사자간에 적용되는 것이고 권리남용금지의 원칙은 물권법과 같은 모든 사람에게 적용되는 것이라고 본다.

(3) 판 례

중첩설의 견해에 따라 신의칙에 반하는 권리행사는 권리남용이 된다고 본다(대판 1978. 2. 14. 77다2324).

2. 기 준

권리남용에 해당한다고 할 수 있으려면, ① 주관적으로 그 권리행사의 목적이 오직 상대방에게 고통을 주고 손해를 입히려는데 있을 뿐 행사하는 사람에게는 아무런 이익이 없어야 하고 ② 객관적 입장어서 권리행사자가 권리행사로 얻는 이익과 그로 인하여 상대방에게 발생한 손해를 비교하여 결정하게 된다.

3. 성립요건

(1) 권리행사로 볼 수 있는 행위가 존재해야 한다.

권리자의 권리행사는 적극적인 작위에 한하지 않으므로, 친권자의 혼인동의권의 경우처럼 소극적으로 아무런 이유없이 권리의 사회적·공공성에 비추어 당해 권리를 행사하지 않는 부작위에 의한 권리 남용도 이에 포함된다고 할 것이다.

(2) 그 권리행사가 당해 권리를 인정하는 사회통념, 즉 권리의 사회성·공공성에 반해야 한다.

① 권리를 행사할 만한 이익 내지 그 필요성이 없는데도 불구하고 행사한 경우
② 부당한 이익의 취득을 목적으로 권리를 행사한 경우
③ 권리행사에 대한 사회적 타당성이 없는 경우
④ 권리를 인정하는 경제적·사회적 목적에 반하는 경우
⑤ 당해 권리행사가 그 권리에 일반적으로 허용된 정도를 넘는 경우

⑥ 행위자가 얻는 이익과 상대방이 입은 손해 사이에 상당한 불균형이 발생한 경우

(3) 주관적요건의 필요여부

1) 문제의 소재

권리남용이 되기 위해서는 객관적 요건 외에 주관적 요건으로서 권리행사자에게 가해의 의사 또는 가해의 목적이 있어야 하는가에 대해 현행 민법이 규정하고 있지 않아 문제되고 있다.

2) 학 설

객관적 요건만 요구하고 가해목적이라는 주관적 요건은 요구하지 않는 것이 일반적인 견해이다.

3) 판 례

판례는 객관적 요건외에 상대방에게 고통을 주기위한 권리행사라는 주관적 요건을 요구하는 판례가 많으나 주관적 요건을 요구하지 않는 판례도 있다.

관련판례

① 권리행사가 권리의 남용에 해당한다고 할 수 있으려면 주관적으로 그 권리행사의 목적이 오직 상대방에게 고통을 주고 손해를 입히려는 데 있을 뿐 행사하는 사람에게 아무런 이익이 없을 경우여야 하고 객관적으로는 그 권리행사가 사회질서에 위반된다고 볼 수 있어야 하는 것이며 이와 같은 경우에 해당하지 않는 한 비록 그 권리행사에 의하여 권리행사자가 얻는 이익보다 상대방이 잃을 손해가 현저히 크다 하여도 그러한 사정만으로는 이를 권리남용이라 할 수 없다(대판 2003. 2. 14. 2002다62319). ※ 객관적요건과 주관적요건을 모두 요구한 판례이다.

② 상표권의 행사는 가사 권리행사의 외형을 갖추었다 하더라도 등록상표에 관한 권리를 남용하는 것으로서 허용될 수 없고 상표권의 행사를 제한하는 위와 같은 근거에 비추어 볼 때 상표권 행사의 목적이 오직 상대방에게 고통을 주고 손해를 입히려는데 있을 뿐 이를 행사하는 사람에게 아무런 이익이 없어야 한다는 주관적 요건을 반드시 필요로 하는 것은 아니다(대판 2007. 1. 25. 2005다67223). ※ 주관적요건을 요구하지 않은 판례이다.

4. 효 과

권리의 행사가 남용으로 인정되면 그 법률효과는 발생하지 않는다. 그러나 권리 자체를 당연히 박탈시키지는 않는다는 점을 주의해야 한다. 그것은 권리남용의 금지가 권리의 「행사」의 제한이지 권리 자체의 제약은 아니기 때문이다. 권리 자체를 박탈시키려면, 민법 제924조의 친권상실선고와 같이 법률에 규정이 있을 때에 한한다.

관련판례

① 권리의 행사가 주관적으로 오직 상대방에게 고통을 주고 손해를 입히려는 데 있을 뿐 이를 행사하는 사람에게는 아무런 이익이 없고, 객관적으로 사회질서에 위반된다고 볼 수 있으면, 그 권리의 행사는 권리남용으로서 허용되지 아니하고, 그 권리의 행사가 상대방에게 고통이나 손해를 주기 위한 것이라는 주관적 요건은 권리자의 정당한 이익을 결여한 권리행사로 보여지는 객관적인 사정에 의하여 추인할 수 있으며, 어느 권리행사가 권리남용이 되는가의 여부는 개별적이고 구체적인 사안에 따라 판단되어야 한다.

② 송전선로철거소송에 이르게 된 과정, 계쟁 토지가 51㎡에 불과한 점, 위 송전선을 철거하여 이설하기 위하여는 막대한 비용과 손실이 예상되는 반면 송전선이 철거되지 않더라도 토지를 이용함에 별다른 지장이 없는 점 등에 비추어 농로 위로 지나가는 송전선의 철거를 구하는 청구가 권리남용에 해당한다고 한 사례(대판 2003. 11. 27. 2003다40422)

③ 기존회사의 채무면탈을 목적으로 기업의 형태와 내용이 실질적으로 동일하게 설립된 신설회사가 기존회사와 별개의 법인격임을 내세워 그 책임을 부정하는 것은 신의성실에 반하거나 법인격을 남용하는 것으로서 허용될 수 없다고 한 사례 (대판 2004. 11. 12. 2002다66892)

④ 일조침해로 겨울철에 상추 재배가 불가능하다는 사정을 알면서도 당해 토지에 대한 국유재산대부계약을 체결하여 이를 경작하여 온 경우, 위 계약에 의한 토지의 사용권은 이미 상추 재배를 할 수 없는 토지에 대한 사용권이므로 일조침해로 인하여 위 토지의 사용권이 침해되었다고 볼 수 없다고 한 사례(대판 2004. 11. 26. 2004다2365)

– 권리남용에 대한 판결례 –

1) 권리남용이라고 한 판결

① 국내에 주택을 소유하고 있는 딸이 외국에 거주하면서 당장 국내주택에 입주하여야 할 특별한 사정이 없음에도 불구하고 자신의 국내주택에 거주하고 있는 아버지(당시 고령에다 지병으로 생활능력이 없었다)에게 생활할 수 있는 별도의 거처할 곳을 마련해주지 않고서 딸이 아버지를 상대로 퇴거를 하라는 청구는 인륜에

반하는 행위로 권리남용이다(대판 1998.6.12. 96다52670).

② 건물모서리 벽면 일부(1㎡)가 이웃의 경계를 침범한다고 철거를 청구한 사례(대판 1991.6.11. 91다8593)인데, 이는 침범한 건물일부(1㎡)를 철거하더라도 원고(토지소유자)에게는 별다른 이득이 없고, 반대로 피고(침범한 건물소유자)에게는 큰 손실이 생기는 경우이므로 권리남용이다.

2) 권리남용이 아니라고 한 판결

① 토지소유자가 토지 상공에 송전선이 설치되어 있는 사정을 알면서 그 토지를 취득한 후 13년이 경과하여 그 송전선의 철거를 구한 사안에서, 한전이 송전선 설치에 따른 토지이용권 확보나 적절한 보상이 현재까지 없는 점에 비추어 볼 때, 그리고 토지소유자가 비록 토지를 농지로만 이용하여 왔다고 하더라도 토지소유권의 행사에 아무런 장애가 없다고 할 수는 없다는 이유로, 즉 한전은 지금이라도 적법한 토지수용이나 그 토지 상공의 사용권을 취득할 수 있는 점 등을 보면, 토지소유자의 송전선철거청구가 권리남용에 해당하지 않는다고 판단하였다(대판 1996.5.14. 94.다54283).

제 3 장

권리의 주체

제3장 권리의 주체

제1절 권리의 주체와 권리능력

Ⅰ. 의 의

권리의 주체는 소유권이나 또는 전세권·저당권·점유권 등의 권리를 가지고 있는 주체로써 권리자를 말한다. 즉 권리의 귀속자가 「권리의 주체」이다. 또한 의무의 귀속자가 「의무의 주체」이다. 이와 같이 권리 또는 의무의 주체가 될 수 있는 지위 또는 자격을 「권리능력」 또는 「의무능력」이라고 한다(이를 「인격」이라고 부르기도 한다).

민법은 법률관계의 주체라는 지위에 설 수 있는 자, 즉 권리의 주체로 자연인과 법인을 인정하고 있다. 그 가운데 자연인은 근대 시민사회에 들어와 누구나 평등하게 권리의 주체가 될 수 있는 권리·의무능력이 주어졌으나, 법인의 경우는 시대적 상황에 따라 규율됨으로써 많은 변화를 보여주고 있다.

Ⅱ. 권리의 주체와 객체

1. 권리의 주체

(1) 자 연 인

민법 제3조는 "사람은 생존하는 동안 권리와 의무의 주체가 된다"라고 규정하여 사람이면 생존하고 있는 동안 권리의 주체가 된다(제3조).

(2) 법 인

일정한 단체에 대하여 법이 예외적으로 권리능력을 인정한 즉 법인격을 갖춘 각종의 법인(사단법인·재단법인)을 말한다.

2. 권리의 객체

권리의 내용 또는 목적이 실현되기 위한 대상이 권리의 객체인데 권리의 객체는 권리의 종류에 따라 구체적으로 결정되며, 일반적으로 물건이 권리의 객체로 된다. 권리의 객체에 대하여는 제4장에서 설명한다.

제2절 자 연 인

자연인이란 권리·의무관계, 즉 법률관계의 주체가 될 수 있는 자로 유기적 생명체인 사람을 말한다. 민법은 자연인에 관해 「능력」·「주소」·「부재와 실종」의 3부분으로 나누어 규율한다.

〈 각종능력의 유형 〉

내용 / 종류	의 미	표 준	능력이 있는 경우의 사례	능력이 없는 경우의 효과
(1) 권리능력	권리나 의무의 주체가 될 수 있는 지위나 자격	자연인(경우에 따라서는 출생전의 태아도 포함)과 법인이 가진다.	권리를 가지며 의무를 부담한다.	권리를 갖지 못하며, 또한 의무도 부담하지 않는다.
(2) 의사능력	사물을 판단하고, 이에 따라 의사결정을 할 수 있는 능력	개별적으로 판단 (보통 7~8세 정도의 지능)	7~8세 정도라도 증여를 받을 수가 있다.	행위는 성립하지 않고 무효
(3) 책임능력	행위의 책임을 변별할 수 있는 정신적	개별적으로 판단 (보통 16세~18세	본인이 손해배상등의 책임을	본인은 책임이 없으며, 감독의

	능력(법률상 손해배상책임을 부담할 수 있는 자격)	정도의 능력)	직접 부담한다.	무를 게을리한 법정감독의무자가 손해배상 등의 책임을 부담한다.
(4) 행위능력	재산법상의 권리나 의무를 질 수 있는 행위(법률행위)를 혼자서 유효히 할 수 있는 능력	미성년자(19세미만)·피성년후견인·피한정후견인·피특정후견인 등 제한능력자를 규정, 법인은 정해진 목적의 범위내	19세가 되면 일체의 재산거래 행위가 가능하다. 법인도 목적범위내서라면 가능하다.	제한능력자의 행위를 취소할 수 있으며, 취소되면 처음부터 무효가 된다.

Ⅰ. 권리능력

1. 자연인의 권리능력

권리능력이란 자연인이 권리 및 의무의 주체가 될 수 있는 법률상의 지위 내지 자격을 말한다. 따라서 이를 권리 의무능력 또는 인격이라고 하기도 한다.

우리 민법은 사람의 성별이나 사회적 신분과 상관없이 정신병자든 미숙아든 기형아든 관계없이 생존한 동안에는 평등한 권리능력을 인정하고 있다(민법 제3조).

2. 권리능력의 발생

(1) 출생에 의한 취득

민법 제3조에서 사람은 생존한 동안 권리의 주체가 된다고 규정하고 있으므로, 자연인이 권리의 주체로 되기 위해서는 사람으로 출생하여야 한다. 그런데 이러한 출생은 일정한 시간과 기간을 필요로 하는 것이므로 권리능력을 갖는 시기인 출생은 언제부터 인가? 즉, 출생의 시기는 매우 중요한 문제이다.

(2) 출생의 시기에 관한 학설

1) 진통설(분만개시설)

산모가 주기적인 진통을 느낄 때 태아는 사람으로 출생하려는 것이므로, 이때부터 권리능력을 취득한다는 설이다(이 설은 형법상의 통설이다).

2) 일부노출설

태아가 모체로부터 일부라도 노출되어 있으면 사람으로 볼 수 있으므로, 그때부터 권리능력을 취득한다는 설이다.

3) 전부노출설

태아가 모체로부터 전부 노출되어야 비로소 생존여부를 알 수 있으므로, 그때 살아있으면 권리능력을 취득한다는 설이다(이설이 민법상의 통설이다).

4) 독립호흡설

태아가 모체로부터 완전 분리되어 자신의 폐로 독자적인 호흡을 시작했을 때부터 사람으로 권리능력을 취득한다는 설로 의학적인 견해이다.

(3) 출생신고

가족관계등록 등에 관한 법률에 따르면 사람은 출생한 날로부터 1월 이내 출생을 입증하는 자료를 첨부하여 출생신고를 하도록 하고 있다. 그러나 자연인의 권리능력은 출생의 사실로 취득되는 것이지, 가족관계등록부에 출생신고로 취득되는 것은 아니므로 그 기재는 단순한 증거의 자료에 지나지 않는다고 할 것이다.

3. 권리능력의 종기

(1) 사망에 의한 소멸

자연인은 사망으로 권리능력을 잃는다.

1) 사망의 시기

① 자연인이 호흡을 정지하거나 또는 맥박이 휴지상태에 있는 경우를 사망이라고 한다(맥박종지설, 통설적 입장이다).

② 그러나 최근 의학계에서 장기이식을 위하여 뇌사(뇌기능의 종지), 즉 뇌파가 멈춘 때를 사망시기로 보자는 뇌사설이 등장하였다. 뇌사와 장기이식에 관하여는 「장기 등 이식에 관한 법률. 1999년」이 제정되어 있다.

2) 사망의 신고

사망신고는 사망일로부터 1월 이내에 가족관계등록 등에 관한 법률에 따른 신고를 하여야 한다. 자연인의 권리능력 소멸은 사망이라는 사실로 발생하는 것이므로, 가족관계등록부에 사망신고기재는 단순한 증거에 불과하다.

(2) 사망의 추정(간주)제도

사망의 유무 및 시기에 대한 증명 내지 확정이 극히 곤란할 경우가 있다. 이러한 경우에 대비하는 제도로서 동시사망의 추정·인정사망·실종선고가 있다.

1) 동시사망의 추정

2인 이상이 동일한 위난으로 사망한 경우에, 누가 먼저 사망하고 나중에 사망하였느냐에 따라 상속분에 중대한 영향을 미친다. 그러나 동시에 사망하였는지 또는 사망시기가 다른지에 관한 입증은 대단히 어렵다. 그래서 민법은 「2인 이상이 동일한 위난으로 사망한 경우에는 동시에 사망한 것으로 추정한다」는 규정을 두었다. 물론 추정규정이기 때문에 반증을 들어 그 추정을 뒤집을 수는 있다.

2) 인정사망

민법에는 규정이 없고 가족관계의 등록등에 관한법률(제87조)에 규정이 있는 것으로 「인정사망」의 제도가 있다. 즉 수난·화재 기타 사변으로 인하여 사망한 자가 있는 경우에는, 이를 조사한 관공서는 지체 없이 사망자의 시·읍·면의 장에게 사망의 통보를 하여야 하고, 이 통보에 의하여 가족관계등록부에 사망의 기재를 하게 되는데, 이것이 인정사망이다. 이것을 인정하는 이유는, 시체의 확인은 어렵지만 고도의 사망확률이 있음에도 불구하고 실종선고의 절차를 밟게 하는 것은 적당하지 않다는데 있다.

인정사망에 의한 가족관계등록부의 기재는 그 기재의 사망일에 사망한 것으로 추정될 뿐이므로 사망에 대한 반대사실의 증명에 의하여 이를 번복할 수 있다.

3) 실종선고

부재자의 생사불명의 상태가 일정기간(5년 또는 1년) 계속된 경우에 가정법원의 선고에 의하여 사망으로 간주하는 제도가 실종선고이다. 이에 관하여는 '실종선고' 부분에서 따로 설명한다.

4. 태아의 권리능력

(1) 태아의 권리보호의 필요성

자연인이 권리능력을 가지게 되는 것은 출생한 때부터 이므로, 출생하기 전의 태아는 권리능력을 갖지 못한다. 따라서 장차 자연인으로 태어날 것이 확실시되는 태아의 경우는 아직 그의 권리능력이 인정되지 않기 때문에 그의 권리보호에 있어 미흡하게 된다. 이에 민법은 아직 자연인으로 출생하지 않아 권리능력이 없다고 하더라도 곧 태어날 것이 확실하므로 태아의 권리를 보호할 필요성이 있다. 따라서 일정한 경우에는 태아에게도 권리능력을 인정하고 있다.

(2) 태아의 보호에 관한 입법주의

태아의 보호를 위한 입법주의에는 「일반주의」와 「개별주의」가 있다.

1) 일반적 보호주의

일반적 보호주의는 태아의 이익이 문제되는 경우 언제나(모든 법률관계에 있어서) 그 태아를 출생한 것으로 본다는 주의를 말한다. 이에 따르면 태아의 이익은 두텁게 보호되는 반면, 그 적용범위가 불명확하게 되어 제3자의 이익 및 거래의 안전을 해할 수 있다는 단점이 있다(입법례 : 로마법·스위스민법).

2) 개별적 보호주의

개별적 보호주의는 태아의 이익이 문제되는 법률관계(중요한 법률관계에 관하여만)를 미리 법률로 정하여 이 경우에만 태아를 출생한 것으로 보는 주의를 말한다. 따라서 태아의 이익은 일반적 보호주의보다 충분하게 보호되지는 못하나, 거래의 안전 및 제3자의 이익을 침해할 우려는 상대적으로 적게 된다(입법례 : 독일민법·프랑스민법·한국민법).

우리나라 민법상 태아의 권리능력을 인정하는 개별규정으로는 ① 불법행위에 기한 손해배상청구권(제762조), ② 재산상속(제1000조 제3항), ③ 대습상속(제1001조), ④ 유증 (제1064조), ⑤ 사인증여(다수설의 입장) (제562조), ⑥ 인지(태아에게는 인지청구권은 없으나 피인지자, 즉 인지의 대상은 된다)(제858조) 등이 있다.

(3) 태아의 법적 지위

민법은 단순히 “태아가 이미 출생한 것으로 본다”라고만 규정하고 있어, 이에 대한 법적 성질에 관하여는 학설이 나누어져 있는타 아래와 같다.

1) 정지조건설(인격소급설)

태아인 동안에는 권리능력을 갖지 못하나, 그 태아가 생존하여 출생하면 권리능력 취득의 효과가 문제된 법률관계가 발생한 시기까지 소급하여 인정된다고 한다(소수설·판례).

태아가 출생하지 않은 동안 태아의 권리를 보존·관리할 수 없게 되므로 태아의 권리보호는 다소 미흡하게 되나, 제3자에게 태아의 존재에 따른 불측의 손해를 끼칠 우려는 적게 된다.

이 설에 의하면 태아인 동안에는 권리능력이 없기 때문에 법정대리인도 있을 수 없다.

2) 해제조건설(제한적인격설)

태아에게도 권리능력을 인정할 수 있는 사유가 발생하면 태아인 동안에 그 범위 내에서 이미 출생한 자연인과 동일한 권리능력을 갖는다고 한다. 따라서 태아가 사산된 경우에만 문제의 시기까지 소급하여 이미 발생한 태아의 권리능력이 소멸하게 된다(다수설).

그러므로 태아인 동안에도 법정대리인을 선임하여 태아의 이익을 보호할 수 있으므로 태아의 이익을 다소 두텁게 보호할 수 있으나, 태아가 사산된 경우에는 제3자의 이익을 해할 우려가 있다. 이 견해에 의하면 태아인 동안에도 권리능력이 있기 때문에 법정대리인도 있을 수 있다. 즉 태아가 출생한 경우는 법정대리인의 행위가 모두 출생한 태아에게 귀속되므로 아무런 문제가 없으나, 태아가 사산된 경우는 법정대리인의 행위가 소급하여 무효가 되므로 제3자의 이익을 해할 우려가 매우 크게 된다고 볼 수 있는 문제점이 있다.

3) 학설의 검토

우리 민법은 태아의 이익보호와 관련하여 개별적 보호주의를 채택하고 있으므로, 이러한 범위에서 태아의 이익을 두텁게 보호할 필요성이 크다. 한편 의학의 발달로 경험론적인 입장에서 보더라도 출생률이 사산율보다 압도적으로 높아 사산의 경우 가 매우 낮아졌고 따라서 제3자의 이익을 해할 우려가 비교적 적어 개인적으로는 해제조건설을 지지한다.

〈 정지조건설과 해제조건설의 비교 〉

	정지조건설	해제조건설
태아를 위한 법정대리인	부 정	긍 정
상속재산분할 참가	태아를 제외하고 상속재산분할하고 후에 태아가 출생하면 상속회복청구를 한다.	태아도 상속재산분할에 참가할 수 있다.

태아에게 특정유증을 한후 유증자가 사망	태아인 동안에는 유증의 이행을 청구할 수 없다.	태아인 동안에도 유증 이행 청구 가능.
태아에 대한 증여나 사인증여	법정대리인도 없고 권리능력도 없으므로 효력 없다.	법정대리인의 승낙에 의해 증여 받을 수 있다.
태아를수익자로 하는 제3자를 위한 계약	제3자는 체결 당시 특정 되지 않아도 무방하므로 체결당시 태아라 해도 수익의 의사표시때 까지 출생하면 된다.	
태아가 살아서 출생한 경우	태아가 살아서 출생하면 문제되는 시점까지 권리능력이 인정되며 이는 양설에 차이가 없다.	
태아가 사산된 경우	처음부터 권리능력이 인정되지 않으므로 양설에 차이가 없다.	

5. 외국인의 권리능력

(1) 의 의

외국인이란 우리나라 국적을 갖지 않고 있는 자로서 외국국적을 가진자와 무국적자를 말한다. 원칙적으로 외국인도 내국인과 동등한 권리능력을 갖는다. 다만 예외적으로 특별법에 의해서 외국인의 권리능력이 제한되는 경우가 있다.

(2) 외국인의 권리능력 제한

외국인은 한국선박(선박법 2조)이나 한국항공기(항공법 6조)를 소유할 수 없고 도선사가 될 수 없다(도선법 6조). 그러나 상호주의에 따라 광업권이나 조광권의 취득, 수산업에 관한 권리, 공증인이 되는 권리 등은 외국인의 본국법에 따라 그의 본국법이 우리국민에게 인정하는 것과 같은 정도로 인정하는 경우가 있다.

Ⅱ. 행위능력 · 의사능력과 책임능력

1. 행위능력

(1) 행위능력의 의의

행위능력이란 단독으로 완전하고도 유효한 법률행위를 할 수 있는 법률상의 자격 내지 지위를 말한다. 이러한 행위능력은 권리능력과 의사능력을 전제로 하여 주어진다.

(2) 행위능력의 인정이유

의사능력과 별도로 행위능력을 인정하는 이유는, 의사능력이 없는 자의 행위는 무효이지만, 그가 무효를 주장하려면 법률행위 당시 의사능력이 없음을 증명하여야 하는데 그 증명이 어려운 경우가 많고 반면에 의사능력이 없는자를 의사능력 있는자로 믿고 거래한 상대방은 뜻하지 않은 손해를 입게 될 염려가 있어 적법한 법률행위를 할 수 있는 능력자(행위능력자)와 할 수 없는 제한능력자를 일률적으로 정하여 제한능력자가 독자적으로 법률행위를 한 경우에 그에게 의사능력이 있었는지 여부를 묻지 않고 취소할 수 있도록 함으로써, 거래의 안전 및 거래의 신속이라는 일반 목적을 달성할 수 있기 때문이다.

2. 의사능력과 책임능력

(1) 의사능력이란 사물을 변별할 수 있는 정신력, 즉 변별력·예견력 등을 통칭하는 말로 민법에서는 자신의 행위에 대한 정상적 인식력 및 예기력을 의미한다. 따라서 이러한 의사능력이 없는 자의 법률행위는 무효이다. 더욱이 의사무능력자의 불법행위의 경우는 그에 따른 책임이 인정되지 않는다.

(2) 책임능력이란 자신의 행위로 인하여 발생한 결과에 대하여 행위자가 책임질 수 있는 능력을 말하므로, 특히 불법행위 성립에 반드시

요구되는 요건 중의 하나이다. 즉, 행위자가 자신의 행위에 대한 결과를 예견할 수 있는 능력이 있어야 그에 따른 책임을 부담한다는 것이므로, 책임능력이란 불법행위능력 또는 의사능력을 행위자의 책임이라는 측면에서 본 것으로 이는 법률상 손해배상책임을 부담하는 능력을 말한다.

관련판례

① 의사능력이란 자신의 행위의 의미나 결과를 정상적인 인식력과 예기력을 바탕으로 합리적으로 판단 할 수 있는 정신적 능력 내지는 지능을 말하는 것으로서, 의사능력의 유무는 구체적인 법률행위와 관련하여 개별적으로 판단되어야 할 것이다.

② 원고가 직접 금융기관을 방문하여 금 50,000,000원을 대출받고 금전소비대차약정서 및 근저당권설정계약서에 날인하였다고 할지라도, 원고가 어릴 때부터 지능지수가 낮아 정규교육을 받지 못한 채 가족의 도움으로 살아왔고, 위 계약일 2년 8개월 후 실시된 신체감정결과 지능지수는 73, 사회연령은 6세 수준으로서 이름을 정확하게 쓰지 못하고 간단한 셈도 불가능하며, 원고의 본래 지능수준도 이와 크게 다르지 않을 것으로 추정된다는 감정결과가 나왔다면, 원고가 위 계약 당시 결코 적지 않은 금액을 대출 받고 이에 대하여 자신 소유의 부동산을 담보로 제공함으로써 만약 대출금을 변제하지 못할 때에는 근저당권의 실행으로 인하여 소유권을 상실할 수 있다는 일련의 법률적인 의미와 효과를 이해할 수 있는 의사능력을 갖추고 있었다고 볼 수 없고, 따라서 위 계약은 의사능력을 흠결한 상태에서 체결된 것으로서 무효라고 본 사례(대판 2002. 10. 11. 2001다10113)

Ⅲ. 제한능력자

1. 개 설

행위능력이 제한된 자를 제한능력자(보호가 필요한자)라고 하는데 민법은 제한능력자로 ① 연령에 의해 일률적으로 결정되는 미성년자(만 19세)와 일정한 요건이 갖추어지면 가정법원의 심판에 의해 비로서 제한능력자로 되는 ② 피성년후견인 ③ 피한정후견인 ④ 피특정후견인이 있다.

행위능력제도는 법적거래에서 제한능력자를 특별히 보호하기 위한 제도인 동시에 사회 일반의 이익 내지 거래의 안전을 보호 하는 역할도 담당한다.

「행위능력제도의 민법 개정」[1)]

1. 개 설

종전 행위능력제도에 대해 만 20세의 성년연령이 현실에 부합하지 않는다는 점, 획일적, 정형적이어서 탄력성을 결하고 있다는 점 재산이 없거나 법정대리인이 없는 무능력자에게는 실익이 없다는 점 등의 문제점이 지적되었고, 이에 정신장애나 육체적 불구 등으로 인하여 자기 재산을 관리하거나 자기 신상에 관한 사무를 처리하기 어려운 성년자에게 행위능력을 전면적으로 제약할 것이 아니라 법원의 후견적 개입을 통하여 탄력적으로 행위능력을 부여할 수 있도록 하는 성년후견제도를 도입하자는 주장이 있었는데 이들을 반영한 민법 일부개정 법률안이 2011. 2. 18. 국회를 통과하고 2013. 7. 1.부터 시행되었다.

2. 법제처의 개정법률안 제안이유

기존의 금치산 한정치산제도를 현재 정신적 제약이 있는 사람은 물론 미래에 정신적 능력이 약해질 상황에 대비하여 후견제도를 이용하려는 사람이 재산행위뿐만 아니라 치료, 요양 등 복리에 관한 폭넓은 도움을 받을 수 있는 성년후견제로 확대 개편하고 기존 금치산, 한정치산선고의 청구권자에 후견감독인과 지방자치단체의 장을 추가하여 후견을 내실화하며 성년후견 등을 요구하는 노인, 장애인 등에 대한 보호를 강화하고 피성년후견인 등과 거래하는 상대방을 보호하기 위하여 성년후견 등에 관하여 등기로 공시하도록 하는 한편, 청소년의 조숙화에 따라 성년연령을 낮추는 세계적 추세와 공직선거법 등의 법령 및 사회, 경제적 현실을 방영하여 성년에 이르는 연령을 만 20세에서 만 19세로 낮추려는 것이다.

3. 개정법률안의 주요 내용

(1) 성년연령의 인하(제4조)

청소년의 조숙화에 따라 성년연령을 낮추는 세계적 추세와 공직선거법 등의 법령 및 사회, 경제적 현실을 반영하여 성년에 이르는 연령을 만 20세에서 만 19세로 낮춤

(2) 성년후견, 한정후견, 특정후견제도의 도입(제9조, 제12조, 제14조의2)

획일적으로 행위능력을 제한하는 문제점을 내포하고 있는 기존의 금치산, 한정치산제도 대신 더욱 능동적이고 적극적인 사회복지시스템인 성년후견, 한정후견, 특정후견제도를 도입하고 기존 금치산 , 한정치산선고의 청구권자에 후견감독인과 지방자치단체의 장을 추가하여 후견을 내실화하고 성년후견 등을 필요로 하는 노인 장애인 등에 대한 보호를 강화함.

(3) 제한능력자 능력의 확대(제10조 및 제13조)
성년후견을 받는 사람의 법률행위 중 일용품의 구입 등 일상생활에 필요한 행위이거나 후견개시의 심판에서 달리 정한 것은 취소할 수 없도록 하고, 한정후견을 받는 사람의 법률행위는 가정법원에서 한정후견인의 동의사항으로 결정한 것이 아닌 이상 확정적으로 유효한 법률행위로 인정되며, 특정후견을 받는 사람의 법률행의는 어떠한 법적 제약이 따르지 않도록 함

(4) 후견받는 사람의 신상보호규정의 도입(제947조, 제947조의2)
피후견인에 대한 후견인의 폭넓은 조력이 가능하도록 하되 피후견인의 신상에 관한 결정권은 본인에게 있다는 원칙과 후견인의 임무수행에 있어서 피후견인의 의사존중 의무를 명시하는 등 피후견인의 복리를 실질적으로 보장할 수 있도록 함

(5) 복수·법인 후견 도입 및 동의권 등 범위에 대한 개별적 결정(제930조)
후견인의 법정순위를 폐지하고, 가정법원이 피후견인의 의사 등을 고려하여 후견인과 그 대리권, 동의권의 범위 등을 개별적으로 결정하도록 하며, 복수·법인후견인도 선임할 수 있도록 함

(6) 후견감독인제도의 도입(제940조의2부터 940조의7, 제959조, 959조의10)
친족회를 폐지하고 그 대신 가정법원이 사안에 따라 후견감독인을 개별적으로 선임할 수 있도록 함으로써 후견인의 임무해태, 권리남용에 대한 실질적인 견제가 가능하도록 함

(7) 후견계약제도의 도입(제959조의14부터 제959조의20)
후견을 받으려는 사람이 사무를 처리할 능력이 부족한 상황에 있거나 부족하게 될 상황에 대비하여 재산관리 및 신상보호에 관한 사무의 전부 또는 일부를 자신이 원하는 후견인에게 위탁하는 내용의 계약을 체결할 수 있도록 하는 한편, 후견계약은 공정증서에 의하여 체결하도록 하고 그 효력 발생시기를 가정법원의 임의 후견감독인 선임시로 하는 등 피후견인의 권익을 보호할 수 있는 제도적 장치를 마련함

(8) 제3자보호위해 성년후견을 등기로 공시(제959조의15, 제959조의19, 20)
거래의 안전을 보호하고 피성년후견인과 거래하는 상대방인 제3자를 보호하기 위하여 후견계약 등을 등기하여 공시하도록 함

1) 지원림 민법강의 75쪽 이하.

2. 미성년자

(1) 의 의

미성년자란 만 19세에 달하지 않은 자로서 혼인하지 않은 자를 말한다. 또한 여기서 혼인이란 법률혼을 말하는 것이므로 사실혼 상태에 있는 미성년자는 성년자가 아니다. 그러나 우리 민법은 「성년의제」 제도를 두고 있는데, 즉 미성년자라도 혼인을 한 때에는 성년자로 본다. 따라서 혼인을 한 미성년자는 친권에 복종하지 않을 뿐만 아니라, 성년자와 마찬가지로 행위 능력을 취득한다.

「혼인에 의한 성년의제」에 관하여 ① 그 혼인은 법률혼만을 의미하고 사실혼은 제외된다. ② 이 제도는 사법의 영역에서만 적용되고, 공법관계(예: 병역법, 조세법, 청소년법, 공직선거 및 선거부정방지법 등)에서는 적용되지 않는다. ③ 성년의제를 받은 자가 아직 미성년으로 있는 동안에 혼인의 취소나 이혼 등으로 혼인이 해소된 경우에 다시 미성년으로 복귀하느냐에 관해, 학설은 대체로 무능력자로의 복귀에 따른 거래의 안전문제·혼인 중에 출생한 자의 친권문제 등을 고려하여 성년의제의 효과는 소멸하지 않는다고 본다(통설).

– 각 나라의 성년기 –

① 18세 : 미국의 대다수의 주, 영국, 독일, 프랑스, 중국, 오스트리아, 베트남 등
② 19세 : 현재 우리나라 등
③ 20세 : 일본, 스위스, 대만 등
④ 21세 : 이탈리아 등
⑤ 17세 : 북한

(2) 미성년자의 능력(행위능력)

1) 원 칙

미성년자는 원칙적으로 법정대리인의 동의 없이 단독으로 유효한 법률행위를 할 수 없다. 만일 이에 위반한 미성년자의 법률행위는 미성년자 및 그의 법정대리인이 취소할 수 있게 된다.

이와 같이 미성년자는 제한능력자이므로 법정대리인으로부터 동의를 얻

어 법률행위를 하게 되는데, 1차적으로 친권자가 법정대리인이 되고 미성년자에게 부모가 없거나 친권행사가 불가능한 경우에는 2차적으로 후견인이 법정대리인이 된다.

이와 같은 미성년자의 법률행위에 법정대리인의 동의가 있었다는 사실의 입증책임은 당해 법률행위의 유효를 주장하는 자가 부담한다(판례). 법정대리인의 권한으로는 동의권(허락), 대리권, 취소권이 있다.

동의권은 미성년자가 법률행위를 함에 대한 허락이다. 대리권은 법정대리인이 미성년자를 대리하여 재산상의 법률행위를 할 수 있는 권한을 말하고, 취소권은 미성년자가 법정대리인의 동의 없이 한 법률행위를 법정대리인이 그 법률행위를 취소할 수 있는 것을 말한다.

2) 예 외

다음의 경우는 미성년자라도 예외적으로 법정대리인의 동의 없이 단독으로 유효한 법률행위를 할 수 있게 되는데, 그 구체적인 사항은 아래와 같다.

단지 이때에도 미성년자에게 의사능력을 가지고 있어야 함은 물론이다.

(가) 단순히 권리만 얻거나 의무를 면하는 행위(제5조)

이것은 당해 법률행위로 미성년자가 권리만 취득하는 경우는 물론, 미성년자가 부담하고 있던 기왕의 의무를 면제시켜 주는 내용의 법률행위를 말한다(예를 들면 부담 없는 증여를 받거나, 채무면제에 대한 승낙 등). 따라서 단순히 경제적으로 유리한 조건의 매매계약과 같이 아무리 미성년자에게 이익이 되는 경우라도 그에 따르는 일정한 의무를 부담하는 경우는 이에 속하지 않는다(예를 들면 부담부증여계약, 상속을 승인하는 행위 등).

(나) 처분이 허락된 재산의 처분행위(제6조)

법정대리인으로부터 특정한 재산의 처분에 관한 허락을 얻은 경우 그에 기하여 미성년자가 행하는 개개의 처분행위는 법정대리인으로부터 별도의 동의를 얻지 않아도 단독으로 할 수 있다.

이 경우 법정대리인은 그 처분할 수 있는 재산의 범위를 일정하게 정하여 지정 허락을 주어야 하므로, 그 처분의 범위는 사회통념상 미성년자에게 인정될 수 있는 합리적인 범위이어야 한다. 따라서 미성년자에게 자신의 전 재산을 처분하여도 무방하다는 취지의 허락은 줄 수 없는 것이다.

또한 처분을 허락하면서 그 재산의 사용목적 내지 용도를 지정하였더라도, 일반거래의 안전보호라는 측면에서 미성년자는 이와 무방하게 처분 할 수 있다고 보아야 한다.

- 처분이 허락된 재산의 범위 -

① 다수설 : 사용목적이 정해져 있더라도 목적에 관계없이 허락된 재산의 범위(금액) 내에서는 자유로이 처분할 수 있다.
예컨대 부모가 미성년자인 자녀에게 여비의 사용목적으로 5만원을 주었다면 그 금액(5만원) 범위 내에서는 식대, 오락비 등의 다른 사용목적에 자유로이 사용할 수 있다는 견해.

② 소수설 : 사용목적이 정해져 있으면 그 목적 범위(즉 등록금, 여비, 식대, 오락비 등) 안에서만 사용(처분)할 수 있다는 견해.

(다) 허락된 특정의 영업에 관한 행위(제8조 제1항)

미성년자가 법정대리인으로부터 허락받은 영업에 관한 법률행위는 이와 무방하게 처분할 수 있다고 보아야 한다. 즉 영업의 허락을 받은 미성년자는 그 영업을 하는데 필요한 일체의 행위(자금차용, 직원채용, 사무실구입, 물건의 판매 등)에 관하여 성년자와 동일한 행위능력이 있다.

법정대리인의 영업에 관한 허락은 그 영업의 종류나 단위를 특정하여 하여야 함은 물론, 그 하나의 단위영업에 관한 일부만의 허락이나 일부에 대한 제한을 할 수 없다. 여기서 영업이란 영리를 목적으로 하는 상행위만 의미하는 것이 아니라, 널리 경제적 이익의 취득을 목적으로 하는 모든 사업 내지 영리행위를 의미하는 것이다.

이처럼 특정의 영리에 관하여 법정대리인이 허락을 준 경우 그 범위에서 미성년자는 성년자와 동일한 행위능력을 갖게 되므로, 법정대리인의 대리권도 이 허락된 영업의 범위 내에서 소멸하게 된다. 따라서 법정대리인은 기타 법률행위 등에 관한 동의나 허락의 경우와는 달리 그 허락을 취소하고 재차 대리할 수 없다.

(라) 대리행위(제117조)

대리인은 행위능력자임을 요하지 않는다(제117조). 따라서 미성년자가 타인의 대리인으로 법률행위를 하더라도 그 효과는 직접 그 타인, 즉 본인에게 귀속되므로 미성년자의 이익여부와 전혀 관련이 없다. 따라서 미성년자라고 하여도 타인의 대리인이라는 지위에서는 법정대리인의 동의와 관계없이 단독으로 유효한 대리행위를 할 수 있는 것이다.

(마) 유언행위(제1062조)

가족법상의 행위에는 민법총칙의 행위능력에 관한 규정이 적용되지 않는 것이 원칙이다. 그러나 특히 유언의 경우는 민법이 별도로 만 17세에 달하여 의사능력이 있는 한 유효한 유언을 할 수 있다고 규정하고 있다.

(바) 승낙을 얻어 무한책임사원이 된 경우의 그 지위에 기한 법률행위(상법 제7조)

미성년자가 법정대리인의 승낙을 얻어 회사의 무한책임사원(회사채무에 대하여 직접, 회사와 연대, 무한의 책임을 지는 사원)이 된 경우는 그 무한책임사원이라는 지위에 의하여 행하는 법률행위는 단독으로 할 수 있다.

(사) 근로계약과 임금의 청구(근로기준법 제67조·제68조)

미성년자는 독자적으로 임금을 청구할 수 있고, 친권자 또는 후견인은 미성년자의 근로계약을 대리할 수 없다. 이 경우 법정대리인의 권한은 그 근로계약이 불리한 경우 이를 해제할 수 있는 권한만 갖는데 그친다.

(3) 법정대리인

1) 의 의

미성년자에 대해서는 친권자가 1차적으로 법정대리인이 되고 친권자가 없는 경우 또는 친권자가 자에 대한 법률행위 대리권과 재산관리권을 상실한 때에는 후견인이 2차적으로 법정대리인이 된다.

2) 법정대리인이 되는 자

(가) 친 권 자

1차적으로 친권자가 법정대리인으로 된다(제911조). 누가 친권자로 되는지와 친권의 행사방법을 제909조가 규정한다.

(나) 후 견 인

미성년자에게 부모가 없거나 부모가 친권을 행사할 수 없는 경우에는 2차적으로 후견인이 법정대리인으로 되고 후견인은 지정후견인(제931조: 친권행사자가 유언으로 지정한 자), 선임후견인(제936조: 지정후견인이 없거나 후견인이 없게된 경우 법원에서 선임한 자)의 순으로 된다(개정민법에서 법정후견인은 없어졌다).

3) 법정대리인의 권한

(가) 동 의 권

법정대리인은 미성년자가 법률행위를 함에 대한 동의 또는 처분이나 영업의 허락을 줄 수 있다(제5조 1항, 제6조). 법정대리인의 동의나 허락이 있더라도 제한능력자에게 의사능력이 있어야 그 법률행위가 유효할 수 있다. 동의는 미성년자의 법률행위가 있기전에 하여야 하지만 그 후에 하는 동의는 추인의 의미를 가진다.

(나) 대 리 권

법정대리인은 미성년자를 대리하여 재산상의 법률행위를 할 권한을 가진다(제920조). 그런데 법정대리인이 제한능력자를 위해 영업을 하는 때에는 등기를 하여야 한다(상법 제8조 1항). 대리권은 동의 또는 처분을 준 행위에 대해서도 행사할 수 있지만 영업허락의 경우에는 그러하지 않다. 친권자인 부모의 일방이 부모의 공동명의로 대리권을 행사하는 경우에 다른 일방의 의사에 반하더라도 선의의 상대방에 대하여 효력을 발생하는 반면 자기의 단독명의로 대리권을 행사한 경우에는 무권대리가 된다.

(다) 취 소 권

법정대리인은 미성년자가 독자적으로 한 법률행위를 취소할 수 있다(제140조).

3. 피성년후견인

(1) 의 의

피성년후견인이란 질병, 장애, 노령, 그 밖의 사유로 인한 정신적 제약으로 사무를 처리할 능력이 지속적으로 결여된 사람으로서 가정법원으로부터 성년후견개시의 심판을 받은자를 말한다.[2)]

(2) 성년후견개시의 요건

성년후견개시가 내려지기 위해서는 실질적 요건과 절차적 요건의 두 가지를 갖추어야 한다.

1) 실질적 요건

① 질병, 장애, 노령 그 밖의 사유로 인한 정신적 제약으로 사무를 처리할 능력이 지속적으로 결여 되어야 한다(식물인간상태, 치매상태인 경우).

② 가정법원은 성년후견개시의 심판을 할 때 본인의 정신상태에 관하여 의사에게 감정을 시켜야 하지만 본인의 정신상태를 판단할 만한 다른 충분한 자료가 있는 때에는 그러하지 아니하다(가송법 45조의3 1항).

2) 절차적 요건

① 본인, 배우자, 4촌이내의 친족, 미성년후견인, 미성년후견감독인, 한정후견인, 한정후견감독인, 특정후견인, 특정후견감독인, 검사 또는 지방자치단체의 장의 청구가 있어야 한다. 본인의 청구는 그가 의사능력

---

2) 제9조(성년후견개시의 심판) ① 가정법원은 질병, 장애, 노령, 그 밖의 사유로 인한 정신적 제약으로 사무를 처리할 능력이 지속적으로 결여된 사람에 대하여 본인, 배우자, 4촌 이내의 친족, 미성년후견인, 미성년후견감독인, 한정후견인, 한정후견감독인, 특정후견인, 특정후견감독인, 검사 또는 지방자치단체의 장의 청구에 의하여 성년후견개시의 심판을 한다. ② 가정법원은 성년후견개시의 심판을 할 때 본인의 의사를 고려하여야 한다.

을 갖추고 있는 동안에 가능하고 검사나 지방자치단체의 장이 청구권자에 포함된 것은 다른 청구권자가 없는 경우 또는 있더라도 사실상 청구를 할 수 없거나 청구하려 하지 않는 경우에 대비하여 공익의 대표자로서 청구할 수 있도록 한 것이다.

② 가정법원은 성년후견개시의 심판을 할 때 본인의 의사를 고려하여야 한다.

③ 요건이 갖추어 지면 가정법원은 성년후견개시의 심판을 하여야 하고, 지체없이 가족관계등록사무 및 후견등기사무를 처리하는 사람에게 가족관계등록부에 기록할 것(가등법 80조)과 후견등기부에 등기할 것(후견등기에관한법률 20조)을 촉탁하여야 한다(가송법 9조).

(3) 피성년후견인의 능력

1) 원 칙

피성년후견인의 법률행위는 원칙적으로 취소할 수 있다(제10조 1항). 성년후견인의 동의가 있더라도 취소할 수 있는데 취소권자는 피성년후견인 또는 성년후견인이다(제141조).

2) 예 외

① 가정법원이 취소할 수 없는 피성년후견인의 법률행위의 범위를 정한 경우에 그 한도에서 예외적으로 행위능력을 갖는다(제10조 2항). 그 범위는 본인, 배우자, 4촌이내의 친족, 성년후견인, 성년후견감독인, 검사 또는 지방자치단체의 장의 청구에 의하여 가정법원이 변경할 수 있다(제10조 3항).

② 일용품의 구입 등 일상생활에 필요하고 그 대가가 과도하지 아니한 법률행위는 성년후견인이 취소할 수 없다(제9조 4항).

③ 피성년후견인의 법률행위라도 성년후견인이 추인하면 유효로 될 수 있다(제14조).

④ 타인의 대리행위는 의사능력이 갖추어진 경우에 한하여 피성년후견인이 단독으로 할 수 있다(제117조).

⑤ 피성년후견인의 신상에 관해서는 그의 상태가 허용하는 범위에서 피성년후견인이 단독으로 결정할 수 있고(제947조의2 1항), 가족법상의 행위에 관하여 성년후견인의 동의를 받아 스스로 유효한 법률행위를 할 수 있는 경우가 있으며 특히 유언은 의사능력이 회복된 때에 한하여 독자적으로 할 수 있다(제1063조).

(4) 성년후견인(피성년후견인의 법정대리인)

피성년후견인의 법정대리인이 되는 자는 성년후견인이며(제938조 1항), 가정법원은 성년후견개시의 심판을 할 때 직권으로 성년후견인을 선임하여야 한다(제929조). 성년후견인은 피성년후견인의 법률행위에 대한 동의권을 가지지 않고 대리권과 취소권을 가진다. 다만 성년후견인의 대리권은 원칙적으로 포괄적이지만 가정법원에 의해 제한이 될 수 있기 때문에 피성년후견인의 행위능력이 인정되는 범위에서는 성년후견인의 대리권이 소멸한다고 보아야 할 것이다.

(5) 성년후견의 종료

1) 성년후견개시의 원인이 소멸된 경우 가정법원은 본인, 배우자, 4촌 이내의 친족, 성년후견인, 성년후견감독인, 검사 또는 지방자치단체의 장의 청구에 의하여 성년후견종료의 심판을 하여야 한다(제11조). 가정법원이 피성년후견인에 대하여 한정후견개시의 심판을 할 때에도 종전의 성년후견의 종료심판을 하여야 한다(제14조의3 2항).

2) 성년후견종료의 심판은 장래에 향하여 효력을 가진다. 따라서 그 심판이 있기 전에 행해진 피성년후견인의 법률행위는 원칙적으로 취소될 수 있다.

〈 미성년후견제도와 성년후견제도의 비교 〉

내 용		미성년후견제도	성년후견제도
피후견인	선임사유	친권자가 없거나 친권자가 대리권·재산관리권을 행사할 수 없는 경우	질병·장어·노령 등으로 인한 정신적 제약

후견인	자격	친족 또는 제3자(법인×)	친족 또는 제3자(법인포함)
	수	1인	수인 가능
	선임	법원 직권 선임(유언으로 지정이 있는 경우 제외)	법원의 직권선임
	감독기관	법원(후견감독인)	법원(후견감독인)
후견 감독인	선임	법원 직권 선임(유언으로 지정이 있는 경우 제외)	법원의 임의적 선임
공시	방법	가족관계등록부	후견등기부
	촉탁	법원의 기록촉탁	법원의 등기촉탁(성년,한정, 특정) 당사자의 신청(후견계약에 의한 임의후견일 경우)
법원	역할	후견인 선임과 감독	후견인 선임과 감독

4. 피한정후견인

(1) 의 의

피한정후견인이란 질병, 장애, 노령 그 밖의 사유로 인한 정신적 제약으로 사무를 처리할 능력이 부족한 사람으로서 가정법원으로부터 한정후견개시의 심판을 받은 자를 말한다(제12조).[3]

(2) 한정후견개시의 요건

1) 실질적 요건

질병, 장애, 노령 그 밖의 사유로 인한 정신적 제약으로 사무를 처리할 능력이 부족하여야 한다. 성년후견개시원인인 결여보다는 정신적 제약이

---

3) 제12조(한정후견개시의 심판) ① 가정법원은 질병, 장애, 노령, 그 밖의 사유로 인한 정신적 제약으로 사무를 처리할 능력이 부족한 사람에 대하여 본인, 배우자, 4촌 이내의 친족, 미성년후견인, 미성년후견감독인, 성년후견인, 성년후견감독인, 특정후견인, 특정후견감독인, 검사 또는 지방자치단체의 장의 청구에 의하여 한정후견개시의 심판을 한다.② 한정후견개시의 경우에 제9조제2항을 준용한다.

경미한 상태를 말하며, 원칙적으로 의사의 감정을 거쳐야 한다(가송법 45조의3 1항).

2) 절차적 요건

① 본인, 배우자, 4촌이내의 친족, 미성년후견인, 미성년후견감독인, 성년후견인, 성년후견감독인, 특정후견인, 특정후견감독인, 검사 또는 지방자치단체의 장의 청구가 있어야 한다. 검사나 지방자치단체의 장이 청구권자에 포함된 것은 다른 청구권자가 없는 경우 또는 있더라도 사실상 청구를 할 수 없거나 청구하려 하지 않는 경우에 대비하여 공익의 대표자로서 청구할 수 있도록 한 것이다.

② 가정법원은 성년후견개시의 심판을 할 때 본인의 의사를 고려하여야 한다.

③ 요건이 갖추어 지면 가정법원은 한정후견개시의 심판을 하여야 하고, 지체없이 가족관계등록사무 및 후견등기사무를 처리하는 사람에게 가족관계등록부에 기록할 것(가등법 80조)과 후견등기부에 등기할 것(후견등기에관한법률 20조)을 촉탁하여야 한다(가송법 9조).

(3) 피한정후견인의 능력

1) 원 칙

한정후견이 개시되면 피한정후견인의 행위능력은 제한된다. 즉 가정법원은 한정후견인의 동의를 받아야 하는 행위의 범위를 정할 수 있고(제13조 1항), 그 범위에 속하는 행위를 피한정후견인이 동의 없이 하였을 때에는 그 법률행위를 취소할 수 있다(동조 4항). 그리고 그 범위는 본인, 배우자, 4촌이내의 친족, 한정후견인, 한정후견감독인, 검사 또는 지방자치단체의 장의 청구에 의해 가정법원이 변경할 수 있다(동조 2항).

2) 예 외

① 한정후견인의 동의를 요하는 행위에 대해 피한정후견인의 이익을 해칠 염려가 있음에도 한정후견인이 동의를 하지 않은 경우에 피한정후

견인은 한정후견인의 동의에 갈음하는 가정법원의 허가를 받아서 단독으로 할 수 있다(제13조 3항).

② 가정법원이 동의를 요하는 것으로 정한 범위 밖의 행위, 근로계약의 체결과 임금의 청구, 타인의 대리행위 등도 피한정후견인이 독자적으로 할 수 있다.

③ 일용품의 구입 등 일상생활에 필요하고 그 대가가 과도하지 아니한 법률행위는 취소할 수 없다(제13조 4항).

④ 피한정후견인의 행위능력제한은 가족법상의 행위에 미치지 않는다. 다만 피한정후견인의 신상결정 등에 관해서는 제947조의2가 한정후견사무를 정하는 제959조의6에 의해 준용됨에 따라 피성년후견인과 다르지 않다고 한다.

(4) 한정후견인(피한정후견인의 법정대리인)

1) 피한정후견인의 제한된 행위능력을 보충하기 위해 가정법원은 한정후견 개시의 심판을 할 때 직권으로 한정후견인을 선임하여야 한다(제959조의2, 제959조의3 1항).

2) 한정후견인은 동의를 요하는 범위에서 동의권과 대리권 및 취소권을 갖는다. 한정후견인에 의한 능력보충은 주로 동의권 행사에 의해 이루어지는데 그 범위는 가정법원에 유보되어 있다. 그리고 대리권을 수여하는 가정법원의 심판이 있어야 그 범위에서 대리권을 행사할 수 있다(제959조의4).

(5) 한정후견의 종료

1) 한정후견개시의 원인이 소멸된 경우에 가정법원은 본인, 배우자, 4촌이내의 친족, 한정후견인, 한정후견감독인, 검사 또는 지방자치단체의 장의 청구에 의하여 한정후견종료의 심판을 하여야 한다(제14조). 가정법원이 피한정후견인에 대해 성년후견개시의 심판을 할 때에도 종전의 한정후견의 종료심판을 하여야 한다.

2) 한정후견종료의 심판은 장래에 향하여 효력을 가진다. 따라서 그 심판이 있기 전에 행해진 동의를 요하는 법률행위는 동의가 없었음을 이유로 취소될 수 있다.

5. 피특정후견인

(1) 의 의

피특정후견인이란 질병, 장애, 노령, 그 밖의 사유로 인한 정신적 제약으로 일시적 후원 또는 특정한 사무에 관한 후원이 필요한 사람으로서 가정법원으로부터 특정후견개시의 심판을 받은자를 말한다(제14조의2).

(2) 특정후견의 요건

1) 실질적 요건

질병, 장애, 노령 그 밖의 사유로 인한 정신적 제약으로 일시적 후원 또는 특정한 사무에 관한 후원이 필요하여야 한다. 성년후견이나 한정후견에서의 제약이 지속적, 포괄적인 것임에 반해 여기서의 제약은 일시적, 한정적인 것이어야 한다. 즉 피특정후견인은 일시적(1회적)으로 또는 특정한 경우에만 보호를 받으면 충분한 경우에만 필요한 제도이다. 가정법원은 특정후견개시의 심판을 할 때 의사나 그 밖의 적당한 자의 의견을 들어야 한다(가송법 45조의3 2항).

2) 절차적 요건

① 본인, 배우자, 4촌 이내의 친족, 미성년후견인, 미성년후견감독인, 검사 또는 지방자치단체의 장의 청구가 있어야 한다.

② 특정후견은 본인의 의사에 반하여 할 수 없다(제14조의2 2항). 하지만 적극적인 동의를 요하는 것은 아니다.

③ 요건이 갖추어 지면 가정법원은 특정후견의 심판을 하여야 한다.

(3) 피특정후견인의 능력

특정후견의 심판을 하는 경우에 가정법원은 특정후견인의 기간 또는 사무의 범위를 정하여야 하는데 특정후견의 심판이 있어도 피특정후견인의 행위능력은 제한되지 않는다고 볼 것이다. 즉 특정후견의 심판이 있다 하더라도 원칙적으로 피특정후견인의 행위능력에 제한을 받지 않는다.

(4) 특정후견인(피특정후견인의 법정대리인 : 후원적역할)

1) 가정법원은 피특정후견인의 후원을 위하여 필요한 처분을 명할 때 그 처분의 하나로 피특정후견인을 후원하거나 대리하기 위한 특정후견인을 선임할 수 있다(제959조의8).

2) 피특정후견인의 후원을 위하여 필요하다고 인정되면 가정법원은 기간이나 범위를 정하여 피특정후견인을 후원하거나 대리권을 수여하는 심판을 할 수 있고(제959조의11 1항) 그 범위에서 특정후견인은 대리권을 가질 뿐이다. 그리고 피특정후견인의 행위능력이 제한되지 않는다고 보아야 하므로 특정후견인은 취소권 및 동의권을 가지지 않는다고 할 것이다.

(5) 특정후견의 종료

1) 가정법원이 피특정후견인에 대하여 성년후견개시 또는 한정후견개시의 심판을 할 때도 종전의 특정후견의 종료심판을 하여야 한다.

2) 특정후견종료의 심판은 장래에 향하여 효력을 가진다.

〈 성년후견, 한정후견, 특정후견, 가족법상의 임의후견 비교 〉

내용	성년후견	한정후견	특정후견	후견계약(임의후견) (민법 제959호의 14~20규정)
개시사유	정신적 제약으로 사무처리능력의 지속적 결여	정신적 제약으로 사무처리능력의 부족	정신적 제약으로 일시적 후원 또는 특정사무 후원의 필요	정신적 제약으로 사무처리능력의 부족
후견개시청구권자	본인, 배우자, 4촌 이내의 친족, 미성년후견(감	본인, 배우자, 4촌 이내의 친족, 미성년후견(감	본인, 배우자, 4촌 이내의 친족, 미성년후견인, 미	본인, 배우자, 4촌 이내의 친족, 임의후견인, 검사 또는 지방자

	독)인, 한정후견(감독)인, 특정후견(감독)인, 검사 또는 지방바치단체의 장	독)인, 성년후견(감독)인, 특정후견(감독)인, 임의후견(감독)인, 검사 또는 지방자치단체의 장	성년후견감독인, 임의후견(감독)인, 검사 또는 지방자치단체의 장	치단체의 장 (※ 임의후견 개시 요건인 임의후견감독인 청구권자)
후견개시시점	성년후견개시 심판 확정 시	한정후견개시 심판확정 시	특정후견 심판 확정 시	임의후견감독인 선임 심판 시
공시방법	법원의 등기촉탁	법원의 등기촉탁	법원의 등기촉탁	당사자의 등기신청 및 법원의 등기촉탁
본인의 행위능력	원칙적 행위능력 상실자	원칙적 행위능력자	행위능력자	행위능력자
후견인의 권한	원칙적으로 포괄적인 대리권, 취소권	법원이 정한 범위 내에서 대리권, 동의권, 취소권	법원이 정한 범위 내에서 대리권	각 계약에서 정한 바에 따름

Ⅳ. 제한능력자의 상대방보호

1. 상대방보호의 필요성

(1) 제한능력자의 상대방이란 제한능력자와 법률행위를 행한 자를 총칭하는 것이나, 여기서 말하는 상대방은 제한능력자의 법률행위를 취소할 수 있는 경우의 상대방만을 의미한다.

(2) 제한능력자의 법률행위는 취소할 수 있는데, 취소권을 제한능력자 측만이 가지므로 제한능력자와 법률행위를 한 상대방은 그 법률행위의 효력이 유지될지 아니면 취소로 인하여 무효로 될지 상당히 불안정한 지위에 놓이게 된다. 이처럼 불안정한 지위에 있는 상대방을 그 불안정한 법률관

계에서 조속히 해방시킬 필요성이 있기 때문에 민법은 제한능력자와 거래한 상대방을 보호하기 위해 이 제도를 두고 있다.

2. 취소권의 일반적 보호제도

(1) 취소권의 단기소멸제도

법률관계의 상대방을 보호하기 위한 일반적인 제도인 취소권은 추인, 즉 취소할 수 있는 날로부터 3년 내에, 당해 법률행위를 한 날로부터 10년 내에 행사하지 않으면 소멸한다(제146조). 이것은 취소권을 가능한 빨리 소멸시키기 위한 것으로 제척기간의 성질을 갖는다.

(2) 법정추인제도

위의 취소권의 단기소멸기간은 비교적 장기간이어서 이 또한 무능력자의 상대방은 오랜 기간동안 법률관계의 불확정상태가 계속되므로 민법은 취소할 수 있는 법률행위에 관하여 일정한 사실상태, 즉 이행·이행의 청구·경개·담보의 제공·권리의 일부나 전부의 양도·강제집행 등의 사실이 존재하는 경우 취소권자는 당해 취소권을 포기한 것으로 간주하는 제도를 두고 있다(민법 제145조).

3. 제한능력자의 상대방의 보호제도

민법은 제한능력자의 상대방을 보호하기 위한 제도로서 확답촉구권·철회권과 거절권·제한능력자의 속임수 등 3가지를 두고 있다.

(1) 상대방의 확답촉구권(최고권)

1) 확답촉구 의의

상대방이 갖는 확답촉구권은 제한능력자 측에 대하여 법률행위(계약 등의 거래행위 등)를 취소할 것인지 여부의 확답을 물을 수 있는 것을 말한다. 즉 특정인에게 일정한 행위를 요구하는 것을 내용으로 하는 권리로, 법률에 명문의 규정이 없어도 언제든지 할 수 있는 것이나 법률에 명문의 규정이 있는 경우에는 직접 그 법률에 의하여 일정한 법적 효과가 발생하게 된다. 따라서 확답촉구의 의사는 준법률행위 가운데 의사의 통지에 해당하는 것으로, 그것은 형성권의 일종이다.

2) 확답촉구권의 요건

제한능력자와 법률행위를 한 상대방은 제한능력자 측에 그 취소할 수 있는 법률행위를 지적하여 1개월 이상의 유예기간을 두어 그 법률행위를 추인할 것인지 아니면 취소할 것인지의 여부를 물어야 한다.

3) 확답촉구권의 상대방

최고의 상대방으로 될 수 있는 자는 확답촉구의 의사표시를 수령할 수 있는 능력이 있고 취소나 추인을 할 수 있는 자이어야 한다.

따라서 제한능력자 본인이 능력자로 된 경우는 그 본인에게 하여야 하고, 능력자로 되지 못한 경우는 그의 법정대리인에게 하여야 한다.

4) 확답촉구권의 효과

① 제한능력자가 능력자로 된 경우 최고를 받고 그 유예기간 동안에 확답을 발신하지 않으면 추인한 것으로 간주한다(제15조 제1항).

② 법정대리인이 최고를 받고 그 기간 내에 확답을 발신하지 않은 경우에는 이를 나눠 볼 수 있는데, 즉 법정대리인이 그 확답을 단독으로 할 수 있는 것이라면 추인한 것으로, 추인을 위하여 특별한 절차를 예를 들어 후견감독인의 동의를 밟아야 하는 경우에 그 유예기간 내에 특별한 절차를 밟은 확답을 발하지 않으면 취소한 것으로 간주한다(제15조 제2항·제3항).

(2) 철회권과 거절권

1) 철회권과 거절권의 의의

앞에서 설명한 최고는 1개월 이상의 유예기간과 또한 행위의 효력은 제한능력자 쪽에 의하여 확정된다. 따라서 민법은 제한능력자와 거래한 상대방이 당해 법률행위의 효과를 부인할 수 있는 권리를 주어, 그 법률행위가 계약인 경우는 철회권을 행사할 수 있고, 그것이 제한능력자의 단독행위인 경우는 거절권을 행사하게 하였다.

이를 인정하는 취지는 제한능력자와 법률행위를 한 상대방에게 확답촉구의 경우보다 적극적으로 그 법률행위 자체의 효력을 소멸시킬 수 있는 권리를 부여함으로써, 불안정한 법률관계에서 조속히 벗어날 수 있도록 하자는데 있다.

2) 철회권과 거절권의 요건

① 철회권을 행사할 경우는 그 계약 당시에 상대방이 제한능력자였음을 알지 못했어야 하나, 거절권을 행사하는 경우는 그 제한능력자의 단독행위시 제한능력자임을 알았더라도 가능하다.
② 제한능력자와 법률행위를 한 상대방이 철회권이나 거절권을 행사할 때까지 제한능력자 측의 추인이 없어야 한다.

3) 철회권과 거절권의 상대방

제한능력자와 법률행위를 한 상대방은 그의 철회나 거절의 의사표시는 법정대리인뿐만 아니라 제한능력자 본인에게도 행사할 수 있다. 따라서 제한능력자 측에서는 제한능력을 이유로 상대방이 행사한 철회나 거절의 효과를 부인할 수 없다.

4) 철회권과 거절권의 효과

철회나 거절의 의사표시를 하면 당해 법률행위의 효과는 모두 행위시까지 소급하여 무효로 된다(제16조).

(3) 취소권의 배제(제한능력자의 속임수)

1) 취소권배제의 의의

제한능력자가 법률행위시 속임수(기망수단)를 사용하여 상대방에게 자신을 능력자로 오인시키거나 또는 법정대리인의 동의가 있는 것으로 잘못 믿게 하면 그 법률행위를 취소할 수 없다. 이는 보호가치 없는 제한능력자로부터 취소권을 박탈함으로서 상대방이 당초 예기한 대로의 효과를 발생케 하여 거래의 안전과 상대방을 보호하기 위한 것이다. 「속임수」의 의미는 적극설(판례)은 제한능력자가 적극적인 속임수(기망수단)를 사용해야 한다는 입장이고, 소극설(다수설)은 침묵 등 부작위를 포함하는 속임수로 오신을 유발하거나 강화시키는 것도 속임수라고 보는 입장이다.

2) 취소권배제의 요건

① 제한능력자가 상대방에게 자신을 능력자로 믿도록 속임수를 쓰거나, 법정대리인의 동의가 있는 것으로 오인시켜야 한다. 다만, 주의할 것은 법정대리인의 동의가 있는 것으로 믿게 한 것은 당연히 미성년자와 피한정후견인의 경우에 한한다.

② 제한능력자의 속임수, 즉 속임수에는 적극적인 수단뿐만 아니라, 소극적으로 상대방의 오인을 이용한 경우도 포함된다(다수설). 그러나 판례의 입장은 제한능력자의 속임수는 상대방에게 능력자라고 믿게 하기 위한 적극적 수단이어야 한다고 한다.

관련판례

① 미성년자와 계약을 체결한 상대방이 미성년자의 취소권을 배제하기 위하여 민법 제17조 소정의 미성년자가 사술을 썼다고 주장하는 때에는 그 주장자인 상대방측에 그에 대한 입증책임이 있다.

② 민법 제17조에 이른바 "무능력자가 사술로써 능력자로 믿게 한 때"에 있어서의 사술을 쓴 것이라 함은 적극적으로 사기수단을 쓴 것을 말하는 것이고 단순히 자기가 능력자라고 시인함은 사술을 쓴 것이라 할 수 없다(대판 1971. 12. 14. 71다2045).

③ 그 상대방은 제한능력자의 속임수에 의하여 제한능력자를 능력자로 믿거나, 법정대리인의 동의가 있다고 믿어야 한다.

④ 이러한 오인에 의하여 상대방이 제한능력자와 법률행위를 하였어야 한다.

3) 취소권배제의 효과

이 상의 요건이 충족되면 제한능력자측의 취소권이 배제되므로 당해 제한능력자의 행위는 완전히 유효한 법률행위로 확정된다(제17조).

제3절 주 소

Ⅰ. 서 설

모든 국민은 거주·이전의 자유가 있고, 다만 국가안전보장·질서유지 또는 공공복리를 위하여 필요한 경우에 한하여 법률로써 제한할 뿐이다. 그러나 사람과 장소의 관계는 법률상 여러 가지의 사항에 관하여 문제가 되는데, 민법은 모든 사람에게 공통하여 법률상 문제가 되는 주소와 거소에 관하여서만 일반적 규정을 두고, 각각의 경우에는 개별적으로 규정하고 있다.

1. 주소의 의의

주소란 자연인에게 있어서는 생활의 근거가 되는 장소(생활관계의 중심지)를 말하며, 주소의 표시는 종전에는 지번을 사용해 왔으나 2013. 3. 23. 부터는 '도로명 주소법'에 의하여 도로명 주소를 사용하고 있다. 법인에게 있어서는 주된 사무소의 소재지를 말한다.

2. 주소결정의 필요성

일반적으로 법률관계는 특정의 장소를 중심으로 행해지므로, 그 법률관계의 효력범위 및 법률관계의 내용을 결정하기 위해서 주소가 필요함은 물론, 개개의 자연인, 즉 권리주체의 장소적 개별성을 정하기 위해서 주소가 필요한 것이다.

Ⅱ. 주소결정의 표준

1. 형식주의와 실질주의

형식주의란 주소결정을 형식적 표준(예를 들면 가신의 재단이 있는 곳, 등록기준지 등)에 의하여 획일적으로 정하는 주의를 말하나, 실질주의란 주소결정을 생활의 실질적 관계에 따라서 구체적으로 정하려는 주의를 말한다.

2. 의사주의와 객관주의

의사주의란 주소의 설정에는 정주의 사실 이외 정주의 의사까지도 필요하다는 주의를 말하나, 객관주의란 주소결정에 정주의 사실만 있으면 된다는 주의를 말한다.

3. 단수주의와 복수주의

단수주의란 자연인에게 오직 하나의 주소만을 인정하려는 것이나, 복수주의란 자연인에게 동시에 2개 이상의 주소를 인정하는 주의를 말한다.

Ⅲ. 민법의 태도

1. 제18조의 규정

우리 민법 제18조 제1항에서는 "생활의 근거가 되는 곳을 주소로 한다"라고 규정하므로, 주소결정에 있어서 실질주의를 채택하였음이 명백하고, 제2항을 보면 "주소는 동시에 두 곳 이상 있을 수 있다"라고 하여 주소 복수주의를 채택하고 있다.

2. 주민등록지

주민등록지는 행정목적상 편의를 도모하기 위하여 주민등록법에 따라 모든 사람에게 주민등록을 하도록 하는 것이므로, 주민등록지가 반드시 자연인의 주소로 되는 것은 아니다. 그러므로 주민등록지는 특별한 사정이 없으면 주소로 추정되는데 불과한 것이다.

3. 등록기준지

가족관계등록부의 등록지를 의미하며 주소와는 무관한 개념이다. 등록기준지는 출생이나 그 밖의 사유로 처음으로 가족관계등록을 할 때에 정하는 것이며 등록기준지는 변경도 가능하다. 그런데 등록기준지는 가족관계등록부를 검색하거나 비송사건의 관할 법원을 정하는 등의 기능을 할 뿐이며 실체법상의 특별한 법률효과를 발생시키는 것은 없다.

Ⅳ. 주소에 대한 법적 효과

자연인에게 있어서 주소는 부재 및 실종의 표준일 뿐만 아니라, 채무변제의 장소, 상속의 개시지, 재판관할의 기준, 어음행위의 장소, 국제사법상의 준거법을 결정하는 표준 등 여러 가지 법률관계의 내용 및 효과를 작용한다.

〈 주소에 대한 법적효과 〉

민법에 대한 효과	㉠ 부재 및 실종의 표준(제22조, 제27조) ㉡ 법인의 주소(제36조) ㉢ 의사표시의 수령장소(제111조 제1항) ㉣ 변제의 장소(제467조)
기타 법률에 대한 효과	㉠ 어음행위의 장소(어음법 제2조 제3항, 수표법 제8조) ㉡ 재판관할의 표준(민사소송법 제2조 등) ㉢ 국제사법상 준거법을 결정하는 표준(국제사법 제2조 제2항 등) ㉣ 귀화 및 국적회복의 요건(국적법 제5조 내지 제7조)

V. 주소와 구별할 개념[4)]

1. 거 소

(1) 의 의

거소란 다소의 기간 동안 계속하여 거주하는 장소로, 그 장소와의 밀접도가 주소보다 못한 곳을 말한다.

(2) 효 과

민법은 거소에 관하여 자연인의 경우 그 주소를 알 수 없는 때 및 국내에 주소가 없는 때에 한하여 거소를 주소로 간주하고 있다(제19조·제20조).

2. 현 재 지

(1) 의 의

현재지란 자연인이 일시적으로 머무는 장소(여행 중에 투숙하고 있는 호텔 등)로, 그 곳과의 밀접도가 거소보다도 못한 곳을 말한다.

(2) 효 과

민법은 현재지에 관하여 아무런 규정을 두고 있지 않아 전적으로 해석에 의존하는데, 학설은 일반적으로 현재지에 관하여 아무런 효력도 주지 않는다.

3. 가 주 소

(1) 의 의

가주소란 법률행위의 당사자가 거래상 편의를 기하고자 의사표시에 의하여 주소로 인정한 것이므로 엄격한 의미에서는 주소가 아니다.

---

4) 제19조(거소) 주소를 알 수 없으면 거소를 주소로 본다.
제20조(거소) 국내에 주소 없는 자에 대하여는 국내에 있는 거소를 주소로 본다.
제21조(가주소) 어느 행위에 있어서 가주소를 정한 때에는 그 행위에 관하여는 이를 주소로 본다.

(2) 효 과

민법은 당사자가 가주소를 설정한 경우 당해 법률행위에 관하여 가주소를 주소로 간주한다(제21조). 따라서 당해 법률행위에 관한 모든 효과는 가주소를 중심으로 발생하게 된다.

제4절 부재와 실종

Ⅰ. 서 설

1. 인정이유

자연인의 생활관계는 특정의 장소를 중심으로 성립하기 때문에 특정인이 종래의 주거를 떠나 돌아오지 않는 결과, 그의 주거지에 방치되어 있는 재산관계나 가족관계가 장기간 동안 불안정한 상태에 놓이게 된다. 즉 ① 종래의 주소나 거소를 떠나 쉽사리 돌아올 가망이 없는 자(부재자)가 있을 때에는, 그의 잔류재산의 오페를 방지하거나 또는 잔존배우자나 상속인등의 이익을 보호하기 위하여 어떠한 조치를 강구할 필요가 있다. 잔류재산을 관리하지 않고 방치해 둔다면 재산의 가치는 감소하고 도난 등의 소지도 있어, 본인을 위해서나 혹은 추정상속인이나 채권자를 위해서 또 국민 경제상으로도 바람직하지 못하기 때문이다.

또한 ② 사람은 사망에 의해서만 권리능력이 소멸된다는 원칙을 고집하게 되면, 부재자로서 사망의 가능성이 높다고 하더라도 사망의 증명을 할 수 없는 한 사망으로서 다룰 수 없고 언제까지나 생존하고 있는 것으로 된다. 이것은 결국 잔존배우자는 재혼을 할 수 없고, 상속인은 상속을 할 수 없게 되는 등 불합리를 가져오기 때문에 생사불명으로 사망의 개연성이 높은 부재자에게 일정한 절차를 거쳐 사망한 것으로 간주하는 제도이다.

2. 민법의 제도

민법은 종래의 주거를 떠나 돌아오지 않고 있는 상태를 단계별로, 즉 2단계로 구분하여 ① 제1기는 아직 생존하고 있는 것으로 보아 그의 법률관계를 보존하기 위한 제도로 부재자제도를 두는 한편, ② 제2기는 돌아올 가능성이 없어 즉 사망의 개연성이 매우 높아 사망한 것으로 간주하는 실종선고제도의 2가지를 인정하고 있다.

Ⅱ. 부재자의 재산관리

1. 부재자의 의의

부재자란 종래의 주거를 떠나 당분간 돌아올 가능성이 없어 그의 주거에 있는 재산이 관리되지 못하여 방치되고 있는 자를 말한다. 따라서 부재자인가를 판단할 때에는 재산을 관리할 필요가 있는가가 고려되지 생사불명일 것을 요하지는 않는다. 다만 생사불명자라도 실종선고를 받기 전까지는 부재자 이다.

관련판례

① 당사자가 외국에 가 있다 하더라도 그 것이 정주의 의사로써 한 것이 아니고 유학의 목적으로 간 것에 불과하고 현재 그 국의 일정한 주거지에 거주하여 그 소재가 분명할 뿐만 아니라 부동산이나 기타의 그 소유재산을 국내에 있는 사람을 통하여 그 당사자가 직접 관리하고 있는 사실이 인정되는 때에는 부재자라고 할 수 없다(대판 1960. 4. 21. 4292민상252).

② 법인을 부재자라 하여 그 재산관리인을 선임할 수 없다(대판 1965. 2. 9. 64스9).

③ 부재선고등에 관한 특별조치법의 규정에 의한 부재자가 아니고 이북에 잔류한 자로서 제적될 대상자에 해당한다 할지라도 이 사실만으로서는 그를 부재자로 한 본건 재산관리인 선임을 당연무효의 것이라고 할 수는 없다(대판 1971. 10. 22. 71다1636).

2. 제도의 취지

(1) 부재자의 이익보호

부재자의 재산관리제도는 부재자의 주거에서 관리되지 못하고 방치되어

멸실·도난의 위험성이 있는 부재자의 재산을 보존·관리함으로써, 부재자 자신의 이익을 보호하기 위한 것이다.

(2) 제3자의 이익보호

또한 부재자의 재산을 관리함으로써, 그 재산에 관하여 이해관계를 갖고 있는 추정상속인 및 부재자의 채권자 등의 이익도 아울러 보호한다. 따라서 부재자의 재산관리제도는 부재자의 이익만을 위한 제도가 아니다.

3. 부재자의 재산관리

민법은 부재자의 재산관리와 관련하여 부재자에게 재산관리인이 없는 경우와 있는 경우의 둘로 나누어 규정하고 있는데, 원칙적으로 본인이 재산관리인을 두지 않은 경우만 법원이 개입·간섭하는 것으로 하고, 부재자 본인이 재산관리인을 두고 있는 경우는 본인의 의사를 존중하여 법원이 간섭하지 않는 것으로 하고 있다.

(1) 부재자에게 재산관리인이 없는 경우

1) 재산관리에 관한 처분

부재자가 재산관리인을 두지 않는 경우 이해관계인 또는 검사의 청구에 의하여 가정법원이 재산관리에 필요한 처분을 명하여야 한다(제22조 1항).여기서 이해관계인이란 부재자의 재산관리에 관하여 법률상의 이해관계에 있는 자를 말한다. 따라서 부재자의 배우자 또는 추정상속인, 채권자, 공동채무자, 수증인, 보증인 등은 법률상 이해관계인에 속하나, 부재자의 친구 또는 이웃사람 등은 사실상 이해관계인으로 이에 속하지 않는다.

가정법원은 부재자의 재산에 따라 재산관리인의 선임 또는 잔류재산의 봉인·경매 등을 명할 수 있다. 부재자의 재산관리에 관한 처분은 가정법원의 전속관할이다(가송법 2조 1항).

2) 법원이 선임한 재산관리인

부재자 본인이 재산관리인을 두지 않은 경우 가정법원의 선임에 의하여 취임하는 자인데, 즉, 재산관리인의 의사와 무관하게 선임된 자이므로, 언제든지 사임 할 수 있음은 물론, 가정법원도 언제든지 개임할 수 있게 된다. 본인의 의사에 의해 선임된 것이 아니므로 일종의 법정대리인이다(대판 1976. 12. 21. 75마551). 재산관리인이 선임 되었다 하더라도 부재자 본인의 권리능력이나 행위능력이 제한 받는 것은 아니므로 부재자는 반드시 재산관리인을 통하여 법률행위를 하여야 하는 것은 아니며 부재자 본인은 독립하여 유효한 법률행위를 할 수 있다.

3) 권 한

가정법원에 의하여 부재자의 재산관리인으로 선임된 자는 일종의 법정대리인이라는 성질을 갖는다.

부재자의 재산관리인이 행사할 수 있는 대리권의 범위는 보존행위와 관리행위에 한정된다(제118조). 따라서 재산에 관한 처분행위를 하려면 그에 관하여 가정법원의 허가를 얻어야 하기 때문에 그러한 허가를 얻지 않고 행한 처분행위는 무효로 된다.

4) 의 무

부재자의 재산관리인은 수임인에 관한 규정이 준용되므로, 재산관리에 있어 선량한 관리자로서의 주의의무(선관주의 : 직업, 지위등 사회의 평균인이 일반적·객관적으로 요구되는 주의의무)를 부담한다.

또한 부재자의 재산관리인은 재산목록을 작성하여야 하고, 재산보존을 위한 법원의 명령 및 처분을 집행하여야 하며, 일정한 경우 담보를 제공하여야 하는 의무를 부담한다(제24조·제26조 제1항).

5) 권 리

부재자의 재산관리인에게는 보수청구권과 재산관리에 지출한 필요비 및 그 이자의 반환청구권·과실없이 받은 손해의 배상청구권 등이 인정된다.

(2) 부재자에게 재산관리인이 있는 경우

1) 원 칙

부재자가 스스로 재산관리인을 두고 있는 경우로, 가정법원은 원칙적으로 이에 간섭·개입하지 않는다. 따라서 재산관리인은 부재자의 수임인이며 임의대리인으로서 재산관리인의 권한이나 관리방법 등은 모두 부재자와 재산관리인 사이의 계약에 따른다. 다만, 이에 관한 정함이 없는 경우에는 제118조가 준용된다.

2) 예 외

다음의 경우에 한하여 가정법원이 예외적으로 간섭하게 된다.

① 부재자의 재산관리인의 권한이 본인의 부재중에 소멸하면 가정법원은 재산관리인이 없는 경우와 동일하게 취급하여 선임관리인을 두게 된다.

② 부재자의 생사불명으로 인하여 재산관리인을 감독할 수 없는 경우에 가정법원은 재산관리인을 개임하거나, 감독을 할 수 있다.

3) 재산관리인의 지위

(가) 임의대리인

본인이 선임한 관리인은 본인의 수임인이며 임의대리인이다. 따라서 그 재산관리인의 권한범위는 부재자와의 계약에 의해 결정되므로 본인이 처분권까지 부여한 경우에는 관리인은 법원의 허가 없이 처분행위도 할 수 있다. 그러나 재산관리인의 권한범위를 정하지 않은 경우에는 재산관리인은 보존, 이용, 개량행위등 관리행위만 할 수 있고 처분행위는 할 수 없다(제118조).

(나) 재산의 처분에 법원의 허가가 필요한 경우

부재자 본인이 선임한 재산관리인이라도 법원이 본인의 생사불명을 이유로 그를 재산관리인으로 선임(유임)하면 그는 법원이 선임한 재산관리인으로서의 지위를 가지므로 처분행위를 할 때 법원의 허가를 받아야 한다.

4. 관리의 종결

부재자의 재산관리는 부재자가 차후에 스스로 재산관리인을 정한 경우 또는 부재자 본인 스스로 재산관리가 가능한 경우에 종결된다. 또한 부재자에 대한 실종선고가 있거나 부재자가 사망한 경우에 가정법원이 부재자의 재산관리에 관한 명령·처분을 취소함으로써 재산관리가 종결된다.

관련판례

부재자 재산관리인이 권한초과 행위의 허가를 받고 그 선임결정이 취소되기전에 위 권한에 의하여 이루어진 행위는 부재자에 대한 실종선고기간이 만료된 후에 이루어졌다고 하더라도 유효한 것이고 그 재산관리인의 적법한 권한 행사의 효과는 이미 사망한 부재자의 재산상속인에게 미친다(대판 1975. 6. 10. 73다2023). ※ 재산관리인이 법원의 허가 받아 처분행위를 하였으나 부재자의 실종기간 만료시점 즉 사망간주 시점이 처분행위시보다 앞서게 된 경우에도 그 처분이 유효하다는 판례이다.

Ⅲ. 실종선고

1. 의 의

(1) 사람이 종래의 주소·거소를 떠나 오랜 기간동안 생사여부를 알 수 없어 사망의 개연성이 매우 높음에도 불구하고 권리능력의 상실을 오직 사망에 의하여만 인정된다면 남아있는 배우자의 재혼 또는 상속이 이루어질 수 없는 문제가 있다. 따라서 부재자의 생사불명 상태가 장기간 동안 계속되는 경우 일정한 조건아래 가정법원이 부재자에 대한 실종을 선고함으로써, 그를 사망한 것으로 간주하는 것이 실종선고제도인데, 이 실종선고를 받은 사람을 「실종자」라고 한다.

(2) 우리 민법상 실종선고는 종래의 주소지를 중심으로 사망간주의 효과를 발생시킬뿐 권리능력을 근본적으로 박탈하는 것은 아니며 따라서 실종선고를 받은 자가 실제로는 생존하고 있다면 권리능력이 당연히 존속하므로 실종선고 취소가 있어야만 권리능력이 회복되는 것은 아니다. 다만 실종선고에 의해 발생한 효과를 부정하기 위해서는 실종선고 취소를 받아야만 한다.

2. 실종선고의 요건[5)]

(1) 실질적 요건

1) 생사불명 상태의 계속

부재자의 생사불명 상태가 일정기간 동안 계속되어야 한다. 생사가 분명하지 않다는 것은 생존의 증명도 사망의 증명도 이를 할 수 없는 상태를 말한다. 가족관계등록부에 사망한 것으로 기재된자는 실종선고가 허용되지 않으며, 실종선고를 받은자가 다시 실종선고를 중복으로 받을 경우 위법하다.

관련판례

① 가족관계등록부의 기재사항은 이를 번복할 만한 명백한 반증이 없는 한 진실에 부합하는 것으로 추정되고 특히 호적부의 사망기재는 쉽게 번복할 수 있게 해서는 안되며 호적상 이미 사망한 것으로 기재되어 있는 자는 그 호적상 사망기재의 추정력을 뒤집을 수 있는 자료가 없는 한 그 생사가 불분명한 자라고 볼 수 없어 실종선고를 할 수 없다(대판 1997. 11. 27. 97스4).

② 실종선고가 확정되었는데도 그 이후 타인의 청구에 의하여 새로이 확정된 실종선고를 기초로 상속관계를 판단한 것은 잘못이다(대판 1995. 12. 22. 95다12736).

---

5) 第27조(실종의 선고) ① 부재자의 생사가 5년간 분명하지 아니한 때에는 법원은 이해관계인이나 검사의 청구에 의하여 실종선고를 하여야 한다.
② 전지에 임한 자, 침몰한 선박 중에 있던 자, 추락한 항공기 중에 있던 자 기타 사망의 원인이 될 위난을 당한 자의 생사가 전쟁종지후 또는 선박의 침몰, 항공기의 추락 기타 위난이 종료한 후 1년간 분명하지 아니한 때에도 제1항과 같다

2) 보통실종

부재자가 생존하고 있다고 알려진 최후의 소식시로부터 5년이 경과되어야 한다. 그 기산점은 생존이 확인된 최후의 시점을 기준으로 한다.

3) 특별실종

전쟁실종·선박실종·항공실종·위난실종 등 4가지가 있는데, 모두 실종기간이 1년이다. 또한 그 1년의 기간은 전쟁 실종의 경우 전쟁이 사실상 종지한 때부터이고, 선박실종은 선박이 침몰한때, 항공실종은 비행기가 추락한 때, 위난실종은 위난이 종료한 때부터 각각 시작된다.

(2) 절차적 요건

1) 실종선고의 청구

법률상 이해관계인 또는 검사 등이 가정법원에 실종선고를 청구하여야 한다. 여기에서 이해관계인은 배우자·상속인·보험금수익자·법정대리인·재산관리인·채권자 등이 될 것이다. 그러나 부재자의 후순위상속인은 이해관계인이 아니다. 청구시점에 대해서는 실종기간이 경과한 후에야 할 수 있다는 견해와 기간 경과전이라도 청구할 수 있고 다만 실종선고심판을 하는 시점에서는 기간경과의 요건을 갖추면 된다는 견해도 있다.

관련판례

실종선고를 청구할 수 있는 이해관계인이라 함은 법률상 뿐만 아니라 경제적, 신분적 이해관계인이어야 할 것이므로 부재자의 제1순위 재산상속인이 있는 경우에 제4순위의 재산상속인은 위 부재자에 대한 실종선고를 청구할 수 있는 이해관계인이 될 수 없다(대결 1980. 9. 8. 80스27).

2) 공시최고

가정법원은 실종선고의 접수 후 6개월 이상의 기간 동안 공시최고를 하여야 하는데, 내용은 그 기간 내에 부재자 본인이나 부재자의 생사를 아는 자에 대하여 신고하도록 공고하는 것이다. 법원은 그 기간이 종료하면 반드시 실종선고를 하여야 한다(제27조 제1항).

3. 실종선고의 효과

(1) 사망으로 간주되는 시기

1) 민법 제28조는 "실종선고를 받은 자는 실종기간이 만료한 때에 사망한 것으로 본다"라고 규정하고 있다. 즉 실종자는 실종기간의 만료시에 사망한 것으로 간주된다(제28조). 따라서 실종선고에 따른 사망의 효과는 종국적인 것이므로, 그 효과를 부인 하려면 반증만으로는 부족하고 반드시 당해 실종선고를 취소하여야 한다.

2) 또한 실종자는 실종기간의 만료시에 사망한 것으로 간주되므로, 그 기간의 만료시까지 생존하고 있는 것으로 간주 하여야 하는지 추정하여야 하는지가 문제인데 학설은 생존하는 것으로 간주하는 견해와 생존하는 것으로 추정하는 견해로 나뉘고 있지만 판례는 실종선고를 받더라도 실종기간 만료시에 사망한 것으로 간주되므로 실종기간 만료 전까지는 생존한 것으로 간주된다(대판 1977. 3. 22. 77다81)고 하여 이를 간주로 보고 있다.

3) 실종기간이 경과 하였다 하더라도 실종선고를 받지 않고 있는 경우에는 아무리 오랜 기간이 경과하더라도 실종선고가 없는 한 생존한 것으로 추정하여야 한다는 견해와 추정문제는 없고 사실문제로 해결하자는 견해가 있으며 판례 또한 실종기간이 경과 했더라도 실종선고를 받지 않고 있는 동안은 생존한 것으로 추정된다고 본 판례(대판 1995. 7. 28. 94다42679)와 이러한 제도에 의함이 없이 사망사실의 인정을 수소법원이 절대로 할 수 없다는 법리는 없다(대판 1989. 1. 31. 87다카2954)면서 개별적으로 판단한 판례도 있다.

관련판례

수난, 작전, 화재, 기타 사변에 편승하여 타인의 불법행위로 사망한 경우에 있어서는 확정적인 증거의 포착이 손쉽지 않음을 예상하여 법은 인정사망, 위난실종선고 등의 제도와 그 밖에도 보통실종선고제도도 마련해 놓고 있으나 그렇다고 하여 위와 같은 자료나 제도에 의함이 없는 사망 사실의 인정을 수소법원이 절대로 할 수 없다는 법리는 없다(대판 1989. 1. 31. 87다카2954).

(2) 사망의 시기에 관한 입법주의

1) 실종선고시주의

이는 법원의 실종선고시에 실종자를 사망한 것으로 보는 주의이나, 법원의 실종선고가 지연될 경우 실종자마다 사망시기가 달라진다는 단점이 있다.

2) 위험발생시주의(최후의 소식발생시주의)

이는 실종자에 대한 최후의 소식이나, 위험이 발생한때 사망한 것으로 보는 주의로, 이에 따르면 실종선고 후 장기간 소급하여 사망의 효과가 발생하게 되어 제3자의 권리를 해할 수 있다는 단점이 있다.

3) 실종기간만료시주의

이는 실종기간의 만료시에 실종자를 사망한 것으로 보는 주의로, 실종선고시주의 및 위험발생시주의의 단점을 극복할 수 있기 때문에 대부분의 입법례는 이에 따르고 있다. 민법은 이 주의를 따르고 있다.

(3) 사망으로 간주되는 범위

1) 사법적 법률관계

실종선고의 효과는 실종자의 종래의 주거를 중심으로 하는 사법적 법률관계에만 미치므로, 실종자가 돌아온 후에 맺은 법률관계나 실종자가 다른 곳에서 신주거를 중심으로 하는 법률관계에는 실종선고의 효과가 미치지 않는다.

따라서 실종자의 사법적 법률관계인 이상 그것이 재산관계이던 가족관계이든 이를 묻지 않고 모두 실종선고의 효과가 미친다.

2) 공법적 법률관계

실종자에 대한 공법상의 선거권·피선거권 또는 범죄성립의 여부 등은 모두 실종선고와 관계없이 결정되어지므로, 실종선고의 효력은 공법관계에 영향을 미치지 않는다.

(4) 사망간주 시점과 관련된 문제

1) 부재자 재산관리인의 권한과의 관계

부재자 재산관리인으로서 권한초과 행위의 허가를 받고 그 선임결정이 취소되기 전에 위 권한에 의하여 이루어진 행위는 부재자에 대한 실종선고기간이 만료된 뒤에 이루어졌다고 하더라도 유효하다(대판 1981. 7. 28. 80다2668).

2) 소송행위

관련판례

① 소송이 적법하게 계속된 후 당해 소송의 당사자에 대하여 실종선고가 확정된 경우에는 실종자가 사망하였다고 보는 시기는 실종기간이 만료한 때라 하더라도 소송상의 지위의 승계절차는 실종선고가 확정되어야만 비로서 이를 취할 수가 있는 것이므로 실종선고가 있기 까지는 소송상 당사자 능력이 없다고는 할 수 없고 소송절차가 법률상 그 진행을 할 수 없게 된 때 즉 실종선고가 확정된 때에 소송절차가 중단된다(대판 1988. 2. 22. 82사18). ※ 소송계속 중에 소송당사자에 대한 실종선고가 확정되면 그 때에 소송절차가 중단된다는 판례이다.

② 실종선고의 효력이 발생하기 전에는 실종기간이 만료된 실종자라 하여도 소송상 당사자 능력을 상실하는 것은 아니므로 실종선고 확정전에는 실종기간이 만료된 실종자를 상대로하여 제기된 소도 적법하고 그 판결이 확정되면 기판력도 발생한다고 할 것이고 따라서 비록 실종자를 당사자로 한 판결이 확정된 후에 실종선고가 확정되어 그 사망간주의 시점이 소 제기 전으로 소급하는 경우에도 당사자능력이 없는 사망한 사람을 상대로 한 판결로서 무효가 된다고는 볼 수 없다(대판 1992. 7. 14. 92다2455). ※ 판결 확정 후에 소송당사자에 대한 실종선고로 사망으로 간주되는 시점이 소제기 전으로 소급하더라도 판결이 무효가 아니라는 판례이다.

4. 실종선고의 취소

(1) 의 의

실종선고의 취소란 실종선고를 받은 자가 생존하고 있거나, 또는 실종선고에 의하여 사망으로 간주된 시기와 실제 사망의 시기가 다른 경우 일정한 절차를 통하여 실종자에 대한 실종선고를 취소하는 것을 말한다.

(2) 취소의 필요성

실종선고는 종래의 주거를 떠나 장기간 생사불명인 자를 그 상태에서 일응 사망한 것으로 간주하여 그의 종래 주거지에 남아있는 사법적 법률관계를 정리하기 위한 제도이므로, 실종자가 사실에 반하여 실종선고를 받게 되는 경우 이를 구제하기 위한 제도이다.

특히 민법은 실종선고의 효과를 사망한 것으로 간주하고 있기 때문에, 법원에서 당해 실종선고를 취소하지 않으면 그 사망의 효과를 배제할 수 없다.

(3) 실종선고취소의 요건[6)]

1) 실질적 요건

실종자가 생존하고 있는 사실이나, 또는 실종기간 만료시와 다른 시기에 사망한 사실 또는 실종기간 기산점 이후 어떤 시기에 생존하였던 사실 중의 하나를 입증하여야 한다.

2) 형식적 요건

가정법원에 본인 또는 이해관계인·검사가 실종선고의 취소를 청구하여야 하는데, 이 경우 공시최고는 필요로 하지 않는다. 이상의 요건을 갖추면 법원은 필요적으로 실종선고를 취소하여야 한다.

(4) 실종선고취소의 효과[7)]

1) 원 칙

실종선고가 취소되면 실종선고로 인하여 발생한 효과는 그것이 재산관계

---

6) 第29조(실종선고의 취소) ① 실종자의 생존한 사실 또는 전조의 규정과 상이한 때에 사망한 사실의 증명이 있으면 법원은 본인, 이해관계인 또는 검사의 청구에 의하여 실종선고를 취소하여야 한다. 그러나 실종 선고 후 그 취소전에 선의로 한 행위의 효력에 영향을 미치지 아니한다.

7) ②실종선고의 취소가 있을 때에 실종의 선고를 직접원인으로 하여 재산을 취득한 자가 선의인 경우에는 그 받은 이익이 현존하는 한도에서 반환할 의무가 있고 악의인 경우에는 그 받은 이익에 이자를 붙여서 반환하고 손해가 있으면 이를 배상하여야 한다.

에 관한 것이건, 가족관계에 관한 것이건 관계없이 소급하여 원칙적으로 모두 무효로 된다. 따라서 실종선고의 취소사유가

① 실종자의 생존을 이유로 실종선고가 취소된 경우는 그 실종자에 대한 과거의 재산관계와 가족관계는 모두 실종선고 전의 상태로 회복된다.
② 실종선고에 의한 사망의 효과발생 시기와 다른 시기에 실제 사망하였음을 이유로 실종선고를 취소하는 경우는 그 실제 사망의 시기를 표준으로 하여 다시 사망에 따른 효과가 확정된다.
③ 실종기간의 기산점 이후에 생존하였음을 이유로 하는 취소의 경우는 일단 실종선고 전의 상태를 회복한 후 이해관계인이나 검사 등의 새로운 청구가 있으면 다시 새로운 실종선고를 하게 된다.

2) 예 외

실종선고에 기초하여 생긴 법률관계를 그 취소에 의하여 일률적으로 소급하여 위와 같은 원칙을 관철한다면, 그 실종선고를 진정한 것으로 믿은 제3자에게 불측의 손해가 발생할 수 있으므로, 선의의 제3자의 이익을 보호하기 위하여 민법은 아래와 같은 예외를 인정한다.

(가) 실종선고를 직접원인으로 재산을 취득한 경우가 아닌 경우

"실종선고 후 그 취소 전에" 「선의」로 행한 행위에는 실종선고 취소의 효과가 미치지 않는다(제29조 제1항 단서). 즉 실종선고로 인한 재산행위 및 가족행위는 그대로 유효이다. 이는 「실종선고 후 그 취소 전에 선의로 한 행위」에만 해당되는 것이지 실종선고 전에 한 행위이거나, 실종선고 취소 후에 한 행위에 대해서는 설사 「선의」이더라도 취소의 효력을 받는다.

선의로 한 행위로 인정되기 위해서 누가 선의이어야 하는가에 대해 견해가 대립한다.

① 단독행위 : 단독행위인 경우 행위자만이 선의이면 그 효력은 인정된다는 견해가 다수설이다. 예를 들어 상속인이 상속받은 채권에 대해 채무자에게 채무면제를 해준 경우 상대방의 선의, 악의를 불문하고 이는 유효하다고 본다. 이와달리 단독행위이더라도 행위자 뿐만 아니

라 상대방도 선의여야 한다는 소수설도 있다.

② 재산행위인 계약의 경우 그 행위가 효력을 인정받기 위해서는 다음 세 가지 견해가 있다

a) 쌍방선의설 : 법률행위 당사자 모두 선의여야 보호된다는 견해이다. 따라서 상속인으로부터 계약에 의해 목적물을 취득한 수익자나 전득자 등이 있는 경우 상속인 및 그 승계인 모두가 선의이어야 하며 상속인을 포함하여 계약 당사자의 한 사람이라도 악의자가 있으면 상대방이나 전득자는 보호받지 못한다.

b) 상대적 효력설 : 선의자와의 관계에서는 상대적으로 유효라고 보는 견해이다. 수익자나 전득자 중에 선의자는 개별적으로 보호 받으며 그 선의자에게는 반환청구를 할 수 없게 된다. 다만 상속인에게 반환 청구하는 것은 물론 가능하다.

c) 절대적 효력설 : 선의의 수익자나 전득자가 보호 받는 외에 중간자 선의이면 그 후의 취득자는 악의여도 보호받는다는 견해이다.

(나) 실종선고를 직접원인으로 하여 재산을 취득한 경우

실종선고를 직접원인으로 재산을 취득한 자(상속인·수증자·생명보험수익자 등)가 그 실종선고를 믿는데, ①「선의」일 경우는 그 받은 이익이 현존하는 한도에서만 반환할 의무가 있다.「현존이익」이란 그 재산이 있는 그대로 있으면 그것이 되고, 그 재산을 처분하여 다른 물건을 구입하였으면 그 변형물, 그러나 취득재산을 기초로 하여 증가된 재산의 증가분은 반환할 필요가 없다. ②「악의」인 경우에는 원물반환 및 이익은 물론 이자까지 반환해야 하며 손해가 있으면 손해까지 배상해야 한다. 이 반환청구권은 상속회복청구는 아니며 일반 부당이득반환청구이다 따라서 10년의 소멸시효가 적용된다. 다만 상속인이 원물을 가지고 있어 원물을 반환받는 경우 그 반환청구권은 물권적청구권의 성질을 지니므로 시효로 소멸하지는 않는다.

상속인 등으로부터 전득자 등 제3자가 악의여서 제29조 1항 단서에 의한 보호를 받지 못하는 경우 본인은 상속인 등에 대한 반환청구권과 제3자에 대한 반환청구권을 선택적으로 행사할 수 있다.

(다) 가족행위

신분행위에서 주로 문제되는 것은 잔존배우자가 재혼을 한 경우인데, 통설은 양당사자의 선의를 요한다. 따라서 재혼당사자의 일방만이 악의이더라도 전혼은 부활되고, 후혼은 중혼이 되어 취소할 수 있게 된다. 아울러 전혼은 이혼원인이 발생한 것이며 이에 재판상 이혼사유가 될 것이다. 이와달리 재혼의 상대방(실종자의 배우자와 혼인한 상대방)이 선의이면 그 재혼은 보호를 받아 전혼이 부활하지 않으나 재혼의 상대방이 악의이면 전혼은 부활하고 재혼은 중혼이 되어 취소사유로 된다는 견해도 있다.

■ 구체적 사례 ■

갑이 실종선고를 받아 을이 부동산을 상속하여 병에게 처분한 경우 병이 다시 정에게 처분한 경우 그 후에 갑의 실종선고가 취소된 경우의 법률관계는?

1. 을이 병에게 처분한 경우
   (1) 을과 병이 모두 선의이면 병은 보호를 받으며 다만 갑은 을에게 현존이익의 반환을 청구할 수 있다
   (2) 을이 악의이고 병이 선의이면 ① 쌍방선의설에서는 병은 보호받지 못하므로 갑의 반환청구에 돌려주어야 하지만 매도인인 을에게 타인 권리의 매매의 담보책임(제570조)을 근거로 계약을 해제하고 손해배상을 청구할 수 있다 ② 상대적효력설과 절대적효력설에서는 병은 보호되므로 갑은 악의인 을에게 받은이익, 이자, 손해가 있으면 손해까지 청구할 수 있다.
   (3) 을이 선의이고 병이 악의인 경우 어느 학설이든 병은 보호를 받지 못하고 반환해야 한다. 다만 이 경우 병은 매도인인 을에게 타인 권리의 매매의 담보책임을(제570조)을 근거로 계약해제는 할 수 있지만(선악불문), 손해배상청구는 할 수 없다(악의라서). 또한 이 경우 갑은 병에게 반환청구하는 대신 을에게 현존이익의 반환을 청구 할 수 도 있다.
2. 병이 정에게 처분한 경우
   (1) 을(선의), 병(선의), 정(선의)인 경우 병과 정은 보호를 받으므로 갑은 을에게 현존이이의 반환만을 청구할 수 있다.
   (2) 을(선의), 병(선의), 정(악의)인 경우 ① 쌍방선의설과 상대적 효력에

서는 악의인 정은 보호 받지 못하므로 갑에게 반환하고 대신 매도인 병에게 담보책임인 계약해제를 묻게된다. ② 절대적 효력설에서는 정은 보호 받으므로 갑은 을에게 현존이익의 반환만을 청구할 수 있을 뿐이다.

(3) 을(선의), 병(악의), 정(선의)인 경우 ① 쌍방선의설에서는 정은 보호받지 못하므로 갑에게 반환하고 대신 병에게 담보책임을 묻게 되고 ② 상재적효력설과 절대적효력설에서는 정은 보호받으므로 갑은 을에게 현존이익을 청구할 수 있고, 병에게 부당이득반환을 청구할 수도 있게 된다.

(4) 을(악의), 병(선의), 정(악의)인 경우 ① 쌍방선의설이나 상재적효력설에서 정은 보호받지 못하므로 갑에게 반환한 후 병에게 담보책임을 묻게 되나 ② 절대적효력설에 의하면 정은 보호받으므로 갑은 을에게 부당이득의 반환을 청구 할 수 있을 뿐이다

(5) 을(악의), 병(선의), 정(선의)인 경우 ① 쌍방선의설에서는 정은 보호받지 못하므로 정은 반환해야 하고 다만 병에게 담보책임을 물어 계약해제와 손해배상청구를 할 수 있다 ② 상재적효력설이나 절대적효력설에서는 정은 보호를 받게 되고 갑은 을에게 부당이득의 반환을 청구할 수 있게 된다.

(6) 을(선의), 병(악의), 정(악의)인 경우 어느 학설에 의하더라도 정은 보호를 받지 못하고 반환해야 하며 정은 병에게 담보책임을 물어 계약해제를 할 수 있게 된다.

(7) 을(악의), 병(악의), 정(선의)인 경우 ① 쌍방선의설어서는 정은 보호받지 못하고 다만 병에게 담보책임을 물어 계약해제하고 손해배상청구를 할 수 있다 ② 상대적효력설과 절대적효력설에서는 정은 보호를 받게 되고 갑은 을에게 부당이득의 반환을 청구할 수 있고 병에게 부당이득 반환을 구할 수도 있게 된다.

(8) 을(악의), 병(악의), 정(악의)인 경우 정은 보호를 받지 못하고 반환해야 하면 정은 병에게 담보책임을 물어 계약해제를 할 수 있게 된다.

Ⅳ. 기타의 제도

1. 인정사망

(1) 의 의

인정사망이란 수난·화재 기타 사변으로 인하여 사망한자가 있는 경우에 이를 조사한 관공서가 사망지의 시·읍·면장에게 지체없이 사망의 신고를 하는데, 이에 기하여 가족관계등록부에 사망으로 기재를 하여 사망한 것으로 취급되는 가족관계등록 등의 관한 법률상의 제도를 말한다(가족관계법 제87조).

(2) 특성과 효력

1) 인정사망은 가족관계법상의 제도

실종선고와 달리 가족관계등록 등에 관한 법률상의 특례제도이다.

2) 강한 사망의 추정제도

사망에 대한 확인은 없으나 고도의 사망률이 있음에도 장기간에 걸치는 실종선고를 받게 하는 것이 부당하기 때문이다.

(3) 실종선고와 인정사망의 비교

1) 제도상의 차이점

(가) 실종선고제도

장기간 행방불명으로 사망의 개연성이 높은 경우에 생사불명의 상태에서 사망한 것으로 의제하는 민법상의 제도이다.

(나) 인정사망제도

사망의 확증은 없으나 주위의 사정으로 보아 사망이 확실하다고 인정될 경우 가족관계등록부에 사망으로 기재하는 가족관계법상의 특례제도이다.

2) 효력상의 차이점

실종선고와 인정사망의 근본적인 차이는, 전자는 부재자의 생사가 불분명한 경우에 일정한 요건 하에 사망한 것으로 간주하는 것인 데 대하여, 후자는 사망이 확실한 경우에 가족관계등록부상 사망의 기재를 하기 위한 절차적 특례, 즉 강한 사망추정적 효과를 인정하는 점에 있다. 인정사망을 받은 자가 생존해 있다든지 하는 실체적 관계에 관해서는 민법은 아무런 규정을 두고 있지 않은데, 그래서 이는 입법적 불비라는 비판이 있다.

2. 동시사망의 추정

(1) 의 의

동시사망의 추정제도란 2인 이상이 동일한 위난을 당하여 사망하였을 때, 그 사망의 선후가 입증되지 않는 경우 이를 동시에 사망한 것으로 추정하는 제도이다(제30조).

(2) 민법상의 제도

이것은 인정사망과 달리 민법에서 규정하고 있는 민법상의 제도이다.

(3) 본래의 사망제도

2인 이상이 사망하였으므로 시체는 있으나, 그들 사이에 사망의 선후만 문제되는 경우이므로, 동시사망의 추정을 받는 자들은 권리능력이 상실된다.

동시사망의 추정에 관한 민법의 규정은 동일한 위난으로 2인 이상이 사망한 경우에 한정되는 것이 아니라, 반드시 동일한 위난이 아니라도 그 사망의 선후가 입증되지 않는 경우라면 모두 본조가 적용된다고 할 것이다.

(4) 동시사망의 결과로 인한 상속의 변동

예컨대 부 D·처 B·미혼의 자C가 있는 A가, C와 동승하였던 버스의 사고로 A와 C가 사망하였는데, A만이 재산을 가지고 있다고 하자.

1) A가 먼저 사망한 경우

B와 C가 공동상속을 하지만, C가 곧 사망하였으므로, B가 C의 상속분을 상속한다. 결과적으로 B의 단독상속이 된다.

2) C가 먼저 사망한 경우

C한테는 재산이 없으므로 문제가 되지 않고, 이어서 A가 사망하였으므로, B와 D가 공동상속인이 된다.

3) A와 C가 동시 사망한 것으로 추정되는 경우

동시사망자 상호간에는 상속이 생기지 않는다. 따라서 C는 A의 상속인이 되지 못하고, B와 D만이 A의 공동상속인이 된다. 만일 민법 제30조의 동시사망의 추정규정이 없다면, B또는 D는 자기에게 유리하게 A가 먼저 사망하거나 C가 먼저 사망한 것으로 주장하여 상속을 받고, 그에 대해 상대방은 반대의 사실을 입증하여야 번복시킬 수 있는데, 그 입증이 사실상 어려우므로, 먼저 사실상 이익을 차지한 자가 혜택을 받게 되는 불합리한 결과를 초래한다. 여기에 동시사망의 추정규정을 둔 실익이 있다.

제5절 법 인

Ⅰ. 서 설

1. 법인의 의의

(1) 법인격이 인정되는 '人'에는 자연인과 법인이 있다. 법인이란 자연인 이외의 것으로 법률에 의하여 권리능력(법인격)이 부여된, 즉 권리·의무의 법적 주체가 되는 것을 말한다.

(2) 단체에 대해 구성원과 독립된 법인격을 부여함으로써 법률관계를 간편하게 취급하기 위한 법기술이 사단법인이며, 일정한 목적을 위해 제공된 재산에 대하여 독립된 인격을 부여하는 것이 재단법인이다.

즉, 일정한 목적과 조직 아래에 결합하는 사람의 단체가 사단법인이고, 일정한 목적에 바쳐진 재산이 재단법인이다.

(3) 법인의 존재이유는 일정한 사람의 단체 또는 일정한 재산에 법인격을 부여함으로써 단체 또는 재산이 마치 자연인과 같은 독립된 권리주체로서 활동이 가능하고, 법인이 법인의 행위로서 그 결과에 대하여 스스로 책임을 지고 구성원은 원칙적으로 책임을 부담하지 않아 책임의 합리적인 제한이 가능하다는데 있다.

■ 법인격 부인의 법리 ■

1. 의 의

법인격 부인이란 법인제도의 취지에 어긋나게 이를 이용하는 경우에 법인의 타인성을 부정하여 그 법인에게 귀속될 법률관계를 그 법인의 배후에 있는 개인이나 다른 법인에게도 귀속시키는 것이다. 이는 법인제도를 책임회피나 재산을 은닉하는 등의 목적으로 악용하는 경우 법인의 독자적인 권리, 의무 주체로서의 지위를 주장하는 것을 부정하여 법인의 채무에 대해서 구성원 개인 또는 다른 단체가 채무를 부담 하도록 하거나 또는 반대로 기존 채무자의 채무에 대해 새로운 법인도 채무를 부담하도록 하기 위한 것이다. 그런데 법인격 부인의 법리는 문제가 되는 특정 사항에 대해 법인제도를 악용하여 설립하는 법인의 타인성을 부정하여 채무 등에 대해 그 법인도 함께 채무를 부담시키는 등의 효과를 발생시키기 위한 것이므로 그 법인 자체의 법인격 즉 권리, 의무의 주체가 될 수 있는 지위 자체를 부정하는 것은 아니므로 이러한 점 때문에 법인격부인이라는 용어는 적절하지 않고 '법인책임범위확대'이론이라고 하여야 한다는 견해도 있다.

2. 이론 구성

(1) 법인형해론

1) 의 의

회사의 대표이사등이 회사의 운영이나 기본재산의 처분에 있어서 주식회사 운영에 관한 법절차 등을 무시하고 위법, 부당한 절차에 의해 외형상 회사형태를 유지하는데 불과한 경우에는 회사의 타인성을 부정하여 회사의 채무에 대해서 실질적인 권리의무의 주체인 대표이사 등 개인에게 채무부담을 시킬수 있도록 하자는 이론이다.

2) 판 례

판례는 이론자체는 부정하지는 않고 있다(대판 1977. 9. 13. 74다954)

(2) 법인격 남용론

1) 의 의

법인격을 남용하는 경우 신의칙, 권리남용의 법리에 의해 법인의 타인성을 부정하는 이론이다

2) 요 건

법인격 남용이 인정되기 위해서는 주관적 요건이 필요하다는 것이 판례이다.

관련판례

모회사가 자회사의 독자적인 법인격을 주장하는 것이 자회사의 채권자에 대한 관계에서 법인격의 남용에 해당하기 위해서는 적어도 자회사가 독자적인 의사 또는 존재를 상실하고 모회사가 자신의 사업의 일부로서 자회사를 운영한다고 할 수 있을 정도로 완전한 지배력을 행사하고 있을 것이 요구되며 구체적으로는 모회사와 자회사 간의 재산과 업무 및 대외적인 기업거래활동 등이 명확히 구분되어 있지 않고 양자가 서로 혼용되어 있다는 등의 객관적 징표가 있어야 하며 자회사의 법인격이 모회사에 대한 법률 적용을 회피하기 위한 수단으로 사용되거나 채무면탈이라는 위법한 목적 달성을 위하여 회사제도를 남용하는 등의 주관적 의도 또는 목적이 인정되어야 한다(대판 2006. 8. 25. 2004다26119).

3) 판례가 인정한 구체적 사례

① 편의치적 회사

관련판례

선박회사인 갑, 을, 병이 외형상 별개의 회사로 되어 있지만 갑회사 및 을회사는 선박의 실제상 소유자인 병회사가 자신에 소속된 국가와는 별도의 국가에 해운기업상의 편의를 위하여 형식적으로 설립한 회사들로서 그 명의로 선박의 적을 두고있고 실제로는 사무실과 경영진 등이 동일하다면 이러한 지위에 있는 갑회사가 법률의 적용을 회피하기 위하여 병회사가 갑회사와는 별개의 법인격을 가지는 회사라는 주장을 내세우는 것은 신의성실의 원칙에 위반하거나 법인격을 남용하는 것으로 허용될 수 없다(대판 1988. 11. 22. 87다카1671).

② 채무면탈을 위한 회사설립

관련판례

기존회사가 채무를 면탈할 목적으로 기업의 형태, 내용이 실질적으로 동일한 신설회사를 설립하였다면 신설회사의 설립은 기존회사의 채무면탈이라는 위법한 목적달성을 위하여 회사제도를 남용한 것이므로 기존회사의 채권자에 대하여 위 두회사가 별개의 법인격을 갖고 있음을 주장하는 것은 신의성실의 원칙상 허용될 수 없다 할 것이어서 기존회사의 채권자는 위 두 회사 어느 쪽에 대하여서도 채무의 이행을 청구할 수 있다(대판 2004. 11. 12. 2002다66892).

③ 법률적용 회피를 위한 회사설립

관련판례

회사가 외형상 법인의 형식을 갖추고 있으나 이는 법인의 형태를 빌리고 있는 것에 지나지 않고 그 실질에 있어서는 완전히 법인격의 배후에 있는 타인의 개인 기업에 불과하거나 그것이 배후자에 대한 법률적용을 회피하기 위한 수단으로 함부로 쓰여지는 경우에는 비록 외견상으로는 회사의 행위라 할지라도 회사와 그 배후자가 별개의 인격체임을 내세워 회사에게만 그로 인한 법적 효과가 귀속됨을 주장하면서 배후자의 책임을 부정하는 것은 신의성실의 원칙에 위반되는 법인격의 남용으로 심히 정의와 형평에 반하여 허용될 수 없다(대판 2001. 1. 19. 97다21604).

2. 법인의 본질

(1) 법인의 본질에 관한 학설

학 설	내용 및 분류	비 고
법인의제설	권리·의무의 주체가 되는 것은 자연인인 개인뿐이며, 자연인이 아니면서 권리·의무의 주체가 될 수 있는 것은 법률의 힘에 의하여 자연인에 의제된 것에 한한다. 즉, 법인이 권리능력을 갖는 것은 법률이 법인을 자연인으로 의제했기 때문이다(법인의 독자성은 원칙적으로 부정함).	Savigny, Flume

법인부인설	법인의 본체를 '일정한 목적에 바쳐진 무주체의 재산', '법인으로부터 이익을 얻고 있는 다수의 개인' 또는 '현실적으로 법인재산을 관리하고 있는 독자의 사회적 실체를 가지지 않는다는 것이다.'(법인의 실체는 없다)	Brinz, Jhering, Holder
법인실재설	사회적 가치설 : 법인은 자연인과 동일하게 사회적으로 실존하는 법 인격체라고 주장하는 학설이다.	我妻榮, 곽윤직
	유기체설 : 사회에는 인간적 유기체와 사회적 유기체의 두 종류가 있는데 법인이라는 단체의 실체를 사회적 유기체라고 한다.	Gierke
	조직체설 : 법인의 실체를 권리주체임에 적합한 법률상의 조직체라고 본다.	김상용

(2) 학설의 비교

비 교	법인실재설	법인의제설
권리능력의 범위 : 제34조 목적의 범위에 대한 해석	목적수행에 적당한 범위 내까지 확장하여 권리능력을 인정한다.	법률이 인정하는 범위 내지 사항에 대해서만 권리능력을 인정한다.
법인의 불법행위능력	불법행위능력이 있다. 따라서 제35조의 규정은 당연한 규정이다.	원칙적으로 불법행위능력이 없다. 따라서 제35조는 편의적·정책적 규정이다.
행위능력	이사의 행위는 법인 자신의 행위이다(=대표설).	이사의 행위는 법인의 대리행위이다(=대리설).
이사 개인의 불법행위책임	원칙적으로 부정된다.	당연히 긍정된다.
법인의 점유	법인의 점유이고, 이사는 점유의 기관이며 점유자가 아니다.	법인 자신의 점유를 관념화할 수 없기 때문에 이사는 독립된 점유자이다.
법인격 없는 사단·재단	실체에 입각하여 권리능력을 인정한다.	권리능력을 인정하는데 소극적이다.

3. 법인의 종류

(1) 사법인과 공법인

사법인은 사적 자치에 의해 당사자가 자발적으로 설립하여 자율적으로 운영하고 또한 자진하여 해산할 수 있는 법인이다. 민법상의 법인과 상법상의 회사는 모두 사법인이다.

공법인은 국가나 지방자치단체 기타 특정의 국가적 목적을 위하여 설립된 각종 공사 등은 공법인이다. 이는 법인의 조직 등 기본적 사항이 법률에 의해 정해지며, 이사 등이 국가에 의해 선임되고 국가의 예산에 의해 운영될 뿐 아니라 해산의 자유가 제한된다. 한편 소비자보호원·상공회의소·농업협동조합 등은 특수법인으로서 사법인과 공법인의 중간적 성격을 갖는다. 공법인과 사법인의 구별실익은 분쟁(쟁송)의 절차에서 공법인은 행정소송으로 사법인은 민사소송으로 한다.

(2) 영리법인과 비영리법인

1) 영리법인

민법은 영리를 목적으로 하는 재단법인을 인정치 않으므로 영리법인은 항상 사단법인이고, 그 설립은 준칙주의에 의한다. 영리법인의 전형적인 예는 상법상의 회사이다. '영리의 목적'이라는 의미는 법인이 영리적인 사업을 한다는 것이 아니라 단체의 구성원인 사원의 이익을 목적으로 한다는 뜻이다. 예컨대 어떤 법인이 공익사업을 하더라도 그 사업으로 인한 이익을 법인의 구성원인 사원에게 분배, 즉 구성원(사원)의 사익에 목적이 있다면 이 법인은 영리법인이다. 그러나 법인인 장학회가 기금을 더 마련하기 위하여 장학회관의 일부를 임대하여 생긴 수익을 법인그성원인 사원에게 분배하지 않으면 이 법인은 비영리법인이다.

2) 비영리법인

비영리법인은 학술, 종교, 자선, 기예, 사교, 기타 영리 아닌 사업을 목적으로 하는 사단 또는 재단을 말한다. 민법의 적용을 받는 단체는 원칙적으로 비영리사업을 목적으로 하는 사단 및 재단이며, 그 밖에 영리를 목적으로 하는 사단도 법인이 될 수 있다. 비영리법인의 설립은 허가주의에 의한다.

(3) 사단법인과 재단법인

1) 사단법인

다수의 사람들이 모여 공동 목적의 사업을 하기 위하여 결합한 인적 단체로서 사원을 요소로 하며, 사원총회에 의하여 그 의사를 자주적으로 결정하고 종류에는 비영리사단법인(민법상의 원칙)과 영리사단법인이 있다. 즉 민법은 원칙적으로 비영리법인이다. 그러나 사단법인에 한하여 영리적인 사업(시설관리 및 운영을 위한 분담료, 이용료, 입장료 등의 필요비를 위하여 징수하는 것)이 부수적인 경우에는 비영리의 목적에 반하지 않는다.

2) 재단법인

설립자가 출연한 재산을 기초로 하여 설립시 정해진 목적을 달성하기 위해 활동하는 사업체로서 재산의 존재를 요소로 하며, 설립자의 설립의사에 따라 활동하고 이는 언제나 비영리법인이다.

Ⅱ. 권리능력이 없는 사단과 재단

1. 권리능력이 없는 사단(법인 아닌 사단)

(1) 의 의

1) 법인 아닌 사단이란 실질적으로 사단이지만 설립등기를 하지 않았기 때문에 법인격이 부여되지 않은 단체를 말한다.

2) 권리능력 없는 사단에 있어서는 구성원 자신이 자산을 총유하고 부채도 이들에게 총유적으로 귀속된다.

(2) 설립요건

1) 공동의 목적을 위하여 다수의 구성원이 단체를 구성하였을 것

2) 단체의 기관 등 조직이 존재할 것(사원총회, 이사 등)

3) 단체의 동일성을 표상하는 명칭이 있을 것

4) 사단의 중요한 사항이 정관으로 정해져 있을 것

5) 대외적으로 단체의 이름으로 활동할 것

(3) 판례에 나타난 권리능력 없는 사단

1) 판례에서 법인 아닌 사단으로 인정한 것으로는 종중, 사찰, 교회, 동리부락, 친목회, 주택재건축위원회, 아파트입주자대표회, 아파트 부녀회, 종중, 어촌계, 자연마을, 채권자청산위원회 등이 있다.

2) 조직 내부기관이나 시설은 비법인 사단이 아니기 때문에 판례상 부정된 것으로는 농지위원회, 신태인천주교회, 학교, 대한불교조계종총무원 등이 있다.

3) 법률에 규정에 의한 법인아닌 사단으로는 집합건물관리단(집합건물의소유및관리에관한법률 제23조), 노동조합 등이 있다.

4) '계'는 태양의 여하에 따라 그 법률적 성질을 달리하는 것이니만큼 특정의 계가 조합적 성질을 띨 것인지 소비대차적 성질을 가질것인지 그렇지 않으면 무명계약적 성질의 것인가는 종합 고찰함으써 판달하여야 할 사항이기 때문에 법률적 성질은 일률적으로 말하기 어렵다고 하면서(대판 1967. 7. 18. 67다1052) 친목계(어촌계)인 경우는 비법인 사단으로(대판 1995. 8. 22. 94다31020), 순번계는 주로 조합으로 보면서도(대판 1962. 7. 26. 62다265), 낙찰계는 계주와 계원간의 개인적 채권관계로 보고 있다(대판 1994. 10. 11. 93다55465).

(4) 법률관계

1) 내부관계

법인 아닌 사단의 내부관계에 관하여는 제1차적으로 그 사단의 정관이 적용되고 정관의 규정이 없는 경우에는 민법의 사단법인의 규정이 유추적용된다. 즉 민법은 법인 아닌 사단의 법률관계에 관하여 재산의 소유 형태 및 관리등을 규정하는 제 275조 내지 277조를 두고 있을 뿐이고 그 밖의 법률관계 예컨대 사단의 실체, 성립, 사원자격의 득실, 대표의 방법, 총회의 운용, 해산사유 등에 관하여는 민법의 법인에 관한 규정 중 법인격을 전제로 하는 조항을 제외한 나머지 조항이 원칙적으로 유추적용된다(대판 1992. 10. 9. 92다23087). 판례는 법인의 대표권제한은 등기해야 제3자에게 대항 할 수 있다는 규정(제 60조)은 비법인사단에는 준용할 수 없다고 한다.

관련판례

법인의 대표권 제한은 등기해야 제3자에게 대항할수 있다는 규정은 비법인사단의 경우에는 대표자의 대표권제한에 관하여 등기할 방법이 없어 민법 제60조의 규정을 준용할 수 없고 비법인사단의 대표자가 정관에서 사원총회의 결의를 거쳐야 하도록 규정한 대외적 거래행위에 관하여 이를 거치지 아니한 경우라도 이와 같은 사원총회 결의사항은 비법인사단의 내부적 의사결정에 불과하다 할 것이므로 그 거래 상대방이 그와 같은 대표권제한사실을 알았거나 알 수 있었을 경우가 아니라면 그 거래행위는 유효하다고 봄이 상당하고 이 경우 거래의 상대방이 대표권제한사실을 알았거나 알 수 있었음은 이를 주장하는 비법인사단측이 주장, 입증하여야 한다(대판 1992. 9. 8. 91누13670).

2) 외부관계

대표자가 정해져 있으면 당사자능력이 있고(민소법 제52조) 등기능력이 있어(부등법 제30조), 소송에서 원고나 피고가 될 수 있으며 비법인사단의 명의로 등기도 할 수 있다. 인격 없는 사단의 권리능력, 행위능력, 대표기관의 권한 및 그 행위의 방식, 대표기관의 불법행위에 대한 손해배상책임은 사단법인의 규정을 유추적용한다.

3) 재산의 귀속관계

(가) 재산의 소유형태

법인 아닌 사단의 물건의 소유는 사원이 집합체로서 총유로 하며, 기타의 재산권을 준총유로 된다. 총유의 세부내용은 사단의 정관 기타 규약에 의해 정해지며, 정해지지 못한 부분은 민법 규정에 의한다. 총유물에 관한 사원의 권리의무는 사원의 지위를 취득·상실함으로써 취득·상실된다. 사원은 그 물건에 관한 지분권이나 분할청구권을 갖지 못한다.

(나) 채무의 귀속형태

사단의 채무는 총유재산에 의하여만 책임지고, 정관에 규정이 없는 한 사원은 개인재산으로는 책임을 지지 않는다.

2. 권리능력 없는 재단(법인 아닌 재단)

(1) 의 의

1) 권리능력 없는 재단이란 재단법인의 실질, 즉 목적재산은 존재하되 아직 등기를 하지 않은 재산을 말한다.

2) 그 예로는 육영회, 종교재단, 유치원, 장학회 등이 있으나 학교는 아니다. 한정승인을 한 상속재산, 상속인 없는 상속재산, 재단저당의 목적이 되는 재산, 파산재단 등에 관해서는 권리능력 없는 재단으로 보는 견해와 권리의 객체일 뿐이라는 견해가 있다.

(2) 법률관계

① 권리능력 없는 재단의 설립은 설립자의 단독행위로써 하며, 이에 관하여는 증여·유증의 규정이 준용된다.

② 권리능력 없는 재단도 등기능력, 소송당사자능력을 가지며 명칭·신용 등을 보호받는다.

③ 내부관계에 관하여는 재단법인의 규정이 유추 적용된다.

(3) 권리의 귀속

1) 문제의 소재

부동산에 대해서는 등기능력이 인정되므로 부동산에 대한 권리는 비법인재단 자신의 단독소유로 인정되나 그 밖의 재산권에 관해서는 비법인재단에는 사원이 없으므로 법인 아닌 사단의 경우처럼 사원의 총유로 할 수 없어 문제가 된다.

2) 학 설

(가) 신 탁 설

신탁관계로 이론구성하는 견해이다. 재단설립자를 위탁자, 비법인재단의 대표자를 수탁자, 장래 설립될 재단법인을 수탁자로 하는 사익신탁으로 보는 견해이다. 즉 재산권은 대표자 개인의 명의로 보유되고 그 재산권에 관한 법률행위도 대표자 개인명의로 하게 되지만 비법인 재단이 부담하는 의무에 대해서는 그 비법인재단의 목적재산만으로 책임을 지고 대표자 개인재산으로는 책임을 지지 않는다고 한다.

(나) 재단귀속설

재산권이 모두 비법인 재단 자체에 귀속한다고 보는 견해이다. 채무도 비법인 재단 자체에 속하므로 재단의 재산만으로 책임을 질 뿐 대표자 개인재산으로 책임을 지지 않는다.

3) 판 례

판례는 비법인 재단 자신에게 귀속한다고 본다. 예컨대 사찰의 재산은 신도와 승려의 총유에 속하는 것이 아니라 권리력 없는 사찰자체에 속한다고 한다. 그리고 비법인 재단은 소송상 당사자 능력이 인정되는 범위 내에서 권리의 주체도 될 수 있다고 한다.

관련판례

① 전통사찰보존법에 따라 전통사찰로 등록이 되고 독립된 사찰로서의 실체도 갖추어 권리능력 없는 재단으로 인정되는 경우, 사찰 명의로 등기된 재산은 사찰 자신의 소유이며 신도들의 총유로서 사찰에 명의신탁한 것이라는 법리는 성립할 수 없다(대판 1991. 6. 14. 91다9336).

② 법인 아닌 사단 또는 재단으로서 법률상 당사자 능력을 가질 경우에는 소송상 법인아닌 사단 또는 재단 그 자체가 권리의무의 주체로 취급된다 할 것이므로 만일 이와 같은 사단 또는 재단이 소송법상 당사자능력이 있으되 사법상 또는 공법상 권리의 주체가 될수 없다하면 소송법상 당사자능력을 인정할 아무런 실익이 없는 것이며 결국 당사자능력 그 자체도 부여될 수 없는 결과가 될 것이다(대판 1992. 5. 10. 4294행상102).

Ⅲ. 법인의 설립

법인은 법률이 정한 요건을 갖추어야 성립한다. 즉 설립행위를 하고 주무관청의 허가를 받아 설립등기를 하여야 성립한다. 설립등기를 하지 않는 한 법인이 성립하지 않으며 다만 설립등기 전이라도 법인의 실체를 갖추고 있는 한 권리능력 없는 사단이나 재단으로서 일정한 지위를 인정받을 뿐이다.

1. 법인설립에 관한 입법주의

(1) 입법주의

법인설립에 관해서는 ① 법인의 실질만 갖추면 당연히 법인으로 인정하는 자유설립주의, ② 미리 법률에 요건을 정하고 그 요건을 갖추면 법인으로 인정되는 준칙주의, ③ 법률이 요건을 갖추어 행정관청의 인가를 얻으면 법인으로 성립하는 인가주의, ④ 행정관청의 허가를 얻어 법인을 성립하는 허가주의, ⑤ 법인성립을 위해 특별법의 제정을 필요로 하는 특허주의, ⑥ 법인성립을 국가가 강제하는 강제주의가 있다.

준칙주의	각종 영리법인(상사회사, 민사회사), 노동조합
허가주의	비영리법인, 사립학교법인 등
인가주의	법무법인, 지방변호사회, 대한변호사협회, 상공회의소, 농수산업협동조합, 중소기업협동조합 등
특허주의	한국은행, 한국산업은행, 한국수출입은행, 한국마사회, 각종공사 등
강제주의	변호사회, 약사회, 수의사회 등

■ 허가와 인가 ■

1. 허　가
허가는 일반적 금지를 특정한 경우에 해제하여 자유의 상태를 회복시켜 주는 행정행위로서 허가요건이 법률에 엄격히 규정되어 있는 경우 그 허가요건을 갖추고 있는 한 허가를 해주어야 하며 이는 기속행위이나 허가의 기준을 별도로 정하고 있지 않은 경우 허가는 행정기관의 재량행위로 될 수 있다. 허가가 행정관청의 재량행위인 때는 재량권 일탈이나 남용이 아닌 한 그에 대해 행정소송으로 다툴 수 없다.

2. 인 가
인가는 허가와 달리 법률행위를 보충하여 법률상 효력을 완성시켜 주는 행정행위로서 법률이 그 요건을 규정하고 있는 때에는 요건을 다투면 인가를 해 주어야 하며 따라서 요건을 갖추었음에도 인가를 하지 않으면 행정소송으로 다툴 수 있다

(2) 민법의 태도

1) 법인은 법률의 규정에 의함이 아니면 성립하지 못한다(제31조).

2) 학술, 종교, 자선, 기예, 사교 기타 영리아닌 사업을 목적으로 하는 사단 또는 재단은 주무관청의 허가를 얻어 이를 법인으로 할 수 있다(제32조).

3) 민법은 비영리법인의 설립에 관하여 허가주의를 채택하고 있다. 설립허가는 주무관청의 자유재량행위이므로 그에 대한 불허가처분이 있더라도 원칙적으로 행정소송의 대상이 되지 않는다(대판 1979. 12. 26. 79누248).

4) 이와달리 민법 제45조와 제46조에서 말하는 재단법인의 정관변경의 '허가'는 법률상의 표현이 허가로 되어 있기는 하나 그 성질에 있어 법률행위의 효력을 보충해 주는 것이지 일반적 금지를 해제하는 것은 아니므로 그 법적 성격은 인가라고 보아야 한다(대판 1996. 5. 16. 95누4810).

2. 비영리사단법인의 설립

(1) 설립요건

1) 목적의 비영리성

학술, 종교, 자선, 기예, 사교, 기타 영리 아닌 사업을 목적으로 하여야 한

다(민 제32조). 여기서 영리 아닌 사업을 목적으로 한다는 의미는 영리적인 사업을 할 수 없다는 것이 아니고 사업에 따른 이익을 법인의 구성원(사원)들에게 분배하지 않음을 뜻한다. 따라서 목적의 달성을 위하여 부수적으로 영리행위를 하는 것은 허용된다고 본다.

2) 설립행위

사단법인의 설립자는 다음 각 호의 사항을 기재한 정관(단체의 자치규범, 즉 법인의 조직, 운영, 해산 등 조직내부의 지침)을 작성하여 기명날인하여야 한다(제40조).

① 목적
② 명칭
③ 사무소의 소재지
④ 자산에 관한 규정
⑤ 이사의 임면에 관한 규정
⑥ 사원자격의 득실에 관한 규정
⑦ 존립 시기나 해산사유를 정하는 때에는 그 시기 또는 사유

(가) 사단법인을 설립

2인 이상의 설립자가 기본 규칙을 정하여 이를 서면에 기재하고 기명날인하여 정관을 작성하여야 한다. 정관작성행위가 사단법인 설립행위의 핵심적 요소이다.

(나) 설립행위의 성격

설립행위를 계약으로 볼 것인지 합동행위로 볼 것인가에 대해 견해가 대립하고 있다.

(a) 계약설(특수한 계약, 소수설)

ⓐ 법인의 설립행위는 단체적 효과의 발생을 목적으로 하는 설립자간의 특수한 계약이며, 단체설립행위에 다른 계약에서와 다른 성질이 있더라도 계약이론을 적용함이 타당하다.

ⓑ 계약은 사적자치를 합리적으로 실현할 수 있는 제도이므로 합동행위

의 개념을 인정하는 것은 법률행위에 단체관계의 면을 부당하게 끌어 들이는 결과로 될 뿐 아무 실익이 없다.

(b) 합동행위설(다수설)

설립행위는 설립자 전원이 합동하여 법인설립이라는 목적에 협력하는 것이므로, 즉 계약이나 단독행위와 구별되는 합동행위로 본다. 합동행위 개념을 인정하면 설립자 중의 한 사람이 다른 설립자를 위하여 대리하는 것도 무방하고 합동행위를 이루는 의사표시의 일부가 무효이거나 또는 취소되더라도 다른 의사표시의 효력에 영향을 미치지 않는 실익이 있다.

(다) 설립행위의 특성

(a) 설립자 1인의 의사표시가 비진의표시로서 무효이거나 착오·사기·강박으로 인해 취소되더라도 다른 설립자의 의사표시의 효력에는 영향을 미치지 않으며, 남은 의사표시만으로 단체를 설립하는 데에 지장이 없으면 설립행위는 유효하다.

(b) 민법 제124조의 적용이 제한되어 자기계약·쌍방대리가 가능하나 영리법인의 설립과 같이 구성원간에 이해가 대립하는 경우에는 제124조가 적용된다.

(c) 제108조가 사단설립행위에도 적용될 것인가 여부에 관해서는 학설이 대립하고 있다. 즉, 부정설은 합동행위설의 입장에서 제108조는 상대방 있는 법률행위에 한정되어야 하므로 적용이 없다고 하며, 긍정설은 계약설의 입장에서 설립행위의 당사자는 상호간 계약의 상대방이므로 제108조가 적용된다고 한다.

(라) 정관의 기재사항

(a) 필요적 기재사항

민법 제40조는 "사단법인의 설립자는 다음 각 호의 사항을 기재한 정관을 작성하여 기명날인하여야 한다"라고 규정하고 있다. 다만 존립시기나 해산사유는 이를 정한 때에만 필요적 기재사항이며 이에 관하여 정한 것이 없으면 정관에 기재하지 않아도 된다. 필요적 기재사항은 어느 하나라도 기재하지 않으면 정관 전체가 무효로 된다.

1. 목적
2. 명칭
3. 사무소의 소재지
4. 자산에 관한 규정
5. 이사의 임면에 관한 규정
6. 사원자격의 득실에 관한 규정
7. 존립시기나 해산사유를 정하는 때에는 그 시기 또는 사유

(b) 임의적 기재사항

일단 정관에 기재되면 필요적 기재사항과 같은 효력을 가지므로 그 변경은 정관변경절차에 의한다.

(c) 정관의 성격

정관은 계약이 아니라 자치법규의 성질을 갖는다. 따라서 그 해석도 법규해석의 방법에 따라야 한다.

관련판례

사단법인의 정관은 이를 작성한 사원뿐만 아니라 그 후에 가입한 사원이나 사단법인의 기관등도 구속하는점에 비추어 보면 그 법적 성질은 계약이 아니라 **자치법규**로 보는 것이 타당하므로 이는 어디 까지나 객관적인 기준에 따라 그 규범적인 의미 내용을 확정하는 법규해석의 방법으로 해석되어야 하는 것이지 작성자의 주관이나 해석당시의 사원의 다수결에 의한 방법으로 자의적으로 해석될 수는 없다 할 것이어서 어느 시점의 사단법인의 사원들이 정관의 규범적인 의미 내용과 다른 해석을 사원총회의 결의라는 방법으로 표명하였다 하더라도 그 결의에 의한 해석은 그 사단법인의 구성원인 사원들이나 법원을 구속하는 효력이 없다(대판 2000. 11. 24. 99다12437).

3) 주무관청의 허가(제32조)

두개 이상의 관청이 주무관청인 경우에는 이들 모두의 허가를 얻어야 한다.

4) 설립등기

법인은 그 주된 사무소의 소재지에서 설립등기를 함으로써 성립한다. 즉 설립등기는 법인의 성립요건이다. 따라서 나머지 등기가 대항요건인 점과 비교된다.

(2) 설립중의 사단법인

사단법인이 설립되는 과정은 ① 우선 법인설립을 준비하기 위한 설립자 상호간의 법률관계가 성립하고(설립자조합), ② 다음으로 정관을 작성하여 법인으로서의 실체를 갖추게 되며(설립중의 법인), ③ 끝으로 설립등기를 함으로써 법인격을 취득하게 된다. 위 ①의 단계, 즉 설립자(발기인)조합의 성격은 민법상의 조합(통설)으로 볼 수 있고, ②의 단계, 즉 설립중의 법인은 아직 법인격이 없는 단체로서 권리능력 없는 사단이라고 보아야 할 것이다(통설). 발기인 조합은 비법인 사단이 아니며 단순히 발기인들의 조합관계이므로 발기인 조합의 행위로 인한 권리·의무는 발기인 조합이나 또는 발기인 개인에게 귀속할 뿐 법인에게 귀속하는 것은 아니며 따라서 후에 설립한 법인에게 이전하는 절차를 거쳐야 비로소 법인에게 귀속한다. 반면에 설립중의 사단법인은 비법인사단으로 그 권리·의무는 설립 중의 법인 자체에 귀속될 것이나 설립중의 법인에게 귀속한 채무등이 후에 성립한 법인에게 귀속하는지에 대해서는 위에서와 같이 견해가 대립하고 있다.

〈 사단과 조합의 비교 〉

구 분	사 단	조 합
① 의 의	법률에 의하여 법인격이 부여된 일정한 목적하에 결합된 사람의 단체이다.	2인 이상의 특정인이 서로 출자하여 공동사업을 경영할 목적으로 결합한 단체로서 법인격 없다.
② 단 체 성	개개의 구성원을 초월한 독립의 단일체로서 단체성이 강하므로 구성원의 개성이 중시되지 않는다.	단체로서의 단일성보다는 구성원의 개성이 강하게 표출된다.

③ 설립행위	합동행위(다수설), 계약(소수설)	조합계약
④ 법률효과의 귀속	기관의 행위에 의하여 활동, 법률효과는 단체 자신에 귀속된다.	구성원 전원 또는 대리권이 수여된 자의 행위에 의하여 활동, 법률효과는 전원에게 귀속된다.
⑤ 내부규약	정관이 있고 이는 구성원에 대한 일반적 규정이다.	계약관계, 즉 특정한 개인을 당사자로 하는 계약이다.
⑥ 구 성 원	구성원은 2인 이상이 다수로서 비교적 자유로운 가입·탈퇴할 수 있다.	일반적으로 가입·탈퇴가 어렵다.
⑦ 재산소유형태	사단법인 : 단독소유형태 권리능력 없는 사단 : 총유형태	합유형태
⑧ 채무에 대한 책임	사단 자체 부담, 사원은 출자재산으로 책임을 진다. 즉 유한책임이다.	조합원 전원의 무한 책임을 진다. 즉 조합원의 개인재산으로 책임을 부담한다.
⑨ 등기능력	권리능력 없는 사단에도 등기능력 인정	등기능력 부정
⑩ 소송당사자능력	인정	부정

관련판례

설립중의 회사로서의 실체가 갖추어지기 이전에 발기인이 취득한 권리, 의무는 구체적 사정에 따라 발기인 개인 또는 발기인조합에 귀속되는 것으로서 이들에게 귀속된 권리의무를 설립 후의 회사에 귀속시키기 위하여는 양수나 채무인수 등의 특별한 이전행위가 있어야 할 것이다(대판 1990. 12. 26. 90누2536).

3. 비영리재단법인의 설립

(1) 서 설

재단법인의 설립요건으로 목적의 비영리성·주무관청의 허가·설립등기가 요구되는 점에서는 사단법인과 동일하나, 설립행위에 정관작성 외에 법인의 실체가 될 재산의 출연이 필요하다는 점에서 차이가 있다.

(2) 정관의 작성

재단법인의 설립자는 일정한 재산을 출연하고 제40조 제1호 내지 제5호의 사항을 기재한 정관을 작성하여 기명날인하여야 한다.

재단법인의 설립자가 그 명칭, 사무소 소재지 또는 이사임면의 방법을 정하지 아니하고 사망한 때에는 즉 '목적'과 '자산'에 대해서 정하고 나머지 사항을 정하지 않은 경우에는 이해관계인 또는 검사의 청구에 의하여 법원이 이를 정한다(제44조). 목적과 자산 이외의 사항에 대해 보충하는 것이므로 설립자가 목적과 자산에 대해 정하지 않은 경우에는 재단법인을 설립할 수 없다.

① 재단법인의 성격상 사원에 관한 규정이 있을 수 없고 법인의 존립시기나 해산사유는 임의적 기재사항에 불과하다.

② 법원에 의한 정관의 보충이 인정된다. 이와달리 사단법인의 경우에는 사원총회에서 정하면 되기 때문에 정관보충의 문제는 발생하지 않는다.

(3) 재산의 출연

재단법인은 일정한 목적을 위한 재산에 법인격을 부여하는 것이며 재산으로 구성되어 있으므로 재산의 출연이 재단법인 설립행위의 본체적 내용을 이룬다. 출연재산은 물권뿐 아니라 채권, 무채재산권 등이라도 무방한데 이러한 재산이 출연된 경우 언제 법인에 귀속하느냐가 문제된다.

① 생전처분으로 재단법인을 설립하는 때에는 증여에 관한 규정을 준용한다.

② 유언으로 재단법인을 설립하는 때에는 유증에 관한 규정을 준용한다.

③ 생전처분으로 재단법인을 설립하는 때에는 출연재산은 법인이 성립된 때로부터 법인의 재산이 된다.

④ 유언으로 재단법인을 설립하는 때에는 출연재산은 유언의 효력이 발생한 때로부터 법인에 귀속한 것으로 본다.

1) 출연행위의 성격에 관하여는 단독행위설과 계약설이 있는바, ① 단독행위설은 출연행위는 상대방 없는 단독행위이며 설립자가 여러명인 경

우에는 단독행위의 경합이 이루어진다고 보는 견해이며(다수설), ② 계약설은 출연행위는 설립자가 그의 재산권을 장래 설립될 재단에 양도하는 양도계약이라는 견해이다.

2) 재산출연행위는 무상행위이므로 증여 및 유증과 유사하다. 따라서 생전처분으로 재단법인을 설립하는 때에는 증여에 관한 규정을 준용한다.

4. 재단법인 출연재산의 귀속시기

(1) 문제의 소재

법인 설립자가 부동산을 재단에 출연하는 경우에 즉 ① 설립자가 장래 설립될 재단법인에 재산을 내놓겠다는 의사표시로 재산출연행위를 하고(법률행위), ② 재단법인의 설립등기를 한 후 ③ 설립자로부터 법인명의로 부동산소유권의 이전등기를 하는 세 과정을 거치게 된다.

이 경우 부동산소유권은 위 과정 중 어느 시점에 설립자로부터 재단법인에 이전하게 되는가에 관하여 법인설립시설과 이전등기시설이 대립한다.

1) 민법의 규정

생전처분으로 재단법인을 설립한 경우에는 출연재산은 법인이 성립된 때로부터 법인의 재산이 되고, 유언으로 설립한 때에는 유언의 효력이 발생한 때로부터 법인에 귀속한 것으로 본다고 규정되어 있다.

2) 민법 제48조와 형식주의와 관계

출연재산의 이전에 형식을 필요로 하지 않는 재산권은 제48조에 의해 법인의 성립 또는 설립자의 사망시에 당연히 법인에 귀속된다. 그러나 물권법은 부동산의 경우 등기를, 동산의 경우에는 인도를 물권변동의 요건으로 하고 있고, 채권법은 배서·교부 또는 교부를 요구하고 있으므로 제48조의 규정을 어떻게 해석해야 할 것인지가 문제된다.

(2) 물 권

1) 법인설립시설(다수설)

① 제48조를 제187조의 '기타의 법률의 규정'에 해당하는 경우로 보아 등기·인도의 형식을 요하지 않고 물권의 변동은 설립등기시 또는 유언효력발생시에 법인에 귀속된다. 이는 제48조에 충실한 해석이다.

② 이전등기시설에 의하면 재단법인이 설립등기를 갖추었더라도 출연재산에 관한 이전등기를 할 때까지는 전혀 재산이 없는 재단법인이 있게 되는데 이는 재단법인의 본질에 반한다.

③ 출연행위는 물권행위인데 이로부터 이전청구권이라고 하는 채권적 청구권이 생기는 것은 모순이다.

2) 이전등기시설

① 민법이 물권변동에 관하여 성립요건주의를 채택하고 있기 때문에 제48조를 제186조, 제188조와 조화되도록 해석해야 하므로 재산권의 이전청구권만이 법인성립시 또는 유언효력발생시 법인에 귀속되고 현실로 그 재산이 법인에 귀속되는 것은 등기·인도가 이루어질 때이며 등기·인도 후에는 그 소유권이 법인성립시부터 법인에게 귀속되었던 것으로 의제된다. 즉 법인설립등기나 설립자의 사망시에는 법인은 출연재산에 대한 등기이전청구권만(이행청구권)이 생기고 그것이(출연재산) 현실로 재단법인에 이전(소유권 귀속)되는 것은 공시, 즉 소유권이전등기를 갖추어야 한다.

② 제48조는 의사주의를 취하였던 의용민법의 규정을 부주의로 답습한 것이며 물권변동의 형식주의와 모순된다.

– 재산출연의 귀속시기 –

① 민법 제48조 : ㉠ "생전처분으로 재단법인을 설립하는 때에는 출연재산은 법인이 성립된 때(설립등기)로부터 법인의 재산이 된다."
㉡ "유언으로 재단법인을 설립하는 때에는 출연재산은 유언의 효력이 발생한 때(사망)로부터 법인에 귀속된 것으로 본다."

② 민법 제186조 : 부동산 물권변동의 효력에 대하여 "부동산에 관한 법률행위로 인한 물권의 득실변경은 등기(소유권이전등기)하여야 그 효력이 생긴다.

③ 민법 제187조 : 등기를 요하지 아니하는 부동산물권변동에 대하여 "상속·공용징수, 판결, 경매, 기타 법률의 규정에 의한 부동산에 관한 물권의 취득은 등기를 요하지 아니한다."

④ 민법 제188조 : "동산에 관한 물권의 양도는 그 동산을 인도하여야 효력이 생긴다."

3) 판 례

재단법인을 설립함에 있어서 출연재산은 그 법인이 성립한 때로부터 법인에 귀속된다는 민법 제48조의 규정은 출연자와 법인과의 관계를 상대적으로 결정하는 기준에 불과하여 출연재산이 부동산인 경우에도 출연자와 법인 사이에는 법인의 성립 외에 등기를 필요로 하는 것은 아니지만, 제3자에 대한 관계에 있어서, 출연행위는 법률행위이므로 출연재산의 법인에의 귀속에는 부동산의 권리에 관한 것일 경우 등기를 필요르 한다(대판 1979. 12. 11. 78다481).

4) 검 토

양 학설의 실질적 차이는 설립자가 그의 재산을 출연하기로 하여 법인을 설립한 후 법인명의로 이전등기를 갖추지 않고 있는 동안 제3자에게 이중양도한 경우에 소유권이 누구에게 귀속하는가의 문제에서 나타난다.

법인설립시설에 의하면 법인이 보호되고 이전등기시설에 의하면 제3자를 보호하는 결과가 되는데, 아직 소유권이전등기를 하지 않은 법인을 보호하는 것은 물권법과 균형이 맞지 않으므로 이전등기시설이 타당하다고 본다. 따라서 제48조는 입법적 정리가 필요한 조항이다. 판례는 제48조의 존재의의를 살리면서도 법인보호와 제3자보호를 조화시키려 하지만 법률관계를 의제적으로 분리한다는 문제점이 있다.

(3) 채 권

지명채권의 경우에는 양도에 별도의 공시방법등의 형식을 요하지 않기 때문에 제48조가 정한 시기에 법인에 귀속된다는데 학설이 일치하나 지시채권·무기명채권에 관하여는 물권의 경우와 같은 논란이 있다.

1) 법인설립시설

증권의 배서·교부 등이 필요치 않으며 제48조가 정하는 시기에 법인에 귀속된다고 본다.

2) 교부시설

배서·교부 등의 요건을 갖춘 때에 법인에 귀속된다고 본다.

■ 구체적 사례 ■

갑이 A법인의 설립을 위해 부동산을 출연하고 후에 법인설립을 완료하였으나 그 부동산에 대해 A법인 명의로 이전등기를 하지 않은 채 사망하였는데 갑의 상속인 을이 이를 병에게 매도하고 갑명의에서 직접 병명으로 이전등기를 한 경우

1. 법인성립시설

(1) 출연재산의 귀속시기
제48조를 187조의 법률의 규정에 해당하는 것으로 보아 법인이 설립되면 출연재산은 당연히 법인에 귀속한다.

(2) 병의 소유권 취득여부
출연자가 사망해도 출연재산은 상속의 대상이 되는 재산이 아니므로 상속인 을은 소유권을 취득하지 못하므로 을이 이를 처분하더라도 처분행위는 무효이다. 따라서 병은 소유권을 취득하지 못한다.

(3) A법인의 권리
A법인은 병명의의 소유권이전등기의 말소등기를 청구할 수 있으며 이는 물권적 청구권의 성질을 지닌다. 따라서 그 반환범위에 대해서는 제201조 이하의 규정이 적용되며, 이때 A법인은 병에게 직접 진정명의의 회복을 위한 이전등기를 청구할 수 있을 것이다.

(4) 병의 권리
을과 병의 채권계약은 유효하므로 을은 권리를 취득하여 병에게 권리를 이전할 의무를 부담하는데 이를 이행하지 못한 경우 병은 을에게 제570조의 타인의 권리의 매매의 담보책임을 물을 수 있으며, 을이 권리취득

을 하여 병에게 소유권을 이전하지 못하는데 과실이 있는 경우에는 채무불이행책임을 물을 수도 있다. 이 경우 양자의 책임은 경합한다.

2. 이전등기시설

(1) 출연재산의 귀속시기

제48조를 187조의 법률의 규정에 해당하지 않는 것으로 보아 출연한 부동산에 대해 A 법인에 이전등기를 하지 않는 한 출연자 갑에에게 여전히 소유권이 남아 있다.

(2) 병의 소유권 취득여부

출연자 갑이 사망한 경우 출연재산은 상속의 대상이 되어 상속인 을이 소유권을 취득하고 상속에 의한 권리취득은 등기없이 소유권을 취득한다(제187조). 다만 을이 이를 처분하기 위해서는 을명의로 등기를 해야하나(제187조), 을이 갑명의에서 직접 병명의로 이전등기를 마쳤고 이는 현재의 실체관계와 일치하므로 이러한 등기는 유효하다고 할 수 있어 병이 부동산의 소유권을 취득한다(대판 1972. 2. 22. 71다2687).

(3) A법인의 권리

출연자 갑의 출연이행의무 또한 상속이 되므로 상속인 을이 이를 이행할 의무가 있는데 을이 병에게 부동산에 대한 소유권을 이전해주어 을의 출연의무가 이행불능이 되었다면 A법인은 을에게 채무불이행에 따른 손해배상청구를 할 수 있다. 이와같이 을이 A법인에게 소유권이전의무를 부담하고 있는 상태에서 이를 병에게 처분하는 것은 이중매매에 해당하므로 먼저 등기를 받은 병이 소유권을 취득하며 병이 A법인의 채권을 침해하는 것은 아니여서 A법인은 병에게는 불법행위 책임을 물을 수 없지만 다만 병이 이러한 사정을 알면서도 적극 가담하여 매매계약에 이르게 된 것이라면 103조 위반으로 을과 병의 계약은 무효가 되고(대판 1981. 12. 22. 81다카197) A법인은 을을 대위하여 제3자 병에게 등기말소를 청구할 수 있게 된다.

3. 판　례

(1) 출연재산의 귀속시기

출연자와 법인의 관계와 법인과 제3자와의 관계를 상대적으로 본다.

(2) 병의 소유권 취득여부

병의 등기가 무효가 아닌 이상 A법인과의 관계에서 병이 소유권을 취득한다.

(3) A법인의 권리

A법인은 병에대한 관계에서는 소유권을 주장할 수 없지만, 을에게 채무불이행책임을 물을 수 있을 뿐만 아니라 출연자와의 관계에서는

출연부동산은 이미 법인의 소유로 귀속되었으므로 을이 부동산을 처분한 것은 A법인의 소유권을 처분하여 소유권을 상실시킨 것이므로 A법인에게 불법행위 책임을 져야 한다. 따라서 A법인은 을에게 채무불이행이나 불법행위로 인한 손해배상을 청구 할 수 있으며 양자는 경합한다.

Ⅳ. 법인의 능력

법인도 자연인과 같이 권리능력, 행위능력, 불법행위능력이 인정된다. 법인의 의사능력의 문제는 발생하지 않으며, 법인의 행위능력은 누구의 행위를 법인의 행위로 볼 것인가의 문제인 점에서 자연인과 구별된다. 민법상 법인의 능력에 관한 규정은 강행규정이다.

1. 법인의 권리능력

(1) 서 설

법인은 법률에 의하여 법인격이 주어진 것이라고 한다면 법인에게도 권리능력뿐만 아니라 일정한 범위의 활동능력이 인정되어야 할 것이다.

즉 법인도 고유의 명칭과 주소에 의해 자기동일성을 가지며, 자기이름으로 권리와 의무를 갖는다. 그러나 법인의 권리능력은 법률의 규정과 정관상의 목적에 의하여 제한되며 그 외에도 성질상의 제한이 있다. 민법 제34조는 '법인은 법률의 규정에 좇아 정관으로 정한 목적의 범위 내에서 권리와 의무의 주체가 된다'고 규정하고 있다.

(2) 권리능력의 제한

1) 성질에 의한 제한

① 법인은 원칙적으로 물권·채권·지적소유권과 같은 재산권만을 취득할 수 있으며, 성·연령 또는 친족관계와 같은 자연인의 천연의 성질을 전

제로 하는 권리·의무(예 : 생명권·친권·부권·정조권·신체상의 자유권 등)의 주체가 될 수 없다.

② 상속권은 재산과 밀접한 관계를 갖지만 상속인은 자연인에 한하므로(제1000조~1004조) 법인은 상속권을 가지지 못한다. 다만 포괄유증을 받음으로써 상속과 동일한 효과를 거둘 수 있다.

2) 법률에 의한 제한

① 청산법인 및 청산회사의 권리능력은 청산의 목적범위 내, 파산회사의 권리능력은 파산의 목적범위 내로 한정되고, 회사는 다른 회사의 무한책임사원이 되지 못한다.

② 특별법에 기초하여 설립된 법인은 대개 그 법률에서 사업목적을 제한하는 경우가 많다(예 : 사립학교법 제16조, 제28조).

3) 목적에 의한 제한

(가) 민법은 법인에 대하여 정관으로 정한 목적의 범위 내에서 권리와 의무의 주체가 된다고 규정하고 있는데, 여기서 목적의 범위에 대하여는 견해의 대립이 있다.

(나) 즉 목적의 범위 내의 결정기준에 대하여는 ① 목적을 달성하는데 필요한 범위 내, 즉 적당한 목적범위 내라는 견해(축소해석 : 법인보호에 치중)와 ② 법인의 목적에 위반하지 않는 범위 내, (확대해석 : 거래안전보호)라는 견해가 있다.

(다) 판례는 비영리 법인은 좁게 해석을 하고 영리법인에서는 넓게 해석을 하고 있다. 즉 목적범위를 벗어난 행위는 법인을 위하여 그 효력이 없다(대판 1965. 7. 6. 65다854).

관련판례

목적범위내의 행위라 함은 정관에 명시된 목적 자체에 국한되는 것은 아니고 목적을 수행하는 데 직접·간접으로 필요한 행위는 모두 포함하며, 목적 수행에 필요한지 여부는 행위의 객관적 성질에 의하여 판단하며 행위자의 주관적·구체적 의사에 의해 판단할 것이 아니다(대판 1991. 11. 12. 91다8821).

4) 제한의 대상

(가) 문제의 소재

법인은 정관으로 정한 목적의 범위내에서만 권리·의무의 주체가 되는데 이러한 목적에 의한 제한이 법인의 권리능력 자체를 제한한 것인가 대표기관의 대표권행사를 제한한 것인가가 문제된다.

(나) 학 설

① 권리능력 제한설 : 법인의 목적에 의한 제한은 권리능력을 제한한 것이며 동시에 행위능력을 제한한 것으로 보는 견해이다. 이 견해에 의하면 목적의 범위를 벗어난 법률행위는 권리능력 밖의 행위에 해당하므로 이를 무효로 보며, 추인도 할 수 없고 표현대리를 적용할 수 없다고 한다.

② 대표권 제한설 : 목적에 의한 제한은 법인의 능력에 관한 것이 아니라 대표자의 대표권한을 제한한 것으로 보는 견해이다. 목적의 범위를 벗어나면 무권대리로 되며 따라서 추인에 의해 소급적으로 유효가 될 수 있고 상대방의 선의, 무과실인 경우 표현대리를 적용할 수 있게 된다.

(다) 판 례

통설과 같이 법인의 목적에 의한 제한이 권리능력 및 행위능력을 제한한 것으로 본다.

관련판례

사단법인의 목적을 벗어나는 행위인 것이 분명한 이상 위와같은 행위는 이 법인의 행위능력의 범위에 들어가지 않는다 할 것이다. 법인의 대표자가 그 법인의 목적에 속하지 않는 범위에 관하여 어떠한 법률행위를 하였다면 이 법률행위는 그 법인을 위하여 그 효력이 없다 할 것이므로 그 법률행위의 상대편이 악의였는지의 여부는 그 법률행위의 효력에 아무런 영향을 미칠 수 없다(대판 1965. 7. 6. 65다854).

2. 법인의 행위능력

(1) 이는 법인이 자기이름으로 타인과 법률행위를(대표기관을 통하여) 할 수 있는 능력을 말하는데, 명문의 규정은 없으나 법인의 권리능력의 범위 내에서 모든 행위를 할 수 있다고 본다(통설). 따라서 정관으로 정한 목적의 범위 내에서 행위능력을 갖는다.

(2) 그러나 이러한 통설에 대하여 법인에게는 제한능력자제도를 통한 행위능력의 제한이란 생기지 않으며 법인은 완전한 행위능력을 갖추고 있다고 해석하는 이설이 있다.

(3) 법인의 행위의 성질에 관하여는 법인의제설과 법인실재설이 있다. 즉, ① 법인의제설은 법인의 행위란 자연적으로는 있을 수 없고 대리인과 유사한 대표기관의 행위를 통하여 법인이 행위하는 것과 같은 효과를 인정받을 뿐이므로, 대표가 대리와 본질을 같이 하며, ② 법인실재설은 법인을 대표하는 기관의 행위는 본질적으로 법인 자체의 행위이다.

(4) 법인의 대표기관에는 이사, 임시이사, 특별대리인, 청산인, 직무대행자 등이 포함된다. 이사가 선임한 임의대리인은 법인의 대리인일 뿐 대표기관은 아니다.

3. 법인의 불법행위능력

법인은 그 대표기관을 통해서 법인 고유의 사회활동을 하므로 그 과정에서 타인에게 손해를 가할 가능성이 있고, 이에 그 가해행위는 법인 자신의 불법행위로 간주되어 법인이 손해배상책임을 지도록 하야 한다는 것이다.

우리민법 제35조는 ‘법인은 이사 기타 대표자가 그 직무에 관하여 타인에게 가한 손해를 배상할 책임이 있다. 이사 기타 대표자는 이로 인하여 자기의 손해배상책임을 면하지 못한다. 법인의 자기목적범위외의 행위로 인하여 타인에게 손해를 가한 때에는 그 사항의 결의에 찬성하거나 그 결의를 집행한 사원, 이사 및 기타 대표자가 연대하여 배상하여야 한다’라고 규정하고 있다.

■ 법인의 불법행위책임과 다른 책임과의 관계 ■

1. 법인 고유의 불법행위책임과의 관계
법인의 대표기관을 통한 행위에 대한 책임이 아니라 법인이 단순히 책임의 주체로서 불법행위 책임을 지는 것이 있다. 예를들어 법인이 점유하거나 소유하는 공작물의 하자로 인한 손해에 대해 법인이 공작물책임을 지는 것(제758조), 법인이 제조한 물건에 대해 제조물책임을 지는 것(제조물책임법), 법인의 사업장이 환경오염이나 원자력 사고등을 일으킨 경우의 책임(환경정책기본법), 법인이 운행하는 자동차로 인한 사고에 대해 운행자책임을 지는 것(자동차손해배상보장법)등에 대해서는 제35조가 아니라 제750조 또는 개별법의 조항에 의해 법인이 직접 불법행위책임의 주체가 된다.

2. 사용자책임과의 관계
학교법인의 대표자였던 자에 의한 차금행위가 불법행위가 되면 민법 제35조에 의하여 피고법인 자체의 불법행위가 되는 것으로서 비록 배상책임이 있다는 점에서 같다 할지라도 민법 제756조 소정의 사용자의 배상책임과 그 성질이 다르다(대판 1978. 3. 14. 78다132).

(1) 법인본질론과 불법행위능력

1) 법인의제설

제35조 제1항은 정책적으로 법인의 책임을 가중하기 위하여 둔 특별규정이라고 본다.

2) 법인실재설

법인의 불법행위도 당연히 가능하므로 제35조 제1항은 당연한 규정이라고 본다. 다만 제35조 제1항 후문의 규정은 법인실재설이 설명하기 어려운 부분이다.

(2) 불법행위의 성립요건

1) 대표기관의 행위

① 대표기관이란 이사·임시이사·특별대리인·청산인을 말한다.

② 대표기관이 아닌 사원총회·감사의 행위에 관하여 법인의 불법행위가 성립하는가에 관하여 긍정설과 부정설의 대립이 있다. 그러나 사원총회 및 감사는 외부에 대한 행위를 할 수 있는 것은 아니기 때문에 법인은 이들의 불법행위에 대하여는 손해배상책임을 지지 않는 것이 원칙이다.

③ 지배인·임의대리인의 가해행위에 대하여는 법인책임설과 사용자책임설의 대립이 있다. 즉, ① 법인책임설은 대리인의 가해행위도 대표자의 행위와 같이 취급하여 유추 적용한다는 견해이고, ② 사용자책임설은 이사의 대리인의 불법행위는 법인의 행위로 볼 수 없으므로 법인의 책임을 직접 발생시키지 않고 사용자책임을 발생시킬 뿐이라는 견해이다.

④ 대표권이 없는 이사와 같이 대표기관이 아닌 기관의 행위에 대해서는 제35조에 의한 법인의 불법행위의 성립을 부정한다. 다만 이에 대해서는 법인에게 제756조의 사용자책임을 지우는 것은 가능하다고 본다.

관련판례

① 학교법인의 자금담당 이사가 임의로 자금인출을 함으로써 금융기관이 피해를 본것에 대해 학교법인의 불법행위 책임의 적용을 인정할지에 대해 민법 제35조에서 말하는 이사 기타 대표자는 법인의 대표기관을 의미하는 것이고 대표권이 없는 이사는 법인의 기관이기는 하지만 대표기관은 아니기 때문에 그들의 행위로 인하여 법인의 불법행위가 성립하지 않는다(대판 2005. 12. 23. 2003다30159)고 하면서 판례는 대표권이 없는 이사와 같이 대표기관이 아닌 기관의 행위에 대해서 제35조에 의한 법인의 불법행위의 성립을 부정한다.

② 주식회사가 민법 제756조 제1항의 본문의 사용자책임을 부담하는 것은 그 대표기관 이외의 피용자가 불법행위를 저지른 경우에 한하고 주식회사의 대표이사와 같은 대표기관이 불법행위를 저지른 경우에는 민법 제35조 제1항 본문의 특칙으로서 상법 제389조 제3항, 제210조에 의하여 책임을 지게 되고 따라서 위 두 가지 책임은 서로 법률상의 근거를 달리하는 것이다(대판 2005. 2. 25. 2003다67007).

2) 직무행위

대표기관이 직무에 관하여 타인에게 손해를 가한 경우에만 법인의 불법행위가 성립된다. 따라서 대표기관의 행위라도 직무와 관련 없이 한 것이라면 법인의 불법행위가 되지 않으며 이때는 대표기관 개인의 불법행위가 될 뿐이다.

(가) 행위의 모습

(a) 법률행위·사실행위 모두 무방하며, 재판외·재판상 행위를 가리지 않는다.

(b) 반드시 법인의 목적범위 내에 속하는 것일 필요는 없다.

(나) 직무관련성

(a) 외형이론

관련판례

① 행위의 외형상 기관의 직무수행행위라고 볼 수 있는 행위 및 직무행위와 사회관념상 관련성이 있는 행위를 말한다(대판 1974. 5. 28. 73다2014).

② 노동조합의 간부들이 불법쟁의행위를 계획·지시·지도하여 사용자에게 손해를 주는 행위(대판 1994. 3. 25. 93다32828), 종중의 대표자가 종중소유의 부동산을 매도하여 매매대금을 수령하고 종중총회 결의사항을 위조하여 등기이전하여 준 후 종중이 소송으로 위 부동산을 회수해감으로써 매수인에게 손해를 가하는 행위(대판 1994. 4. 12. 92다49300) 등은 직무관련 행위이다.

(b) 행위의 외형상 대표기관의 직무행위라고 인정할 수 있는 경우에는 비록 그것이 법령에 위반된 것이라도 직무에 관한 행위가 된다(대판 1969. 8. 26. 68다2320). 즉 대표기관의 직무는 행위의 외형을 기준으로 하여 대표기관의 직무수행 행위라고 볼 수 있는 행위뿐만 아니라 직무행위와 사회관념상 관련성을 가지는 행위를 의미하는 것으로 넓게 해석하는 입장이다(통설, 판례).

관련판례

상호신용금고의 대표이사가 장부와 거래원장에 등재하지 아니한 체 신용금고의 표준채무증서가 아닌 자신의 개인명의의 약속어음을 교부하고 정상적인 예탁금보다 높은 이자를 주기로 하는 등 정상적이 절차를 따르지 않음으로서 예탁자에게 손해를 가하는 행위(대판 1990. 11. 13. 89다카26878), 학교법인의 이사장이 이사회의 결의와 주무관청의 허가를 받지 않고 한 금전차입행위를 개인적인 용도에 소비한 행위(대판 1975. 5. 25. 74다2023) 등은 법인의 불법행위가 된다.

3) 불법행위의 일반적 요건

(가) 제35조 제1항은 제750조를 전제로 하는 규정이기 때문에 불법행위에 관한 일반적 요건이 갖추어져야 한다.

(나) 일반불법행위의 성립요건

(a) 대표기관의 책임능력 요부
① 긍정설 : 통설
② 부정설 : 제117조를 유추적용

(b) 고의 또는 과실이 있을 것

(c) 가해행위가 위법할 것

(d) 피해자가 손해를 입었을 것

(e) 가해와 손해 사이에 인과관계가 있을 것

(다) 법인은 대표기관의 선임·감독에 무과실이라도 책임을 진다.

(3) 권한을 넘은 부정한 대표행위에 대한 법인의 책임

1) 개 설

법인의 대표기관이 그 직무에 관하여 타인에게 손해를 가한 경우 법인은 불법행위 책임을 진다(제35조). 그런데 대표기관이 권한을 넘은 일탈행위나 부정행위를 하여 제3자에게 손해를 가한 경우(넓은 의미의 대표권 남용)에 법인의 책임이 문제된다. 대표기관의 부정행위는 크게 두 가지 유형으로 나누어 볼 수 있다 먼저 대표기관의 행위가 권한의 범위를 벗어난 법인의 법률행위로서 유효하지 못하고 무효로 되는 경우와 형식적으로는 대표기관의 권한 범위내의 행위이지만 대표기관은 법인의 이익을 위하여 행위하여야 한다는 내재적 한계를 일탈한 대표행위를 한 경우가 있다. 전자의 예로는 대표기관이 법률의 규정(강행규정)을 위반하여 대표행위를 함으로써 그 법률행위가 무효로 되는 경우를 들 수 있으며, 후자의 예로는 대표기관이 형식적으로는 대표권의 범위 내에서 대표행위를 하였지만 그 대표행위가 오로지 대표기관 자신의 개인적인 이익이나 제3자의 개인적인 이익을 도모하는 경우인데, 보통 전자를 '대표권 유월'이라고 표현하는 반면 후자는 일반적으로 '대표권남용' 즉 좁은 의미로써의 대표권 남용이라 한다.

2) 대표기관이 강행규정을 위반하여 대표행위를 한 경우(대표권 유월)

(가) 문제의 소재

대표기관이 대표행위를 하는 데에 일정한 절차를 거칠 것을 법률에 규정하였는데 그 규정이 강행규정이어서 이를 위반하여 한 행위가 무효로 되는 경우 상대방은 법률행위의 유효를 전제로 이행책임을 물을 수는 없으므로 이 경우 법인의 책임이 문제된다. 이 외에 정관에 대표권제한을 하였음에도 이를 위반한 경우에도 문제된다.

(나) 학 설

(a) 불법행위 책임설(제35조 적용설)

법인의 불법행위책임을 인정한다. 이 견해는 법률에 의한 대표권 제한을 법률행위의 효력요건을 규정한 것으로 보아 그 규정을 위반한 행위를 무효로 보고 법률행위가 무효이므로 상대방은 법인에게 계약책임을 물을 수 없으며 따라서 계약책임을 묻는 것을 내용으로 하는 표현대리는 적용할 수 없고 단지 법인의 불법행위책임을 물을 수 있을 뿐이라고 본다.

(b) 제126조 표현대리 우선적용설

표현대리를 먼저 검토하고 표현대리가 성립하지 않으면 법인의 불법행위

책임을 인정하자는 견해이다 이 견해는 법인의 대표기관의 권한을 법률로 제한 한 것을 일종의 대표권제한으로 파악하여 이를 위반한 것을 무권대표로 보고 대표권의 범위를 넘은 행위에 대해 제126조의 표현대리를 적용하고자 한다.

(c) 선택적용설

상대방의 선택에 따라 제35조의 법인의 불법행위 또는 제126조의 표현대리를 적용할 수 있다는 견해이다.

(d) 제126조 표현대리 책임만 인정설

거래행위이므로 그 거래행위의 효력을 검토해야 한다는 견해이다 만약 제35조를 적용하면 대표권제한이 무의미 하게 된다는 것을 이유로 한다.

(다) 판 례

판례는 법인의 불법행위책임 성립을 긍정하고 표현대리의 적용을 부정한다. 그런데 법인에게 불법행위책임을 묻는 경우 대표기관의 강행규정 위반행위가 직무에 관한 것에 해당되느냐가 문제인데 통설과 판례는 이른바 외형이론에 따라 이를 긍정하고 있다.

관련판례

① 학교법인의 설립자로서 이사 겸 학교장인 자가 자기 개인의 사업자금으로 사용할 목적으로 학교법인의 명의로 금원을 차용하면서 그 차용을 위하여 학교법인의 이사회결의까지 있었다면 그 차용금의 사용목적이 무엇이든간에 위 학교장의 차용행위는 학교법인의 사무집행행위라 하지 않을 수 없다(대판 1987. 4. 28. 86다카2534).

② 학교법인을 대표하는 이사장이라 하더라도 이사회의 심의, 결정을 거쳐야 하는 이와 같은 재산의 처분 등에 관하여는 법률상 그 권한이 제한되어 이사회의 심의 결정 없이는 이를 대리하여 결정할 권한이 없는 것이라 할 것이므로 이사장이 한 학교법인의 기본재산처분행위에 관하여는 민법 제126조의 표현대리에 관한 규정이 준용되지 아니한다(대판 1983. 12. 27. 83다548).

3) 대표기관의 대표권 남용

(가) 문제의 소재

법인의 대표기관이 형식적으로는 대표권의 범위 내에서 대표행위를 하였으나 다만 자신이나 제3자의 개인적 이익을 도모하기 위한 대표행위를 한 것을 대표권남용이라 한다. 이 경우 우선 대표기관의 법률행위의 유효성여부를 따져야 하고 이 경우에는 기본적으로 대리권남용이론과 동일하다. 즉 대표권남용행위는 형식상으로는 대표권의 범위 내에서 행위를 한것이어서 대표기관이 행한 법률행위는 일단 법인의 행위로서 유효하며 다만 일정한 요건 하에서 그 법률행위의 효력을 부정하여야 하는데 그 효력을 부정하기 위한 이론구성은 대리권남용이론과 동일하다.

(나) 대표권 남용에 대한 이론구성

(a) 제107조 제1항 단서 유추적용설

대표권남용행위를 하는 대표자의 진의를 상대방이 알았거나 알 수 있었던 경우에는 무효로 된다고 보는 견해이다.

(b) 신의칙 또는 권리남용설

대표자의 권한남용 의도를 상대방이 안 경우 그 상대방이 유효를 주장하는 것은 신의칙에 반하므로 유효를 주장할 수 없다고 본다.

(c) 대표권부인설(무권대리설)

상대방이 대표자의 배임행위를 알았거나 정당한 사유없이 알지 못한 경우 무권대리로서 무효로 보자는 견해이다 무권대리로 보더라도 이사 개인이 제135조의 무권대리인의 책임을 지지는 않을 것이다(상대방의 선의 무과실을 요구하기 때문에).

(다) 판 례

대부분의 판례는 제107조 제1항 단서 유추적용설을 따르나 신의칙설에 따라 대표행위의 효력을 부인한 판례도 있다.

관련판례

① 대표이사의 대표권한 범위를 벗어난 행위라 하더라도 그것이 회사의 권리능력의 범위 내에 속한 행위이기만 하면 대표권의 제한을 알지 못하는 제3자가 그 행위를 회사의 대표행위라고 믿은 신뢰는 보호되어야 하고 대표이사가 대표권의 범위 내에서 한 행위는 설사 대표이사가 회사의 영리목적과 관계없이 자기 또는 제3자의 이익을 도모할 목적으로 그 권한을 남용한 것이라 할지라도 일단 회사의 행위로서 유효하고 다만 그 행위의 상대방이 대표이사의 진의를 알았거나 알 수 있었을 때에는 회사에 대하여 무효가 되는 것이며 이는 민법상 법인의 대표자가 대표권한을 남용한 경우에도 마찬가지이다(대판 2004. 3. 26. 2003다34045). ※ 제107조 제1항 단서 유추적용설에 따른 판례이다.

② 설사 대표이사가 회사의 영리목적과 관계없이 자기 또는 제3자의 이익을 도모할 목적으로 그 권한을 남용한 것이라 할지라도 일응 회사의 행위로서 유효하고 다칸 그 행위의 상대방이 그와 같은 정을 알았던 경우에는 그로 인하여 취득한 권리를 회사에 대하여 주장하는 것이 신의칙에 반하므로 회사는 상대방의 악의를 입증하여 그 행위의 효과를 부인할 수 있을 뿐이다(대판 1987. 10. 13. 86다카1522).※ 신의칙설에 따른 판례이다.

(4) 불법행위의 효과

1) 원칙적으로 법인의 불법행위가 성립되면 법인은 피해자에게 손해배상책임이 있다. 즉 법인은 피해자에게 손해를 배상해야 한다. 예컨대 Y사단 법인의 이사인 A가 목적사업을 하던 중에 B에게 5,000만원의 손해를 끼친 경우 Y사단법인은 피해자인 B에게 그 손해를 배상하여야 한다.

2) 기관개인의 책임

(a) 법인의 불법행위가 성립하는 경우

(ㄱ) 기관 개인은 법인과 경합하여 피해자에게 배상책임을 지며, 그 성질은 부진정연대채무관계이다(통설).

(ㄴ) 법인이 피해자에게 배상하면 법인은 기관 개인에 대하여 구상권을 행사할 수 있다.

부진정연대채무에서는 원칙적으로 채무자간의 구상권을 행사 할 수 없으나 민법 제65조는 피해자를 두텁게 보호하기 위한 특별규정이다.

(b) 법인의 불법행위가 성립하지 않는 경우

(ㄱ) 기관개인만이 민법 제750조에 의하여 책임을 진다.

(ㄴ) 의결에 찬성한 사원과 집행한 이사 기타 대표기관은 연대하여(공동불법행위 여부를 불문하고) 배상책임을 진다.

Ⅴ. 법인의 기관

1. 서 설

(1) 의 의

법인이 독립된 법주체로서 그 의사를 결정하고 그에 따라 행동하며 사무를 처리하기 위한 일정한 조직이 법인의 기관이다.

(2) 종 류

1) 사원총회·이사·감사

2) 사원총회는 의사결정기관이며(사단법인에만 존재), 이사는 내부적으로는 업무집행기관이며 외부적으로는 대표기관이고, 감사는 이사의 감독기관이나 임의기관이다.

2. 이 사

(1) 의의와 임면

1) 의 의

법인은 이사를 두어야 한다. 이사는 대외적으로 법인을 대표하고(대표기관), 대내적으로는 법인의 업무를 집행하는(업무집행기관) 기관이며 상설필요기관이다.

① 이사는 대내적으로 법인의 업무를 집행하고 대외적으로 법인을 대표하는 상설필요기관이다.

② 이사는 자연인에 한하며 그 수에는 제한이 없으므로 정관에서 자유로이 정할 수 있다.

2) 임 면

(가) 선 임

선임에 관한 사항은 정관에 의하여 정해지는데, 선임행위의 성질은 법인·이사간의 위임계약에 유사하므로 위임에 관한 규정이 유추적용된다.

(나) 선임·퇴임

정관에 의할 것이나 규정이 없으면 위임규정이 유추적용된다.

(다) 등 기

이사의 성명·주소는 등기사항이며 등기하지 않으면 제3자에게 대항할 수 없다.

(2) 직무권한

1) 법인대표권(대외적 권한)

(가) 대 표 권

(a) 단독대표의 원칙, 즉 이사는 법인의 사무에 관하여 각자 법인을 대표한다.

(b) 대표의 방식에는 대리에 관한 규정이 준용되므로, 현명주의와 무권대리·표현대리 등의 규정이 대표에 준용된다.

(c) 이사는 대리인을 둘 수 있으나, 이는 이사의 대리인이 아니고 법인의 대리인이며 복대리와 유사한 법률관계를 발생시키는데 이사는 이 대리인의 선임·감독에 관하여 책임을 진다. 그러나 포괄대리인을 선임할 수는 없다.

(나) 대표권의 제한

(a) 정관에 의한 제한

(ㄱ) 이사의 대표권은 정관에 의하여 제한될 수 있는데, 이 제한은 정

관에 기재하지 않으면 그 효력이 없고, 등기하지 않으면 제3자에게 대항할 수 없다.

(ㄴ) 이 때 제3자의 범위에 관하여 ① 무제한설은 다른 등기사항과의 균형상, 대표권제한의 등기를 강제할 필요상 제3자는 선의·악의를 불문하고 모든 제3자를 말한다고 하며, ② 제한설은 악의의 제3자는 보호할 필요가 없으므로 선의의 제3자만을 의미한다고 한다.

한편 판례는 무제한설을 취하고 있다.

관련판례

법인의 정관에 법인대표권의 제한에 관한 규정이 있다고 하더라도, 그와 같은 취지가 등기되어 있지 않은 이상, 법인은 제3자가 정관의 규정에 대해 선의나 악의냐에 관계없이 제3자에게 대항할 수 없다(대판 1992. 2. 14. 91다24564).

(b) 사원총회의 결의에 의한 제한, 즉 이사의 대표권은 사원총회의 결의에 의하여 제한할 수도 있다.

(c) 법인과 이사의 이해상반행위에 관하여는 특별대리인이 대표가 된다. 예컨대 이사가 개인적으로 법인의 재산을 취득하는 경우이다.

2) 업무집행권(대내적 권한)

이사는 대내적으로 법인의 사무를 집행한다. 이사가 수인인 경우에는 정관에 다른 규정이 없으면 법인의 사무집행은 이사의 과반수로 결정한다. 이사의 사무집행권의 종류는 다음과 같다.

① 재산목록의 작성·사원명부의 작성비치
② 사원총회의 소집
③ 총회의사록의 작성
④ 파산신청
⑤ 청산인이 되는 것
⑥ 각종 법인등기

(3) 이사의 의무

이사는 선량한 관리자의 주의로 그 직무를 행하여야 한다. 이사가 그 임무를 해태한 때에는 그 이사는 법인에 대하여 연대하여 손해배상책임이 있다.

(4) 임시이사 · 특별대리인

① 이사가 없거나 결원이 있는 경우에 이로 인하여 손해가 생길 염려가 있는 때에는 법원은 이해관계인이나 검사의 청구에 의하여 임시이사를 선임하여야 한다.
② 법인과 이사의 이익이 상반하는 사항에 관하여는 이사는 대표권이 없다. 이 경우에는 민법 제64조의 규정에 의하여 특별대리인을 선임하여야 한다.

(5) 이 사 회

이사회는 법인의 사무집행을 결정하기 위하여 이사 전원으로 구성된 의결기관이다.

1) 이사가 수인인 경우에 정관에 다른 규정이 없으면 법인의 직무집행은 이사의 과반수로써 결정하며, 이러한 이사들의 의결기관이 이사회이다. 그러나 이사회는 필요기관은 아니다.

2) 소집·결의 등에 관해서 특별한 규정이 없으면 사원총회의 규정이 유추 적용된다.

3. 감 사

(1) 의 의

감사는 이사의 사무집행을 감독하는 기관인데, 정관 또는 사원총회의 결의로 둘 수도, 두지 않을 수도 있는 임의기관이다.

(2) 감사의 직무

감사의 직무내용은 다음과 같다(민법 제67조).

① 법인의 재산상황을 감사하는 일
② 이사의 업무집행의 상황을 감사하는 일
③ 재산상황 또는 업무집행에 관하여 부정, 불비한 것이 있음을 발견한 때에는 이를 총회 또는 주무관청에 보고하는 일
④ 전호의 보고를 하기 위하여 필요 있는 때에는 총회를 소집하는 일

감사는 필요기관이 아니며, 감사의 성명·주소는 등기사항이 아니다.

4. 사원총회

(1) 의 의

사원총회는 사단법인의 최고의 의사결정기관이며 필요기관이므로 정관에 의해서도 이를 폐지할 수 없다.

(2) 종 류

① 사단법인의 이사는 매년 1회 이상 통상총회를 소집하여야 한다.
② 사단법인의 이사는 필요하다고 인정한 때에는 임시총회를 소집할 수 있다.
③ 총사원의 5분의 1 이상으로부터 회의의 목적사항을 제시하여 청구한 때에는 이사는 임시총회를 소집하여야 한다. 이 정수는 정관으로 증감할 수 있다.
④ 전항의 청구 있은 후 2주간 내에 이사가 총회소집의 절차를 밟지 아니한 때에는 청구한 사원은 법원의 허가를 얻어 이를 소집할 수 있다.
⑤ 총회의 소집은 1주간 전에 그 회의의 목적사항을 기재한 통지를 발하고 기타 정관에 정한 방법에 의하여야 한다.

(3) 권한·결의

1) 사단법인의 사무는 정관으로 이사 또는 기타 임원에게 위임한

사항 외에는 총회의 결의에 의하여야 한다.

2) 총회는 전조의 규정에 의하여 통지한 사항에 관하여서만 결의할 수 있다. 그러나 정관에 다른 규정이 있는 때에는 그 규정에 의한다.

3) 각사원의 결의권은 평등으로 한다. 사원은 서면이나 대리인으로 결의권을 행사할 수 있다. 다만 정관에 다른 규정이 있는 때에는 적용하지 아니한다.

4) 사단법인과 어느 사원과의 관계사항을 의결하는 경우에는 그 사원은 결의권이 없다.

5) 총회의 결의는 본법 또는 정관에 다른 규정이 없으면 사원 과반수의 출석과 출석사원의 결의권의 과반수로써 한다. 제73조제2항의 경우에는 당해 사원은 출석한 것으로 한다.

6) 총회의 의사에 관하여는 의사록을 작성하여야 한다. 의사록에는 의사의 경과, 요령 및 결과를 기재하고 의장 및 출석한 이사가 기명날인하여야 한다. 이사는 의사록을 주된 사무소에 비치하여야 한다.

〈 법인의 기관과 임무 〉

기 관		사단법인	재단법인	임 무
이 사	대표기관 업무집행기관	필요기관	필요기관	대외적 : 법인대표 대내적 : 법인의 업무집행
감 사	감독기관	임의기관	임의기관	이사의 업무집행 감독
사원총회	의사결정기관	필요기관	부존재	사단법인의 최고의사결정

〈 이사 · 감사 · 청산인의 비교 〉

	이 사	감 사	청 산 인
의의	대외적으로 법인을 대표하고 대내적으로 법인의 업무를 집행하는 상설적 필요기관	이사의 직무집행 감독하는 임의기관	이사에 갈음하는 청산법인의 업무집행기관
선임	위임 유사 계약 임면방	이사와 동일, 단 정관의	① 정관 또는 총회의 결의

	법 : 정관의 필요적 기재사항	필요적 기재사항은 아님	② 해산 당시 이사 ③ 법원의 선임 순
해임·퇴임	① 정관 ② 위임 규정 준용	이사와 동일	법원 해임(중요 사유)
직무 권한	① 대표권(각자 대표) ② 업무집행권(이사 과반수) (ㄱ) 재산목록 작성 (ㄴ) 사원명부 작성 (ㄷ) 사원총회 소집 (ㄹ) 총회의사록 작성 (ㅁ) 파산신청 (ㅂ) 청산인이 되는 것 (ㅅ) 등기 등	① 법인의 재산상황 감사 ② 이사의 업무집행 상황 감사 ③ 부정 불비한 재산상황 또는 업무집행 상황을 총회 또는 주무관청에 보고 ④ ③의 보고를 위한 총회 소집	① 해산의 등기와 신고 ② 현존사무의 종결 ③ 채권의 추심 ④ 채무의 변제 ⑤ 잔여재산의 인도 ⑥ 파산신청 ⑦ 청산종결의 등기와 신고 ⑧ 기타(청산의 본질상 필요한 사항)

(4) 사 원 권

1) 의 의

사단의 구성원이 「사원」인데, 사원은 사원총회의 구성원으로써 사단법인에 대하여 여러 가지의 권리·의무를 부담한다. 즉 사원권은 사원으로서 가지는 권리·의무이다.

사원은 사단법인의 구성요소로서 그 지위로부터 법인의 사업에 참여할 권능을 중심으로 하는 포괄적 권리가 도출된다.

2) 내 용

(가) 공 익 권

의결권, 소수사원권, 업무집행권, 감독권 등

(나) 자 익 권

영리법인인 경우 이익배당청구권·잔여재산분배청구권, 비영리법인인 경우 시설이용권 등

(다) 의 무

회비납부의무, 출자의무(영리법인의 경우) 등

(라) 사원권의 이전성

공익성이 강한 비영리법인은 원칙적으로 사원권을 양도·상속 할 수 없다(그러나 정관으로 사원권의 이전성을 규정하여 인정 할 수는 있다). 자익성이 강한 영리법인은 원칙적으로 사원권을 양도·상속할 수 있다.

3) 소 멸

사원의 사망·탈퇴·총회의 결의·파면으로 소멸하나 정당한 비판을 이유로 제명하는 것은 무효이다(대판 1994. 5. 10. 93다21750).

Ⅵ. 정관의 변경

1. 의 의

정관의 변경은 법인의 동일성을 유지하면서 조직을 변경하는 것이다.

2. 사단법인의 정관변경

사단법인의 정관은 총사원 3분의 2이상의 동의가 있는 때에 한하여 이를 변경할 수 있다. 그러나 정수에 관하여 정관에 다른 규정이 있는 때에는 그 규정에 의한다. 정관의 변경은 주무관청의 허가를 얻지 아니하면 그 효력이 없다.

① 사단법인은 설립 후에 정관변경이 가능함이 원칙이며, 정관변경을 금지한 규정도 전사원의 동의를 얻어 변경할 수 있다.

② 변경사항이 등기사항인 경우에는 변경등기를 해야 제3자에게 대항할 수 있다.

③ 사단법인의 정관에 기재되어 있는 재산을 처분하면 정관의 변경이 되

므로 여기에는 정관변경절차 즉 총사원의 2/3이상의 동의에 의하여야 하고 주무관청의 허가가 있어야 한다(대판 1975. 4. 22. 74다410).

④ 법인의 목적도 변경할 수 있다고 보나 영리목적으로는 변경할 수 없다고 본다. 그리고 사단법인의 본질에 반하는 정관변경은 허용되지 않는다.

관련판례

종원 일부만이 참석한 종중회합에서 종중원의 일부를 종원으로 취급하지도 않고 또 일부 종원에 대하여는 영원히 종원으로서의 자격을 박탈하는 것으로 규약을 개정한 것은 종중의 원래의 설립목적과 종중으로서의 본질에 반하는 것으로서 그 규약개정의 한계를 넘은 무효이다(대판 1978. 9. 26. 78다1436).

3. 재단법인의 정관변경

타율적법인인 재단법인은 정관변경을 할 수 없는 것이 원칙이다. 그러나 재단법인의 정관은 그 변경방법을 정관에 정한 때에 한하여 변경할 수 있다.

재단법인의 목적달성 또는 그 재산의 보전을 위하여 적당한 때에는 앞의 규정에 불구하고 명칭 또는 사무소의 소재지를 변경할 수 있다. 재단법인의 목적을 달성할 수 없는 때에는 설립자나 이사는 주무관청의 허가를 얻어 설립의 취지를 참작하여 그 목적 기타 정관의 규정을 변경할 수 있다. 즉,

① 재단법인에 있어 정관변경은 원칙적으로 허용되지 않고 정관에 그 변경방법을 정한 때에 한하여 가능하다.

② 주무관청의 허가를 얻어 정관변경을 하는데, 이 때 허가는 법률행위의 효력을 보충해 주는 것이지 일반적 금지를 해제하는 것이 아니므로 인가로 보아야 한다.

③ 재단법인의 기본재산은 정관기재사항이며 이를 처분하는 경우 정관변경을 초래하므로 이의 처분에는 주무관청의 허가를 요한다. 그러나

재단법인의 기본재산이 아닌 재산의 매각은 정관변경을 초래하지 않으므로 주무관청의 허가가 필요없다.

관련판례

① 재단법인의 기본재산에 관한 사항은 정관의 기재사항으로서 기본재산의 변경은 정관의 변경을 초래하기 때문에 주무부장관의 허가를 받아야 하고 따라서 기존의 기본재산을 처분하는 행위는 물론 새로이 기본재산으로 편입하는 행위도 주무부장관의 허가가 있어야만 유효하다 할 것이므로 재단법인 명의로 소유권이전등기가 경료된 부동산이 재단법인의 기본재산에 편입되었다고 인정하기 위해서는 그 편입에 관한 주무부장관의 허가가 있었음이 먼저 입증되어야 한다(대판 1982. 9. 28. 82다카499).

② 재단법인의 기본재산이 아닌 재산의 매각은 정관의 변경을 초래하는 것이 아니므로 주무부장관의 인가를 필요로 하는 것이 아니다(대판 1967. 12. 19. 67다1337).

Ⅶ. 법인의 소멸

1. 법인 소멸의 의의

(1) 법인의 소멸이란 법인이 그 권리능력을 상실하는 것을 말하며, 그 재산관계를 정리하기 위해 해산·청산절차를 밟게 된다.

(2) 해산 후 청산절차 종결시까지 법인은 제한된 범위 내에서 권리능력을 가지며(청산법인) 종전의 법인과 동일성을 갖는다.

(3) 판례는 민법상 청산절차에 관한 규정을 강행규정으로 이해하고 법인의 해산 및 청산규정을 비법인사단이나 재단에도 적용한다.

관련판례

민법 제80조, 제81조, 제87조와 같은 청산절차에 관한 규정은 모두 제3자의 이해관계에 중대한 영향을 미치기 때문에 소위 강행규정이라고 해석되므로 만일 그 청산법인이나 그 청산인이 청산법인의 목적범위 외의 행위를 한 때는 무효라 아니할 수 없다(대판 1980. 4. 8. 79다2036).

2. 해 산

(1) 의 의

해산이란 법인이 본래의 목적달성을 위한 적극적 활동을 정지하고 청산절차에 들어가는 것을 말한다.

(2) 해산사유

① 법인은 존립기간의 만료, 법인의 목적의 달성 또는 달성의 불능 기타 정관에 정한 해산사유의 발생, 파산 또는 설립허가의 취소로 해산한다(사단법인·재단법인의 공통한 해산사유).

② 사단법인은 사원이 없게 되거나 총회의 결의로도 해산한다(민법 제77조 제2항).

임의해산은 총회의 전권사항이며 정관에 따른 규정이 없는 한 총사원의 4분의 3이상의 동의로 결의해야 한다.

(3) 효 과

청산법인으로 전환되어 청산절차로 들어간다.

3. 청 산

(1) 의 의

해산한 법인이 잔존사무를 처리하고 재산관계를 정리하여 소멸할 때까지의 절차를 말한다. 청산절차에 관한 규정은 강행규정이므로 이에 반하는 정관규정은 무효이다(대판 1980. 4. 8. 79다2036).

(2) 청산법인의 능력

해산한 법인은 청산의 목적범위 내에서만 권리가 있고 의무를 부담한다.

관련판례

① 청산절차에 관한 규정은 모두 제3자의 이해관계에 중대한 영향을 미치기 때문에 소위

강행규정이라 해석되므로 만일 그 청산법인이나 청산인이 청산법인의 목적범위 외의 행위를 한 때에는 무효이다. 청산종결등기가 경료되었더라도 청산사무가 종료되지 아니한 경우에는 청산법인으로 존속한다(대판 1980. 4. 8. 79다2036).

② 해산된 법인이 부당히 박탈된 귀속재산의 임차권을 회복하여 당국과 다시 임대차계약을 체결하는 행위는 그 청산의 목적범위를 이탈하는 것이 아니다.

(3) 청산법인의 기관

1) 청 산 인

법인이 해산한 때에는 파산의 경우를 제외하고는 이사가 청산인이 된다. 그러나 정관 또는 총회의 결의로 달리 정한 바가 있으면 그에 의한다.

위의 규정에 의하여 청산인이 될 자가 없거나 청산인의 결원으로 인하여 손해가 생길 염려가 있는 때에는 법원은 직권 또는 이해관계인이나 검사의 청구에 의하여 청산인을 선임할 수 있다. 중대한 사유가 있는 때에는 법원은 직권 또는 이해관계인이나 검사의 청구에 의하여 청산인을 선임할 수 있다.

① 해산으로 인하여 이사는 당연히 그 지위를 상실하고 청산인이 취임한다(파산시는 파산관재인이 취임한다).

② 청산인은 대외적으로 청산법인을 대표하고 대내적으로는 청산사무를 집행한다(이사에 준하는 지위).

③ 청산인이 되는 자(정관에서 정한 자·총회결의로 선임된 자·해산당시의 이사·위의 해당자가 없으면 법원이 선임한다)

④ 청산인의 해임

2) 기타의 기관

본래의 감사·총회는 그대로 청산법인의 기관으로 존속한다.

(4) 청산사무

1) 해산등기와 해산신고

① 청산인은 파산의 경우를 제외하고는 그 취임 후 3주간 내에 해산의 사

유 및 연월일, 청산인의 성명 및 주소와 청산인의 대표권을 제한한 때에는 그 제한을 주된 사무소 및 분사무소 소재지에서 등기하여야 한다.

② 청산인은 파산의 경우를 제외하고는 그 취임 후 3주간 내에 민법 제85조 제1항의 사항을 주무관청에 신고하여야 한다. 청산중에 취임한 청산인은 그 성명 및 주소를 신고하면 된다.

2) 청산사무

① 청산인의 직무는 현존사무의 종결, 채권의 추심 및 채무의 변제, 잔여재산의 인도에 있다. 청산인은 앞의 직무를 행하기 위하여 필요한 모든 행위를 할 수 있다.

② 청산인은 취임한 날로부터 2월내에 3회 이상의 공고로 채권자에 대하여 일정한 기간 내에 그 채권을 신고할 것을 최고하여야 한다. 그 기간은 2월 이상이어야 한다. 앞의 공고에는 채권자가 기간 내에 신고하지 아니하면 청산으로부터 제외될 것을 표시하여야 한다.

③ 청산인은 알고 있는 채권자에게 대하여는 각각 그 채권신고를 최고하여야 한다. 알고 있는 채권자는 청산으로부터 제외하지 못한다.

④ 청산인은 제88조 제1항의 채권신고기간 내에는 채권자에 대하여 변제하지 못한다. 그러나 법인은 채권자에 대한 지연손해배상의 의무를 면하지 못한다.

⑤ 청산중의 법인은(채권신고기간이 경과한 후에) 2월 변제기에 이르지 아니한 채권에 대하여도 변제할 수 있다. 앞의 경우에는 조건 있는 채권, 존속기간의 불확정한 채권 기타 가액의 불확정한 채권에 관하여는 법원이 선임한 감정인의 평가에 의하여 변제하여야 한다.

⑥ 청산으로부터 제외된 채권자는 법인의 채무를 완제한 후 귀속권리자에게 인도하지 아니한 재산에 대하여서만 변제를 청구할 수 있다.

청산중 법인의 재산이 그 채무를 완제하기에 부족한 것이 분명하게 된 때에는 청산인은 지체 없이 파산선고를 신청하고 이를 공고하여야 한다. 청산인은 파산관재인에게 그 사무를 인계함으로써 그 임무가 종료한다.

3) 청산종결의 등기와 신고

청산이 종결한 때에는 청산인은 제3주내에 이를 등기하고 주무관청에 신고하여야 한다.

Ⅷ. 법인의 주소와 등기

1. 법인의 주소

법인의 주소는 그 주된 사무소의 소재지에 있는 것으로 한다.

(1) 법인의 주소

그 주된 사무소의 소재지라고 하는 곳은 법인이 운영하는 수개의 사무소 중에서 법인의 최고수뇌부(대표사원 등)가 있는 곳을 말한다.

(2) 효 과

법인의 주소의 효과는 원칙적으로 자연인에 있어서와 동일하지만 그 성질상 거소에 관한 규정은 적용이 없고, 법인설립등기는 주된 사무소의 소재지에서 하여야 하며 사무소를 이전하면 이를 등기해야만 제3자에게 대항할 수 있다.

2. 법인의 등기

(1) 의 의

법인은 그 조직·재산상태 등을 자연인에 비해 알기 어려우므로 거래안전을 위해 그 조직과 내용을 '법인등기부'라는 공부에 공시하도록 하고 있다.

(2) 효 력

법인설립등기는 성립요건이나, 기타의 등기는 대항요건이다.

(3) 등기의 종류

설립등기, 분사무소설치등기, 사무소이전등기, 변경등기, 해산등기 등이 있다.

Ⅸ. 법인의 감독

비영리법인은 설립으로부터 소멸에 이르기까지의 행정감독을 받는다. 즉 법인의 업무감독은 주무관청이 하고, 주무관청은 허가를 취소할 수도 있으며, 해산·청산의 감독은 법원이 담당한다. 그 외에 재단법인 설립의 정관보충, 임시이사, 특별대리인의 선임, 파산시 파산절차 감독등은 법원이 관할한다.

제 4 장

권리의 객체

Ⅰ. 개 념

Ⅱ. 권리와 객체의 관계

Ⅲ. 물 건

Ⅳ. 동산과 부동산

Ⅴ. 주물과 종물

Ⅵ. 원물과 과실

Ⅶ. 기타의 분류

제4장 권리의 객체

Ⅰ. 개 념

1. 권리객체의 의의

권리는 일정한 이익(권리의 내용 또는 목적)을 누릴 수 있는 법률상의 힘을 말한다.

여기에서 이익 발생의 대상, 즉 권리의 내용 또는 목적이 실현되기 위하여는 일정한 대상이 필요한데, 이러한 법률상의 힘인 권티가 미치는 대상, 다시 말해 권리의 목적물을 권리의 객체라고 한다.

2. 원 칙

권리의 객체는 권리의 종류에 따라 다르지만 일정한 법률상의 힘이 미치는 물건임이 원칙이다. 그러나 구체적으로 권리의 객체는 그 권리의 내용에 따라 결정된다.

3. 논의의 실익

권리의 객체란 일정한 법률관계가 존재하는 경우 그 법률관계의 목적물, 즉 대상물이 무엇인가 하는 문제이자, 그러한 물건이 과연 사법상 권리의 객체로 될 수 있느냐 하는 문제이다. 예를 들면 갑과 을이 TV 1대를 사고파는 매매계약을 체결하였다고 가정한다면 이때 갑과 을 사이에 맺은 법률관계의 대상, 즉 객체는 TV인 것이다. 이러한 TV는 부동산이 아니라 동산에 속하는 물건이므로 매도인인 갑은 그 TV의 점유를 을에게 인도하는 방법으로 급부를 이행하는 것이다. 또한 다른 측면에서 보면 갑과 을은 TV를 사고파는 법률관계의 주체, 즉 권리의 주체이고 당해 법률관계를 통하여 TV의 소유권이 갑에게서 을에게 이전되었다면 권리의 변동이 발생한 것으로 되는 것이다.

〈 권리의 객체 〉

물 권	물건
채 권	채무자의 행위(급부)
권리 위의 권리	권리(예 : 준점유권·권리질권·권리저당권)
형 성 권	법률관계(동의권, 취소권, 해제권, 재판상이혼권등)
항 변 권	청구권(연기적 항변권·영구적 항변권)
지적재산권	정신적 창작물(예 : 저작·발명 등)
인 격 권	권리주체 자신(예 : 생명·신체·명예·초상 등)
친 족 권	친족적 신분
상 속 권	상속재산

Ⅱ. 권리와 객체의 관계

1. 물 권

물권의 객체는 물건 그 자체이므로, 동산이나 부동산만 이 물권의 대상으로 되는 것이다.

2. 채 권

채권의 객체는 특정인(채무자)의 일정한 행위(급부), 즉 채무자의 작위나 부작위가 그 대상으로 된다.

3. 무체재산권(지적재산권)

무체재산권, 즉 저작권·특허권·실용신안권·상표권·의장권 등은 그 저작이나 발명 등 사람의 정신적인 산물자체가 당해 권리의 대상으로 된다.

4. 인 격 권

인격권의 객체로는 권리의 주체인 사람 자신이 그 권리의 대상으로 된다.

인격권은 주로 정신적 침해를 방지하는 사생활 보호인 Privacy권과 초상·성명등 주로 경제적 이익침해에 대한 권리보호인 Publicity권으로 나누어 볼 수 있다.

5. 형 성 권

형성권의 객체는 일정한 법률관계, 즉 권리의 변동 그 자체가 대상으로 된다.

권리자의 일방적인 의사표시에 의하여 법률관계의 발생·변경·소멸 되는 권리이다(법률행위의 동의권·취소권·해제권·추인권 등).

6. 친 족 권

특정인이 그의 친족법상 갖는 지위 자체, 혹은 일정한 친족관계에 있는 사람 자신이 당해 친족권의 대상으로 된다. 즉 친족적 신분(친권·배우자권·부양권 등)이다.

7. 상 속 권

상속권의 객체는 상속인이 상속받게 될 상속재산 그 자체를 말한다.

8. 권리상의 권리

예를 들면, 지상권 위에 저당권을 설정한 경우를 보면 사법상 일정한 권리인 지상권이 다시 저당권의 객체로 되는 경우가 이에 속한다. 즉, 권리 그 자체가 또다시 일정한 권리의 객체로 되는 경우를 말하는 것이다.

Ⅲ. 물 건

1. 민법상 물건의 의의

민법상 물건이란 유체물 및 전기 기타 관리할 수 있는 자연력을 말한다(제98조).

2. 물건의 요건

(1) 유체물이거나 또는 관리가능한 자연력일 것

1) 원칙적으로 물건으로 되기 위해서는 기체·액체·고체 등 공간의 일부를 차지하고 일정한 용량을 갖는 유형적 존재이어야 한다. 즉, 사람의 오감에 의하여 지각될 수 있는 형태를 갖는 물질로 유체물이어야 한다.

2) **관리가 가능할 것(법률상 배타적 지배의 가능성)**

유체물이라도 사람이 배타적으로 지배하여 사용·수익·처분할 수 있어야 비로소 일정한 권리의 대상인 물건이 될 수 있다. 따라서 해나 별·달처럼 비록 유체물이라고 하여도 사람의 배타적 지배가 인정되지 않으면 물건이 될 수 없으나, 무체물이라도 특정인의 배타적 지배가 인정되어 관리가능하다면 민법상 물건이 될 수 있다(전기·원자력·에너지·열기 등).

(2) 외계의 일부일 것(비인격성)

물건은 외계의 일부이어야 하므로 사람, 즉 신체의 일부에 속하는 것은 물건으로 되지 않는다. 따라서 자기 자신의 신체에 대한 소유권도 인정될 수 없는 것이다.

1) 신 체

사람은 인격을 존중하므로 물건이 아니다. 따라서 신체는 인격권의 객체로만 될 수 있을 뿐이다. 동물은 특별법으로 보호하지만 민법상으로는 물건에 관한 규정을 준용한다.

2) 신체로부터 분리된 물건

① 모발·치아·혈액처럼 신체로부터 분리된 것은 그 즉시 물건이 된다. 따라서 분리된 신체의 부분은 분리당한 사람의 소유에 속한다. 이처럼 신체의 일부를 분리시키는 계약이나 분리당한 신체의 일부분을 처분하는 행위는 그 내용이 사회질서에 반하지 않는 한 유효하다고 할 것이다.

② 의수나 의족·의안·가발 등과 같이 신체에 부착되어 있어 신체의 구성부분을 이루고 있는 경우는 신체의 구성부분이 되므로 물건성을 상실하게 되어 물건으로 되지 않는다,

3) 시 체

시체는 물건이라는 데 학설이 일치하고 있지만 그것이 소유권의 객체로 되는가에 관하여는 학설이 대립하고 있다.

(가) 특수소유권제도

소유권의 객체이나 일반의 권리와 같이 사용·수익처분 등의 권능이 없고 오로지 매장·제사·공양만을 할 수 있는 권능과 의무가 따르는 특수한 소유권이라고 한다(다수설).

(나) 관습법상 관리권설

시체에 대한 권리는 소유권이 아니고 단지, 매장이나 제사하는 권리에 그칠 뿐만 아니라 양도나 포기도 할 수 없는 것이므로 관습법상 인정된 관리권에 불과하다고 한다(소수설).

(다) 처분행위의 유효성

시체의 귀속권자가 시체에 대한 처분행위를 할 수 있는가, 예를들어 본인 사망 후 유족들이 시신을 병원에 기증하는 것이 가능한지에 대해, 시체에 대한 권리를 특수한 소유권으로 보든 관습법상의 관리권으로 보든 그러한 처분행위는 사회질서에 반하는 것으로서 무효라고 보는 것이 일반적이다. 또한 본인이 생전에 자신의 유해에 대해 처분하는 의사표시를 한 경우 예를 들어 본인이 생전에 자신의 시신을 기증하기로 병원과 약정을 하여 둔 경우 이러한 채권행위도 효력이 없어 시체의 귀속권자들은 그 의사표시에 구속되지 않는다고 본다. 다만 시체의 귀속권자들이 스스로 본인의 의사대로 처분을 하면 그것이 사회질서에 반하는 것이 아닌 한 이는 유효하다고 보는 것이 일반적이다. 자신의 시신의 처분에 대해 유언을 한 때에도 이는 유언사항이 아니어서 그 유언은 효력이 없으나 시체의 귀속권자들이 본인의 유지대로 처분을 하면 이는 마찬가지로 사회질서에 반하는 것이 아닌 한 유효하다고 본다.

(3) 원칙적으로 독립물일 것

1) 원 칙

"일물일권주의 원칙"에 따라 물건의 구성부분은 원칙적으로 권리의 객체로 될 수 없다. 그러나 이러한 물건의 독립성은 물리적인 기준에 의하는 것 이외 일반거래의 형태 및 사회통념에 따라 결정된다. 독립성이 있다면 별도의 물건이 되나 독립성이 없는 물건은 기존의 물건의 구성부분으로 될 뿐이다. 옥개 (덮개), 시설부지에 정착된 레일, 논의 논둑 등은 독립한 물건으로 보지 않았지만, 임야에 있는 자연석을 조각하여 제작한 석불은 임양의 일부분을 구성하는 것이라고 할 수 없고 임야와 독립된 소유권의 대상이 된다(대판 1970. 9. 22. 70다1494).

– 일물일권주의 –

1개의 물권의 목적물은 1개의 독립한 물건이어야 한다는 것이 원칙인데, 이는 물권의 절대성·배타성에 따른 것이다. 따라서 물건의 일부나 수개의 물건 전체에 대하여는 하나의 물권이 성립할 수 없는 것이 원칙이다. 그러나 집합건물이나 토지에 대한 공시방법의 예외가 있다.

2) 예 외

건물의 구분소유권(제215조)·건물의 일부에 대한 전세권(부동산등기법 제139조 제2항) 등과 같이 물건의 일부가 권리의 객체로 되는 경우도 있다. 물건의 구성부분이란 당해 물건의 어느 부분을 훼멸하거나 그 본질을 침해하지 않고는 분리할 수 없는 부분을 말하는데, 이러한 것은 특별한 법규가 없는 한 당해 물건과 분리 되어 권리의 목적물로 될 수 없음이 원칙이다(독일민법 제93조·제94조 제1항). 그러나 물건의 일부에 대해서도 공시가 가능한 한 예외적으로 독립한 물건으로 될 수 있다 예컨대 수목의 집단은 토지의 일부이지만 입목등기를 하거나 명인방법을 갖추면 토지와 별개의 독립한 물건으로 되며, 미분리의 과실 등도 명인방법을 갖추면 독립한 물건으로 되어 거래의 객체로 될 수 있다.

Ⅳ. 동산과 부동산

1. 서 설

동산과 부동산은 법률상 여러 가지의 점에서 차이가 있는데, 그 구별은 물건의 분류 가운데에서도 가장 기본적이면서도 중요한 것이다.

동산과 부동산을 구별하는 가장 큰 이유로는 첫째, 부동산은 동산에 비하여 그 경제적 가치가 크므로 특별한 보호를 필요로 한다는 것이고 둘째, 부동산은 동산과 달리 쉽게 이동할 수가 없기 때문에 그 장소에 따른 동일성·개별성을 확인하기 쉽다는 것이다. 그러나 최근에 와서는 양자의 구별이 이와 같은 연혁적·경제적 이유보다는 동산의 경우는 점유를 그 권리의 공시방법으로 하는데 반하여 부동산은 등기를 그 공시방법으로 하는 등 양자를 서로 다른 법리에 의하여 규율하고 있다는데 그 구별의 실익이 있다.

〈 부동산과 동산의 구별실익 〉

	부 동 산	동 산
공시방법	등기	동산의 인도
공 신 력	등기에는 공신력이 없다(선의취득 부정).	선의인도(점유)에는 공신력이 있다(선의취득 인정).
제한물권	지상권, 지역권, 저세권, 유치권 저당권 인정	유치권, 질권 인정
상린관계	긍정	부정
취득시효	점유 및 등기부 취득시효 인정	점유취득시효만 인정
무주물선점	선점불가, 국유로 된다.	선점자가 소유권 취득
부 합	부동산소유자가 취득	주된 동산의 소유자 취득
재판관할	재판관할 규정 있음	재판관할 규정 없음

- 공시의 원칙 -

공시의 원칙은 물권의 변동(존재)은 항상 외부에서 인식할 수 있는 표상, 즉 공시방법을 갖추어야 효력이 있다는 것이다.

이는 거래의 안전과 법률관계의 명료화를 위한 것으로 보통 공시방법으로는 부동산은 등기, 동산은 점유(인도), 자동차(중기·선박)는 등록(등기) 등의 방법으로 한다.

2. 동 산

(1) 의 의

부동산 이외의 물건은 모두 동산이다. 가식중의 수목·판자집·공중전화박스 등과 같이 토지에 충분히 부착되지 않은 물건은 모두 동산에 속한다. 따라서 토지에 부착되어 있는 부착물이라도 정착의 단계에 이르지 않으면 정착물이 아니므로 부동산이 아니라 동산인 것이다. 그리고 선박, 자동차, 항공기, 중기 등은 모두 동산인 것은 분명하지만, 그 경제적 의의가 부동산에 비슷하므로 특히 공부에 등록을 요하는 등 법률상 부동산과 같이 다루어지기도 한다.

(2) 특수한 동산(금전)

1) 문 제 점

금전은 일반의 물건, 즉 동산과 달리 그 개개의 금전에 다른 개성은 문제되지 않고 그의 액면가치 자체만 가치가 있는 특수한 동산이다.

2) 물권적 효력의 인정여부

금전의 경우는 소유권이 점유자에게 귀속되므로 금전을 타인이 무단으로 가져가 점유하는 경우에도 그 소유권은 일단 점유자에게 있다고 본다. 위와 같은 특성으로 인하여 당해 물건을 배타적으로 지배하는 지배권에 따른 효력과 물권적 청구권이 인정되지 않는다.

따라서 금전은 본래의 용법이 그 양도에 있으므로 일단 타인의 점유로 된 것은 물권적 반환청구권이 인정되지 않고, 언제나 채권적 반환청구권만 있게 된다.

또한 금전은 물건으로서의 개성이 없으므로 사용대차나 임대차의 목적은 되지 못하고 소비대차의 목적이 될 뿐이다 소비대차에서는 소유권이 상대방에게 이전되기 때문에 즉, 점유와 소유가 항상 일치하므로, 일반적인 물건과는 달리 간접점유라는 것도 인정되지 않는다(제194조 참조).

3) 화폐로서의 금전에 개성이 있는 경우

수집목적의 화폐이거나 봉투에 넣어 봉인한 화폐인 경우에는 물건으로서의 개성이 있기에 절취한 금전에 대한 물권적 청구권이 인정되고, 제3자에게 전득된 경우 선의취득의 요건을 갖추면 선의취득이 된다. 다만 선의 취득이 된 경우에도 제250조 단서에 의해 도품이나 유실물임을 이유로 한 반환은 면하게 된다.

3. 부 동 산

(1) 의 의

부동산이란 토지 및 그의 정착물을 말한다. 즉 민법은 「토지 및 그 정착물은 부동산이다」라고 규정하고 있다(제99조 제1항).

(2) 토 지

1) 토지는 당해 토지의 지면에서 정당한 이익이 있는 범위내의 수직의 상하로 지하와 공중에 미친다. 따라서 흙·모래·잡목 등과 같이 토지를 구성하고 있는 개개의 구성물은 토지와 분리된 별개의 물건이라고 할 수 없으므로, 토지소유권은 당연히 그 구성물에도 미친다.

다만, 미채굴 광물에도 토지소유권이 미치느냐에 관하여 학설의 입장은 미채굴의 광물은 독립한 부동산이라고 이해하는 설과 토지소유권자의 권능을 배척하는 배타적 채굴취득허가권의 객체(광업권 또는 조광권)라고 이해하는 설로 나뉘어져 있는데, 결국 토지소유권이 미채굴의 광물에는 미치지 못한다는 점에는 일치하고 있다.

2) 토지의 개수를 구별하는 방법으로 우리는 토지대장상에 1필마다 지번을 붙이고 그 개개의 범위를 정하여 토지의 동일성을 식별하고 있다.

(3) 토지의 정착물

1) 정착물의 개념

토지의 정착물을 부동산으로 규정하고 있는 제99조 제1항의 취지는 일정한 물건을 부동산의 법리에 따르게 하는 것이 타당한가의 여부에 따라 그 부동산성을 결정하려는데 있는 것이므로 “단일한 소유권의 여부”를 문제로 하는 부합의 문제(제256조)와는 그 취지가 다르다. 따라서 본조에서 말하는 정착물이란 그 부착된 상태를 훼손하지 않은 채 그 소재의 토지에서 분리할 수 없는 정도까지 요구하는 것이 아니라, 단지 용이하게 이동할 수 없는 정도의 부착이라면 족하다고 할 것이다. 그러나 판자집, 가식의 수목, 기계 등은 동산이다.

2) 건 물

(가) 부동산성

건축할 정당한 권리의 유무에 관계없이 언제나 토지위에 존재하는 건물은 토지와 분리된 별개의 독립한 부동산이다. 우리 민법은 구민법과 마찬가지로 토지뿐만 아니라 그의 정착물도 독립한 물건, 즉 부동산으로 취급하고 있으나 서구에서는 이를 독립한 부동산으로 취급하지 않는 것이 일반적이다.

즉 서양에서는 「지상물은 토지에 따른다」고 하여 토지만을 부동산으로 하고, 토지의 정착물이나 지상물은 이를 독립한 부동산으로 다루지 않는다.

관련판례

① 독립된 부동산으로서의 건물이라고 하기 위하여는 최소한의 기둥과 지붕 그리고 주벽이 이루어지면 된다.

② 신축 건물이 경락대금 납부 당시 이미 지하 1층부터 지하 3층까지 기둥, 주벽 및 천장 슬라브 공사가 완료된 상태이었을 뿐만 아니라 지하 1층의 일부 점포가 일반에 분양되기까지 하였다면, 비록 토지가 경락될 당시 신축 건물의 지상층 부분이 골조공사만 이루어진 채 벽이나 지붕 등이 설치된 바가 없다 하더라도, 지하층 구분만으로도 구분소유권의 대상이 될 수 있는 구조라는 점에서 신축 건물은 경락 당시 미완성 상태이기는 하지만 독립된 건물로서의 요건을 갖추었다고 본 사례(대판 2003. 5. 30. 2002다21592, 21608)

③ 미완성의 건물이라도 사회통념상 독립한 건물이라고 볼 수 있는 형태와 구조를 갖추고 있는 건물의 경우에는 그 당시의 건축주가 건물을 타에 매도한 후 건축주 명의변경절차를 마쳤다 하더라도 원래의 건축주가 건물을 원시취득한다(대판 2002. 3. 12. 2000 다24184, 24191).

④ 독립된 부동산으로서의 건물이라고 하기 위하여는 최소한의 기둥과 지붕 그리고 주벽이 이루어지면 된다(대판 2001. 1. 16. 2000다51872).

(나) 건물의 성립시기 및 소멸시기

언제부터 건물로 성립되느냐 아니면 언제부터 건물이 아니냐 하는 건물의 성립시기와 소멸시기의 문제는 당해 건물이 부동산이냐 아니냐와 결부되어 있는 문제이므로, 당해 건물의 건물성 유무는 물리적인 표준 이외 사회통념에 따라 결정한다.

(다) 구분소유권

최근 고층건물의 건축으로 건물의 기능이 다양해짐에 따라, 외형상 하나의 건축물이라고 하여도 기능상 수개의 건물로 구분되어 질 수 있는 경우가 많다. 이러한 경우 외형상으로는 하나의 건물이라고 하여도 그 개개의 기능을 독립한 것으로 인정하여 일물일권주의의 예외로 하나의 건물이라도 일부분에 대한 물건으로 구분소유권을 인정하고 있다.

민법에서는 이에 관한 조문으로 제215조만 두고 있기 때문에 대규모의 아파트나 복합건물에 적용하기에는 부족한 점이 많이 발생하자, 별도의 특별법으로 집합건물 등 소유 및 관리에 관한 법률을 제정하였다(1984. 4. 10. 법률 제3725호).

관련판례

① 신축건물이 경락대금 납부 당시 이미 지하 1층부터 지하 3층까지 기둥, 주벽 및 천장 슬라브 공사가 완료된 상태이었을 뿐만 아니라 지하 1층의 일부 점포가 일반에 분양되기까지 하였다면 비록 토지가 경락될 당시 신축 건물의 지상층 부분이 골조공사만 이루어진 채 벽이나 지붕 등이 설치된 바 없다 하더라도 지하층 부분만으로도 구분소유권의 대상이 될 수 있는 구조라는 점에서 신축 건물은 경락 당시 미완성 상태이기는 하지만 독립된 건물로서의 요건을 갖추었다고 봄이 상당하다(대판 2003. 5. 30. 2002다21592).

② 건물이 증축부분이 기존건물에 부합하여 기존건물과 분리하여서는 별개의 독립건물로서 효용을 가지지 못하는 이상 기존건물에 대한 경매절차에서 경매목적물로 평가되지 아니하였다 하더라도 경락인은 부합된 증축부분의 소유권을 취득한다(대판 2002. 5. 10. 99다24256).

(라) 효 과

건물은 토지와 별개의 물건이다, 따라서 건물의 요건이 갖추어진 때에는 건물은 토지에 부합하지 않는다. 권원없이 무단으로 타인의 토지위에 건물을 축조한 때에도 마찬가지로 건물이 토지에 부합하지는 않으므로 이 경우 건물소유권이 토지소유자에게 귀속하는 것은 아니고 다만 토지소유자로부터 철거청구를 당하게 될 뿐이다. 그러나 건물로서의 요건을 갖추지 못한 때에는 물건으로서의 독립성이 없으므로 토지에 부합하게 된다.

3) 수 목

(가) 부동산성

식재된 수목의 경우도 일정한 절차를 밟기 전에는 토지와 분리된 독립의 부동산이 될 수 없는 것이 원칙이다. 그러나 거래상 가치가 있는 수목의 경우는 예외적으로 부동산이 될 수 있다. 즉 등기된 입목(입목에 관한 법률)이나 명인방법을 갖춘 수목 등은 부동산으로 다루어진다.

(나) 등기된 입목

입목법에 의하여 소유권보존등기가 된 수목의 집단을 입목이라고 하는데, 이러한 입목은 토지와 분리된 독립한 부동산으로 취급된다(입목법 제3조).

관련판례

경매의 대상이 된 토지 위에 생립하고 있는 채무자 소유의 미등기 수목은 토지의 구성부분으로서 토지의 일부로 간주되어 특별한 사정이 없는 한 토지와 함께 경매되는 것이므로 그 수목의 가액을 포함하여 경매 대상 토지를 평가하여 이를 최저경매가격으로 공고하여야 하고 다만 입목에 관한 법률에 따라 등기된 입목이나 명인방법을 갖춘 수목의 경우에는 독립하여 거래의 객체가 되므로 토지 평가에 포함되지 아니한다(대판 1998. 10. 28. 98마1817). ※ 토지에 대한 처분이 입목에는 영향을 미치지 않으므로 토지에 저당권을 설정하더라도 그 저당권의 효력이 입목에는 미치지 않는다.

(다) 명인방법을 갖춘 수목

수목이 관습법상의 공시방법인 명인방법을 갖추고 있으면 토지와 분리된 독립한 부동산으로 취급되므로, 소유권의 객체로 될 수 있을 뿐만 아니라, 사법상 거래의 객체로도 될 수 있다(판례). 다만, 등기된 입목의 경우는 소유권 및 저당권의 객체로도 될 수 있으나, 명인방법에 따른 수목의 경우는 소유권의 객체로만 될 수 있고 저당권의 객체로는 될 수 없다는 점에 차이가 있다.

4) 미분리의 과실과 농작물

(가) 미분리의 과실

미분리의 과실(수목의 열매, 뽕나무잎, 과일 등)은 과수의 일부에 속하는 것이나, 명인방법을 갖춘 경우는 과수와 분리된 독립한 물건으로 거래의 객체가 될 수 있다. 이처럼 명인방법을 갖춘 미분리의 과실이 동산에 속하는가, 아니면 부동산에 속하는가에 관하여 학설은 대립하고 있다.

(나) 농 작 물

농작물은 항상 토지의 일부분이므로, 독립한 부동산이 될 수 없다. 그러나 판례는 아무런 권원없이 타인의 토지에 농작물을 경작한 경우도 그 농작물의 소유권은 항상 경작자에게 있다고 하고, 이러한 경우는 명인방법도 필요하지 않다고 한다.

관련판례

① 농작물에 대해 적법한 경작권 없이 타인의 토지를 경작하였더라도 그 경작한 입도가 성숙하여 독립한 물건으로서의 존재를 갖추었으면 그 입도의 소유권은 경작자에게 귀속한다(대판 1979. 8. 28. 79다784).

②정당한 권한 없이 타인의 농지를 경작한 경우에도 그 생산물의 소유권은 경작자에게 귀속된다는 본원의 판례는 농작물재배의 경우에는 파종시부터 수확시까지 불과 수개월 밖에 안걸리고 경작자의 부단한 관리가 필요하며 그 점유의 귀속이 비교적 명백함에 반하여 임야의 경우에는 이와 판이하여 임목의 성장이 장기간을 요하고 그 점유상태도 보통 명백한 것이 아니므로 임야에 타인이 권한 없이 식부한 경우에는 적절하지 아니하다(대판 1970. 11. 30. 68다1995).

V. 주물과 종물

1. 의 의

물건의 소유자가 그 물건의 경제적 가치를 높이기 위해 다른 물건을 자기 소유의 물건에 부속시켜 보조적으로 이용하는 경우가 있는데, 이 경우 본래 소유한 물건을 「주물」, 주물에 부속된 다른 물건을 「종물」이라고 한다.

2. 주 물

물건의 소유자가 「그 물건의 상용에 제공하기 위하여」 다른 물건을 보조적으로 이용하지 않아도 독립적으로 사용할 수 있는 경제적 가치를 갖는 물건을 주물이라고 한다.

3. 종 물

(1) 의 의

종물이란 경제적으로 독립한 가치를 갖지 못하는 물건으로 주물에 부속되어야만 그 가치를 가질 수 있는 물건을 말한다. 즉, 물건의 소유자가 그 물건의 상용에 제공하기 위하여 자기의 물건을 다른 물건에 부속시켰을 때 그 부속물을 말한다(제100조 제1항).

예를 들면, 나룻배와 노·시계와 시계줄·자물쇠와 열쇠·주택과 딴채로 된 광·TV와 리모콘 등이 이에 속한다.

복수의 물건이 각각 경제적·독자적 존재를 가지고 있더라도, 객관적·경제적 관계에 있어서 한쪽이 다른 쪽의 효용을 도와서, 하나의 경제적 가치로 그들은 서로 경제적 운명을 같이하는 것이다. 이것이 주물·종물의 이론이다.

(2) 종물의 요건

1) 주물의 상용에 공(이바지)할 것

주물의 상용에 이바지한다는 것은 종물은 주물의 사용시 계속적으로 경제적 용도를 제공하여야 하며, 특정의 주물에 부속되었다고 인정될 정도의 장소적·거리적 관계에 있어야 한다. 따라서 일시적으로 어떤 물건의 효용을 돕고 있는 것은 종물이 아니다.

관련판례

호텔의 각 방실에 시설된 TV, 전화기 호텔세탁실에 시설된 세탁기, 탈수기, 드라이크리닝기, 호텔주방에 시설된 냉장고 제빙기, 호텔방송실에 시설된 브이티알, 앰프 등 물건들이 위 호텔의 경영자나 이용자의 상용에 공여됨은 별론으로 하고 주물인 부동산 자체의 경제적 효용에 직접 이바지하지 아니함은 경험칙상 명백하므로 위 부동산에 대한 종물이라고는 할 수 없다(대판 1985. 3. 26. 84다카269).

2) 독립한 물건일 것

종물은 동산이건 부동산이건 아무런 제한이 없으나, 주물의 구성부분으로 되어서는 안 된다. 따라서 주물 그 자체의 효용과는 직접 관계가 없는 물건. 예컨대 식기·침구·난로·책상 등은 가옥의 종물이 아니다.

3) 주물과 종물이 동일한 소유자에 속할 것

주물과 종물은 법률적 운명을 같이하므로, 양자가 동일한 소유자에게 속하지 않는다면 종물의 소유자는 아무런 이유없이 자신의 권리를 상실하기 때문에, 이와 같은 요건은 제3자의 이익을 보호하기 위한 것이다. 다만 제3자의 권리를 침해하지 않는 범위 내에서 다른 소유자에게 속하는 물건이라도 종물이 될 수 있다는 것이 통설이며 판례의 입장이다.

관련판례

종물은 주물 소유자의 소유물인 것을 전제로 하고 있지만 종물이 타인의 소유라고 하더라도 그 타인의 권리를 해하지 않는 범위 내에서 민법 제100조가 적용된다고 할 것이고 주물이 처분된 경우에 종물의 소유자가 동의 또는 추인하거나 종물이 동산인 경우에 상대방이 선의취득의 요건을 갖추면 종물의 소유권을 취득하는 것이며 동산의 선의취득을 주장하는 자는 점유취득시에 무과실이었다는 점을 주장 입증해야 한다(대판 2002. 2. 5. 2000다385).

(3) 종물의 효과(제100조 제2항)

1) 처분의 부종성

종물은 주물의 처분에 따른다. 여기서 말하는 처분은 채권적 처분뿐만 아니라, 물권적 처분도 주물과 함께 한다. 즉, 종물과 주물과 법률적 운명을 같이하므로, 부종성을 갖는다. 주물에 설정된 저당권의 효력은 저당권이 설정된 후 저당물에 부속된 종물에도 미친다(제358조).

2) 임의규정성

주물과 종물에 관한 규정은 강행규정이 아니므로, 당사자는 주물의 처분에 종물이 수반하지 않도록 하는 내용의 특약을 할 수 있다.

3) 처분의 제한

특별한 사정이 없는 한 종물에만 집행하는 강제집행은 금지된다.

관련판례

① 저당권의 효력이 미치는 저당 부동산의 종물이라 함은 민법 제100조가 규정하는 종물과 같은 의미로서, 어느 건물이 주된 건물의 종물이기 위하여는 주물의 상용에 이바지되어야 하는 관계가 있어야 하는 바, 여기에서 주물의 상용에 이바지한다 함은 주물 그 자체의 경제적 효용을 다하게 하는 것을 말하는 것이며, 주물의 소유자나 이용자의 상용에 공여되고 있더라도 주물 그 자체의 효용과는 직접 관계없는 물건은 종물이 아니다(대판 1994. 6. 10. 94다11606).

② 민법 제358조 본문은"저당권의 효력은 저당부동산에 부합된 물건과 종물에 미친다"고 규정하고 있는 바, 이 규정은 저당부동산에 종된 권리에도 유추 적용되어 건물에 대한 저당권의 효력은 그 건물의 소유를 목적으로 하는 지상권에도 미친다고 보아야 할 것이다(대판 1992. 7. 14. 92다527).

4) 공시방법

법률행위에 의한 물권의 변동과 관련하여 주물에 대해서만 공시방법 즉 등기나 인도를 갖추면 종물에 대해서도 별도의 공시방법을 갖추지 않아도 종물에 대해서도 당연히 물권변동의 효력이 발생하는 가에 대해 종물의 법리 자체가 경제적 관점에서 종물을 주물의 처분에 따르게 하는 것이므로 공시방법을 갖추어야 하는 것은 이와 별개라고 보아야 한다. 예를 들어 백화점의 전화교환기처럼 주물인 부동산에 종된 동산이 있는 경우 주물인 부동산에 대한 소유권이전등기를 하면 동산인 종물은 주물과 별도로 분리되어 있는 것이 아닌 한 함께 소유권이 이전된다. 그러나 별도의 등기를 해야 하는 종된 권리 예컨대 건물을 위하여 지상권이 설정되어 있는 경우 주물인 건물을 양도하는 경우 건물에 대한 소유권이전등기외에 종된 권리인 지상권도 이전등기를 하여야 지상권이 이전된다. 다만 경매의 경우 등 법률의 규정에 의한 물권변동의 경우에는 등기없이 경락인에게 지상권도 이전된다. 그 외에 점유로만 공시하는 종물인 경우에는 점유를 갖추어야 한다 예컨대 동산질권의 경우 주물을 인도하는 외에 종물인 등산도 인도하여야 질권의 효력이 종물에도 미치며, 시효취득의 경우 주물 외에 종물도 점유하여야 종물도 시효취득할 수 있다.

(4) 권리에 대한 종물규정의 유추적용

주물과 종물의 법리는 주된 권리와 종된 권리 사이에도 유추 적용된다.

관련판례

① 민법 제358조 본문은 저당권의 효력은 저당부동산에 부합된 물건과 종물에 미친다고 규정하고 있는 바, 이 규정은 저당부동산에 종된 권리에도 유추적용된다 구분건물의 전유 부분만에 관하여 설정된 저당권의 효력은 대지사용권의 분리처분이 가능하도록 규약으로 정하는 등의 특별한 사정이 없는 한 그 전유부분의 소유자가 사후에라도 대지사용권을 취득함으로써 전유부분과 대지권이 동일 소유자의 소유에 속하게 되었다면 그 대지사용권에까지 미치고 여기의 대지사용권에는 지상권 등 용익권 이외에 대지소유권도 포함된다(대판 1995. 8. 22. 94다12722).

② 이자채권은 원본채권에 대하여 종속성을 갖고 있으나 이미 변제기에 도달한 이자채권은 원본채권과 분리하여 양도할 수 있고 원본채권과 별도로 변제할 수 있으며 시효로 인하여 소멸되기도 하는 등 어느 정도 독립성을 갖게 되는 것이므로 원본채권이 양도된 경우 이미 변제기에 도달한 이자채권은 원본채권의 양도당시 그 이자채권도 양도한다는 의사표시가 없는 한 당연히 양도되지는 않는다(대판 1989. 3. 28. 88다카12803).

Ⅵ. 원물과 과실

1. 의 의

과실이란 일정한 물건으로부터 생기는 경제적 수익을 말하며, 원물이란 이러한 과실을 산출하는 물건을 의미한다.

2. 과실의 종류

(1) 과실의 형태

과실은 물건으로부터 산출되는 물건의 과실과 권리로부터 산출되는 권리의 과실로 나누어지는데, 전자는 다시 물건의 자연적·인공적 용법에 의하여 산출되는 천연과실과 물건의 사용대가인 법정과실의 2종류로 세분된다.

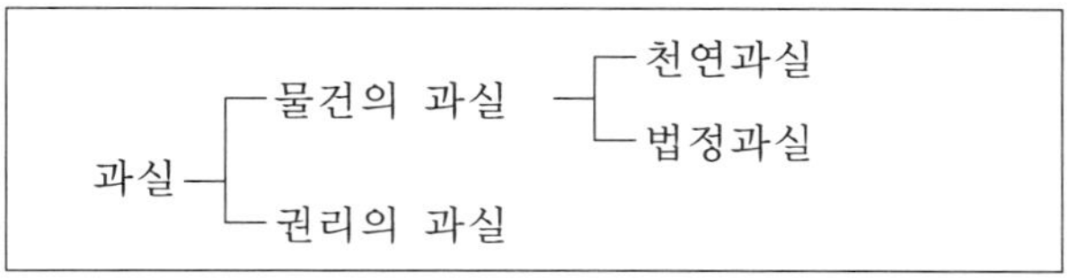

(2) 물건의 과실

1) 천연과실

① 물건의 용법에 따라 산출되는 과실을 말한다.

② 자연적·유기적·산출물

물건의 자연적 용법에 따라 유기적으로 산출되는 과실을 말하는데, 과수의 열매·곡물, 양모, 가축의 새끼, 젖소의 우유, 닭의 계란 등이 대표적인 예이다.

③ 인공적·무기적 출산물

물건의 인공적 용법에 따라 무기적으로 산출되는 과실을 말하며, 이에는 토사, 광물·목재·석재 등이 있다.

2) 법정과실

물건의 사용대가로 받는 금전이나 기타의 물건을 말하는데, 권리의 과실과 다른 점은 원물 및 과실이 모두 물건이라는 점이다. 즉 집세·지료·이자 등을 말한다.

(3) 권리의 과실

1) 의 의

권리의 과실이란 물건의 사용대가가 아니라 권리의 사용대가에 따라 받는 물건을 말하는데, 주식의 배당금·특허권의 사용료 등이 이에 속한다.

2) 과 실 성

우리 민법은 독일민법과 달리 물건의 과실만 과실로 인정하고, 권리의 과실은 과실로 인정하지 않는다.

3. 과실의 귀속

(1) 천연과실

1) 천연과실이 원물로부터 분리하여 독립한 물건이 된 경우 우리민법은 분리주의를 채택하고 있어, 게르만법의 생산주의를 배척하고 있다. 따라서 천연과실은 원물로부터 이를 분리한 때, 그 수취할 권리자가 취득한다.

다만 농작물은 비록 그것이 남의 땅에서의 위법한 경작행위에 의한 것이더라도 언제나 경작자의 소유로 한다는 것이 판례의 입장이다.

2) 독립한 물건

과실을 수취하려면 원물로부터 분리되어 독립한 물건이어야 하므로, 그 천연과실이 원물로부터 분리되기 전에는 원물의 구성부분일 뿐 독립의 물건으로 되는 것은 아니다. 따라서 과실의 물건성은 원물로부터 분리된 때 부여되는 것이다.

3) 원물의 소유자

과실을 수취할 권리자는 특별한 사정이 없는 한 원칙적으로 원물의 소유자이다(제221조).

〈 원물의 소유자 이외의 자가 과실 수취권의 여부 〉

구분			
과실수취권자	㉠ 선의의 점유자(제201조)	㉡ 지상권자(제279조)	㉢ 전세권자(제303조)
	㉣ 유치권자(제323조)	㉤ 질권자(제343조)	㉥ 저당권자(제359조)
	㉦ 매도인(제587조)	㉧ 사용차주(제609조)	㉨ 임차인(제618조)
	㉩ 위임인(제684조)	㉪ 임치인(제701조)	㉫ 친권자(제923조)
	㉬ 수유자(제1079조)		
수취권이 없는 자	㉠ 악의의 점유자	㉡ 지상권설정자	㉢ 전세권설정자
	㉣ 유치물소유자	㉤ 질권설정자	㉥ 저당권설정자
	㉦매수인	㉧사용대주	㉨ 임대인
	㉩ 수임인	㉪ 수치인	㉫ 미성년자
	㉬ 유언자		

4) 천연과실 수취권자

① 유치권자, 질권자의 과실수취권은 과실에 대한 소유권을 취득하느냐 아니면 과실에 대한 유치권이나 질권을 취득하여 과실로부터 우선변제를 받을 수 있을 뿐이냐에 대해 견해대립이 있다. 다수설은 유치권자나 질권자의 경우 직접 과실에 대한 소유권을 취득하는 것이 아니라 다만 유치권이나 질권을 취득하여 그 과실로부터 우선변제를 받을 뿐이라고 보고 그 과실을 경매를 하여 그로부터 우선변제를 받아야 한다고 본다. ② 저당권자는 압류 후의 과실에 대해서만 과실수취권이 있으며(제359조), 저당권자의 과실수취권에 대해서도 과실에 대한 소유권을 취득하느냐 아니면 과실에 대한 소유권을 취득하지 못하고 과실로부터 우선변제를 받을 뿐이냐에 대해 견해대립이 있으나 이 경우도 다수설은 압류 후의 과실에 저당권의 효력이 미침으로써 경매의 대상이 과실에까지 확대되어 과실의 경매대가로부터도 우선변제를 받을 뿐이라고 본다. ③ 선의점유자는 과실수취권이 있으나(제201조) 유치권자, 질권자, 압류 후의 저당권자와 같이 과실로부터 우선변제를 받을 뿐 과실을 직접 취득할 수 있는 권리가 없는 경우에는 이러한 권리가 있다고 오신하더라도 선의점유자로서 과실수취권을 주장할 수는 없다. ④ 매매의 경우 인도하기 전 까지는 매도인이 과실을 취득하나 이는 매수인이 대금을 완납하지 않은 것을 전제로 한 것이므로 매매목적물의 인도전이라도 매수인이 매매대금을 완납한 때에는 그 이후의 과실수취권은 매수인에게 귀속된다(대판 1993. 11. 9. 93다28928). ⑤ 부동산 양도담보나 가등기담보의 경우 원칙적으로 채무자에게 과실수취권이 있으며, 동산양도담보의 경우에도 양도담보 설정자에게 과실수취권이 있다. 그런데 유동집합물에 양도담보를 설정한 때에는 이를 달리 보아야 한다. 즉 유동집합물인 원물로부터 나온 과실에 대해서도 유동집합물과 동일성이 인정될 수 있으므로 그 범위 내에서 과실에 대해서도 양도담보의 효력이 미칠 수 있다(대판 2004. 11. 12. 2004다22858).

관련판례

① 돼지를 양도담보의 목적물로 하여 소유권을 양도하되 점유개정의 방법으로 양도담보 설정

자가 계속하여 점유, 관리하면서 무상으로 사용, 수익하기로 약정한 경우 양도담보 목적물로서 원물인 돼지가 출산한 새끼 돼지는 천연과실에 해당하고 그 천연과실의 수취권은 원물인 돼지의 사용, 수익권을 가지는 양도담보설정자에게 귀속되므로 다른 특별한 약정이 없는 한 천연과실인 새끼 돼지에 대하여는 양도담보의 효력이 미치지 않는다(대판 1996. 9. 10. 96다25463). ※ 새끼돼지는 어미돼지의 종물이 아니므로 양도담보의 효력이 미치지 않는다고 본 것이다.

② 돈사에서 대량으로 사육되는 돼지를 집합물에 대한 양도담보의 목적물로 삼은 경우 위 양도담보권의 효력은 양도담보설정자로부터 이를 양수한 양수인이 당초 양수한 돈사 내에 있던 돼지들 및 통산적인 양돈 방식에 따라 그 돼지들을 사육, 관리하면서 돼지를 출하하여 얻은 수익으로 새로 구입하거나 그 돼지와 교환한 돼지 또는 그 돼지로부터 출산시켜 얻은 새끼 돼지에 한하여 미치는 것이지 양수인이 별도의 자금을 투입하여 반입한 돼지에까지는 미치지 않는다(대판 2004. 11. 12. 2004다22858). ※ 유동집합물로서의 돼지에 대한 양도담보의 경우에는 동일성이 인정되는 범위 내에서 과실에 대해서도 양도담보의 효력이 미친다고 본 판례이다.

5) 천연과실 수취권자 상호간의 관계

과실수취권자가 수인이 경합하는 경우 그들 상호간의 우선순위가 문제되는데 ① 먼저 그 성질에 비추어 볼 때 선의점유자가 우선하고, ② 소유자와 용익권자가 있는 경우 용익권자가 우선한다. 예를들어 소유자가 전세권을 설정한 물건을 제3자가 무단 사용한 경우 그 제3자에 대한 부당이득반환청구권은 소유자가 아닌 전세권자가 취득한다.

관련판례

임차인이 임대인의 동의를 받지 않고 제3자에게 임차권을 양도하거나 전대하는 등의 방법으로 임차물을 사용수익하게 하더라도 임대인이 이를 이유로 임대차계약을 해지하거나 그 밖의 다른 사유로 임대차계약이 적법하게 종료되지 않는 한 임대인은 임차인에 대하여 여전히 차임청구권을 가지므로 임대차 계약이 존속하는 한도 내에서는 제3자에게 불법점유를 이유로 한 차임상당 손해배상청구나 부당이득반환청구를 할 수 없다(대판 2008. 2. 28. 2006다10323).

(2) 법정과실

1) 법정과실은 물건의 사용대가로 받는 금전·기타 물건을 말하는데, 이에는 임료, 이자, 지료 등을 말한다.

2) 법정과실은 그 과실을 수취할 존속기간의 일수의 비율로 취득한다(제102조 제2항). 예를들어 임대차가 존속하는 도중에 소유자가 변경된 경우 그 지급받은 차임은 소유권변경 시점을 기준으로 전소유자와 신소유자 사이에 분배되어야 한다.

3) 타인의 부동산을 무단 사용하거나 임차인이 임대차가 종료한 후에도 목적물을 사용함으로써 얻은 이익은 목적물을 직접 사용함으로써 얻는 이익으로 사용이익이라 하는데 임대차나 사용대차등이 사전에 존재하는 경우에는 계약에 따른 법정과실로 다루어지지만 이러한 법률관계가 존재하지 않는 무단사용의 경우에는 법정과실은 아니지만 과실에 준하여 다루는 것이 통설, 판례이다. 따라서 선의로 점유하면서 얻은 사용이익은 선의 점유자의 과실취득권의 규정을 적용하므로 이를 반환하지 않아도 된다.

(3) 임의법규성

이상과 같은 과실의 귀속에 관한 민법의 규정은 임의법규에 속하는 것이므로, 당사자는 이와 다른 내용의 특약을 할 수 있다.

Ⅶ. 기타의 분류

1. 단일물·합성물·집합물

(1) 단 일 물

단일물이란 물건을 구성하고 있는 각 구성부분이 개성을 상실함으로써, 하나의 물건을 이루고 있는 경우를 말한다. 예를 들면, 서적이나 의복·시계·도자기 1개·접시 1개 등이 이에 속한다고 할 수 있다.

(2) 합 성 물

합성물이란 물건의 각 구성부분이 개성을 잃지 않고 그대로 결합하여 단일한 형체를 이루고 있는 물건으로, 건물·보석반지·차량·선박·컴퓨터 등이 이에 속한다.

(3) 집 합 물

1) 집합물이란 하나하나가 단일물 또는 합성물인 다수의 물건이 단순히 집합하여 있는 형태로 각개의 물건들이 개성을 잃지 않을 뿐만 아니라, 그들이 서로 결합되어 있지도 않은 상태이므로 단일한 형태를 이루지 않고 있는 물건의 집단을 말한다. 예를 들면 한 상점에 있는 상품전체·도서관의 장서·공장의 시설이나 기계의 전부 등이다.

2) 이러한 집합물은 거래의 필요상 인정될 수는 있으나, 민법은 거래의 객체로 취급하지 않는다. 단, 공장저당법·광업재단저당법 등 특별법에 의하여 집합물이 인정되는 경우는 있다.

3) 그런데 법률의 규정 없이도 일정한 집합물에 그 범위를 특정할 수 있다면 이를 하나의 물건으로 할 수 있느냐에 대해서 긍정설과 부정설이 대립하지만 판례는 집합물인 양만장(양식장)의 뱀장어, 농장의 돼지 등의 경우 그 범위를 특정할 수 있다면 그 전부를 하나의 재산권으로 보아 담보설정이 가능하다고 본다.

관련판례

① 재고상품, 제품, 원자재 등과 같은 집합물을 하나의 물건으로 보아 이를 일정기간 계속하여 채권담보의 목적으로 삼으려는 이른바 집합물에 대한 양도담보권설정계약에 있어서는 그 목적 동산을 종류, 장소 또는 수량지정 등의 방법에 의하여 특정할 수만 있다면 그 집합물 전체를 하나의 재산권으로 하는 담보권의 설정이 가능하며 이 경우 그후 새로이 반입되는 개개의 물건에 대하여 그때마다 별도의 양도담보 계약을 체결하거나 점유개정의 표시가 있어야 하는 것은 아니다(대판 1988. 12. 27. 87누1043).

② 돈사에서 대량으로 사육되는 돼지를 집합물에 대한 양도담보의 목적물로 삼은 경우 그 돼지는 번식, 사망, 판매, 구입 등의 요인에 의하여 증감 변동하기 마련이므로 양도담보권자가 그 때마다 별도의 양도담보권설정계약을 맺거나 점유개정의 표시를 하지 않더라도 하나의 집합물로서 동일성을 잃지 아니한 채 양도담보권의 효력은 항상 현재의 집합물 위에 미치게 되고 양도담보설정자로부터 위 목적물을 양수한 자가 이를 선의취득하지 못하였다면 위 양도담보권의 부담을 그대로 인수하게 된다(대판 2004. 11. 12. 2004다22858). ※ 유동집합물도 하나의 물건으로 보아 유동집합물의 양도담보의 효력은 증가된 현재의 물건에도 당연히 미친다고 한다.

(4) 구별의 실익

단일물과 합성물은 사법상 거래의 객체로 될 수 있는 반면, 집합물은 일물일권주의에 반하므로, 즉 집합물위에 하나의 물권이 성립할 수 없어 원칙적으로 거래의 객체로 될 수 없다는데 그 구별의 실익이 있다. 그러나 집합물도 적당한 공시방법을 갖추거나 특별법에 의하여 법률상 하나의 물건으로 다룰 수 있다.

2. 융통물과 불융통물

(1) 융 통 물

융통물이란 사법상 거래의 객체로 될 수 있는 물건을 말한다.

(2) 불융통물

불융통물이란 사법상 거래의 객체로 될 수 없는 물건을 말한다.

1) 공 용 물

공용물이란 행정재산의 일부를 구성하는 것으로, 사법상 거래의 대상이 될 수 없는 물건을 말한다. 즉, 정부종합청사 등의 관공서·경찰서·관용차량 등을 말하는 것이다.

2) 공공용물

공공용물이란 널리 일반에게 사용이 개방되어 있는 물건으로 그 소유권자가 개인이냐 공공기관이냐를 불문하고, 공공의 목적상 거래의 객체로 될 수 없는 물건을 의미한다. 여기에는 도로나 하천부지·공원·항만 등이 포함된다.

3) 금 제 물

금제물에는 개인의 소유 및 거래까지 금지된 물건과 개인의 소유는 인정되나 거래가 금지되는 물건의 두 가지가 있다. 전자의 예로는 마약이나 아편·음란한 문서 및 도서 등을 들 수 있고, 후자의 경우로는 각종의 국보 및 문화재를 들 수 있다.

3. 가분물과 불가분물

(1) 가 분 물

가분물이란 물건의 성질이나 가치를 크게 손상시키지 않고 분할할 수 있는 물건을 말한다. 예를 들면, 곡물이나 토지·금전 등이 대표적인 경우에 속한다.

(2) 불가분물

불가분물이란 물건을 분할할 경우 그의 성질이나 가치가 크게 손상되는 물건을 말한다. 이러한 예로는 소나 말·가옥·자동차·책 등이 있다. 이는 일반적으로 물건의 객관적 성질에 의해 결정되나 당사자의 의사표시에 의해 가분물을 불가분물로 다룰 수도 있다.

(3) 구별의 실익

1) 공유물의 분할

가분물이 공유물인 경우는 현물분할을 원칙으로 하나, 불가분물이 공유물인 경우는 현물분할은 불가능하므로 가액분할을 하게 된다(제269조).

2) 다수당사자의 채권관계

채무의 목적물이 가분물인 경우에 다수당사자 사이의 채권관계는 분할채무의 원칙이 적용되어 분할채권관계로 되나, 그것이 불가분물인 경우는 불가분채권관계로 된다.

4. 대체물과 불대체물

(1) 구별의 기준

대체물과 불대체물의 구별기준은 급부의 목적물을 같은 종류의 다른 물건으로 대체할 수 있느냐 없느냐에 따른 구별로, 물건의 객관적 대체성의 유무에 따른 구별이다.

(2) 대 체 물

대체물이란 일반거래에 있어 물건의 개성이 중요시되지 않으므로, 동일한 종류의 다른 물건으로 대체할 수 있는 물건을 말한다. 예를 들면, 곡물이나 금전·서적 등의 급부를 목적으로 하는 채무의 경우가 이에 속한다고 할 것이다.

(3) 불대체물

불대체물이란 물건의 성질상 그 개성이 중요시되므로, 다른 물건으로 대체할 수 없는 경우의 물건을 말한다. 예를 들면, 골동품·미술품·말·건물 등의 급부를 목적으로 하는 경우가 이에 속한다.

(4) 구별의 실익

대체물은 소비대차(제598조)·소비임치(제702조)의 목적물로 될 수 있으나. 불대체물은 사용대차(제609조)·임대차(제618조) 등의 목적물로 될 수 있다는 점에서 구별의 실익이 있다.

5. 소비물과 비소비물

(1) 소 비 물

소비물이란 물건의 성질상 그 용도에 따라 1회 사용하면 동일한 용도로 다시 사용할 수 없는 종류의 물건을 말한다. 예를 들면, 곡물·잉크·음료수·술 등이 이에 속한다.

(2) 비소비물

비소비물이란 소비물과 달리 물건을 그 용도에 따라 계속하여 반복적으로 사용할 수 있는 종류의 물건을 말한다. 예를 들면, 가옥이나 토지·책상·서적 등이 이에 속한다.

(3) 구별의 실익

양자를 구별하는 실익은 소비물만이 소비대차(제598조)·소비임치(제702조) 등의 목적물이 될 수 있으나, 비소비물은 사용대차(제609조)·임대차(제618조) 등의 목적물로 된다는데 있다. 특히 금전은 반복하여 사용할 수 있지만 한 번 사용하면 주체에 변경이 생겨 전소유자가 다시 사용할 수 없다는 점에서 소비물로 다루어진다. 따라서 금전은 사용대차나 임대차가 아닌 소비대차의 목적으로 된다.

제 5 장

권리의 변동

제5장 권리의 변동

제1절 권리의 변동일반

Ⅰ. 권리의 변동

1. 권리변동의 의의

(1) 사람의 사회생활을 규율하는 사회규범은 여러 가지가 있는바, 그 중 법에 의하여 규율되는 생활관계를 법률관계라고 한다. 법률관계의 내용은 구체적인 경우에 따라 개별적으로 정해지나, 그것은 결국 권리 또는 의무와 관련되어 있다.
민법은 크게 3가지를 규율하는바, ① 권리의 주체, ② 권리의 객체, ③ 권리의 변동에 관한 것이다. 요컨대 민법은 권리·의무의 변동을 정하는 법이라고 할 수 있다. 그리고 그것을 일정한 요건이 충족되면 일정한 권리(의무)의 변동이 일어난다는 식으로 규정하는 방식을 취한다. 여기서 전자의 요건을 법률요건(법률관계의 변동이 생기게 하는 일정한 전제조건)이라 하고, 후자의 결과를 법률효과(일정한 법률요건이 갖추어짐에 따라 발생하는 법률관계의 변동)라고 한다. 결론적으로 민법은 권리의 주체와 객체를 전제로 하여, 법률요건과 법률효과를 규율하는 법이라 할 수 있다.

(2) 권리의 변동은 「어떠한 사실이 있으면 어떠한 효과가 발생한다」는 형태로 규율된다. 즉 법률관계의 변동의 원인이 되는 어떠한 사실을 있게 하는 일정한 원인을 「법률요건」(예를 들면 '매매계약')이라 하고, 이러한 법률요건을 이루는 개개의 구성요소를 「법률사실」(예를 들면 매매에 있어서 '청약의 의사표시와

승낙의 의사표시)이라고 하며, 이와 같은 법률사실과 법률요건에 따른 결과, 즉 권리의 변동(매매의 효과 : 대금지급과 소유권 이전 발생)을 「법률효과」라고 한다.

– A(매도인)과 B(매수인)간의 권리변동의 관계 –

「법률사실」 – (A 소유의 주택에 대하여 B의 청약의 의사표시와 A의 승낙의 의사표시)

↓

「법률요건」 – (A와 B간의 '매매'계약)

↓

「법률효과」 – 권리의 변동 (A는 B에 대하여 매도대금 청구권이 발생하고, B는 A에 대하여 소유권이전청구권이 발생한다).

2. 권리변동의 모습

권리변동의 모습은 권리의 발생·변경·소멸의 형태로 나타나는데, 이를 권리의 발생·변경·소멸을 권리의 주체의 입장에서 말하면 권리의 취득·변경·상실이 된다.

〈 권리변동의 형태 〉

- 권리의 변동취득
  - 원시취득(절대적 발생) – 선의취득, 무주물선점, 습득, 인격권, 시효취득, 매장물발견, 신분권의 취득 등
  - 승계취득(상대적 발생)
    - 이전적 승계
      - 특정승계 – 매매, 증여, 교환 등
      - 포괄승계 – 재산상속, 포괄유증, 회사의 합병 등
    - 설정적 승계 – 지상권·저당권 등의 설정
- 변경
  - 주체의 변경 – 권리자의 교체(이전적 승계와 동일)
  - 내용의 변경
    - 양적변경 – 첨부, 목적물의 확대, 축소
    - 질적변경 – 물상대위, 대물변제, 물건인도청구권의 손해배상청구권으로의 변경
  - 작용의 변경 – 저당권의 순위의 변경
- 상실
  - 절대적 상실(소멸) – 목적물멸실에 의한 소유권의 소멸, 변제에 의한 채권상실
  - 상대적 상실(소멸) – 권리주체의 변경과 동일

(1) 권리의 취득

1) 원시취득

원시취득이란 타인의 권리에 기초함이 없이 원시적으로 취득하는 것이다. 예컨대 건물의 신축·취득시효(민법 제245조 이하)·선의취득(민법 제249조)·선점(민법 제252조)·유실물습득(민법 제253조)·매장물발견(민법 제254조)·첨부(민법 제256조 이하) 등이 이에 속한다.

2) 승계취득

승계취득이란 타인의 권리를 취득하는 것으로서, 그 취득자는 그 타인이 가지고 있었던 권리 이상의 권리를 취득하지 못한다. 승계취득은 이전적 승계·설정적 승계와 특정승계·포괄승계로 나누어진다.

(가) 이전적 승계·설정적 승계

이전적 승계란 구권리자에게 속하고 있었던 권리가 그 동일성을 유지하면서 그대로 신권리자에게 이전되는 것으로서, 매매·상속에 의한 취득이며, 설정적 취득이란 어느 누구의 소유권에 기초해 지상권·전세권·저당권을 설정하는 경우처럼, 구권리자는 그대로 그의 권리를 보유하면서 신권리자는 그 소유권이 가지는 권능(사용·수익·처분) 중 일부를 취득하는 것을 말한다.

(나) 특정승계·포괄승계

특정승계란 매매의 경우처럼 개개의 권리가 각각의 취득원인에 의해 취득되는 것을 말하며, 포괄승계란 하나의 취득원인에 의하여 다수의 권리가 일괄해서 취득되는 것으로서, 상속·포괄유증·회사의 합병 등에 의한 취득이 그러하다.

3) 원시취득과 승계취득의 차이

종전의 권리자가 무권리자인 경우 원시취득은 가능하나 그로부터의 승계취득은 불가능하다. 종전의 권리위에 제한이 존재하는 경우 원시취득을 하면 그러한 제한이 소멸하고 완전한 권리를 취득하나 승계취득에서는 그러한 제한이 그대로 승계된다.

(2) 권리의 변경

권리가 그 동일성을 잃지 않으면서 그 주체·내용·작용에 변경이 생기는 것이다. ① 주체의 변경은 권리의 이전적 승계에 해당하며, ② 내용의 변경은 이를테면 물건의 인도를 목적으로 하는 채권이 채무불이행을 이유로 금전손해배상채권으로 변하거나(질적변경), 소유권에 제한물권이 설정되는 경우이며(양적변경), ③ 작용의 변경은 저당권의 순위가 변경되는 경우, 임차권이 대항력을 취득하게 되는 경우, 채권양도에서 대항요건을 갖추게 되는 경우 등이다.

(3) 권리의 상실

권리의 상실에는 목적물이 멸실되는 경우처럼 권리가 절대적으로 소멸되는 경우가 있고, 권리의 이전적 승계의 경우처럼 권리가 구권리자로부터 이탈하여 상대적으로 소멸하는 경우가 있다.

3. 권리변동의 원인(법률요건과 법률사실)

(1) 법률요건

1) 법률요건과 법률효과

민법은 어떠한 사실이 있으면 어떠한 효과가 발생한다고 하는 식으로 규율한다. 즉 법률요건이 있어야 법률효과가 발생한다. 후자가 법률효과인데, 그것은 결국 권리의 변동으로 모아진다. 이에 대해 그러한 권리변동을 가져오는 전자를 법률요건이라 한다. 다시 말하면 법상 법률효과를 낳게 하는 원인이 되는 것을 법률요건이라고 하고, 법률요건을 이루는 사실을 법률사실이라고 한다. 즉 법률사실이 발생하여 법률요건을 충족하면 그 효과로서 법률관계가 형성되는 것이다. 예컨대 A가 자동차를 몰고 가던 중 실수로 횡단보도를 지나가는 B를 치어 상처를 입혔다 하자 여기서 A의 행위는 이른바 "불법행위라는 법률사실이며"이를 "법률요건"으로 하여 A는 B에게 손해배상을 하여야 하는 "법률효과"가 생겨난다. 이와 같이 법률사실에는 주로 법률행위(법률의 규정)와 불법행위로 나타난다.

2) 법률행위의 법률의 규정

민법상 법률요건은 크게 둘로 나눌 수 있는바 하나는 권리의 변동을 의욕한 당사자의 의사대로 그 효과를 발생시키는 것으로서 법률행위이고, 다른 하나는 법률행위 이외의 그 밖의 모든 경우인데, 이를 총칭하여 법률의 규정이라고 한다.

(2) 법률사실

1) 법률요건과 법률사실

법률효과를 발생케 하기 위한 필요충분조건을 다 갖춘 사실의 총체가 법률요건이며, 그것을 이루기 위한 개개의 구성사실, 즉 법률요건을 구성하는 개개의 사실을 법률사실이라고 한다. 법률사실은 하나의 요소로 구성되어 있는 것도 있고 다른 법률사실과 결합하여 하나의 법률요건을 구성하는 것도 있다 예를 들어 유언이나 취소, 해제 등과 같은 단독행위는 하나의 의사표시만으로 법률요건이 갖추어지는 것이고, 계약과 같은 청약과 승낙의 의사표시라는 두개의 의사표시와 그 의사의 합치상태를 법률사실로 하여 성립하는 법률요건도 있다.

2) 법률사실의 분류

법률사실은 크게 사람의 정신작용에 기인하는 사실(용태)과 그렇지 않은 사실(사건)의 둘로 나누어진다. 용태는 인간의 의사가 외부로 표현되는 외부적 용태(작위 또는 부작위에 의한 행위)와 사람의 내심의 의식에 불과한 내부적 용태로 나누어진다.

〈 법률사실의 분류 〉

- 법률사실
  - 용태 (사람의 정신작용에 의한 것)
    - 외부적 용태(행위)
      - 적법행위
        - 의사표시－청약, 승낙, 취소 등
        - 준법률행위
          - 표현행위
            - 의사의 통지
            - 관념의 통지
            - 감정의 표시
          - 비표현행위 (사실행위)
            - 순수사실행위
            - 혼합사실행위
      - 위법행위
        - 채무불이행
        - 불법행위
    - 내부적 용태(의식)
      - 관념적 용태－선의·악의·정당한 대리인이라고 믿는 신뢰 등
      - 의사적 용태－소유의 의사, 사무관리의 경우 본인의 의사 등
  - 사건(사람의 정신작용과 관계없는 것)—사람의 생사, 시간의 경과, 실종, 혼동, 혼화, 부당이득, 과실의 분리 등

〈 준법률행위의 분류 〉

- 표현행위
  - 의사의 통지－청약의 유인, 각종 최고·거절
  - 관념의 통지－공탁통지·사원총회 소집통지·채권양도의 통지나 채무자의 승낙, 채무의 승인, 청약자가 하는 승낙 연착의 통지 등
  - 감정의 표시－용서
- 비표현행위
  - 순수사실행위－주소의 설정, 매장물 발견, 가공 등
  - 혼합사실행위－무주물선점, 사무관리, 부부의 동거, 물건의 인도 등

■ 구체적으로 성질이 문제되는 경우 ■

1. 채무승인의 성질

(1) 시효이익의 포기로서의 채무승인

이는 의사표시이다 그리고 처분행위이므로 처분권이 있어야 할 수 있다.

(2) 시효중단사유로서의 채무승인
이는 관념의 통지이다 그리고 처분권이 없는 자라도 관리권만 있으면 이를 할 수 있다.

2. 대리에서 현명의 성질
(1) 의사표시로 보는 견해
대리인 행위설에 근거하여 의사표시로 보는 견해이다
(2) 의사의 통지로 보는 견해
본인 행위설에 근거를 두면서 의사의 통지로 보는 견해이다.

3. 대리권 수여의 표시의 성질(제125조)
(1) 관념의 통지로 보는 견해
대리권을 수여했다는 사실을 통지한 것으로 이해한다. 이 견해는 수권은 본인이 대리인에 대해서 하는 것으로 보면서 대리행위의 상대방에 대한 수권 이른바 외부적 수권행위라는 개념을 부정한다.
(2) 의사표시로 보는 견해
이 견해는 대리권 수여의 표시를 수권행위라고 보면서 이를 외부적 수권이라고 설명한다.

4. 승낙의 성질
(1) 청약에 대한 승낙과 같은 일반적인 승낙
의사표시이다
(2) 채권양도의 대항요건으로서 요구되는 채권양도의 통지나 승낙
채무자가 채권양도를 허락한다는 의사표시가 아니라 채권이 양도되었다는 사실을 인식하고 있음을 알려주는 것으로서 관념의 통지이다 (대판 1989. 7. 11. 88다카20866).

Ⅱ. 권리변동에 관한 민법의 규정

권리변동을 가져오는 법률요건으로는 법률행위와 법률의 규정이 있고, 후자에 속하는 중요한 것으로는 소멸시효·취득시효·사무관리·부당이득·불법행위·상속 등이 있다. 이 중 취득시효는 물권법에서 사무관리·부당이득·불법행위는 채권편에서, 상속은 상속편에서 각각 규율하고 있다.

제2절 법률행위

Ⅰ. 법률행위의 의의

법률행위는 일정한 법률효과의 발생을 목적으로 하는 하나 또는 수개의 의사표시를 요소로 하는 법률요건이다. 즉 당사자의 의사에 의해 일정한 사법적 효과를 발생시키는 행위이다.

① 법률행위는 의사표시를 요소로 하는 사법상의 법률요건이다. 예컨대 A가 B에게 토지를 매도; 매매(법률요건)로 → B가 소유권 취득한다(법률효과). 법률행위는 의사표시(위의 A의 매도의 의사표시를 청약, B의 매수의 의사표시를 승낙이라고 한다)를 불가결의 요소로 한다. 즉 의사표시의 무효는 법률행위(매매)도 무효가 된다.

② 준법률행위, 불법행위, 부당이득, 사무관리, 사건 등의 법률요건에서 발생하는 법률효과는 당사자의 의사와는 관계없이 법에 의해 부여되는 반면, 법률행위는 의사표시에 의한 법률효과가 부여된다는 점에 특징이 있다. 법은 사회질서 위반이나 현저한 불공정성이 없으면 의사에 따른 법률효과를 승인하고 그 달성에 조력한다.

- 준법률행위 -

법률행위 당사자의 의사표시를 요소로 하는 법률행위와는 달리, 준법률행위는 당사자의 의사와는 관계없이 법률의 규정에 의하여, 즉 법률에서 정한 대로 일정한 효과가 생기는 것을 말한다. 예컨대 의사의 통지(각종 최고·거절 등), 감정의 표시(용서), 관념의 통지(공탁통지·주총소집통지·채권양도통지 등)가 있다.

Ⅱ. 법률행위의 요건

1. 성립요건과 효력요건의 구별

(1) 의 의

법률행위가 성립하기 위한 요건을 성립요건이라 하고, 이미 성립한 법률행위가 유효하게 되기 위한 요건을 효력요건이라고 한다. 성립요건이 행위로서의 법률행위에 관한 요건이라면, 효력요건은 규율로서의 법률행위에 관한 요건이다.

(2) 구별실익

성립요건은 법률행위의 효과를 주장하는 자가, 효력요건의 부존재는 법률행위의 무효를 주장하는 자가 입증책임을 부담한다.

〈 법률행위의 요건 〉

법률행위의 성립요건	일반성립요건	㉠ 당사자 ㉡ 목적 ㉢ 의사표시
	특별성립요건	㉠ 요물계약에서 물건의 교부 ㉡ 요식계약에서 방식의 구비
법률행위의 효력요건	일반효력요건	㉠ 당사자가 권리능력·의사능력·행위능력을 가질 것 ㉡ 내용이 확정성·가능성·적법성·사회적 타당성을 가질 것 ㉢ 표시와 내심의 의사가 일치할 것, 의사표시에 하자가 없을 것
	특별효력요건	㉠ 대리행위에 있어서 대리권이 존재할 것 ㉡ 조건부·기한부 법률행위에 있어서 조건이 성취·기한이 도래할 것 ㉢ 물권변동에 있어서 등기·인도가 있을 것 ㉣ 유언에 있어서 유언자가 사망할 것

2. 성립요건

(1) 일반적 성립요건

당사자, 목적, 의사표시

(2) 특별성립요건

개개의 법률행위에 관하여 법이 그 성립에 필요한 요건으로 규정하고 있는 것(예 : 제1060조 유언의 요식성)

3. 효력요건

(1) 일반적 효력요건

① 권리능력·행위능력

② 목적의 확정성·가능성·적법성·사회적 타당성

③ 의사와 표시가 일치하고 의사표시에 하자가 없을 것

(2) 특별효력요건

대리행위에서 대리권의 존재, 유언에서 유언자의 사망, 농지소재지관서의 증명 등이다.

Ⅲ. 법률행위의 종류

법률행위에는 계약, 합동행위, 단독행위가 있다.

1. 계약(쌍방행위)

계약이란 두 개 이상의 의사표시(방향을 달리하고 내용을 같이 하는 것)를 요소로 하는 법률행위이다. 즉 계약은 2인 이상의 당사자가 「청약」과 「승락」이라는 서로 대립하는 의사표시를 하고, 그 의사표시의 합치에 의하여 성립하는 법률행위이다.

2. 합동행위

(1) 인정설(다수설)

합동행위는 평행적·구심적으로 방향(내용)을 같이하는, 즉 같은 목적을 위한(내용과 방향을 같이하는) 두개 이상의 의사표시가 합치하여 성립하는 법률행위이므로 대립적 의사표시의 합치에 의해 성립하는 계약과 다르며, 다수당사자의 의사표시를 요하는 점에서 단독행위와 다르다. 의사표시의 규정 특히 제108조와 제124조는 계약에 관해서만 적용되고 합동행위에는 적용되지 않으므로 인정할 실익이 없다. 사단법인 설립행위는 합동행위의 대표적 예이다.

(2) 부 정 설

합동행위는 계약의 일종이다. 계약은 사적자치의 원칙을 가장 합리적으로 실현할 수 있는 제도이므로 합동행위 개념을 인정하는 것은 법률행위에 단체계약의 면을 부당하게 끌어들이는 것이다. 합동행위의 개념을 부정하더라도 무효·취소제도 또는 자기계약·쌍방대리금지제도의 목적에 비추어 동일한 결론에 이를 수 있으므로 인정실익도 없다.

3. 단독행위(일방행위)

(1) 의 의

한 개의 의사표시만에 의해 성립하는 법률행위로서 일방적 행위라고도 한다. 즉 단독행위는 행위자의 의사표시만으로 성립하는 법률행위이다.

(2) 종 류

1) 상대방있는 단독행위

동의, 채무면제, 상계, 추인, 해제, 해지 등 의사표시가 상대방에게 도달하는 때 효력이 발생한다. 즉 행위자의 의사표시를 상대방이 수령하여야 한다.

2) 상대방없는 단독행위

유언, 재단법인 설립행위, 권리의 포기(상속포기 등) 등 성립과 동시에 효력을 발생한다. 즉 단독행위의 의사표시를 받을 자가 특정되어 있지 않고(불특정다수인), 그 의사표시가 있으면 바로 효력이 발생한다.

(3) 단독행위에 대한 특수한 규율

1) 민법은 자기결정의 원칙에 입각하고 있으므로 다른 사람의 권리·의무에 부당한 영향을 주지 않는 경우에만 허용된다.

2) 단독행위는 민법 기타 법률에 특별한 규정이 있는 경우에만 허용된다(단독행위의 법정주의).

3) 단독행위는 일방적으로 법률관계를 형성하는 행위이므로 조건이나 기한은 금지된다. 다만 일정한 정지조건을 붙이는 것이 허용된다.

4) 단독행위의 무권대리에 관해 계약의 무권대리에 관한 규정이 준용된다. 이러한 규정이 없는 경우에도 단독행위의 성질에 반하지 않는 한 계약의 규정을 유추적용할 수 있다.

4. 처분행위

(1) 의 의

처분행위는 현존하는 권리의 변동을 직접 생기게 하는 법률행위이다. 즉 권리의 이전·변경·소멸을 직접 가져오는 법률행위이므로 이행의 문제를 남기지 않는다. 처분행위는 물권의 변동을 일어나게 하는 것으로 물권행위, 채권양도, 채무면제, 소유권이전, 점유의 이전 등이 있다.

(2) 처 분 권

1) 처분권이란 처분행위의 목적인 권리를 이전·변경·소멸하게 할 수 있는 권한이며, 처분권이 없는 자가 한 처분행위는 무효이다.

2) 처분권은 원칙적으로 권리자에게 속하지만 처분권이 법원 등에 의해 박탈된 경우에는 권리자는 권리는 가지나 처분권은 없다.

(3) 처분행위의 특질

1) 특정의 원칙

처분행위의 목적물은 적어도 처분행위의 효력발생시까지 특정되어야 한다.

2) 순위의 원칙

동일한 권리에 관하여 수개의 처분행위가 있는 경우에는 먼저 행하여진 처분행위만이 유효하다. 즉 시간적으로 앞선 것이 우선한다.

3) 공시의 원칙

물권의 처분행위, 즉 물권행위에 관하여는 공시의 원칙이 적용된다(등기 또는 인도).

5. 요식행위 · 불요식행위

(1) 의 의

의사표시를 일정한 방식에 따라서 행하여야 한다는 것이, 법률행위의 요건으로 되어 있느냐 아니냐에 의한 구별이다.

계약자유의 원칙이 인정되는 오늘날의 법제에서 방식의 자유 또한 인정된다. 따라서 일반적으로 법률행위의 방식은 자유이며, 불요식을 원칙으로 한다(매매·임대차, 위임·고용 등). 그러나 일정한 법률행위의 방식은 서면이나 관청에의 신고 등 일정한 방식에 따라 행해져야 그 효력이 인정되는 법률행위를 요식행위라고 한다. 예를 들면 유언의 방식·법인설립·어음·수표발행·혼인신고 등은 반드시 일정한 요식을 갖추어야 하고 또한 이혼취소·혼인무효·주총무효 등은 반드시 재판으로 하여야 한다.

(2) 방식의 기능

법률행위를 신중히 하게하고(예 : 혼인), 법률행위의 성립시기와 내용을 명료하게 함으로써 분쟁에 대비하여 증거자료를 확보하며, 거래의 신속과 안전을 도모(예 : 어음행위)한다.

(3) 방식의 종류

1) 본체적 방식

방식과 법률행위가 일체를 이루고 있으므로 방식이 없으면 법률행위가

존재한다고 할 수 없는 경우(예 : 어음·수표행위)

2) 부가적 방식

의사표시 자체에는 방식을 필요로 하지 않으나 의사표시와 함께 방식을 갖추어야 하는 경우(예 : 혼인·파양의 신고)

3) 넓은 의미의 방식

법률행위가 효력을 발생하기 위하여 의사표시 외에 기타의 요소를 필요로 하는 경우(예 : 소유권 이전행위에 있어서의 등기·인도, 관청의 허가)

6. 법률효과를 표준으로 한 구분

(1) 채권행위

채권 또는 채무를 발생시키는 것을 목적으로 하는 법률행위를 「채권행위」라고 하며 이는 채무행위라고도 한다.

예컨대 매매, 임대차계약 등을 말하며, 채권행위는 매매 또는 임대차 계약으로 발생하는 채권·채무에 대하여 '이행'이라는 문제(매매대금지급 및 목적물의 인도 등)를 남긴다.

(2) 물권행위

물건에 대하여 직접 물건의 발생·변경·소멸을 생기게 하는 법률행위를 「물권행위」라고 한다.

예컨대 소유권이전행위·지상권설정행위·전세권 또는 저당권설정행위 등을 말하며, 물권행위는 앞서본 처분행위로서 채권행위와 같은 '이행'이라는 문제를 남기지 않는다.

(3) 준물권행위

물권이외의 권리, 즉 저작권·특허권·상표권 등의 지적재산권의 양도 또는 채권양도·채무면제 등을 「준물권행위」라고 한다. 준물권행위는 물권행위와 마찬가지로 '이행'이라는 문제를 남기지 않는 점에서 준물권행위라고 한다.

Ⅳ. 법률행위의 목적

1. 서 설

(1) 법률행위의 목적이란 법률행위를 하는 자가 그에 의해 발생시키고자 하는 법률행위를 말한다. 법률행위는 의사표시로 이루어져 있으므로 결국 법률행위의 목적은 효과의사에 의해 결정되는 것으로 법률행위의 내용을 구성하는 것이다.

(2) 법률행위의 목적은 사적자치의 원칙에 따라 자우로이 정할 수 있음이 원칙이지만 확정·가능·적법하고 사회적 타당성을 가져야 한다.

(3) 법률행위의 목적은 목적물과 구별된다. 법률행위의 목적은 법률행위에 의해 달성하려는 효과를 의미하므로 구체적으로는 권리취득의 형태로 나타나지만, 법률행위의 목적물은 그 권리의 대상물 자체를 의미한다. 예컨대 매매계약의 목적은 매도인은 대금청구권을 취득하는 것이고 매수인은 소유권이전청구권을 취득하는 것인데 반해 물건이나 금전 그 자체는 계약의 목적물이다.

2. 목적의 확정

(1) 법률행위의 목적은 확정할 수 있어야 하는 바, 법률행위 성립당시에 이미 확정되어 있어야 하는 것은 아니고 적어도 법률행위의 내용을 실현할 당시(이행시 또는 강제집행시)까지 확정할 수 있으견 된다. A가 B에게 "내가 좋은 물건을 가지고 있으니 구입하겠소"라고 했더니 B는 "구입하겠다"라고 대답하였다. 이 경우 두 사람은 약속(구두계약)이 이루어졌지만 이 거래는 무효이다. 왜냐하면 이는 무엇을 사고파는지, 얼마인지, 언제 주고받는지 등 법률행위의 목적이 확정되지 않았기 때문이다.

(2) 목적을 확정할 수 없는 법률행위는 무효이다. 다만 판례는 확정성이 없는 경우에는 법률행위의 불성립으로 보는 경우가 많다.

관련판례

① 매매의 예약은 당사자의 일방이 매매를 완결할 의사를 표시한 때에 매매의 효력이 생기는 것이므로 적어도 일방예약이 성립하려면 그 예약에 터잡아 맺어질 본계약의 요서가 되는 매매목적물, 이전방법, 매매가액 및 지급방법등의 내용이 확정되어 있거나 확정할 수 있어야 하므로 상설시장 건설계획에 협조하여 시장대지를 불하받기로 약정한 경우에는 예약이 이 성립되었다고 볼 수 없다(대판 1993. 5. 27. 93다4908).

② 매매계약의 목적물을 진해시 경화동 747의 77, 754의 6, 781의 15 등 3필지 및 그 외에 같은 동 소재 소외 망 장순남 소유 부동산 전부라고 표시하여 매매계약의 목적물 중 특정된 3필지를 제외한 나머지 부동산이 어떠한 부동산인지를 알 수 있는 표시가 전혀 되어 있지 않고 계약 당시 당사자들도 어떠한 부동산이 몇 개나 존재하고 있는지조차 알지 못한 상태에서 이루어져서 계약일로부터 17년 남짓 지난 후에야 그 소재가 파악될 정도인 경우, 그 목적물 중 특정된 3필지를 제외한 나머지 부동산에 대한 매매는 그 목적물의 표시가 너무 추상적이어서 매매계약 이후에 이를 구체적으로 특정할 수 있는 방법과 기준이 정해져 있다고 볼 수 없어 매매계약이 성립되었다고 볼 수 없다(대판 1997. 1. 27. 96다26176).

3. 목적의 가능

(1) 의 의

1) 법률행위 성립 당시에 법률행위의 목적이 실현 불가능한 것이면 (원시적 불능) 그 법률행위는 무효이다. 즉 A와 B사이에 약속하기를 A가 지리산에서 호랑이 한 마리를 잡아 B에게 1억원에 판다는 계약을 했다면 이 역시 무효이다.

2) 정지조건부 법률행위에 있어서 정지조건의 성취가 불가능한 경우에는 법률행위 자체가 무효로 된다.

(2) 가능·불능의 표준

1) 가능·불능의 구별은 사회통념에 의한다.

한강에 빠뜨린 보석 찾기의 계약·죽은 사람을 살리는 계약 등은 무효이다.

2) 불능은 확정적인 것이어야 하므로 일시적 불능은 불능이 아니다.

(3) 원시적 불능과 후발적 불능

1) 의 의

원시적 불능은 법률행위의 성립당시에 그 법률행위의 목적이 실현 불가능한 경우(가옥의 매매계약을 체결한 전날 밤에 그 가옥이 이미 불에 타서 없어져 버린 경우)이고, 후발적 불능은 법률행위의 성립당시에는 가능하였지만 그 이행 전에 불능(매매계약을 체결한 후 그 이행 전에 가옥이 불에 타서 없어진 경우)으로 된 것이다.

2) 효 과

(a) 원시적 전부불능

(ㄱ) 무 효

불능인 내용의 실현을 법이 조력하는 것은 무의미하기 때문이다. 원시적으로 불가능한 법률행위는 당연히 무효이므로 법률행위의 효력발생과 이행을 전제로 하는 손해배상청구의 문제는 생기지 않는다.

(ㄴ) 계약체결상의 과실책임(제535조 참조)

법률행위가 원시적 불능을 이유로 무효가 되면 이를 이행할 채무를 발생시키지 않으며 이미 대가를 받은 것이 있다면 이를 반환하여야 한다. 그러나 상대방의 권리취득에 대한 신뢰를 보호하기 위하여 목적이 불능한 계약을 체결할 때에 그 불능을 알았거나 알 수 있었을 자는 상대방이 그 계약의 유효를 믿었으므로 인하여 받은 손해(신뢰이익 : 그 계약의 유효를 믿었음으로 인하여 받은 손해)를 배상하여야 한다. 그러나 그 배상액은 계약이 유효함으로 인하여 생길 이익액을 넘지 못한다. 위의 규정은 상대방이 그 불능을 알았거나 알 수 있었을 경우에는 적용되지 아니한다. 신뢰손해 또는 신뢰이익이라 함은 보통은 계약의 유효를 믿고 지출한 비용, 계약비용 등이 그 내용이 된다.

① 요 건

㉠ 계약내용의 원시적 불능 : 일부불능인 경우에 매매 기타의 유상계약에서는 제574조, 제580조가 적용되는 한도에서 제535조의 체결상 과실책임이 발생할 여지가 없다.

㉡ 불능에 대한 고의·과실

㉢ 상대방의 선의·무과실 : 소송이 계속중임을 알면서 소송의 목적물을 매수한 자는 매매계약이 이행불능이라는 사정을 알았거나 알 수 있었을 경우에 해당하므로 손해배상을 청구할 수 없다(대판 1972. 5. 9. 72다384).

② 효 과

과실 있는 당사자는 상대방이 그 계약의 유효를 믿었기 때문에 받은 손해, 즉 신뢰이익을 배상하여야 한다(예 : 목적물의 조사비용, 대금지급을 위해 융자받은 금전에 대한 이자), 신뢰이익이 이행이익을 초과하는 경우에도 그 배상액은 이행이익을 한도로 한다.

민법 第535조【계약체결상의 과실】

① (신뢰이익의 배상 :) 목적이(원시적으로 전부)불능한 계약을 체결할 때에 그 불능을 알았거나 알 수 있었을 자는「상대방이 그 계약의 유효를 믿었음으로 인하여 받은 손해(=신뢰이익)」를 배상하여야 한다.

② 전항의 규정은 상대방이 그 불능을 알았거나 알 수 있었을 경우에는 적용하지 아니한다(=상대방은 그 불능에 대해 선의, 무과실이어야 한다).

민법 第574조【수량부족, 일부멸실의 경우와 매도인의 담보책임】(매수인은 선의일 것)

전2조의 (권리의 일부가 타인에게 속한 경우의 매도인의 담보책임)규정은「수량을 지정한 매매의 목적물이 부족」되는 경우와「매매목적물의 일부가 계약당시에 이미 멸실」된 (=원시적 일부불능의) 경우에 매수인이 그 부족 또는 멸실을 알지 못한 때에 준용한다(따라서 선의의 매수인에 한해 대금감액청구권과 손해배상청구권을 가지며, 또 선의의 매수인에 한해 잔존한 부분만으로는 이를 매수하지 아니하였을 때에 한해 계약 전부를 해제할 수 있다).

민법 第580조【매도인의 하자담보책임】(특정물의 하자에 대한 담보책임)

① 매매의 목적물에 하자가 있을 때에는 제575조 제1항의 규정을 준용한다(따라서 목적물의 하자로 인하여 매매의 목적을 달성할 수 없을 때에는 매수인은 계약을 해제하고 아울러 손해의 배상을 청구할 수 있다. 목적물의 하자가 계약의 목적을 달성할 수 없을 정도로 중대한 것이 아닌 때에는 매수인은 손해배상만을 청구할 수 있을 뿐이고 계약을 해제하지는 못한다). 그러나 매수인이 하자있는 것을 알았거나 과실로 인하여 이를 알지 못한 때에는 매도인은 담보책임을 지지 아니한다(=매수인은 선의·무과실일 것).

② 전항의 규정은 경매의 경우에 적용하지 아니한다(=경매의 경우 물건의 하자에 대한 담보책임을 인정하지 않는다).

(b) 원시적 일부불능

법률행위의 일부분이 무효인 때에는 그 전부를 무효로 한다. 그러나 그 무효부분이 없더라도 법률행위를 하였을 것이라고 인정될 때에는 나머지 부분은 무효가 되지 아니한다.

(ㄱ) 일부무효의 법리(제137조) : 일부불능이면 일부무효의 법리에 따라 원칙적으로 법률행위 전부를 불능으로 하여야 하나, 불능인 부분이 없었더라도 법률행위를 하였으리라고 인정될 때에는 불능인 부분을 제외한 나머지 부분은 가능한 것으로 취급된다.

관련판례

불하한 국유임야 중의 일부분이 처분할 수 없는 행정재산인 경우 잔여부분을 국유재산으로 처분하였을 것임을 알 수 있고 매수인도 잔여분만이라도 매수할 의사가 있다면 행정재산 부분에 대한 국유재산 처분이 무효하다 하여 잔여국유재산의 매매행위까지 무효한 것이라고 볼 것은 아니다(대판 1967. 12. 26. 67다2405).

(ㄴ) 매도인의 담보책임 : 수량지정매매에서 수량부족이나 일부멸실과 같이 일정한 수량의 존재를 전제로 계약을 하였는데 계약당시에 이미 그 수량이 부족하여 매도인이 매수인에게 그 수량에 해당하는 권리 모두를 취득시킬 수 없는 때에는 계약이 무효가 아니라 전체가 유효하고 다만 담보책임의 문제로 되어 대금감액, 계약해제, 손해배상 등을 하게 된다. 그리고 매매목적 물건이 일부가 훼손된 경우와 같이 물질적 하자가 존재하는 경우에도 계약은 유효하고 하자담보책임(제580조)의 문제로 된다. 이러한 담보책임의 규정은 일부무효규정(제137조)에 대한 특칙이 된다.

관련판례

부동산매매계약에 있어서 실제면적이 계약면적에 미달하는 경우에는 그 매매가 수량지정매매에 해당할 때에 한하여 민법 제574조, 제572조에 의에 의한 대금감액청구권을 행사함은 별론으로 하고 그 매매계약이 그 미달 부분만큼 일부 무효임을 들어 이와 별도로 일반 부당이득반환청구를 하거나 그 부분의 원시적 불능을 이유로 민법 제535조가 규정하는 계약체결상의 과실에 따른 책임의 이행을 구할 수 없다(대판 2002. 4. 9. 99다47396).

수량이 부족하더라도 그것이 수량지정 매매가 아닌 일반 특정물 매매인 경우에는 담보책임을 물을 수 없다. 예컨대 부동산 매매가 일정한 면적의 존재를 전제로 한 수량지정매매가 아니라 단순히 특정물로 매매한 때에는 목적물의 면적이 매매계약서에 표시한 면적에 부족하더라도 그 존재하는 상태대로가 매매의 목적물 이므로 있는 그대로 이행하면 채무이행은 완성되고 담보책임을 질 것도 없으며 이때 매수인이 일정한 면적이 있는 것으로 착오를 하였더라도 이는 법률행위 중요한 부분에 관한 착오라고 할 수 없으므로 착오를 이유로 계약을 취소할 수도 없다(대판 1969. 5. 13. 69다196).

(c) 원시적 주관적 불능

주관적 불능이란 법률행위의 목적물이 존재는 하나 그것이 타인의 소유에 속하는 등의 사유로 권리이전을 할 수 없는 경우를 말한다. 매매목적물인 권리의 전부나 일부가 매도인의 것이 아니라 타인의 소유인 경우 등과 같은 원시적, 주관적 불능의 경우에는 계약이 무효가 되는 것이 아니고 유효하며 매도인은 그 목적물의 소유권을 취득하여 매수인에게 권리를 이전하여야 하는데 매도인이 매수인에게 권리를 취득시켜 주지 못한 때에는 담보책임을 지게 된다. 즉 매매목적물의 전부가 타인에게 속하는 경우 계약의 해제 및 손해배상이 그 담보책임의 주요 내용이며(제570조), 매매목적물인 권리의 일부가 타인에게 속하는 경우 계약해제 및 손해배상청구 외에 대금감액청구도 인정된다(제572조).

(d) 후발적 불능

법률행위가 성립한 후에 불능이 된 것을 후발적 불능이라 한다. 예를들어 주택의 매매계약 체결 후 이행전에 그 주택이 멸실된 경우 후발적 불능이 문제되는데 이 경우 채무자에게 불능이 된 것에 대한 귀책사유가 있느냐의 여부에 따라 후발적 불가능은 계약의 이행불능문제(제390조) 또는 위험부담(제537조, 제538조)의 문제를 발생시킬 뿐이고, 행위자체는 무효로 되지 않는다.

(ㄱ) 채무불이행

이행불능이 채무자의 귀책사유에 기인한 경우인데 이는 채무불이행의 한 유형인 이행불능에 해당하므로 채무자는 채무불이행책임을 진다(제390조). 채무자의 귀책사유가 있는 후발적 일부불능의 경우에도 일부이행불능으로서 채무자는 채무불이행책임을 진다. 이때 그 불능으로 인해 계약의 목적을 달성할 수 없다면 채권자는 계약해제 및 손해배상청구를 할 수 있고 목적달성을 할 수 있는 경우에는 채권자에게 해제권은 인정되지 않고 손해배상청구권이 발생한다.

(ㄴ) 위험부담

ⓐ 의 의 : 쌍무계약에 있어서 당사자 쌍방에 책임 없는 사유로 이행불능이 되면 채무는 소멸하게 되지만 이에 대응하는 상대방의 채무가 소멸하느냐 존속하느냐가 위험부담의 문제이다.

ⓑ 채무자 위험부담주의(제537조) : 쌍무계약 - 당사자 쌍방의 책임 없는 사유로 이행불능 - 채무자는 불능으로 된 급부의무를 면하는 대신 상대방에게 그 대가를 이행청구 못함.

ⓒ 채권자 귀책사유로 인한 이행불능시 채권자위험부담주의(제538조) : 쌍무계약 - 당사자 일방의 채무가 - 채권자의 책임으로 즉 불능을 일으킨데 대해 채권자에게 귀책사유가 있거나 채권자지체 도중에 이행불능이 된 경우에는-채무자는 자기채무를 면하고 - 상대방의 이행청구를 할 수 있다.

(ㄷ) 귀책사유 없는 후발적 일부불능

귀책사유 없는 후발적 일부불능의 경우 그 일부불능의 범위 내에서 급부의무를 면하게 된다. 이 경우 어떠한 책임을 발생시키느냐에 대해 담보책임의 본질을 채무불이행책임으로 보는 견해에서는 담보책임을 발생시키는 것으로 보는 것이 일반적이며, 담보책임의 본질을 법정책임으로 보는 견해에서는 위험부담의 문제로 다루거나 공평의 관점에서 불능부분에 상응하는 대금감액 등을 긍정한다.

민법 제390조【채무불이행과 손해배상】

채무자가 채무의 내용에 좇은 이행을 하지 아니한 때에는 채권자는 손해배상(=이행지체의 경우에는 지연배상이고, 이행불능의 경우에는 전보배상이다)을 청구할 수 있다. 그러나 채무자의 고의나 과실 없이 이행할 수 없게 된 때에는 그러하지 아니하다.

민법 제537조【채무자위험부담주의】(존속상의 견련성)

쌍무계약의 당사자 「일방의 채무가 당사자 쌍방의 책임 없는 사유로 이행할 수 없게 된 때(= 후발적 불능이 된 때)」에는 채무자는 상대방의 이행을 청구하지 못한다.

민법 제538조【채권자귀책사유로 인한 이행불능】

① (채권자가 반대급부의무를 지는 경우 :) 쌍무계약의 당사자 일방의 채무가 「채권자의 책임 있는 사유로 이행 할 수 없게 된 때」에는 채무자는 상대방의 이행을 청구할 수 있다. 채권자의 수령지체 중에 당사자 쌍방의 책임 없는 사유로 이행할 수 없게 된 때에도 같다.
② (채무자의 이익상환의무 :) 전항의 경우에 채무자는 「자기의 채무를 면함으로써 이익을 얻은 때」에는 이를 채권자에게 상환하여야 한다.

4. 목적의 적법

(1) 의 의

법률행위가 유효하기 위해서는 그 목적이 적법한 것이어야 한다. 강행법규에 위반하는 내용의 법률행위는 부적합한 것으로서 무효이다. 사법상의 법률효과를 중심으로 하여 법규는 '강행법규'와 '임의법규'로 구별되는데, 이중 법률행위의 자유가 허용되는 영역은 임의법규에 국한 된다.

(2) 강행법규와 임의법규

1) 의 의

강행법규란 법령 중의 선량한 풍속 기타 사회질서에 관계있는 규정으로서 당사자의 의사에 의해 그 적용을 배제할 수 없는 규정이다. 임의법규란 법령중의 선량한 풍속 기타 사회질서에 관계없는 규정으로서 당사자의 의사에 의해 그 적용을 배제할 수 있는 규정이다.

2) 판정의 표준

일반적 원칙은 없으며 구체적으로 그 종류·성질·입법목적 등을 고려하여 판단한다. 다만 민법 스스로 강행법규임을 명문으로 밝히거나 반대로 임의법규임을 명시하는 경우에는 당연히 그에 따라야 한다.

3) 강행법규에 관한 규정

(가) 신분관계에 관한 법규

친족관계의 질서·상속의 기본질서를 유지하기 위한 친족·상속편의 대부분의 규정

(나) 법률질서의 기본구조에 관한 규정

권리능력·행위능력 등

(다) 선량한 풍속 기타 사회질서에 관한 규정

(라) 사회일반의 이해에 중요한 영향을 미치는 구정

물권법정주의 등

(마) 경제적 약자를 보호하기 위한 사회정책적 규정

제104조, 제289조, 제339조, 제608조, 제652조, 주택임대차보호법, 상가임대차보호법

(바) 거래의 안전을 보호하고자 하는 규정

채권양도·지시채권·무기명채권에 관한 규정, 유가증권에 관한 규정

(3) 단속법규와의 관계

1) 의 의

단속법규란 행정상의 고려에 의해 일정한 거래행위를 금지·제한하고 그 위반에 대해 형벌이나 행정상의 불이익을 주는 규정이다. 그러나 행위자체의 사법상의 효과에는 영향이 없다.

2) 강행법규와 단속법규의 관계

(가) 학 설

(a) 다 수 설

단속법규도 강행법규의 일종으로 본다. 이에 의하면 효력규정뿐 아니라 단속규정도 강행법규에 포함된다고 한다.

(b) 소 수 설

강행법규와 단속법규를 구별하고, 단속법규를 다시 위반하는 행위를 무효로 하는 효력규정과 단지 처벌 등 불이익을 가하는 단순한 단속규정으로 나눈다.

(나) 검 토

(a) 강행법규는 사적자치의 한계를 선언하는 것임에 반해, 단속법규는 사적자치와 관계없이 국가가 형벌권 또는 행정권의 행사를 위해 일정한 행위를 금하는 것을 목적으로 하는 금지규정이므로 양자는 존재의 평면을 달리한다.

(b) 금지규정에는 행위로서의 법률행위를 금지하는 규정과 규율로서의 법률행위를 금지하는 법규가 모두 포함된다. 전자에 위배되는 경우에는 그 법률행위는 위법하지만 무효는 아니고, 후자에 위배되면 위법함과 동시에 무효로 된다. 전자가 단속법규이고 후자가 강행법규이다.

(c) 단속법규 위반의 법률행위를 무효로 만들기 위해 다수설처럼 단속법규를 강행법규에 포함시킬 필요가 없다. 법질서의 자기모순금지의 원칙에 의하여 단속법규 위반의 법률행위가 무효로 되는 경우 이러한 단속법규를 특히 효력규정이라 하고, 그렇지 아니한 단속법규를 단순한 단속규정이라고 하는 것이 타당하다.

(다) 효력규정인 단속법규 위반의 법률행위

① 허가 없이 총포·도검·화약류를 판매하는 행위(총포도검화약류단속법)

② 광업·어업·증권업과 같이 허가를 받은 자만이 할 수 있는 경우 허가를 받은 자가 타인에게 그 명의를 대여하는 행위

③ 덕대계약(광업권의 임대차계약)은 종래 무효로 판시되어 왔으나 광업권 및 조광권제도를 신설하였으므로 이제는 조광권에 의한 덕대계약은 무효가 아니다.

④ 광업권·어업권·증권업권의 명의대여계약은 무효이나 명의를 빌린 자가 취득한 권리를 제3자에게 이전하는 법률행위도 무효인가? 통설은 거래안전을 이유로 유효로 보고 있으나, 소수설은 무효인 법률행위를 기초하여

이루어진 법률행위를 유효로 한다면 법질서 자기모순금지의 원칙에 반하므로 무효로 본다. 거래안전보호는 선의취득규정에 의해 해결해야 한다.

(라) 단순한 단속법규 위반의 법률행위

(a) 통설의 입장

사법상 유효하다고 본다.

(b) 소 수 설

이행청구권은 부정되고 다만 불이행시 손해배상청구권이 인정되고 임의의 이행이 있으면 이를 보유할 수 있는 법률상의 원인이 되는데 불과하다. 즉 단순한 단속법규위반의 법률행위에 기한 채무는 불완전채무이다. 예를 들어 무허가음식점과 계약을 하였는데 음식점측이 무허가라는 이유를 내세워 이를 이행하지 않는 경우 이행청구권(제1차적 청구권)은 인정되지 않고 손해배상청구권(제2차적 청구권)만이 인정된다.

(4) 탈법행위

1) 의 의

강행법규에 직접 위반되지는 않지만 강행규정이 금지하고 있는 실질적인 내용을 다른 수단으로 달성하려는 행위를 탈법행위라고 한다.

2) 탈법행위 개념의 인정여부

(가) 다 수 설

강행법규위반을 직접적 위반과 간접적 위반으로 나누어 후자를 특히 탈법행위라고 한다. 탈법행위는 정면으로 강행법규에 위반하는 것은 아니지만 법규의 정신에 반하는 결과를 발생을 목적으로 하드로 무효이다.

(나) 소 수 설

강행법규에 직접적으로 위반하든 간접적으로 위반하든 강행법규에 위반되는 경우에는 법률행위는 무효로 되는 것이므로 별도로 탈법행위 개념을 인정할 필요가 없다.

3) 탈법행위의 금지

공무원연금법 제12조 연금수급권의 담보금지규정에 직접 위반하는 것을 피하기 위해 채권자에게 연금증서(연금이 입금되는 통장과 인장)를 교부하고 대리권을 수여하여 연금의 추심을 위임하고, 추심한 연금을 변제에 충당하기로 약정하면서 현금과 이자의 완제가 있을 때까지 추심위임을 해제하지 않겠다는 특약을 하면 연금수급권을 담보로 하는 것과 동일한 효과를 달성하게 된다. 탈법행위를 인정하는 다수설에 의하면, 이는 연금수급권 담보금지규정을 간접적으로 위반하는 것이므로 탈법행위로서 무효이다.

4) 탈법행위 금지의 한계

(가) 탈법행위의 범위

강행법규의 취지가 그 규정에 위반하는 결과를 절대로 인정하지 않으려는 것일 때에는 회피수단에 의해 동일한 결과를 생기게 하는 것도 인정하지 않는다. 그러나 강행법규의 취지가 다만 특정의 행위자체를 금지하는데 있는 경우에 다른 수단으로 동일한 결과를 일어나게 하여도 탈법행위로서 무효라고 할 것은 아니다.

(나) 동산의 양도담보

점유개정금지, 유질계약금지 규정은 담보의 수단으로 질권을 설정하는 경우에만 적용되고 기타 수단에 의하는 경우에는 적용되지 않는다. 판례도 양도담보의 유효성을 인정한다.

5) 탈법행위에 대한 대책

탈법행위가 행하여지는 것은 사회의 새로운 사정에 입각한 경제적 필요가 있는 경우에 생기므로 입법적 조치를 강구하는 것이 근본적 해결책이다.

(5) 강행규정 위반의 효과

1) 무 효

강행규정(효력규정)을 위반하면 그 법률행위는 무효이다 그러므로 그 법률행위에 따른 의무를 이행할 필요가 없으며 이미 이행을 한 때에는 그 급부한 것을 부당이득으로 반환청구할 수 있을 것이다(제741조).

관련판례

① 강행규정 위반으로 무효인 때에도 그것이 제103조의 선량한 풍속 기타 사회질서에 반하는 행위에 해당하지 않는 한 그 급부한 것이 불법원인급여에 해당하는 것은 아니어서 반환청구를 할 수 있다(대판 2000. 6. 9. 99다70860).

② 변호사 아닌자가 타인의 민사소송사건에 대해 변호사선임을 포함한 일체의 행위를 하여 소송사건을 승소시켜 주고 그 대가로 소송물인 부동산의 일부를 양도받기로 한 약정을 한 경우 이러한 행위는 변호사법에 위반되므로 무효로 보면서 다만 이는 제103조의 반사회적 법률행위라고 할 정도로 비난 가능성이 높다고 볼것으 아니므로 불법원인급여로 볼 수는 없어서 이미 이행한 것의 반환청구를 할 수 있다(대판 1990. 5. 11. 89다카10514).

2) 무효행위 추인 여부

강행규정 위반으로 인한 무효는 확정적 무효이므로 추인을 할 수 없는 것이 원칙이다.

관련판례

상법 제731조 제1항에 의하면 타인의 생명보험에서 피보험자가 서면으로 동의의 의사표시를 하여야 하는 시점은 보험계약 체결시까지이고 이는 강행규정으로서 이에 위반한 보험계약은 무효이므로 타인의 생명보험계약 성립 당시 피보험자의 서면 동의가 없다면 그 보험계약은 확정적으로 무효가 되고, 보험계약자의 당사자도 아닌 피보험자가 이미 무효가 된 보험계약을 추인하였다고 하더라도 그 보험계약이 유효로 될 수는 없다(대판 2006. 9. 22. 2004다56677).

5. 목적의 사회적 타당성

(1) 제103조의 의의

선량한 풍속 기타 사회질서에 위반한 사항을 내용으로 하는 법률행위는 무효로 한다. 여기서 “선량한 풍속”이란 사회의 건전한 도덕관념을 의미하고, “사회질서”란 사회의 평화와 질서를 유지하기 위하여 국민이 지켜야 할 공공의 질서를 의미한다.

법률행위의 목적이 개개의 강행법규에 위반하지는 않더라도 '선량한 풍속 기타 사회질서'에 위반한 때에는 그 법률행위는 무효이다.

1) 선량한 풍속과 사회질서의 관계

(가) 포괄개념설

양자를 구별하지 않고 일괄하여 사회적 타당성(사회질서)으로 파악하는 견해이다.

(나) 상위개념설

사회질서는 선량한 풍속보다 상위개념으로서 제103조의 중심개념을 이룬다는 견해이다(다수설).

(다) 대립개념설

선량한 풍속은 윤리개념이고, 사회질서는 공익개념이라고 하여 양자를 대립하는 개념으로 파악하는 견해이다.

2) 동기의 불법(불법한 동기)

(가) 의 의

동기의 불법이란 법률행위 자체는 사회질서에 위배되지 않으나, 당사자가 그 의사표시를 하게 된 동기에 반사회성이 있는 경우를 말한다. 예를 들면 도박자금을 마련하기 위해 돈을 빌린다든가 범행의 준비 장소로 쓰기 위해 집을 세든 경우 그 소비대차, 임대차가 무효로 되는가의 문제이다.

(나) 동기의 불법과 법률행위의 효력

(a) 표 시 설

(ㄱ) 내 용

동기는 표시된 때에 한하여 법률행위의 내용을 이루므로 불법의 동기가 표시된 경우에 한하여 법률행위가 무효로 된다는 견해이다.

(ㄴ) 근　거

표시되지 않은 내심의 동기가 법률행위를 무효로 한다면 거래의 안전을 해한다. 표시주의의 입장에서 보면 표시되지 않은 동기가 효과의사의 내용은 되어도 표시행위의 내용은 되지 못하므로 법률행위에 영향이 없다.

(b) 인 식 설

(ㄱ) 내　용

불법의 동기가 표시된 경우는 물론이고 표시되지 않았더라도 상대방이 그 동기를 알았거나 알 수 있었던 때에는 법률행위가 반사회성을 띠게 되어 무효라는 견해이다.

(ㄴ) 근　거

법률행위가 사회질서에 위반하는 여부는 동기를 고려함으로써만 정당하게 판단할 수 있다. 상대방이 표의자의 불법동기를 알았거나 통상의 주의를 기울였다면 알 수 있었는데도 이에 협력하는 의사표시를 하였다는 사실이 의사표시에 반사회성을 부여한다.

(c) 판　례

판례의 입장은 동기가 표시되거나 상대방에게 알려진 경우에 제103조를 적용하여 무효라는 견해이다. 즉 민법 제103조에 의하여 무효로 되는 법률행위는 법률행위의 내용이 선량한 풍속 기타 사회질서에 위반되는 경우뿐만 아니라, 그 내용 자체는 반사회질서적인 것이 아니라고 하여도 법률적으로 이를 강제하거나 법률행위에 반사회질서적인 조건 또는 금전적인 대가가 결부됨으로써 반사회질서적 성질을 띠게 되는 경으와 동기가 포함한다(대판 2001. 2. 9. 99다38613).

(다) 탈세나 강제집행면탈의 목적

세금을 회피하기 위한 특약이나 강제집행을 면탈하기 위한 특약이 동기의 불법이 되어 무효로 되는가가 문제되는데 판례는 세금을 회피하기 위한 약정이나(대판 1991. 5. 14. 91다6627), 강제집행을 면탈하기 위한 허위의 법률행위(대판 2004. 5. 28. 2003다70041)는 제103조 위반이 되는 것은 아니라고 본다.

3) 강행규정과의 관계

(가) 문제의 소재

적법성 즉 강행법규 위반문제와 사회적 타당성의 관계에 대하여 양자를 구별할 것인가의 문제가 있다.

(나) 학 설

(a) 구 별 설

양자를 구별하여 법률행위가 유효하기 위해서는 목적이 적법하고 또한 사회적 타당성이 있어야 한다는 견해이다.

(b) 동 일 설

강행규정은 사회질서에 반하는 사례를 구체적으로 표현한 것에 지나지 않는다고 보아 적법성과 사회적 타당성을 구별하지 않는 견해이다.

(다) 판 례

원칙적으로 적법성과 사회적 타당성을 구별하나 그렇지 않은 것도 있다.

관련판례

① 담배사업법은 원료용 잎담배의 생산 및 수매와 제조담배의 제조 및 판매 등에 관한 사항을 규정하고 있기는 하나, 원래 담배사업이 반드시 국가의 독점사업이 되어야 한다거나 담배의 판매를 특정한 자에게만 하여야 하는 것은 아니어서 그 자체에 반윤리적 요소가 있는 것은 아니고 또한 담배 사재기가 물가안정에 관한 법률에 의하여 금지되고 그 위반행위는 처벌 되는것이라고 하여도 이는 국민경제의 정책적 차원에서 일정한 제한을 가하고 위반행위를 처벌하는 것에 불과하므로 이에 위반하는 행위가 무효라고 하더라도 이것을 선량한 풍속 기타 사회질서에 반하는 행위라고는 할 수 없다(대판 2001. 5. 29. 2001다1782). ※ 구별을 긍정한 판례이다.

② 금융기관이 증권회사에 대해 원래는 구 증권거래법 제69조의3 제1항에 따른 투자자보호기금의 보호대상이 되지 않는 채권을 갖고 있다가 증권회사가 부도나기 직전 정당한 이유 없이 주로 위 투자자보호기금의 보호를 받기 위한 목적으로 그 보호대상이 되는 예탁금으로 바꾸어 놓는 행위는 진정한 예탁금 채권자를 보호하려는 위 법규정의 입법 취지에 정면으로

배치되는 행위로서 선량한 풍속 기타 사회질서에 위배되어 무효이다(대판 2002. 4. 26. 2000다 64366). ※ 강해규정위반 행위가 사회질서에 반한다고 본 판례인데 이는 강행규정을 위반했을 뿐만 아니라 당사자가 법제도의 취지를 악용한 점이 있기 때문에 103조 위반으로 판단 한 것이다.

4) 근대민법의 기본원칙과의 관계

(가) 문제의 소재

제103조가 소유권존중이나 사적 자치의 원칙, 과실책임의 원칙 등 근대 민법의 기본원칙과 어떠한 관계에 있느냐에 대해 견해 대립이 있다.

(나) 학 설

(a) 상위원칙설

사회질서의 원칙은 사적 자치나 과실책임의 원칙 등 민법의 기본원리보다 상위에 있는 개념으로, 공공복리를 강조하는 견해이다.

(b) 하위원칙설

공공복리의 개념은 자유민주주의의 하위개념으로서 개인의 존엄과 조화되는 범위 내에서 허용되며, 시회질서 개념을 확장하지 말고 공공복리는 신의칙 등에 의해 실현하면 충분하다고 보면서 사적자치를 강조하는 견해이다.

(c) 동일원칙설

사회질서는 사적자치와 나란히 민법의 기본원리를 이룬다고 보는 견해이다.

5) 반사회성 인식의 필요여부

(가) 문제의 소재

제103조 위반이 되기 위해서는 당사자가 그 벌률행위가 사회질서에 반한다는 것을 인식하고 있어야 하는지에 대해 견해대립이 있다

(나) 학 설

(a) 긍 정 설

사회질서에 반한다는 사정을 당사자가 인식하고 있어야 된다고 보는 견해이다.

(b) 부 정 설

반사회성의 인식은 요건이 아니라는 견해이다.

(c) 절 충 설

반사회성을 띤다는 것을 인식할 것은 요하지 않더라도 반사회성을 판단케 하는 기초사정의 존재는 인식하고 있어야 한다는 견해이다(다수설).

6) 반사회성 위반여부 판단의 기준시기

(가) 학 설

(a) 법률행위시설

사회질서에 반한다는 사정을 당사자가 인식하고 있어야 된다고 보는 견해이다.

(b) 효과발생시설

법률행위의 효력이 발생하는 시점, 예컨대 유언의 경우 유언자 사망시를 기준으로 반사회성 위반여부를 판단하자는 견해이다.

(나) 판 례

계약체별시의 사정을 기준으로 판단하는 듯한 태도를 취하고 있다.

관련판례

매매계약체결 당시에 정당한 대가를 지급하고 목적물을 매수하는 계약을 체결하였다면, 비록 그 후 목적물이 범죄행위로 취득된 것을 알게 되었다고 하더라도 계약의 이행을 구하는 것 자체가 선량한 풍속 기타 사회질서에 위반하는 것으로 볼만한 특별한 사정이 없는 한 그러한 사유만으로 당초의 매매계약에 기하여 목적물에 대한 소유권이전등기를 구하는 것이 민법 제103조의 공서양속에 반하는 행위라고 단정할 수 없다(대판 2001. 11. 9. 2001다44987).

(2) 사회질서위반행위의 유형

1) 범죄행위를 내용으로 하는 계약

① 예컨대 폭행이나 살인의 위임계약, 밀수품 보관의 임치계약, 장물매매 등은 무효이다.

② 반면 상속세 면탈목적으로 피상속인 사망 후 그의 명의로부터 타인에게 소유권이전등기를 하였더라도 상속세가 면제되지 않는 이상 강행법규인 상속세법에 위반하는 무효의 행위는 아니다(대판 1964.7.22. 64다5654).

③ 양도소득세를 회피하기 위한 방법으로 부동산을 명의신탁했다 하더라도 그러한 이유 때문에 제103조의 반사회적 법률행위로서 무효라고 할 수 없다(대판 1991.9.13. 91다16334).

2) 거래질서에 어긋나는 계약

① 횡령·배임에 가담하는 거래

② 상대방에게 과도한 의무를 부과하는 계약

③ 상대방의 경제활동의 자유를 지나치게 제한하는 계약 : 영업을 양도한 자가 동종영업을 하지 않겠다는 계약이나, 특정상대방을 위해서만 출연하기로 약속하는 전속계약은 상당기간을 초과하여 계약당사자의 경제활동의 자유를 박탈할 정도에 이르면 그 초과부분은 무효이다.

④ 생존의 기초가 되는 재산의 처분행위 : 사찰의 존립에 필수불가결한 임야를 증여하는 계약이나, 장래사업으로 얻을 소득을 전부 양도하기로 하는 계약

⑤ 사행계약 : 도박 등 지나치게 사행적인 행위는 물론이고 도박자금에 제공할 목적으로 금전을 대여하는 행위, 도박으로 진 빚을 변제하는 계약 등은 무효이다.

3) 가족적 윤리에 반하는 계약

① 첩계약, 처있는 남자가 다른 여자와 맺은 혼인예약·그러나 불륜관계를 단절하면서 그 첩의 생활비 지급이나 자녀의 양육비 지급을 목적

으로 하는 계약은 유효하다(대판 1980.6.24. 80다458).

② 부자나 부부가 동거하지 않기로 하는 계약

③ 자가 부모를 상대로 불법행위로 인한 손해배상을 청구하는 행위

④ 혼인예약 중 동거를 거부하는 경우에 금원을 지급하기로 하는 계약

4) 비인도적인 계약

장기매매계약은 그 계약 목적 자체가 불법인 것은 아니지만 그것이 금전과 대가관계에 놓인다는 점에서 선량한 풍속에 어긋난다.

5) 단체적 윤리에 어긋나는 계약

정관이나 규약의 내용이 단체의 성질에 어긋나거나 구성원에게 부당한 의무를 부과하는 등 반사회성을 띤 경우에는 당해 조항은 무효가 된다.

6) 노사윤리에 어긋나는 계약

① 근로계약에 있어서 헌법상 보장된 노동3권을 박탈·제한하거나, 노동법의 정신에 어긋나는 계약·취업규칙·단체협약은 무효이다.

② 독신계약이나 지나친 장기의 전속계약은 무효이다.

관련판례

① 해외파견된 근로자가 귀국일로부터 일정기간 소속회사에 근무해야 한다는 사규나 약정은 민법 제103조나 제104조에 위반하지 않으며, 일정기간 근무하지 않으면 해외파견소요경비를 배상해야 한다는 사규나 약정은 근로계약기간이 아니라 경비반환채무의 면제기간을 정한 것이므로 근로기준법 제21조에 위배하지 않는다(대판 1982. 6. 22. 82다카90).

② 회사가 궁지에 몰려 어쩔 수 없이 근로자에게 농성기간중의 행위에 대해 민·형사상의 책임이나 신분상의 불이익처분 등 일체의 책임을 묻지 않는다는 노사합의를 한 경우에 이 면책합의는 회사의 근로자들에 대한 민·형사상 책임추궁이나 고용계약상의 불이익처분을 하지 않겠다는 취지이지 회사에게 권한이 없는 법률상 책임의 면제를 약속한 취지는 아니어서 사회질서에 위반되지 않는다(대판 1992. 7. 28. 92다14786).

(3) 제103조 위반의 효과

1) 반양속질서의 법률행위와 불법원인급여

(가) 문제의 소재

급부가 제103조의 위반으로 무효인 경우 물권행위의 유인성론에 의하든, 무인성론에 의하든 제741조에 의해 부당이득반환청구권이 발생한다. 다만 이 때 이행된 급부가 불법원인으로 인한 것인 때에는 이를 불법원인급여라 하여 그 반환청구를 할 수 없는 것으로 규정하고 있는 바(제746조), 불법원인급여에서 말하는 불법의 의미가 무엇인지에 대해 103조와 관련하여 문제가 되고 있다. 따라서 불법원인급여에 해당하면 제746조의 불법과 제103조의 반사회성은 동일한 개념인가의 논의를 기초로 부동산 이중매매가 양속질서에 반하여 무효인 경우에 제1매수인은 매도인을 대위하여 제2매수인에 대하여 그 등기의 말소를 청구할 수 있는가, 만약 있다면 그 근거는 무엇인가 등이 문제된다.

1) 민법 제103조(반사회질서의 법률행위)
"선량한 풍속 기타 사회질서에 위반한 사항을 내용으로 하는 법률행위는 무효로 한다."

2) 민법 제746조(불법원인급여)
"불법의 원인으로 인하여 재산을 급여하거나 노무를 제공한 때에는 그 이익의 반환을 청구하지 못한다. 그러나 그 불법원인이 수익자에게만 있는 때에는 그러하지 아니한다."

(나) 제103조와 제746조의 관계(불법의 의미)

(a) 동일개념설(다수설·판례)

제746조는 제103조의 반사회적 행위에 기해 급부한 물건의 부당이득반환을 제한하기 위한 규정으로 불법원인과 반사회성은 동일한 개념이라고 한다. 즉 제103조는 급부의 이행 전에 반사회적 행위의 실현을 저지하고 제746조는 이행된 급부가 반사회적인 경우 그 회복을 저지하는데 의의가 있다.

(b) 불법개념축소설

선량한 풍속을 위반한 경우에만 불법이 된다고 하는 견해이다. 제103조는 선량한 풍속 기타 사회질서에 반하는 행위의 이행 전에 이를 실현하려고 하는 경우에 관한 규정이고, 제746조는 이행한 자가 그것의 회복을 꾀하는 경우에 관한 규정이므로, 제746조에 있어서의 불법의 인정범위는 제103조에 있어서보다 좁아야 한다.

(c) 판　례

민법 제103조와 제746조의 관계에서 판례의 입장은 「민법 제746조의 규정취지는 민법 제103조와 함께 사법의 기본이념으로 사회적 타당성이 없는 행위를 한 사람은 그 형식여하를 불문하고 스스로 한 불법행위의 무효를 주장하여 그 복구를 소구할 수 없다는 법의 이상을 표현한 것이다」라는 견해를 밝히고 있다.

관련판례

불법원인급여의 경우에 불법원인라 함은 그 원인인 행위가 선량한 풍속 기타 사회질서에 위반하는 경우를 말하는 것으로서, 설사 법률의 금지함에 반하는 경우라 할지라도 그것이 선량한 풍속 기타 사회질서에 위반하지 않는 경우에는 이에 해당하지 않은 것이라 할 것인바, 강행법규위반이 곧 불법원인급여에 상당하다는 논지는 채용할 수 없다(대판 1960. 12. 27. 4293민상359).

(d) 검　토

제746조는 제103조에 대응하여 사법의 이상을 표현한 규정이므로 양 규정의 불법은 같은 개념이라고 보아야 한다. 또한 제746조의 불법성을 선량한 풍속만으로 축소 해석한다면 사회질서 위반은 적법한 것으로 되어 제103조와 모순되므로 동일개념설이 타당하다.

■ 부동산 이중매매 사례 ■

갑이 자신 소유의 부동산을 을에게 1천만원에 팔기로 계약한 후 갑이 병에게 다시 1천5백만원에 팔고 소유권이전등기를 마친 후 병이 다시 정에게 양도한 경우의 법률관계는?

1. 갑과 병의 계약이 유효한 경우

(1) 병의 부동산 소유권 취득

매매계약이 체결되었다 하더라도 채권은 배타성이 없으므로 그 목적물을 다시 매도하는데 지장이 없다 따라서 이중매매의 경우 원칙적으로 두 개의 계약은 모두 유효하며 이중매매라는 이유만으로 제2매매가 무효로 되는 것은 아니다. 따라서 이 사안에서 먼저 이전등기를 한 병은 소유권을 취득한다.

(2) 제1매매계약의 이행불능

제2매수인 병에게 소유권이전등기를 함으로써 매도인 갑의 을에 대한 계약은 이행불능이 된다. 따라서 제1매수인 을은 계약 해제 및 손해배상청구를 할 수 있고 또는 해제하지 않고 전보배상 청구를 할 수도 있다. 이 경우 손해배상의 범위는 이행이익의 배상이며 배상액 산정 기준시점은 이행불능이 되는 시점 즉 병에게 등기를 경료한 시점을 기준으로 산정한다는 것이 판례이다(대판 1973. 12. 26. 73다1516).

(3) 대상청구권

갑이 병으로부터 받은 1천5백만원에 대해 이를 대상으로서 청구할 수 있느냐에 대해 판례가 소유권이전이 불능이 된 경우에 대상청구권을 인정할 수 있다는 취지를 밝히고 있어(대판 1996. 6. 25. 95다6601) 이중매매의 경우에도 대상청구권을 인정하여야 할 것이다.

(4) 병의 을에 대한 채권침해로 인한 불법행위 인정 여부

일반적으로 제2매수인의 이중매매행위는 위법성이 없어 불법행위가 성립하지는 않는다 따라서 을은 병에게 채권침해를 이유로 불법행위로 인한 손해배상을 청구할 수는 없다.

(5) 을의 채권자 취소권 인정여부

채권자 취소권은 피보전채권이 사해행위보다 먼저 성립할 것을 요구하는데 이 경우 이행불능에 따른 손해배상청구권은 제2매수인에게 소유권이전등기를 한 때에 성립하나 사해행위는 갑이 병에게 매매계약을 체결할 때에 성립하므로 결국 피보전채권이 사해행위보다 후에 성립하는 것이 되어 요건을 충족시키지 못하게 되어 이를 부정한다.

2. 갑과 병의 계약이 무효인 경우

(1) 무효가 되기 위한 요건

병은 단순한 악의로는 부족하고 매도인인 갑의 배임행위에 적극 가담하여야 한다.

관련판례

이미 매도된 부동산에 관하여 체결한 저당권설정계약이 반사회적 법률행위로 무효가 되기 위하여는 매도인의 배임행위와 저당권자가 매도인의 배임행위에 적극 가담한 행위로 이루어진 것으로서 적극 가담하는 행위는 저당권자가 다른 사람에게 목적물이 매도된 것을 안다는 것만으로는 부족하고 적어도 매도 사실을 알고도 저당권설정을 요청하거나 유도하여 계약에 이르는 정도가 되어야 한다(대판 1998. 2. 10. 97다26524).

(2) 을의 권리취득 여부

① 문제의 소재

제2매매가 무효가 되면 갑은 병에게 이행할 필요가 없으며 이미 이행한 물권행위도 무효가 되지만 갑은 불법원인급여를 이유로 병에게 부당이득반환청구나 소유권에 기한 물권적 청구권을 행사 할 수 없으므로 을이 갑으로부터 권리취득을 하기 위해서는 어떻게 이론구성을 할 것인가에 관해 학설대립이 있다.

② 학 설

㉠ 불법성비교론 : 계약전체의 불법성의 강약이나 양당사자의 불법성의 대소 등을 종합하여 급여자에게 불법성이 없는 경우 뿐 아니라 급여자에게 불법성이 있더라도 수익자의 불법성이 더 큰 경우에는 제746조 단서를 적용하여 급여자의 반환청구를 긍정하거나 또는 제103조의 불법에는 해당하지만 제746조의 불법에는 해당 하지 않는 경우도 있을수 있으므로 이 경우 반환청구권을 인정하자는 견해이다.

㉡ 귀속범위 제한설 : 급여자에게 귀속시키는 것이 아니라 제3자에게 귀속시켜야 하는 경우에는 제746조와 무관하므로 제746조를 적용하지 않고 그 반환청구를 할 수 있다는 견해이다

㉢ 비채변제설 :제746조의 불법원인급여는 선량한 풍속에 반하는 경우만을 가리키는 것으로 보고 사회질서에 반하는 행위는 제103조에 어긋나 무효는 되지만 불법원인급여는 아니라고 보고 제103조에 어긋나는 이중매매는 사회질서에 반하는 것일 뿐이므로 제746조의 불법원인급여는 아니어서 양당사자의 반환청구를 긍정할 수 있되 다만 이를 제742조의 비채변제로 다루어 급여자가 채무없음을 알고 변제한 경우가 아니면 반환을 긍정하는 견해이다.

③ 판 례

판례는 을이 갑을 대위하여 병 및 정에게 등기말소를 청구하는 것을 긍정하지만 을이 정에게 직접 이전등기를 청구할 수는 없다 즉 을이 직접 자신에게 진정명의의 회복을 위한 소유권이전등기를 청구하는 것

은 허용되지 않는다. 진정명의의 회복을 위한 소유권이전등기청구는 현재 소유권을 가지고 있는자 이어야 가능하므로 을은 대위청구만 가능할 뿐 아직 소유권을 취득한 것이 아니기 때문이다(대판 2003. 5. 13. 2002다64148). ※ 이 판례에 대해서 갑이 병에게 등기말소를 청구할 수 없는데 어떻게 을이 이를 대위행사 할 수 있느냐가 문제된다.

2) 무 효

(가) 의 의

제103조 위반의 법률행위는 무효이므로 당사자는 법률행위에 의하여 발생한 채무를 이행할 의무가 없다 그리고 당사자가 이를 유효라고 믿더라도 상대방에게 유효로 믿음으로 인한 손해 즉 신뢰이익의 배상을 청구할 수도 없다. 제103조 위반으로 무효가 된 경우 이러한 신뢰는 보호받을 수 없기 때문이다.

(나) 무효의 효과

반사회질서의 법률행위로서 무효인 경우 당사자가 추인하여도 추인의 효력이 발생하지 아니하며 당사자가 그 무효임을 알고 추인하여도 새로운 법률행위를 한 효과마저 생길 수 없으며, 무효행위로부터 발생한 채권을 양도하더라도 여전히 채권은 무효로 됨이 원칙이다(대판 1973. 5. 22. 72다2249).

(4) 불공정한 법률행위

1) 의 의

자기의 급부에 비하여 현저하게 균형을 잃은 반대급부를 상대방에게 하게 함으로써 부당한 재산적 이익을 얻는 행위가 불공정한 법률행위이다. 이를 폭리행위라고도 한다.

당사자의 궁박, 경솔 또는 무경험으로 인하여 현저하게 공정을 잃은 법률행위는 무효이다(제104조). 이러한 행위를 무효로 하는 것은 약자적 지위에 있는 자의 궁박, 경솔, 무경험 등을 이용하여 폭리를 취하는 것을 규제하기 위함이다.

2) 제103조와의 관계

불공정한 행위는 제103조 위반행위의 일종이다. 따라서 제104조의 요건을 갖추지 못한 경우에도 제103조에 위반하는 행위일 수 있다. 즉 제104조는 제103조의 예시규정에 불과하다. 이와달리 제104조는 균형이나 형평의 원리에 따른 것이므로 양자는 별개라는 소수견해도 있다. 판례는 제104조는 제103조와 별개가 아니라고 보므로 제104조 위반이 되지 않는 법률행위에 대해서도 제103조 위반여부를 검토하여 무효로 할 수 있다고 한다(대판 2002. 2. 11. 99다56833).

3) 요 건

(가) 객관적 요건

(a) 급부와 반대급부의 현저한 불균형

급부와 반대급부 사이에 현저한 불공정이 있어야 한다. 현저한 불공정 여부는 급부와 반대급부 사이의 가치의 차이만 가지고 판단할 것이 아니라 법률행위와 관련된 모든 사정을 고려해야 한다.

관련판례

① 대물변제의 목적물인 부동산의 가격이 채권액의 3배 내지 4배 되는 대물변제계약(대판 1962. 2. 8. 4294민상773), ② 건물의 매도인이 건물철거소송의 패소확정에 의하여 건물을 철거당함으로써 생업을 중단하게 될 궁박한 상태에서 시가의 3분의 1에 미달되는 금액을 대금으로 하여 이루어진 건물의 매매(대판 1973. 5. 22. 73다231), ③ 매매가격이 시가의 약 8분의 1정도로 현저한 차이가 있고 매수인은 이런 부동산을 매수한 후 약 3개월후 매수가격의 4, 5배 정도로 전매한 경우(대판 1977. 12. 31. 76다2179), ④ 한국감정원의 감정가격의 30%에도 미치지 못하는 가격으로 토지를 매수하고, 계약금으로 매매대금의 3분의 1 이상을 지급하였으며, 매매계약 다음날 중도금을 지급하여 계약금과 중도금을 합한 액수가 매매대금의 80%에 이르는 등 매매계약의 내용이 이례적인 경우(대판 1992. 2. 25. 91다40351), ⑤ 인체사고로 인한 손해배상금으로 사고 후 일주일 밖에 되지 않은 때에 그 받을 수 있는 금액의 8분의 1도 안되는 금액을 합의금으로 정하여 민·형사상 더 이상 문제삼지 않기로 하는 내용의 합의를 한 경우(대판 1979. 4. 10. 78다2457)는 현저한 불균형이 있다. ⑥ 그러나 증여와 같이 상대방에 의한 대가적 의미의 재산관계의 출연이 없이 당사자 일방의 급부만이 있는 경우에는 급부와 반대급부 사이의 불균형의 문제는 발생하지 않는다(대판 1993. 7. 16. 92다41528).

(b) 피해자의 궁박·경솔·무경험

① 궁박이란 몹시 가난하거나 기타의 사정으로 곤궁이 절박한 상태이다. 반드시 경제적인 것일 필요는 없다(대판 1974. 2. 26. 73다673).

관련판례

민법 제104조 소정의 궁박이라 함은 급박한 곤궁을 의미하는 것이고 이는 경제적 원인에 기인할 수도 있고 또는 심리적 원인에 기인할 수도 있다(대판 1992. 4. 14. 91다23660).

② 경솔이란 의사를 결정할 때에 그 행위의 결과에 관하여 보통인이 배푸는 정도의 사고를 하지 않는 심적 상태를 의미한다.

관련판례

공무원이 토지의 평당 단가를 2,100원으로 기재하여야 할 것을 그 10배인 21,000원으로 오기한 것은 경솔로 인한 것이다(대판 1977. 5. 10. 76다2953).

③ 무경험이란 문제되는 법률행위에 관해 평균의 거래당사자가 갖는 식견이나 경험이 없는 상태이다.

관련판례

무경험이란 함은 일반적인 생활체험상의 부족을 의미하는 것으로서 어느 특정영역에 있어서의 경험부족이 아니라 거래일반에 대한 경험부족을 뜻한다(대판 2002. 10. 22. 2002다38927).

④ 궁박, 경솔, 무경험의 세 가지 모두를 갖추어야 하는 것은 아니고 그 하나만 갖추면 되고, 대리인인 경우 경솔, 무경험은 그 대리인을 기준으로 판단하고, 궁박상태 여부는 본인을 기준으로 판단한다.

관련판례

① 불공정한 법률행위가 성립하기 위한 요건인 궁박, 경솔, 무경험은 모두 구비되어야 하는 것이 아니고 그 중 일부만 갖추어져도 충분하다(대판 1999. 5. 28. 98다58825).

② 매도인의 대리인이 매매한 경우에 있어서 그 매매가 민법상의 불공정한 법률행위인가를

판단함에는 매도인의 경솔 · 무경험은 그 대리인을 기준으로 하여 판단하여야 하고, 궁박상태에 있었는지 여부는 매도인 본인의 입장에서 판단하여야 한다(대판 1972. 4. 25. 71다2255).

(c) 기준시점 : 법률행위시를 기준으로 판단한다(통설·판례).

관련판례

① 환매권양도계약에 의하여 환매권 양수인이 양도인 명의로 환매하여 대금을 납부하기로 한 경우에 있어서 동 양도계약이 현저히 불공정한 법률행위에 해당하는지의 여부는 1차적으로 환매권 양수인이 양도인에게 지급한 환매권매수대금과 국가에 대신 납부하기로 하여 납부한 환매부동산의 대금을 합한 금액이 당시의 부동산시가와 비교하여 현저히 저렴한 가격이었는가에 따라 판단하여야 할 것이다(대판 1984. 4. 10. 81다239).

② 대물변제예약이 불공정한 법률행위가 되는 요건의 하나인 대차의 목적물가격과 대물변제의 목적물가격에 있어서의 불균형이 있느냐 여부를 결정할 시점은 대물변제의 효력이 발생할 변제기 당시를 표준으로 하여야 할 것임이 원칙이므로 채권액수도 역시 변제기까지의 원리액을 기준으로 하여야 할 것이다(대판 1965. 6. 15. 65다610). ※ 판례에 대해 이행기를 기준으로 판단한 것으로 보는 견해와 이행기를 기준시점으로 본 것이라는 견해가 있다.

(나) 주관적 요건

(a) 의 도 설

상대방의 궁박·경솔·무경험에 편승하여 이런 상태를 이용하려는 의도가 있어야(악의) 한다는 견해이다(판례).

관련판례

피해당사자가 궁박·경솔 또는 무경험의 상태에 있었다고 하더라도 그 상대방 당사자에게 위와 같은 피해당사자측의 사정을 알면서 이를 이용하려는 의사 즉, 폭리행위의 악의가 없다면 불공정한 법률행위는 성립하지 않는다(대판 1991. 7. 9. 91다5907).

(b) 인 식 설

편승하여 이용하려는 의도까지는 필요없지만 상대방이 궁박·경솔·무경험으로 인해 행위한다는 인식은 필요하다는 견해이다.

관련판례

매도인측에서 매매계약이 불공정한 법률행위로서 무효라고 하려면 객관적으로 매매가격이 실제가격에 비하여 현저하게 헐값이고 주관적으로 매도인이 궁박, 경솔, 무경험 등의 상태에 있었으며, 매수인측에서 위와 같은 사실을 인식하고 있었다는 점을 주장, 입증하여야 한다(대판 1991. 5. 28. 90다19770). ※ 인식설에 따르는 판례이다.

(다) 입증책임

궁박·경솔·무경험 등의 입증책임은 무효를 주장하는 자에게 있다(대판 1970. 11. 24. 70다2065).

객관적 요건이 갖추어지더라도 주관적 요건이 추정되지 않는다. 즉 현저한 불균형이 있다고 하여 궁박·경솔·무경험이 추정되지는 아니하므로 본조의 불공정한 법률행위의 법리가 적용되려면 그 주장하는 측에서 궁박, 경솔 또는 무경험으로 인하였음을 증명하여야 한다(대판 1969. 12. 30. 69나1873).

4) 효 과

(가) 무 효

이상의 두요건(객관적요건·주관적요건)을 갖춘 폭리행위는 무효이다. 따라서 그 이행을 청구할 수 없고 추인할 수 없다.

관련판례

불공정한 법률행위로서 무효인 경우에는 추인에 의하여 무효인 법률행위가 유효로 될 수 없다(대판 1994. 6. 24. 94다10900).

(나) 무효인 폭리행위가 이행된 경우 제104조 의반행위도 제746조의 불법원인급여가 될 수 있으므로 부당이득반환청구를 할 수 있느냐가 문제되는데 불법원인은 폭리를 취한 당사자에게만 있으므로 상대방은 급부한 것의 반환을 청구할 수 있으나 폭리를 취한 자는 반환청구권이 없다고 본다. 다만 이 경우 어떻게 이론을 구성할 것인가에 대해 견해가 나뉘고 있다.

(a) 쌍방급부무효설

쌍방의 급부행위는 모두 무효로 되며 불법원인 급여가 되기는 하나, 불법성이 폭리자에게만 있으므로 피해자는 제746조 단서가 적용되어 폭리자에게 행한 급부를 반환받을 수 있으나 폭리자는 제746조 본문이 적용되어 자신이 지급한 것의 반환청구를 할 수 없다고 본다.

(b) 일방급부무효설

폭리를 취한 자에게 행한 이행행위는 무효여서 반환받을 수 있으나 폭리자가 상대방에게 한 이행행위는 유효로 보아 반환청구를 할 수 없다는 견해이다. 이는 물권행위 내지 처분행위의 무인성론을 전제로 한 학설이며 물권행위의 유인성을 인정하면서도 이 견해를 따른 것은 모순이라고 할 수 있다.

5) 적용범위

(가) 단독행위

(a) 부 정 설

단독행위의 가능성·요건·효과에 대해 법률의 구속을 받으므로 불공정이 생길 우려가 거의 없다는 견해이다.

(b) 긍 정 설

경솔하게 소유권을 포기하는 경우와 같은 단독행위에도 적용된다는 견해이다.

관련판례

채무자인 회사가 남편의 징역을 면하기 위하여 부정수표를 회수하려면 물품 외상대금 중금 100만원을 초과하는 채권에 대한 포기서를 써야 된다는 강압적인 요구를 하므로 사회적 경험이 부족한 가정부인이 경제적, 정신적 궁박상태 하에서 구속된 자기남편을 석방 구제하는 데에는 위 수표의 회수가 필요할 것이라는 일념에 회사에 대한 물품잔대금 채권이 얼마인지조차 확실히 모르면서 보관 중이던 남편 인감을 이용하여 남편을 대리하여 위임장과 포기서를 작성하여 준 채권 포기행위는 거래관계에 있어서 현저하게 균형을 잃은 행위로서 사회적 정의에 반하는 불공정한 불법행위로 보는 것이 상당하다(대판 1975. 5. 13. 75다92).

(나) 무상계약

(a) 부 정 설

급부와 반대급부간의 불균형의 문제가 생기지 않으므로 적용되지 않는다(대판 1993. 10. 26. 93다6409).

관련판례

민법 제104조가 규정하는 현저히 공정을 잃은 법률행위라 함은 자기의 급부에 비하여 현저하게 균형을 잃은 반대급부를 하게 하여 부당한 재산적 이익을 얻는 행위를 의미 하는 것이므로 증여계약과 같이 아무런 대가관계 없이 당사자 일방이 상대방에게 일방적인 급부를 하는 법률행위는 그 공정성 여부를 논의할 수 있는 성질의 법률행위가 아니다(대판 2000. 2. 11. 99다56833).

(b) 긍 정 설

무상계약이라도 부담부 증여에서 부담이 과도한 때에는 적용된다.

(다) 강제경매

판례는 제104조의 적용을 부정한다.

관련판례

강제경매는 집행법원에 의하여 법적 절차에 따라 집행되는 매각행위로 법률행위인 일반매매와 달라서 사법적 자치를 규제하는 제104조는 적용의 여지가 없다(대판 1967. 1. 16. 66마1189).

(라) 합동행위

판례는 104조의 적용을 부정한다.

관련판례

어업권의 손실로 인한 손실보상금은 어촌계의 잉여금과는 달리 그 성질이 어업권의 소멸로 손실을 입게 된 어촌계원에게 공평하고 적정하게 분배되어야 할 것이므로 어업권의 소멸로 인한 손실보상금의 분배에 관한 어촌계 총회의 결의 내용이 각 계원의 어업권 행사 내용, 어업의존도, 계원이 보유하고 있는 어업장비나 멸실된 어업시설 등의 제반사정을 침작한 손실의 정도에 비추어 볼 때 현저하게 불공정한 때에는 그 결의는 무효이다(대판 1999. 7. 27. 98다46167).

제3절 의사표시

I. 서 설

1. 의사표시의 의의

보통 법률행위는 일정한 법률효과, 즉 법률관계의 형성을 원하는 사람의 의사표시가 단독으로(단독행위) 또는 그러한 의사표시 수개가 결합하여(계약·합동행위) 형성하는 법률요건이다. 여기서 말하는 '의사표시'는 일정한 법률효과의 발생을 목적으로 의사를 표시하는 행위이다. 즉 「표의자가 일정한 법률효과를 의욕하는 의사를 외부에 표현하는 것」을 말한다. 의사표시의 심리적 과정을 보면 ① 표의자가 먼저 일정한 법률효과의 발생을 의욕하고(효과의사), ② 이 의욕을 외부에 표시하려는 의사(표시의사)를 가지고, ③ 그 의욕을 외부에 표시하는 행위(표시행위)를 함으로써 의사표시가 완성된다.

2. 의사표시의 구성요소

의사표시는 크게 보면 표의자의 내심에 존재하는 의사와 이를 외부에 표시하는 행위로 나눌 수 있다. 전자는 의사적 요소이며, 후자는 행위적 요소이다.

(1) 의사적 요소

1) 효과의사

(가) 의 의

효과의사란 일정한 법률효과를 지향하는 의사이다. 즉 「표의자가 상대방에 대하여 한 의사표시의 내용적 요소로서 법률효과의 내용을 결정하는 것」을 말한다.

(나) 효과의사의 본체

(a) 표시상의 효과의사설

표시행위로부터 추단되는 의사가 표시상의 효과의사이고 표시자가 가지고 있었던 실제의 의사가 내심적 효과의사인데, 상대방에게 전달하는 것은 표시상의 효과의사이기 때문에 의사표시의 요소는 표시상의 효과의사라고 한다. 이 견해는 기본적으로 의사표시의 본질에 관해 표시주의를 따르고, 법률행위의 해석의 대상은 표시행위이며, 해석의 목적도 표시행위에 나타난 객관적 의미의 탐구로 본다.

(b) 내심적 효과의사설

사람의 의사에는 사물의 본성상 진의, 즉 내심이 있어야 하므로, 존재하는 효과의사는 내심적 효과의사뿐이고 단지 의사와 표시가 불일치할 때 상대방의 신뢰를 보호하기 위하여 의사표시가 존재하는 것으로 의제된 것에 지나지 않는 것이므로 표시상의 효과의사는 존재하지 않는다는 견해이다. 이 견해는 의사표시에 대해 기본적으로 의사주의를 따르는 경향이 있으며 법률행위의 해석의 대상을 내심적 효과의사를 밝히는 것으로 본다. 표시된대로 법률효과가 발생하는 것처럼 보이는 것은 규범적 해석의 결과일 뿐이라고 주장한다.

2) 표시의사

(가) 의 의

표시의사란 행위자가 표시행위를 한다는 인식, 즉 자기의 행위가 일정한 법적 의미를 갖는 표시라는 인식을 말한다. 예를들어 경매장에서 친구를 부르고자 손을 드는 경우에는 표시의사가 없는 것으로 된다.

(나) 의사표시의 구성요소 여부

표시의사도 의사표시의 구성요소로서 필요한가에 대해 견해가 대립한다.

(a) 부 정 설

표시행위를 한다는 인식이 결여된 경우에도 의사표시는 성립하되, 다만 그 법률행위는 착오에 의한 의사표시로서 취소의 대상이 될 뿐이라고 한다.

(b) 긍 정 설

표시의사가 없는 경우에는 의사표시가 유효하게 성립하지 못한다는 견해이다. ① 표시의사는 의사표시의 요소로 인정하는 것이 논리적이며, ② 표시상의 착오와 내용의 착오를 구별하는 기준이 되어 편리하다는 점을 이유로 한다(표시상의 착오는 표시의사가 없는 경우이나 내용의 착오는 표시의사는 있는 것이라고 설명한다).

3) 행위의사

(가) 의 의

어떤 행위를 한다는 인식을 의미한다. 의식작용에 기한 행우만이 의사표시로 인정되므로 의식불명상태나 최면상태하에서의 행위, 수면중의 잠꼬대 등은 행위의사가 없는 것이다.

(나) 의사표시의 여부

행위의사가 없다면 의사표시로 인정되지 않으며 이 경우에는 법률행위의 불성립으로 된다.

(2) 행위적 요소(표시행위)

1) 의 의

표시행위란 일정한 법률효과를 발생케 하고자 하는 의사를 외부에 표시하는 것이다. 이에는 명시적·묵시적 표시행위를 모두 포함한다.

2) 명시적 의사표시와 묵시적 의사표시

언어·문자 등에 의하여 분명하게 표현된 의사표시를 명시적 의사표시라고 하고, 그렇지 않은 의사표시를 묵시적 의사표시라고 한다. 법률행위의 내용이 비통상적일수록 명시적 의사표시임을 요하는 점에서 구별실익이 있다. 결국 법률행위(의사표시)가 있으면 일정한 법률효과가 발생하는데, 이와 같이 법률행위의 요건인 '의사표시'는 기본적으로 의사(효과의사, 표시의사)와 표시(표시행위)라는 두 요소로 이루어진다.

3) 침 묵

침묵은 원칙적으로 의사표시로 볼수 없다. 다만 침묵자에게 침묵이 의사표시가 된다고 인식시키는 특별한 사정이 있는 경우 예컨대 당사자의 약정에 의해 또는 승낙거절의 통지가 없으면 승낙으로 보는 것이 거래의 관행으로 되는 것과 같은 특별한 사정이 있는 경우 침묵은 예외적으로 의사표시로 될 수 있다.

관련판례

수분양자나 그 지위를 양수한 자 또는 그 점포를 임차한 자는 상호간 분양계약에서 약정한 업종제한의무를 수인하기로 하는 묵시적 동의에 따라 그 약정을 준수하여 동종영업을 하지 아니할 의무가 발생하고 이에 대응하여 상호간에 동종영업의 영업금지청구권이 인정되는 것일 뿐이여 분양계약의 당사자가 아닌 다른 수분양자 등에 대하여 주장할 수 있는 영업독점권이 인정될 수 없는 것이므로 기존 업종의 영업자인 수분양자나 구분 소유자의 다른 수분양자 등에 대한 동종영업에 대한 승낙은 자신의 영업금지청구권을 상대방에게 행사하지 않겠다는 의사표시로서 업종제한의무의 상대적 면제에 해당한다 할 것이고 이는 특정 점포에서의 영업에 대한 것이므로 승낙의 상대방은 물론 그 승계인이 특정 점포에서 동종영업을 하는 것도 묵시적으로 승낙한 것으로 보는 것이 당사자들의 합리적 의사에 합치한다(대판 2004. 9. 24. 2004다20081).

4) 추단적 의사표시(포함적 의사표시)

직접 효과의사의 표명을 목적으로 한 것은 아니지만 그로부터 일정한 효과의사의 존재를 추단할 수 있는 행위를 말한다. 의사실현에 의한 계약의 성립(제532조)등이 있다. 이 경우에도 의사표시에 관한 규정을 적용할 수 있느냐가 문제 되는데 이를 기타의 의제된 의사표시와 구별하여 의사표시의 한 형태로 취급하는 입장에서는 의사표시에 관한 규정을 적용 또는 유추적용할 수 있다고 본다.

관련판례

임대인이 임대차계약기간 중에 임차인에게 인상된 임대차보증금 및 차임을 납부한 후 새로운 임대차계약을 체결하되 만약 이를 납부하지 아니하면 기존의 임대차계약을 해지하고 명도절차를 진행하겠다고 통지한 경우 그 통지는 기존의 임대차계약 기간중의 계약해지를 의미하는 외에 장차 기존의 임대차계약상의 임대차보증금과 차임을 인상하는 것으로 그 계약조건을 변경하지 않으면 계약을 갱신하지 않겠다는 의사표기까지 포함된 것으로 본다(대판 2002. 6. 28. 2002다23482).

5) 의제된 의사표시

법률의 규정에 의해 일정한 행위나 침묵이 있는 경우 의사표시가 없더라도 일정한 의사표시가 있는 것으로 의제하는 것을 말한다. 최고에 대한 확답이 없는 경우 추인으로 간주되는 것(제15조), 법정추인(제145조), 임대차에서의 법정갱신(제639조), 상속에서의 법정단순승인(제1026조) 등이 이에 해당한다. 의제된 의사표시에 대해서는 의사표시이론의 적용을 부정하는 것이 일반적이다 예를 들어 이러한 경우 착오를 이유로 취소 할 수 없다고 본다.

6) 사실적 계약관계론의 인정 여부

생존배려의 급부계약(예를 들어 전기, 가스, 수도, 통신, 교통 등)에는 의사표시에 의해 계약이 성립하는 것이 아니라 이를 이용하는 사실만으로 계약의 성립을 인정하자는 이론이 사실적 계약관계론이다. 이는 계약의 성립에 효과의사 자체를 요하지 않는다고 보고 그 결과 의사표시규정이나 제한능력자규정의 적용을 배제하고 그 급부를 이용하면서 명시적 거절의 의사표시를 하더라도 계약의 성립을 인정하며, 근로계약이나 조합계약 등 계속적 계약관계의 경우 계약이 무효나 취소되더라도 계약관계가 소급하여 소멸하지는 않고 사실적 계약관계로 존속한다는 견해이지만 현재 이 이론을 부정하면서 이러한 경우에도 합의에 의한 계약의 성립으로 보아야 한다는 견해가 일반적이다.

3. 의사표시의 본질

(1) 문제의 소재

의사표시가 정상적으로 행해졌을 때(의사표시에서 의사와 표시가 일치)와 달리 의사와 표시가 일치하지 않을 때에는 표시에 대하여 어떠한 효력을 부여할 것인가가 문제된다. 이는 의사표시의 효력근거가 의사인가 표시인가에 관한 논의이다.

(2) 의사표시에 관한 이론

1) 의사주의

의사표시자의 내심적 효과의사(내심의 의사에 중점)를 의사표시의 본체로 보는 주의로서, 이는 의사가 존재하지 않으면 의사표시가 성립하지 않거나 무효라고 하는 이론이다. 의사가 의사표시의 본체이고 표시는 수단에 불과한 것이라고 한다. 따라서 착오에 의한 의사표시는 있으되 의사는 없는 것으로서 무효일 수밖에 없다고 한다. 이는 본인(표의자)의 이익을 중시하는 입장이다(독일).

2) 표시주의

의사표시의 본체를 표시행위에 두는 것으로 표시행위에 대응하는 효과의사가 존재하지 않는 경우에도 표시행위로부터 추단되는 효과의사가 마치 존재하는 것처럼 의제하여 표시행위대로 법률효과를 발생케 하려는 이론이다. 이에 의하면 착오에 의한 의사표시는 효과의사 없는 의사표시라도 유효하게 성립하고 단지 제109조에 의한 취소의 대상이 될 뿐이라고 한다. 이는 상대방보호 및 거래의 안전을 중시하는 입장이다(한국, 프랑스).

3) 효력주의(절충주의)

(가) 이는 내심의 의사와 표시의 어느 하나를 주로 하고 다른 하나를 적당히 덧붙이는 것이다. 즉 의사표시자를 보호할 필요가 있는 때에는 "의사주의"를, 그리고 상대방을 보호할 필요가 있는 때에는 "표시주의"를 따른다는 것이다.

(나) 오늘날 재산법은 "표시주의"에 더 무게를 두고, (대량거래, 신속, 거래안전)가족법(신분관계)은 "의사주의"에 더 무게를 둔다(본인의 의사중시). 우리민법은 표시주의에 더 무게를 둔 절충주의 입장이다.

(3) 민법의 입장에 대한 학설

1) 표시주의에 기운 절충주의라는 견해

현행법은 의사와 표시의 불일치의 효과로서 표시주의에 가까운 절충적 입장을 취하여, 거래의 안전을 해하지 않는 한도에서 표의자의 진의를 존중하면서 본인의 이익과 사회일반의 이익을 조화시킨다고 한다. 이 견해는 의사표시에 대한 상대방의 신뢰를 보호하는 것을 중시하는 견해로서 표시상의 효과의사를 효과의사의 내용으로 이해하며 법률행위의 해석도 표시행위가 갖고 있는 객관적 의미를 파악하는 것으로 본다. 착오에 의한 의사표시에 대해 구법이 무효로 규정한 것을 현행법이 취소할 수 있는 것으로 바꾼 것은 표시주의에 의해 설명할 수 있다고 주장한다.

2) 신의사주의라는 견해

효력주의 이론에 따라서 의사와 표시를 의사표시의 효력요소로 인정하면서 그 중 의사가 우월적 지위를 갖는 것이라고 한다. 사적자치의 원칙에 기초한 자기결정의 원칙에 의해 표시상의 효과의사의 실존을 부정한다.

우리민법이 비진의 표시와 허위표시를 무효로 규정하고 있고, 착오·사기·강박에 의한 의사표시를 무효로 하지 않고 단지 취소할 수 있는 것으로 한 점을 근거로 하며, 무효나 취소의 효과를 선의의 제3자에게 대항하지 못하도록 한 것은 무권리자로부터 권리를 양수한 자를 보호하기 위한 입법자의 배려에 불과하다고 본다.

Ⅱ. 비정상적 의사표시

1. 의사와 표시의 불일치(의사의 결여)

의사표시에서 「표시행위에 나타난 효과의사」는 「표의자의 의도 및 동기」와 일치하는 것이 대부분이며, 이러한 경우를 정상적 의사표시라고 한다. 그러나 간혹 표의자의 의도와 의사표시가 일치하지 않는 경우가 생기는데 이러한 의사표시를 비정상적 의사표시라고 한다. 민법은 비정상적 의사표시로서 「진의 아닌 의사표시」, 「통정한 허위의 의사표시」, 「착오에 의한 의사표시」, 「사기·강박에 의한 의사표시」의 네 가지 유형을 규정하고 있다. 이중 앞의 세가지는 의사와 표시의 불일치 문제로 다루고 있지만 마지막의 사기나 강박에 의한 의사표시는 하자있는 의사표시로 구분하는 것이 보통이다.

(1) 진의 아닌 의사표시(비진의표시, 심리유보)

의사표시는 표의자가 진의 아님을 알고한 것이라도 그 효력이 있다. 그러나 상대방이 표의자의 진의 아님을 알았거나 이를 알 수 있었을 경우에는 무효로 한다. 위의 의사표시의 무효는 선의의 제3자에게 대항하지 못한다(제107조).

1) 의 의

표시행위가 표의자의 의사와 다른 의미로 이해된다는 것을 표의자가 알면서 하는 의사표시를 말한다. 즉 진의와 표시가 불일치함을 알고서 하는 의사표시이다. 표시행위와 다른 진의를 마음속에 가지고 있다고 하여 심리유보라고도 한다. 예를들어 상대방이 당연히 거절할 것으로 생각하고 마음에도 없는 청약을 하거나, 임대차계약약기간 연장을 유리한 조건으로 하기위해 임대인이 집을 비워달라고 하면서 계약해지통고를 하는 것 등이 비진의 표시라 할 수 있다.

표의자가 자신의 의사와 표시가 불일치한다는 것을 알고 있는 점에서 이를 알지 못하고 있는 착오와 다르고 허위표시와는 같지단 허위표시는 비진의표시를 하는데 대해 상대방과 통정이 있는 것이나 비진의표시는 상대방과 통정이 없는 점에서 다르다.

2) 요 건

(가) 의사표시의 외양의 존재, 즉 의사표시가 있어야 한다.

배우의 대사 등은 효과의사가 없어 의사표시가 존재한다고 볼 수 없으므로 비진의표시를 논할 여지가 없지만, 상대방이 진의 아님을 당연히 알 것이라고 생각하고 하는 농담(희언)등은 의사표시로 인정될 수 있어 비진의표시 규정이 적용된다.

(나) 진의와 표시의 불일치

진의 아닌 의사표시에 있어서의 "진의의 의미"는 특정한 내용의 의사표시를 하고자 하는 표의자의 생각을 말하는 것이지 표의자가 진정으로 마음속에서 바라는 사항을 뜻하는 것은 아니므로 표의자가 의사표시의 내용을 진정으로 마음속으로 바라지는 아니하였다고 하더라도 당시의 상황에서는 그것이 최선이라고 판단하여 그 의사표시를 하였을 경우에는 이를 내심의 효과의사가 결여된 진의 아닌 의사표시라고 할 수 없다(대판 2003. 4. 25. 2002다11458).

내심적 효과의사가 표시상의 효과의사와 객관적으로 일치하지 않아야 한다. 영수증에 총완결이라는 문언을 부기하지 않으면 돈을 주지 않겠다고 하므로 우선 돈을 받기 위해 거짓 기재하였다면 의사와 표시가 일치하지 않는 것이다(대판 1969. 7. 8. 69다563).

(다) 표의자의 인지

표의자가 스스로 표시와 진의가 일치하지 않음을 알고 있어야 한다.

불일치를 모른 경우에는 착오나 사기에 의한 의사표시로 된다. 이러한 의사표시를 하게 된 동기는 묻지 않는다. 농담과 같이 상대방이 표의자의 진의를 알 것이라고 기대하는 경우이든, 상대방이 표의자의 진의 아님을 알 것이라고 기대하지만 이를 진정한 것으로 받아들여질 수도 있다고 생각하든 구별하지 않고 모두 비진의 표시로 되고, 표의자가 상대방을 속이기 위한 의도가 있더라도 비진의표시로 된다.

3) 효 과

(가) 유효의 원칙(제107조 ①항 본문)

비진의의사표시는 표의자의 진의와는 관계없이 표시된 대로의 효력이 생긴다.

관련판례

물의를 일으킨 사립대학 조교수가 사직원이 수리되지 않을 것이라고 믿고 사태수습을 위하여 형식상 이사장 앞으로 사직원을 제출하였던 바, 의외로 이사회에서 사직원이 수리된 경우

위조교수의 사직원이 설사 진의에 이르지 아니한 비진의 의사표시라 하더라도 학교법인이나 그 이사회에서 그러한 사실을 알았거나 알 수 있었을 경우가 아니라면 그 의사표시에 따라 효력을 발생하는 것이다(대판 1980. 10. 14. 79다2168).

(나) 무효의 예외(제107조 ①항 단서)

① 상대방이 표의자의 진의 아님을 알았거나 이를 알 수 있었을 경우에는 그 비진의의사표시는 무효이다. 다만 무효이더라도 선의의 제3자에게는 대항하지 못한다.

② 상대방이 알았거나 알 수 있었는가를 판단하는 시점을 상대방이 요지한 때라는 견해와 도달한 때라는 견해가 대립한다.

③ 제107조 제1항 단서는 예외규정이므로 그 요건사실은 당해 의사표시의 무효를 주장하는 자가 주장, 입증하여야 한다.

관련판례

어떠한 의사표시가 비진의 의사표시로서 무효라고 주장하는 경우에 그 입증책임은 그 주장자에게 있다(대판 1992. 5. 22. 92다2295).

(다) 손해배상책임

(a) 문제의 소재

비진의표시임을 상대방이 알았거나 알 수 있었던 경우여서 무효가 되는 경우 유효를 믿었던 상대방은 그로 인한 신뢰이익의 배상을 받을 수 있느냐에 대해 견해가 대립하고 있다.

(b) 학 설

① 긍정설 : 표의자는 상대방의 신뢰이익의 침해에 대해 불법행위책임 또는 계약체결상의 과실책임에 기하여 그 손해를 배상하여야 하고 다만 과실상계가 가능하다.

② 부정설 : 민법은 상대방이 안 경우뿐만 아니라 알 수 있었을 경우에도 비진의표시를 무효로 하고 있는 점에 비추어 표의자에게 손해배상책임이 없다고 하겠다.

(라) 대표권 남용 또는 대리권 남용과 비진의 표시 유추적용

(a) 문제의 소재

대리인이나 법인의 대표기관이 그 권한의 범위 내에서 오직 자신이나 제3자의 이익을 도모하는 대리행위를 하는 경우 제107조 제1항 단서 유추적용하여 그 행위의 효력을 부인할 수 있는 것인지 문제되고 있다.

(b) 판 례

① 법인의 대표기관의 대표권 남용 : 판례는 대표권남용의 경우 비진의 표시유추적용설을 따른 것이 주류적이나(대판 1997. 8. 29. 97다18059), 권리남용설을 따른 것도 있다(대판 1987. 10. 13. 86다카1522).

② 대리권 남용 : 대리인이 대리권남용을 한 경우 판례는 비진의표시유추적용설을 따른다(대판 2001. 1. 19. 2000다20694).

관련판례

진의아닌 의사표시가 대리인에 의하여 이루어지고 그 대리인의 진의가 본인의 이익이나 의사에 반하여 자기 또는 제3자의 이익을 위한 배임적인 것임을 그 상대방이 알았거나 알 수 있었을 경우에는 민법 제107조 제1항 단서의 유추해석상 그 대리인의 행위에 대하여 본인은 책임을 지지 아니하므로 금융기관의 임,직원이 예금 명목으로 돈을 교부받을 때의 진의가 예금주와 예금계약을 맺으려는 것이 아니라 그 돈을 사적인 용도로 사용하거나 비정상적인 방법으로 운용하는 데 있었던 경우에 예금주가 그 임,직원의 예금에 관한 비진의 내지 배임적 의사를 알았거나 알 수 있었다면 금융기관은 그러한 예금에 대하여 예금계약에 기한 반환책임을 지지 아니한다(대판 2007. 4. 12. 2004다51542).

4) 적용범위

① 비진의표시는 계약뿐 아니라 단독행위에도 적용된다. 상대방없는 단독행위의 경우 제107조 제1항 단서가 적용될 여지가 없으므로 항상 유효한 법률행위가 된다.

② 당사자의 진의를 존중하는 가족법상의 행위에는 적용이 없다.

③ 주식인수의 청약(상법 제302조 제3항)에는 제107조 제1항 단서가 배제된다. 이는 거래의 안전이 중시되기 때문이다.

④ 공법상의 의사표시나 소송상의 의사표시에는 표시주의가 적용되므로 여기에는 제107조가 적용되지 않는다.

관련판례

① 진의 아닌 의사표시인지의 여부는 효과의사에 대응하는 내심의 의사가 있는지 여부에 따라 결정되는 것인 바, 근로자가 사용자의 지시에 좇아 일괄하여 해직서를 작성, 제출할 당시 그 해직서에 기하여 의원면직으로 처리될지 모른다는 점을 인식하였다고 하더라도 이것만으로 그의 내심에 해직의 의사가 있다고 할 수 없다. … 사용자가 근로자로부터 해직서를 제출받고 이를 수리하는 의원면직의 형식을 취하여 근로계약관계를 종료시킨다고 할지라도, 해직의 의사 없는 근로자로 하여금 어쩔 수 없이 해직서를 작성, 제출하게 한 경우에는 실질적으로 사용자의 일방적 의사에 의하여 근로계약관계를 종료시키는 것이어서 해고에 해당하고 정당한 이유없는 해고조치는 부당해고나 다름없다(대판 1991. 7. 12. 90다11554).

② 진의 아닌 의사표시가 대리인에 의해 이루어지고 그 대리인의 진의가 본인의 이익이나 의사에 반하여 자기 또는 제3자의 이익을 위한 배임적인 것임을 그 상대방이 알거나 알 수 있었을 경우에는, 민법 제107조 제1항 단서의 유추해석상 그 대리인의 행위는 본인의 대리행위로 성립할 수 없으므로 본인은 대리인의 행위에 대하여 아무런 책임이 없다(대판 1987. 7. 7. 86다마1004).

(2) 허위표시(통정허위표시·가장행위)

1) 의 의

표의자가 상대방과 통정하여 마치 진정한 의사표시가 있는 것처럼 제3자에게 허위로 하는 의사표시를 (통정)허위표시라고 한다. 통정이란 비진의표시를 하는 데 관하여 상대방과 합의가 되어 있는 것을 말한다. 통정허위표시를 요소로 하는 법률행위가 가장행위이다. 채무자가 채권자의 강제집행을 면하기 위해 타인과 짜고서는 자신의 부동산을 이전등기 해 주는 경우 등이 그 예이다.

① 상대방과 통정한 허위의 의사표시는 무효로 한다.

② 위의 의사표시의 무효는 선의의 제3자에게 대항하지 못한다(제108조).

2) 구별할 개념

(가) 신탁행위

신탁행위란 당사자가 어떤 경제적 목적을 달성하기 위해 일방(신탁자)이 타방(수탁자)에게 그 목적달성에 필요한 정도를 넘는 권리를 부여하는 행위를 말한다(예 : 양도담보). 신탁행위는 권리를 이전하려는 진의가 있으므로 허위표시는 아니다.

관련판례

채권담보의 목적으로 동산 또는 부동산에 관하여 매매의 형식을 취하여 채권자에게 인도 내지 소유권이전등기를 하여 주는 법률행위는 허위표시로서 무효로 볼 것이 아니라 유효한 것이다(대판 1964. 6. 16. 64다138).

(나) 은닉행위

예컨대, 증여의 의사를 감추고 매매를 가장하는 경우 매매계약 속에 숨겨진 행위인 증여와 같이 가장행위에 의해 은폐되는 행위를 말한다. 이 경우 가장된 외형행위만 무효일 뿐 은닉행위는 당연히 무효는 아니므로 증여로서의 효력이 발생한다. 즉 의사표시는 유효할 것이지만 조세 등 행정처분이 따를 것이다.

관련판례

매도인이 경영하던 기업이 부도가 나서 그가 주식을 매도할 경우 매매대금이 모두 채권자은행에 귀속될 상황에 처하자 이러한 사정을 잘 아는 매수인이 매매계약서상의 매매대금은 형식상 금 8,000원으로 하고 나머지 실질적인 매매대금은 매도인의 처와 상의하여 그에게 적절히 지급하겠다고 하여 매도인이 그와 같은 주식매매계약을 체결한 경우 매매계약상의 대금 8,000원이 적극적 은닉행위를 수반하는 허위표시라 하더라도 실지 지급하여야 할 매매대금의 약정이 있는 이상 위 매매대금에 관한 외형행위가 아닌 내면적 은닉행위는 유효하고 따라서 실지매매대금에 의한 위 매매계약은 유효하다(대판 1993. 8. 27. 93다12930).

(다) 간접대리(허수아비행위)

법률행위의 당사자가 자신의 이름으로, 그러나 타인의 계산으로 하는 경우를 간접대리라고 한다. 이 경우 모든 법률효과는 당사자의 효과의사에 따라 발생하는 것으로서 허위표시가 아니다. 예컨대 A가 B로부터 고가의 골동품(B소유)을 사고 싶지만 매매계약의 전면에 나서고 싶지 않아서 친구인 C(허수아비)를 내세워 C로 하여금 B로부터 골동품을 매수하도록 하는 것이다. 허수아비에게 법률상의 당사자로서 법률행위의 효과를 받겠다는 진정한 의욕이 존재하므로 이는 무효가 아니고 유효하며 다라서 그 행위에서 발생한 권리의무는 모두 허수아비에게 귀속한다. 다만 허수아비가 취득한 목적물 등은 내부적으로 배후자에게 이전하게 된다.

(라) 오표시(falsa demonstratio)

표시행위의 객관적 의미는 당사자의 의사와 일치하지 않으나 그 표시의 의미에 대해 당사자 사이에 이해의 일치가 있는 것을 오표시 또는 그릇된 표시라고 한다. 이 경우 자연적 해석에 의해 표시된 대로가 아니라 당사자가 일치하여 이해한 대로 효과가 발생하므로 허위표시가 아니다.

3) 요 건

(가) 의사표시가 있어야 한다. 즉 유효한 의사표시가 있는 것과 같은 외관이 있어야 한다.

(나) 표시상의 효과의사와 내심적효과의사가 일치하지 않아야 한다. 표시에 상응하는 효과의사가 없어야 하는 점에서 진의 아닌 의사표시와 같다.

(다) 진의와는 다른 표시를 하는 것에 대하여 상대방과의 통정 하여야 한다. 통정이란 상대방과 합의를 하는 것으로서 허위의 외형을 상대방과의 양해 하에 만들어 내는 것 등을 의미한다.

(라) 표의자가 의사와 표시의 불일치를 알고 있어야 한다 이점이 비진의표시와 같고 착오와 다른 점이다.

(마) 입증책임 : 허위표시의 요건과 관련하여 의사표시의 존재는 법률효과의 발생을 주장하는 표의자가 주장·입증하여야 하고, 그 외의 통정허의표시의 요건에 대해서는 의사표시의 무효를 주장하는 자가 주장·입증하여야 한다.

4) 효 과

(가) 당사자 사이의 효과

(a) 허위표시는 당사자 사이에서는 언제나 무효이다.

허위표시는 당사자 사이에서는 물론이고 제3자에 대한 관계에서도 무효이다 그러므로 당사자뿐만 아니라 제3자도 무효를 주장할 수 있다. 다만 선의의 제3자가 존재할 때에는 그 제3자에게 대한 관계에서만은 무효를 주장하지 못하는 예외가 있을 뿐이다(제108조 제2항).

관련판례

허위의 근저당권에 대하여 배당이 이루어진 경우 통정한 허위의 의사표시는 당사자 사이에서는 물론 제3자에 대하여도 무효이고 다만 선의의 제3자에 대하여만 이를 대항하지 못한다고 할 것이므로 배당채권자는 채권자취소의 소로써 통정허위표시를 취소하지 않았다 하더라도 그 무효를 주장하여 그에 기한 채권의 존부 범위 순위에 관한 배당이의의 소를 제기할 수 있다(대판 2001. 5. 8. 2000다9611).

(b) 제746조의 적용여부

통정한 당사자 사이에는 이행을 하지 않았으면 이행할 필요가 없고, 이행을 한 후이면 허위표시로 이익을 얻은 자는 상대방에게 부당이득반환의 의무를 지게 된다(제741조).

허위표시는 그 자체가 불법은 아니므로 허위표시만을 이유로 하는 부당이득반환청구권에 관하여는 불법원인에 의한 반환청구권배제의 문제가 생기지 않는다(통설). 즉 가장행위에 의하여 급부(이행)한 당사자는 부당이득반환이나 소유권에 기하여 반환을 청구할 수 있으며 가장행위(허위표시) 자체는 불법이 아니므로 민법 제746조(불법원인급여)의 적용여지는 없다.

관련판례

강제집행을 면할 목적으로 부동산에 허위의 근저당권설정등기를 경료하는 행위는 민법 제103조의 선량한 풍속 기타 사회질서에 위반한 사항을 내용으로 하는 법률행위로 볼 수 없다(대판 2004. 5. 28. 2003다70041).

(c) 채권자취소권의 행사

통정허위표시도 채권자취소권의 대상이 될 수 있느냐에 대해 견해대립이 있는데 이는 무효와 취소의 경합 또는 이중효에 관한 문제이다.

(ㄱ) 제 한 설

원칙적으로 허위표시는 무효이므로 권리는 당연히 본인에게 있게 되어 채권자를 해한다고 볼 수 없으므로 사해행위로 취소할 수 없으나, 다만 전득자가 허위표시에 관해 선의일 경우에는 무효로서 대항할 수 없고, 사해의 사실에 관해서는 악의일 경우에는 사해행위로서 취소할 수 있다.

(ㄴ) 긍정설(통설, 판례)

수익자에 대해서도 사해행위취소의 요건을 입증하면 취소가 가능하고 허위표시라는 사실을 주장하여 채권자취소권의 행사를 저지할 수 없다. 사해행위는 유효한 법률행위일 것을 요건으로 하지 않는다는 점, 무효와 취소의 이중효과론에 의거, 무효인 법률행위에 대한 취소가 인정되는 점을 근거로 한다.

관련판례

신원보증인이 보증책임을 면탈할 목적으로 그 전재산인 부동산을 그의 가족인 피고에 아무런 대가없이 매매계약을 원인으로 하여 소유권이전등기를 경료하였다면, 따로 특별한 사정이 없는 이상 손해배상책임을 면탈할 목적으로 한 가장된 매매행위라고 추정하는 것이 경험칙에 비추어 정당한 결론이며 이와 같이 당사자간에 서로 통모하여 한 허위행위라도 역시 민법 제406조의 법률행위에 해당하므로 사해행위취소권의 목적이 된다(대판 1963. 11. 28. 63다493).

(d) 허위표시의 철회

(ㄱ) 문제의 소재

철회란 의사표시의 효과발생이 되기 전에 그 의사표시를 거두어 들임으로써 효과발생을 저지하는 것인데 허위표시를 철회하는 것이 허용될 것인가에 대해서 견해 대립이 있다.

(ㄴ) 긍정설(다수설)

허위표시는 무효이므로 철회를 하는 것은 무의미할 수도 있으나 허위표시도 제3자에 대한 관계에서는 유효로 될 수 있으므로 철회의 필요성이 있고 허위표시도 무효일 뿐 의사표시가 존재는 하고 있으므로 그 효력을 명백히 제거하기 위하여 철회를 하는 것을 인정한다.

(ㄷ) 부정설(소수설)

허위표시는 무효이므로 철회가 무의미 하며 허위표시는 외관만 존재할 뿐 철회의 대상이 될 의사표시가 존재하지 않다고 주장하면서 허위표시의 철회는 불가능하다고 보며, 다만 의사표시의 외관제거만이 가능할 뿐이라고 한다.

(나) 제3자에 대한 효과

허위표시의 무효는 선의의 제3자에게 대항하지 못한다. 가장행위의 외형을 믿은 제3자를 보호하기 위한 것이다.

(a) 등기의 공신력

제108조 제2항은 부동산 물권에 관하여 등기의 공신력을 인정하지 않는 민법에서 등기를 믿고 거래한 제3자를 보호함으로써 등기에 공신력을 부여하는 것과 유사한 기능을 한다.

(b) 제 3 자

제3자란 당사자와 그의 포괄승계인외에 허위표시행위를 기초로 새로운 법률관계를 맺는 자에 한정된다(판례).

제3자에 속하는 예	제3자에 속하지 않는 예
(ㄱ) 가장매매의 매수인으로부터 그 목적물을 매수한 자 (ㄴ) 가장매매의 매수인으로부터 저당권을 설정받은 자 (ㄷ) 가장매매의 매수인으로부터 가등기를 취득한 자 (ㄹ) 가장소비대차에 기한 채권의 양수인 (ㅂ) 가장매매의 양수인에 대한 압류채권자	(ㄱ) 가장매매에 의한 손해배상청구권의 양수인 (ㄴ) 채권의 가장매매에 있어서의 채무자

(c) 선 의

(ㄱ) 의사표시가 허위표시임을 모르는 것을 말한다.

(ㄴ) 무과실은 요건이 아니다.

관련판례

통정한 허위표시에 의하여 외형상 형성된 법률관계로 생긴 채권을 가압류한 경우 그 가압류권자는 허위표시에 기초하여 새로운 법률상 이해관계를 가지게 되므로 민법 제108조 제2항의 제3자에 해당한다고 봄이 상당하고 또한 제108조 제2항의 제3자는 선의이면 족하고 무과실은 요건이 아니다(대판 2004. 5. 28. 2003다70041).

다만 제3자가 중과실이 있는 경우에 판례는 일단 선의의 제3자에 해당하는 것으로 보면서도 신의칙을 근거로 그의 보호를 제한하는 태도를 보이고 있다.

관련판례

주채무가 통정허위표시로서 무효인 계약에 기한 것임을 알지 못한(※선의)보증인이 채권자에 대하여 보증채무를 부담하지 아니함을 주장할 수 있었는데도 그 주장을 하지 아니한 채(※중대한 과실) 보증채무의 전부를 이행하였다면 그 주장을 할 수 있는 범위내에서는 신의칙상 구상채권에 대한 연대보증인들에 대하여도 그 구상금을 청구할 수 없다(대판 2006. 3. 10. 2002다1321).

(ㄷ) 선의·악의의 결정의 표준시기는 법률상 이해관계가 생겼을 때이다. 전득자가 전득시에 악의이더라도 선의의 제3자의 권리를 승계하고 있으므로 무효를 이유로 대항할 수 없다.

(ㄹ) 입증책임은 무효를 주장하는 자에게 있다(선의추정설 : 다수설).

관련판례

제3자는 특별한 사정이 없는한 선의로 추정할 것이므로 제3자가 악의라는 사실에 관한 주장, 입증 책임은 그 허위표시의 무효를 주장하는 자에게 있다(대판 2006. 3. 10. 2002다1321).

(d) 대항하지 못한다.

(ㄱ) 상대적 무효 : 허위표시는 당사자간에서는 무효이지만 선의의 제3자에 대해서는 유효이다. 따라서 허위표시의 당사자는 선의 제3자에게 통정허의표시임을 근거로 무효를 주장할 수 없으며 나아가 허위표시의 당사자의 승계인 등 누구라도 선의의 제3자에게 무효주장을 할 수 없다.

관련판례

상대방과 통정한 허위의 의사표시는 무효이고 누구든지 그 무효를 주장할 수 있는 것이 원칙이나 허위표시의 당사자 및 포괄승계인 이외의 자로서 허위 표시에 의하여 외형상 형성된 법률관계를 토대로 실질적으로 새로운 법률상 이해관계를 맺은 선의의 제3자에 대하여는 허위표시의 당사자뿐만 아니라 그 누구도 허위표시의 무효를 대항하지 못하고 따라서 선의의 제3자에 대한 관계에 있어서는 허위표시도 그 표시된 대로 효력이 있다(대판 1996. 4. 26. 94다12074).

(ㄴ) 선의의 제3자의 무효주장

① 긍 정 설

허위표시로 실질적인 권리관계와 부합하지 않는 외관을 만드는 것은 객관적으로도 바람직하지 않으므로 선의의 제3자도 무효를 주장할 수 있다.

② 부 정 설

선의의 제3자라고 해서 그 법률행위의 결과가 자기에게 불리하면 무효를 주장하고 유리하면 유효를 주장하게 하는 것은 불공평하다. 또한 긍정설에 따르면 거래안전을 보호하려는 제108조 제2항의 취지에 반한다.

관련판례

원고 가옥의 전소유자인 소외인이 전세입주자를 상대로 가옥명도소송을 제기하였다가 전세금 반환채무를 인수한 사실이 판명되어 무조건 승소가 어렵게 되자 타인 명의로 소송하면 무조건 승소할 수 있다는 말을 듣고서 위 명도소송을 취하하는 한편 원고 앞으로 소유권이전등기를 하였다고 하면 그것만으로 곧바로 원고와 소외인과의 매매를 가장매매라고 단정할 수는 없다(대판 1983. 12. 13. 83다316).

5) 적용범위

① 계약이나 상대방 있는 단독행이에 적용된다. 그러나 상대방 없는 단독행위의 경우에는 견해대립이 있다. 부정설은 통정이라는 요건을 갖출 수 없어 제108조가 적용될 여지가 없다고 보며, 긍정설은 적용을 부정하게 되면 그 행위에 의하여 다른 특정인이 직접 수익하는 경우에 그 수익을 원상복구 할 수 없게 되므로 긍정하여야 한다고 본다.
② 당사자의 진의를 존중하는 가족법상의 행위에는 적용이 없다. 따라서 통정한 신분행위는 무효이며 제3자에게도 대항할 스 있다.
③ 어음행위에 대해 통정허위표시를 적용한다.

(3) 착오에 의한 의사표시

의사표시는 법률행위의 내용의 중요부분에 착오가 있는 때에는 취소할 수 있다. 그러나 그 착오가 표의자의 중대한 과실로 인한 때에는 취소하지 못한다.

위의 의사표시의 무효는 선의의 제3자에게 대항하지 못한다(제109조).

민법은 의사와 표시가 불일치하고 있으나 표의자가 그 불일치를 알지 못하고 있는 때에는 표의자가 일단 그 의사표시에 구속을 받도록 하면서 다만 법률행위의 내용의 중요 부분에 착오가 있을 때에는 그 의사표시를 취소할 수 있도록 함으로써 표의자가 그 구속에서 벗어날 수 있는 길을 열어놓았다.

1) 착오의 의의

표의자는 의사표시를 할 당시에 착오에 빠진 사실을 모르고 자기의 진의를 표시하려는 의도로 의사표시를 하고, 그 의사표시를 수령하는 상대방도 표의자가 착오에 빠져서 의사표시를 한다는 사실을 모르는 경우이다.

(가) 제1설(다수설, 판례)

동기의 착오를 착오의 개념에서 제외시키는 견해로서 착오란 내심적 효과의사와 표시상 효과의사(표시행위)가 일치하지 않는 의사표시로서 그 불일치를 표의자 자신이 알지 못하는 것이라고 한다. 다만 이 견해에 대해서도 착오를 이유로 취소할 수 있느냐는 별도의 문제로 다루는데 동기가 표시되거나 상대방이 알고 있는 경우에는 그 동기는 의사표시의 내용으로 되어 취소를 고려할 수 있다고 보는 견해(종래의 다수설), 동기의 착오도 동기가 표시 되었느냐의 여부를 불문하고 다른 유형의 착오와 같이 법률행위의 중요 부분에 관한 것일 때에는 제109조가 적용되어 취소할 수 있다는 견해, 동기의 착오는 착오가 아니므로 동기의 진실에 대한 위험은 스스로 부담하여야 하므로 동기가 표시 되어도 취소사유로 고려할 수 없다고 보고 다만 동기의 착오가 상대방에 의해 유발된 경우에는 신의칙에 의해 취소할 있다는 견해로 나뉘고 있다.

관련판례

① 착오라는 것은 의사표시의 내용과 내심의 의사가 일치하지 않는 것을 표의자가 모르는 것이므로 단순히 내심적 효과의사의 형성과정에 착오가 발생하는 이른바 동기의 착오는 내심적 효과의사의 참뜻 사이에 착오가 있음에 그치고 이 내심적 효과의사와 표시와의 사이에는 그 불일치가 없다고 할 것인즉, 민법 제109조가 정하는 의사표시의 착오에 관한 문제는 제기될 수 없다(대판 1985. 4. 23. 84다카890). ※ 동기의 착오를 착오에서 배제한 판례이다. 이와달리 동기의 착오를 착오에 포함시킨 판례도 있다(대판 1972. 3. 28. 71다2193).

② 동기의 착오가 법률행위 내용의 중요부분의 착오에 해당함을 이유로 표의자가 법률행위를 취소하려면 그 동기를 당해 의사표시의 내용으로 삼을 것을 상대방에게 표시하고 의사표시의 해석상 법률행위의 내용으로 되어 있다고 인정되면 충분하고 당사자들 사이에 별도로 그 동기를 의사표시의 내용으로 삼기로 하는 합의까지 이루어질 필요는 없지만 그 법률행위의 내용의 착오는 보통 일반인이 표의자의 입자에 섰더라면 그와 같은 의사표시를 하지 아니하였으리라고 여겨질 정도로 그 차오가 중요한 부분에 관한 거이어야 한다(대판 2000. 5. 12. 2000다12259). ※ 판례는 기본적으로 동기표시설에 따른다.

③ 실제로 귀속재산에 해제된 토지인데 귀속해제 된 것이 아니라는 공무원의 말을 믿고 우선불하를 받기 위한 목적으로 국가에 증여한 경우 그 증여의 취소를 긍정한다(대판 1978. 7. 11. 78다719). ※ 상대방에 의해 유발된 동기의 착오는 동기의 표시여부를 묻지 않고 취소를 인정한다.

(나) 제2설(소수설)

동기의 착오를 착오에 포함시키는 견해로서 착오란 표의자가 의사표시에 이르는 과정에 있어서 스스로가 모르고 사실과 일치되지 않는 인식 또는 판단을 하고 이에 의거하여 의사표시를 한 경우라고 한다. 따라서 이 견해에서는 동기의 착오는 표시유무를 묻지 않고 착오에 포함시키되 착오취소를 하기 위해서는 제109조를 적용하여 중요한 부분에 관한 착오가 있어야 한다.

(다) 제 3 설

동기의 착오까지 포함해서 착오를 정의하여 진의와 표시와의 불일치가 착오라고 한다. 이 견해는 다수설과 같이 착오를 내심의 효과의사와 표시상의 효과의사의 불일치로 정의하면 동기의 착오가 착오개념에 포함되지 않는다고 비판한다. 그러나 이 견해도 거래의 안전을 위해서 착오를 이유로 취소할 수 있기 위해서는 동기가 표시되어 법률행위의 내용으로 되어야 한다고 본다.

2) 착오의 유형

(가) 표시상의 착오

표시행위 자체를 잘못하여 내심적 효과의사와 표시상의 의사와의 불일치를 말하는데, 오기·오담과 같이 (10,000원이라고 기재할 것을 100,000원이라고 적은 경우) 표의자가 표시하고자 의욕한 것과 다른 표시를 하는 것이다.

(나) 내용의 착오

표시행위 자체에는 착오가 없으나 표의자가 표시행위의 의미를 잘못 이해하는 것을 말한다. 예컨대 유로와 달러의 가치가 같다고 오해하여 유로 대신 달러를 표시한 경우이다.

(다) 법률의 착오

법률의 착오란 표의자가 그의 의사표시의 법률효과에 관하여 착오에 빠져 의사표시를 한 경우를 말한다. 즉 법률상태(법률규정의 유무, 그 의미)에 관한 착오이다. 제109조는 법률의 착오를 제외하고 있지 아니하므로 착오의 일반이론에 따라 해결한다(통설·판례). 즉 내용의 착오가 되는 경우도 있고 동기의 착오가 되는 경우도 있다.

관련판례

① 부동산의 양도가 있은 경우에 그에 대하여 부과될 양도소득세 등의 세액에 관한 착오가 미필적인 장래의 불확실한 사실에 관한 것이라도 민법 제109조 소정의 착오에서 제외되는 것은 아니다(대판 1994. 6. 10. 93다24810). ※ 법률규정 내용의 착오는 착오로 보고 취소를 긍정하고 있다.

② 우사를 지을 목적으로 토지를 매수했으나 그 일부가 시설녹지와 도로부지인데 시설녹지는 도시계획법에 의하여 시장, 순수의 허가 없이는 건축물 기타 공작물의 신축, 개축 또는 증축 등이 금지되고 도로부지 또한 앞으로 도로가 개설될 예정지역이어서 위 토지 전부에 대하여 우사를 짓고 비육우를 사육할 수 없어서 그 계약의 목적을 달성할 수 없게 된 경우 이는 동기의 착오이며 그 동기를 표시하여 계약내용으로 삼지 않는 한 취소를 할 수 없다(대판 1984. 10. 23. 83다카1187). ※ 부동산에 대한 법적규제의 존재에 대한 착오는 동기의 착오로 다루어진다. 본 사안에서는 소를 4~5마리 사육하여 그 거름을 얻어서 비료로 쓰겠다고 말한 사실이 있을 뿐이고 매매계약 당시에 달리 매수동기를 표시한 적이 없다는 이유로 착오취소를 부정하였다.

(라) 동기의 착오

(a) 의 의

동기의 착오는 의사표시를 하게 된 동기에 착오가 있는 경우이다. 예컨대 양돈단지조성을 위하여 임야매매계약이 이루어졌으나 국토이용관리법상(구)의 제약 때문에 양돈단지조성이 불가능하게 된 때이다. 또한 철도가 부설되어 땅값이 상승할 것으로 오신하고 A가 B소유의 토지를 시세보다 더 비싸게 사는 경우 등이다.

"동기"란 효과의사를 형성하게 된 사정 또는 법률행위를 도모하려는 사회적 목적을 말하는 바, 동기가 잘못된 인식에 기초해 이루어진 것을 동기의 착오라고 한다. 문제는 동기의 착오가 법률행위 내용의 중요부분의 착오에 해당하여 그 의사표시를 취소할 수 있는가에 있다.

(b) 학 설

(ㄱ) 동기표시설(다수설)

동기가 표시되어 법률행위의 내용이 된 경우에만, 즉 다수설은 동기가 표시되고 상대방이 알고 있어야 착오를 이유로 취소할 수 있다고 한다(동기의 불법과 동일). 법률행위란 의사표시를 구성요건으로 하는 법률요건인데 동기는 그 구성요소가 아닌 점, 표의자 본인의 보호와 거래의 안전을 조화시켜야 한다는 점을 이유로 한다.

(ㄴ) 동기포함설(소수설)

동기표시여부에 관계없이 중요부분에 관한 동기의 착오는 취소할 수 있다고 한다. 그 논거로는 ① 실제 빈번히 발생하는 착오는 동기의 착오이므로 이를 취소의 대상에서 제외함은 사실상 착오제도를 부정하는 것이고, ② 착오는 성질상 표시와 양립하기 어려우며, ③ 동기의 착오에 대해서만 표시여부를 기준으로 함은 불공평하다는 점을 둔다.

(ㄷ) 제109조 유추적용설

동기의 착오는 원칙적으로 제109조의 착오에서 제외되지만 거래에 있어서 중요한 동기의 착오는 실질적으로 내용의 착오와 동등한 가치를 지니므로 이러한 착오에 관하여는 제109조를 유추적용하자는 견해이다.

(ㄹ) 동기제외설

동기의 착오를 착오에서 제외하고 따라서 동기의 진실에 대한 위험은 스스로 부담하며 다만 동기의 착오가 상대방에 의해 유발된 경우에는 신의칙에 의해 취소할 수 있도록 하자는 견해이다.

(c) 판 례

판례는 동기를 계약의 내용으로 삼은때와 유발된 동기의 경우에는 취소할 수 있다고 한다. 즉 그 동기가 매매계약의 전제 내지는 내용으로 편입된 경우에 한해 동기의 착오로 취소할 수 있다는 입장이다. 따라서 단순한 동기로서만 머무르면 취소할 수 없다는 것이다.

관련판례

① 동기에 착오를 일으켜서 계약을 체결한 경우에는 당사자 사이에서 특히 그 동기를 계약의 내용으로 삼은 때에 한하여 이를 이유로 당해 계약을 취소할 수 있다(대판 1984. 10. 23. 83다카1187).

② 동기의 착오가 법률행위의 중요부분의 착오가 되려면 표의자가 그 동기를 당해 의사표시의 내용으로 삼을 것을 상대방에게 표시하고 의사표시의 해석상 법률행위의 내용으로 되어 있다고 인정되면 충분하고, 당사자들 사이에 별도로 그 동기를 의사표시의 내용으로 삼기로 하는 합의까지 이루어질 필요는 없다(대판 1989. 12. 26. 88다카31507).

(d) 상대방에 의해 유발된 동기의 착오

관련판례

① 당해 토지가 귀속재산이므로 국가에 환수될 것이나 자진하여 국가에 증여한다면 나중에 수의계약으로 우선 불하해 주겠다는 관계공무원의 말만 믿고 국가에 증여를 한 사안에서 그 착오는 일종의 동기의 착오라 할 것이나, 그 동기를 제공한 것이 피고 산하 관계공무원이었고, 그러한 동기의 제공이 없었다면 선뜻 증여하지는 않았을 것이므로, 그 동기는 증여행위의 중요부분을 이룬다고 하여 착오취소를 인정하였다(대판 1978. 7. 11. 78다719).

② 자기소유임야의 일부가 대구시의 도시계획 결정에 따라 공원의 휴게소 부지로 지정되자 대구시에 공원시설의 설치에 관한 허가를 신청하였는바, 대구시가 법령을 오해하여, 소유임야 전부를 시에 증여하여야만 가능하다고 하여 원고가 그 허가를 받기 위해 임야 전부를 시에 증여한 사안에서 그 증여는 대구시 공무원의 말을 믿고 행하여진 것으로서, 그 증여의 의사표시는 법률행위 내용의 중요부분에 착오가 있는 때에 해당한다고 하여 취소를 인정하였다(대판 1990. 7. 10. 90다카7460).

③ 피고의 신용보증에 있어서 보증대상기업의 신용유무는 피고의 보증에 관한 의사표시의 중요한 결정동기를 이루는 것인 만큼, 피고가 보증제한기업에 해당되는 기업을 원고의 잘못된 통보내용에 따라 보증제한 기업이 아닌 것으로 오신하고 신용보증을 한 것이고, 피고의 그와 같은 동기에 관한 착오는 신용보증행위의 중요한 부분에 관한 것이라고 봄이 타당하다(대판 1992. 2. 25. 91다38419).

판례를 분석해보면 동기의 착오가 있는 경우 외에도 일정한 요건하에서는 제109조에 의해 취소할 수 있음을 알 수 있다. ① 상대방이 동기를 유발·제공하였거나, ② 동기의 착오에 빠진 것을 알고도 상대방이 이를 묵비·이용한 경우가 이에 해당한다.

(e) 쌍방에 공통된 동기의 착오

(ㄱ) 문제의 소재

양당사자가 동일한 착오를 하고 의사표시를 한 것을 쌍방의 착오라고 한다. 이는 동기의 착오이지만 쌍방이 그 것이 진실인 것으로 당연히 전제로 한 것이기 때문에 동기가 법률행위의 내용으로 되었다고 볼 여지가 있어 문제 된다.

(ㄴ) 학 설

① 법률행위 해석문제로 보는 견해 : 법률행위의 보충적 해석을 통하여 착오가 없었더라면 당사자가 약정하였을 가상적 의사에 따라 계약내용을 정하자는 견해이다.
② 신의성실 원칙으로 해결하려는 견해 : 당사자간에 공통하는 관념은 행위의 주관적 기초를 이루는 데 여기에 착오가 있는 경우 그 계약의 구속력을 여전히 인정하는 것은 신의칙에 반한다고 보아 착오가 없었더라면 당사자가 합의하였을 내용으로 계약의 수정을 인정하고 이것에 상대가 동의하지 않는 경우 해제권을 인정하자는 견해이다.
③ 착오로 보는 견해 : 양당사자가 그 동기를 전제로 하여 법률행위를 한 것이므로 이 경우는 동기가 법률행위의 내용으로 되었다고 보아 그 착오가 계약의 필요적 기초로 된 경우 중요한 부분에 관한 착오이므로 중과실 없는 한 착오 취소를 인정하자는 견해이다.

(ㄷ) 판 례

판례는 보통 보충적 해석을 통해 문제를 해결하고 이어 해결이 되지 않을 경우 착오취소의 문제로 다룬다.

관련판례

계약당사자 쌍방이 계약의 기초가 되는 사항에 관하여 같은 내용으로 착오를 하고 이로 인하여 그에 관한 구체적 약정을 하지 아니 하였다면 당사자가 그러한 착오가 없을 때에 약정하였을 것으로 보이는 내용으로 당사자의 의사를 보충하여 계약을 해석할 수도 있으나 여기서 보충되는 당사자의 의사란 당사자의 실제 의사 내지 주관적 의사가 아니라 계약의 목적, 거래관행, 적용법규, 신의칙 등에 비추어 객관적으로 추인되는 정당한 이익조정 의사를 말한다고 할 것이다(대판 2006. 11. 23. 2005다13288).

(마) 동일성의 착오

법률행위에 관계되는 사람 또는 객체인 물건의 동일성에 관한 착오를 동일성의 착오라 한다. 예컨대 동명의 다른 사람과 행위를 한 경우, 거래대상 목적물을 착각하여 다른 물건을 거래대상으로 한 경우 등이다. 이 같은 동일성의 착오에 대해서는 내용의 착오로 보는 것이 통설이다.

(바) 성질의 착오

법률행위에 관계되는 사람의 성질이나 물건의 성질에 관한 착오이다. 사람의 성질에 관한 착오는 연령이나 성별과 같은 것 외에 전문지식이나 기능과 같은 것을 포함한다. 예컨대 자력이 있다고 믿고 돈을 빌려주었는데 무자력이나 특정 기능을 갖추고 있다고 믿고 고용하였는데 그러한 기능이 없는 경우 등이다 이 같은 성질의 착오는 동기의 착오가 된다고 보는 것이 일반적인 견해이므로 동기의 착오에 대한 이론에 의해 취소여부를 결정한다.

(사) 표시기관의 착오

효과의사를 표의자 본인이 결정하고 다만 표의자가 사자(使者)를 통하여 의사표시를 하제 하였는데 사자가 그 과정에서 잘못 전달한 경우를 표시기관의 착오라 한다. 여기에는 표시기관인 사자(사자가 팩스로 100만원을 1천만원으로 잘못 보낸 경우)와 전달기관인 사자(사자가 서류를 다른 사람에 잘못 전달한 경우)의 두 유형이 있는데 표시기관인 사자의 착오는 표시상의 착오로 다루는 반면, 전달기관의 사자는 부도달일 뿐이지 착오문제는 발생하지 않는다고 본다.

(아) 기명날인(서명의) 착오

(a) 문제의 소재

자신의 의사와 다른 내용을 담고 있는 문서를 읽지 않거나 잘못 읽고 기명날인 또는 서명하는 것을 기명날인 또는 서명의 착오라 한다. 이는 문서를 읽어보고 서명했는데 내용을 오해한 경우와 아예 읽지 않고 서명했는데 의도했던 것과 다른 내용이었던 경우로 나누어 볼 수 있다.

(b) 문서를 읽어보고 서명했는데 내용을 오해한 경우

이러한 경우는 일반적인 착오로서 내용의 착오에 해당한다.

(c) 읽지 않고 서명한 경우

이는 다시 합의내용이 따로 있는 경우와 내용이 의도한 것과 다른 경우가 있다.

(ㄱ) 합의 내용이 따로 있는 경우

사전에 양 당사자가 합의한 내용이 있었으나 그와 다른 내용의 서면이 작성되었는데 이를 모르고 서명한 경우에는 이는 일종의 오표시에 불과하므로 실제 합의한 내용대로 효과가 발생한다.

(ㄴ) 문서내용이 다른 것임을 모르고 서명한 경우

문서에 자신이 의도하는 내용이 들어있는 것으로 오신하고 서명하여 이를 상대방에게 교부하였는데 문서의 내용이 다른 경우 이는 표시상의 착오로 본다.

관련판례

신원보증서류에 서명날인한다는 착각에 빠진 상태로 연대보증의 서면에 서명날인한 경우 결국 위와 같은 행위는 강학상 기명날인의 착오(또는 서명의 착오), 즉 어떤 사람이 자신의 의사와 다른 법률효과를 발생시키는 내용의 서면에 그것을 읽지 않거나 올바르게 이해하지 못한 채 기명날인을 하는 이른 바 표시상의 착오에 해당한다(대판 2005. 5. 27. 2004다43824).

3) 착오에 의한 의사표시의 효과

(가) 원 칙

법률행위의 내용의 중요부분에 착오가 있는 때에는 그 의사표시는 이를 취소 할 수 있다(제109조①본문). 따라서 법률행위의 중요하지 않은 부분에 착오가 있으면 취소 할 수 없으며 이제 그 법률행위는 유효하게 된다.

(나) 예 외

착오가 표의자의 중대한 과실로 인한 때에는 취소하지 못한다(제109조 제1항 단서).

(다) 착오취소의 요건

(a) 법률행위 내용의 중요부분에 착오가 존재할 것

착오가 없었더라면 표의자가 그러한 의사표시를 않았으리라고 인정되는 것이어야 하고(주관적 요건), 일반인도 그러한 의사표시를 하지 않았을 것이라고 인정되어야 한다(객관적 요건). 이와같이 이중기준설에 따르는 것이 판례의 기본적인 태도이나 객관설에 따른 판례도 있다.

관련판례

① 법률행위의 중요 부분의 착오라 함은 표의자가 그러한 착오가 없었더라면 그 의사표시를 하지 않으리라고 생각될 정도로 중요한 것이어야 하고 보통 일반인도 표의자의 처지에 섰더라면 그러한 의사표시를 하지 않았으리라고 생각될 정도로 중요한 것이어야 한다(대판 1999. 4. 23. 98다45546). ※ 이중기준설에 따른 판례이다.

② 법률행위의 내용의 착오는 보통 일반인이 표의자의 입장에 섰더라면 그와 같은 의사표시를 하지 아니하였으리라고 여겨질 정도로 그 착오가 중요한 부분에 관한 것이어야 한다(대판 1998. 2. 10. 97다44737). ※ 객관설에 따른 판례이다.

-법률행위 내용의 중요부분의 착오 여부-

(이 부분은 김후영·이재진 공저 「민법총칙-한올출판사」의 p.347~348에서 그대로 인용하였다.)

「중요부분의 착오에 해당된다고 본 예」

① 상대방의 동일성에 관한 착오(단, 현실매매의 경우는 중요부분의 착오로 되지 않는다).

② 상대방의 직업·신분·자산상태 등에 관한 착오가 중요한 의미를 가질 때. 그러나 대부분은 동기의 착오에 해당하는 경우가 많다.

③ 목적물의 동일성에 관한 착오(예: 갑마(甲馬)를 을마(乙馬)로 오인하고 사는 경우, A토지를 B토지로 알고 잘못 매수한 경우).

④ 법률 상태에 관한 착오(예: 2심에서의 승소판결을 알지 못하고 화해한 경우).

⑤ 법률행위의 성질에 관한 착오(예: 사용대차를 임대차로 잘못 알았거나, 연대보증을 일반 보증으로 잘못 안 경우).

⑥ 합의당시에 예상치 못한 후유증이 있는 경우

⑦ 토지의 현황·경계에 관한 착오

⑧ 귀속재산인줄 알고도 이를 국가에 증여한 경우

「중요부분의 착오가 아니라고 본 예」

① 상대방의 직업·신분·자산상태 등에 관한 착오(예: 고리대금업자인 줄 모르고 금전소비대차계약을 체결).

② 물건의 성상(性狀)·내력(來歷)등에 관한 착오(예: 공업단지가 건설된다는 계획을 믿고서 토지를 매수한 경우, 수태(受胎)한 줄 알고 암말을 산 경우, 광물매장량이 많은 줄 알고 이를 매수한 경우). 다만 그러나 거래상 중요한 의미를 가지고 있고 동기가 의사표시의 내용으로 표시된 때에는 중요부분의 착오가 된다.

③ 물건의 계산의 산출기초가 되는 수량, 가격, 중량, 면적 등에 관한 착오(예: 토지의 시가(時價)에 관한 착오). 다만 물건의 객관적 가격이나 수량이 상당한 차이가 있는 때에는 법률행위의 중요부분의 착오가 된다.

④ 목적물이 누구에게 속하는가를 잘못 안 경우

⑤ 합의금을 약정함에 있어 강제추행을 강간치상으로 오인한 경우

⑥ 아파트부지로 지정되어 있는 대지를 사정을 모르고 그 지상건물과 함께 매수한 경우

⑦ 보증신용기금이 은행의 착오로 피보증인에게 연대채무가 없다고 잘못 기재하여 발급한 거래상황확인서의 기재를 그대로 믿고서 피보증인을 위하여 한 신용보증행위

⑧ 지적(地積)의 부족, 즉 특정 지번(地番)의 토지 전부를 매수하였는데 그 지적이 실제의 면적보다 적은 경우. 다만 토지의 현황·경계에 관한 착오는 중요부분의 착오로 본다.

관련판례

① 법률행위 내용의 중요부분에 착오가 있는가의 여부는 그 각 행위에 관하여 주관적·객관적 표준에 좇아 구체적 사정에 따라 가려져야 할 것이고, 추상적·일률적으로 이를 정할 수 없다(대판 1985. 4. 23. 84다카890).

② 매도인이 매수인이 누구라는 것을 알았더라면 매매계약을 체결하지 않았을 것이므로 매수인이 이를 잘 알고 소개인을 내세워 매매계약을 체결하였다 하더라도 중요부분의 착오가 있다고 할 수 없다(대판 1946. 10. 25. 4279민상47).

③ 특정한 지번의 토지 전부를 매수하였으나 표시된 토지면적이 실지지적보다 적은 경우라도 그 매매계약이 법률행위의 중요부분에 착오가 있다고 할 수 없다(대판 1976. 4. 27. 75다1288).

(b) 표의자의 중과실이 없을 것

중대한 과실이란 표의자의 직업, 행위의 종류에 비추어 보통 요구되는 주의를 현저하게 결한 것을 말한다(대판 1993. 6. 29. 92나38881). 예컨대 공장을 설립할 목적으로 토지를 매수함에 있어 토지상에 공장을 건축할 수 있는지 여부를 관할관청에 알아보지 아니한 과실은 중대한 과실에 해당한다. 다만 표의자에게 중대한 과실이 있더라도 그 상대방이 악의로서 표의자의 착오를 알면서 이를 이용한 경우에는 표의자는 착오취소를 할 수 있다고 보아야 한다(대판 1955. 11. 10. 4288민상321).

(c) 취소배제의 약정이 없어야 한다

취소하지 않기로 하는 명시적 묵시적 약정이 있으면 취소할 수 없다.

관련판례

동업관계에 있던 갑과 을이 동업관계를 청산함에 있어서 병이 작성한 계산서에 기재된 개별 항목의 가액 평가나 계산에 부정확하거나 잘못된점이 있다고 하더라도 이를 일일이 문제삼지는 아니하고 그 계산서에 의한 산출의 결과로 나타난 을의 지분 가액의 총액이 정산대금으로 적절하다고 보아 그 금액의 수수로써 동업관계를 청산, 종결한다는 의사가 있었다고 볼 수 있는 경우에는 설사 그 계산서의 기재 내용에 계산의 착오가 있어 일부 과다 계상된 부분이 있다고 하더라도 을이 이를 알면서 정산대금을 수령하였거나 또는 그 과다계상된 부분을 그대로 보유하는 것이 신의성실의 원칙에 위배된다고 볼만한 사정이 없는 한 을은 갑에게 이를 반환할 의무가 없다(대판 1996. 1. 26. 94다36919).

(d) 착오에 관한 상대방의 인식가능성

표의자의 착오에 대해 상대방이 알았거나 알 수 있었어야 착오취소를 할 수 있는가에 대해 이를 요건으로 하는 견해와 부정하는 가 있는데 판례는 이를 요하지 않는다고 본다(대판 1954. 12. 9. 4286민상149).

(e) 입증책임

착오의 존재 및 그 착오가 법률행위 중요부분에 관한 것이라는 점에 대한 입증책임은 취소의 적극적 요건으로서 취소를 하고자 하는 표의자가 진다.

관련판례

착오를 이유로 의사표시를 취소하는 자는 법률행위의 내용에 착오가 있었다는 사실과 함께 그 착오가 의사표시에 결정적인 영향을 미쳤다는 점 즉 만약 그 착오가 없었더라면 의사표시를 하지 않았을 것이라는 점을 증명하여야 한다(대판 2008. 1. 17. 2007다74188).

반면 소극적 요건인 중대한 과실에 대해서는 표의자의 상대방이 부담한다.

관련판례

민법 제109조 제1항 단서에 규정하는 착오한 표의자의 중대한 과실 유무에 관한 주장과 입증책임은 착오자가 아니라 의사표시를 취소하게 하지 않으려는 상대방에게 있다(대판 2005. 5. 12. 2005다16228).

(라) 제3자에 대한 관계

착오에 의한 의사표시의 취소는 선의의 제3자에게 대항하지 못한다(제109조 제2항).

(마) 신뢰이익의 배상책임

독일민법은 과실이 없어도 언제나 상대방에 대하여 신뢰이익을 배상하도록 규정하고 있는 바, 우리 민법의 해석상 신뢰이익의 배상책임을 인정할 것인가에 관해 제535조를 유추적용하자는 견해와 이는 입법정책의 문제로서 제535조는 원시적불능인 급부를 목적으로 계약을 체결한 경우를 대상으로 할 뿐이며 이를 착오취소에 확대적용 할 수 없다는 이유로 반대하는 견해가 있다.

– 계약체결상의 과실 –

① 민법 제535조 제1항 : (신뢰이익의 배상) – "목적이 (원시적으로 전부) 불능한 계약을 체결한 때에 그 불능을 알았거나 알 수 있었을 자는 「상대방이 그 계약의 유효를 믿었음으로 인하여 받은 손해(신뢰이익)」를 배상하여야 한다. 그러나 그 배상은 계약이 유효함으로 인하여 생길 이익(이행이익)을 넘지 못한다."

4) 다른 제도와의 관계

(가) 착오와 사기

착오가 기망행위에 기하는 때에는 착오와 사기의 경합이 있게 되나 어느 쪽이든 주장할 수 있다(대판 1969. 6. 24. 68다1749).

(나) 하자담보책임

매매목적물에 하자가 있는 것을 모르고 매매계약을 체결한 경우에는 착오에 의한 취소와 담보책임이 경합한다. 다수설은 제570조 이하의 규정은 착오에 대한 특별규정이므로 매도인의 담보책임이 성립하는 범위에서 제109조는 적용되지 않는다는 입장이나, 판례에는 선택적으로 행사할 수 있다고 한다(대판 1973. 10. 23. 73다268).

(다) 취소와 해제의 경합

계약해제 후에 취소를 하는 것을 긍정한다.

관련판례

매도인이 매수인의 중도금 지급채무불이행을 이유로 매매계약을 적법하게 해제한 후라도 매수인으로서는 상대방이 한 계약해제의 효과로서 발생하는 손해배상책임을 지거나 매매계약에 따른 계약금의 반환을 받을 수 없는 불이익을 면하기 위하여 착오를 이유로 한 취소권을 행사하여 위 매매계약 전체를 무효로 돌리게 할 수 있다(대판 1991. 8. 27. 91다11308).

5) 적용범위

(가) 추단적 의사표시

추단적 의사표시나 법정추인 등의 경우에도 착오규정을 적용하지만 그외의 의제된 의사표시 또는 법정단순승인에 대해서는 착오취소를 적용할 없다고 본다.

(나) 준법률행위

준법률행위 중 의사의 통지, 관념의 통지, 감정의 표시와 같은 표현행위에는 착오규정을 준용 또는 유추적용한다. 그러나 준법률행위 중 비표현행위, 사실행위에는 적용하지 않는다.

(다) 신분행위

신분행위는 당사자의 진의를 중시하므로 착오취소에 관한 제109조가 적용되지 않는다.

(라) 공법행위

공법행위에도 제109조가 적용되지 않는다.

관련판례

관재당국으로부터 귀속재산을 이중으로 매수하여 이전등기를 마치었으나 후에 관재 당국이 그 귀속재산의 매각처분을 취소한 경우 행정행위의 취소의 효과는 특별한 사유가 없는 한 소급한다 할 것이고 민법 제109조의 규정은 당연히 적용된다고는 할 수 없으므로 그 이전등기는 원인이 결여되어 무효이다. 따라서 상대방은 원인 무효의 등기로서 말소등기를 이행 할 의무가 있으며 그 상대방으로부터 전전하여 취득한 피고들도 선의, 악의를 막론하고 같은 의무가 있다(대판 1962. 11. 22. 62다655).

(마) 소송행위

소송행위에도 제109조는 적용되지 않으므로 소송행위를 착오를 이유로 취소하지 못한다.

2. 하자있는 의사표시

(1) 의 의

사기·강박에 의한 의사표시를 하자있는 의사표시라고 한다. 의사와 표시는 일치하지만 타인의 부당한 간섭에 의해 의사결정의 자유가 침해된 상태에서 의사표시가 행해졌을 경우 그의 의사표시를 취소할 수 있도록 한 것이다. 「사기」는 고의로 사람을 속여서 착오에 빠지게 하는 위법행위이고, 「강박」은 고의로 해악을 고지하여 이에 공포심을 일으키게 하는 위법행위를 말한다.

(2) 사기에 의한 의사표시 취소요건

1) 사기자의 고의

표의자를 기망하여 착오에 빠지게 하는 고의와, 그 착오에 기해 표의자로 하여금 의사표시를 하게 하려는 2단계의 고의가 있어야 한다(다수설). 따라서 사실을 알지 못하고 착오로 허위사실을 말함으로써 상대방을 착오에 빠트린 경우 이는 사기가 아니라 유발된 착오로서 착오로 인한 취소의 문제로 될 수 있다.

2) 기망행위

기망행위라 함은 표의자로 하여금 다른 관념을 야기하게 하거나 이를 강화·유지하게 하는 일체의 행위를 말한다. 기망행위에는 명시적·묵시적 주장은 물론 단순한 침묵도 포함된다. 다만 침묵이 기망행위가 되기 위해서는 거래관념에 비추어 고지할 의무가 있음에도 고지하지 않음으로써 표의자에게 그릇된 관념을 야기·강화하게 하는 것이어야 한다.

관련판례

임차권의 양도에 있어서 그 임차권의 존속기간, 임대기간 종료 후의 재계약 여부, 임대인의 동의여부는 그 계약의 중요한 요소를 이루는 것이므로 양도인으로서는 이에 관계되는 모든 사정을 양수인에게 알려주어야 할 신의칙상 의무가 있는데 임차권양도계약이 체결될 당시에 임차건물에 대한 임대차기간의 연장이나 임차권 양도에 대한 임대인의 동의 여부가 확실하지 않은 상태에서 몇 차례에 걸쳐 명도요구를 받고 있었던 임차권 양도인이 그 여부를 확인하여 양수인에게 설명하지 아니한 채 임차권을 양도한 행위는 기망행위에 해당한다(대판 1996. 6. 14. 94다41003).

3) 인과관계

표의자가 타인의 기망행위로 인하여 착오에 빠지고 그러한 상태에서 한 의사표시, 즉 기망행위·착오·의사표시간에 인과관계가 있어야 한다. 다만 기망행위로 인한 착오는 주관적인 것으로 족하고 동기의 착오를 일으킨 것으로도 충분하다.

관련판례

기망행위로 인하여 법률행위의 중요부분에 관하여 착오를 일으킨 경우뿐만 아니라 법률행위의 내용으로 표시되지 아니한 의사결정의 동기에 관하여 착오를 일으킨 경우에도 표의자는 그 법률해위를 사기에 의한 의사표시로서 취소할 수 있다(대판 1995. 4. 9. 85도167).

4) 위 법 성

사기가 위법한 것이어야 한다.

관련판례

대형백화점의 변칙세일에 대해 물품구매동기에 있어서 중요한 요소인 가격조건에 관하여 구체적 사실을 신의성실의 의무에 비추어 비난받을 정도의 방법으로 허위고지한 경우이므로 위법한 기망행위에 해당한다(대판 1993. 8. 13. 92다52665).

5) 입증책임

취소를 주장하는 표의자가 모든 요건을 입증하여야 한다.

(3) 강박에 의한 의사표시의 취소요건

1) 강박자의 고의

표의자를 강박하여 공포심에 빠뜨리고, 그 공포심에 의해 의사표시를 하게 하려는 2단계의 고의가 필요하다.

2) 강박행위

(가) 강박행위란 해악을 고지하여 상대방을 두려움에 빠지게 하는 행위이다.

관련판례

법률행위 취소의 원인이 될 강박이 있다고 하기 위하여서는 표의자로 하여금 외포심을 생기게 하고 이로 인하여 법률행위의사를 결정하게 할 고의로써 불법으로 장래의 해악을 통고할 경우라야 한다(대판 1992. 12. 24. 92다25120).

(나) 해악은 모든 종류 내지 형태의 불이익을 의미하며 강박행위의 종류나 방법은 묻지 않는다.

(다) 강박은 심리적 강제, 즉 표의자의 의사결정의 자유를 간섭하는 것이어야 한다. 따라서 항거불능한 강제가 있는 경우에는 의사표시 자체가 존재하지 아니하므로 강박의 문제는 발생하지 않는다.

관련판례

상대방 또는 제3자의 강박에 의하여 의사결정의 자유가 완전히 박탈된 상태에서 이루어진 의사표시는 효과의사에 대응하는 내심의 의사가 결여되는 것이므로 무효라 할 것이나, 강박이 의사결정의 자유를 완전히 박탈하는 정도에 이르지 아니하고 이를 제한하는 정도에 그친 경우에는 그 의사표시는 취소할 수 있음에 그치고 무효라고까지 볼 수 없다(대판 1984. 12. 11. 84다카1402).

(라) 해악은 강박자의 의사에 의해 좌우될 수 있는 것이어야 한다. 다만 피강박자의 입장에서 결정되어야 할 것이다.

3) 인과관계

강박행위·공포심·의사표시 사이에 인과관계가 있어야 한다.

4) 위 법 성

강박행위가 위법한 것이어야 한다. 위법성의 여부는 해악의 수단이나 결과자체 또는 수단과 결과간의 관계를 검토하여 결정한다.

관련판례

일반적으로 부정행위에 대한 고소·고발은 그것이 부정한 이익을 목적으로 하는 것이 아닌 때에는 정당한 권리행사가 되어 위법하다고 할 수 없으나, 부정한 이익의 취득을 목적으로 하는 경우에는 위법한 강박행위가 되는 경우가 있고, 목적이 정당하더라도 행위나 수단이 부당한 때에는 위법성이 있는 경우가 있을 수 있다(대판 1992. 12. 24. 92다25120).

5) 입증책임

강박에 의한 의사표시의 요건은 취소를 주장하는 표의자가 모두 입증하여야 한다(대판 1969. 12. 9. 69다1818).

(4) 효 과

1) 의사표시의 취소(제110조 제1항)

표의자의 상대방의 사기·강박으로 의사표시를 한 때에는 표의자는 그 의사표시를 취소할 수 있다.

2) 제3자의 사기 · 강박의 경우

(가) 제3자의 사기·강박으로 표의자가 한 상대방 없는 의사표시는 언제나 취소할 수 있다.

(나) 상대방있는 의사표시는 그 의사표시의 상대방이 제3자에 의한 사기나 강박의 사실을 알았거나 알 수 있을 때에 한해 취소할 수 있다. 즉 A(의사표의자)가 B(제3자)의 사기나 강박으로 A소유의 물건을 C(상대방)에게 터무니없이 싸게 판 경우, 그 의사표시의 상대방인 C가 제3자인 B에 의한 사기나 강박의 사실을 알고 있거나 또는 알 수 있었을 경우에 한하여, 표의자(A)는 그 의사표시를 취소 할 수 있다. 이는 자기가 아닌 제3자의 기망행위에 의한 상대방의 의사표시의 하자의 영향을 당사자가 부담하는 것은 부당하다는 고려에 기인한 취소권의 제한이다. 이때 알았거나 알 수 있었는지 여부는 상대방이 제3자의 사기행위나 강박행위가 존재하였음을 요지한때를 기준으로 판단한다.

(다) 제3자란 표의자와 상대방 이외의 자를 가리키지만 사기, 강박을 당한 자의 권리보호와 보호가치 있는 상대방만 보호하겠다는 입법취지상 그 범위가 제한된다고 보아야 한다. 따라서 상대방의 단순피용자는 제3자로 보는 반면 상대방의 대리인등은 제3자에 해당하지 않는다.

관련판례

의사표시의 상대방이 아닌 자로서 기망행위를 하였으나 민법 제110조 제2항에서 정한 제3자에 해당되지 아니한다고 볼 수 있는 자란 그 의사표시에 관한 상대방의 대리인 등 상대방과 동일시 할 수 있는 자만을 의미하고 단순히 상대방의 피용자이거나 상대방이 사용자책임을 져야 할 관계에 있는 피용자에 지나지 않는 자는 상대방과 동일시 할 수는 없어 이 규정에서 말하는 제3자에 해당한다(대판 1998. 1. 23. 96다41496).

(라) 상대방 없는 법률행위에 관하여 제3자가 사기나 강박을 한 경우에는 제110조 제2항은 적용되지 않으므로 표의자는 누가 그 사실을 인식하였는지의 여부와 상관없이 취소할 수 있으며, 혼인등의 신분행위에서도 제3자가 사기나 강박을 한 경우에도 제110조 제2항은 적용되지 않고 표의자는 상대방이 알았거나 알 수 있었는가와 상관없이 그 신분행위를 취소할 수 있다.

3) 선의의 제3자에 대한 관계.

(가) 의 의

사기나 강박을 이유로 한 취소로 선의의 제3자에게 대항하지 못한다(제110조 제3항).

(나) 제 3 자

사기나 강박에 의한 의사표시를 기초로 하여 새로운 이해관계를 맺은 자이어야 한다. 따라서 사기나 강박에 의한 매매계약의 경우 매매목적물의 전득자, 매매계약상의 채권의 양수인이나 압류 또는 가압류채권자 등은 제3자가 될 수 있다. 그러나 새로운 이해관계를 갖지 않은 자는 제3자가 아니다.

관련판례

민법 제110조 제3항에서 말하는 제3자는 사기에 의한 의사표시의 당사자와 그의 포괄승계인 이와의 자 모두를 가리키는 것이 아니고 그 가운데 사기에 의한 의사표시를 기초로 하여 새로운 이해관계를 맺은 자를 한정해서 가리키는 것으로 새겨야 한다. 이행인수로 해석되는 계약의 채권자에 불과한 피고는 원고의 변제를 받은 것 외에는 그 계약에 기초하여 아무런 새로운 이해관계를 맺지 아니하였으므로 결국민법 제110조 제3항을 말하는 제3자라고 보기는 어렵고 그 계약에 의하여 반사적으로 이익을 얻을 정도의 지위에 있는 자에 불과하다(대판 2005. 1. 13. 2004다54756). ※ 이행인수의 경우 채권자는 새로운 이해관계를 맺은 제3자가 아니라고 본 판례이다.

(다) 선 의

선의란 의사표시가 사기나 강박에 의한 것임을 알지 못하는 것이다. 선의에 대한 과실유무는 묻지 않는다. 제3자의 선의는 추정되므로 제3자의 악의의 입증책임은 취소를 주장하는 자에게 있다(대판 1970. 11. 24. 70다2155).

(라) 취소후에 권리를 전득한 제3자 보호문제

(a) 문제의 소재

사기나 강박에 의한 의사표시가 취소되기 전에 새로운 이해관계를 맺은 선의의 제3자는 보호되는 것은 분명한데, 이와달리 취소의 의사표시를 하였지만 말소등기 등 그 외관을 제거하기 전에 권리를 취득하는 등의 새로운 이해관계를 맺은 선의의 제3자도 여기서 말하는 선의의 제3자로서 보호되는 가가 문제된다.

(b) 학 설

제3자가 이해관계를 맺은 것이 취소도 전이냐 취소 후 외관이 제거되기 전이냐를 묻지 않고 모두 제110조의 제3자에 포함시키는 견해(확대적용설, 다수설)와 취소한 후에는 무효가 되므로 취소 후에 이해관계를 맺은 제3자는 제108조를 유추적용하여 제108조의 제3자로 다루자는 견해등이 있다.

(c) 판 례

제110조 확대적용설에 따른다.

관련판례

사기에 의한 법률행위의 의사표시를 취소하면 취소의 소급효로 인하여 그 행위의 시초부터 무효인 것으로 되는 것이요 취소한 때에 비로소 무효로 되는 것이 아니므로 취소를 주장하는 자와 양립되지 아니하는 법률관계를 가졌던 것이 취소 이전에 있었던가 이후에 있었던가는 가릴 필요없이 사기에 의한 의사표시 및 그 취소사실을 몰랐던 모든 제3자에 대하여는 그 의사표시의 취소로써 대항하지 못한다고 보아야 할 것이고 이는 거래안전의 보호목적으로 하는 민법 제110조 제3항의 취지에도 합당한 해석이 된다(대판 1975. 12. 23. 75다533).

(5) 다른 제도와의 관계

1) 착오와의 관계

사기에 의한 법률행위의 중요부분에 착오가 있을 때에는 표의자는 제109조, 제110조 어느 쪽이든 그 요건을 증명하여 이를 주장할 수 있다(판례). 표의자는 그 주장의 선택의 자유가 있으나 상대방은 표의자가 주장하지 않는 쪽을 주장하여 반대하지 못한다.

2) 불법행위에 의한 손해배상청구권과의 관계

사기·강박이 불법행위의 요건을 갖춘 때에는 의사표시의 취소와 함께 불법행위에 기한 손해배상청구권을 행사할 수 있다.

3) 하자담보책임과의 관계

기망에 의해 하자있는 물건에 관한 매매가 성립한 경우 매수인은 하자담보책임과 사기에 의한 취소권을 선택적으로 주장할 수 있다(판례).

4) 해제와의 관계

취소사유와 해제사유가 모두 존재하는 경우에 취소와 해제를 모두 인정할 것인가 문제되는데 해제후에는 다시 취소를 할 수 있다는 것이 일반적이다. 이른 바 이중효를 긍정한다. 해제를 하더라도 손해배상책임이 남아있으므로 취소를 함으로써 손해배상책임을 소멸시킬 수 있고, 계약금 등을 돌려받을 수 있는 점 등에서 실익이 있기 때문이다. 판례도 해제후에도 착오를 이유로 취소하여 계약을 무효로 돌릴 수 있다고 한다(대판 1996. 12. 6. 95다24982).

(6) 적용범위

1) 가 족 법

가족법에서는 별도의 규정을 두고 있다 즉 사기나 강박에 의한 혼인은 취소 할 수 있으나 이는 총칙상의 취소가 아니라 제816조에 의한 취소이다.

2) 소송행위

소송행위에 적용하지 않으므로 소송행위가 사기나 강박에 의한 경우에도 이를 취소할 수 없고 일정한 경우에 재심규정을 유추 적용하여 그 효력을 부인할 수 있을 것이다.

관련판례

소를 취하하는 소송행위는 그것이 정당한 당사자에 의하여 이루어진 것이라면 설령 그 취하가 타인의 기망에 인한 것이라 하더라도 이를 취소할 수는 없다(대판 1970. 11. 24. 69다8).

그러나 예외적으로 소송절차의 안정성을 해하지 않는 경우에는 소송행위도사기를 이유로 취소할 수 있다.

관련판례

소송행위의 효력이 외관적 표시행위에 따라 규율되어야 한다는 주된 근거는 소송당사자와 소송계속법원 등 소송관계자의 이해가 걸린 당해 소송절차의 안정을 도모 하려는데서 나오는 것인 바, 소송당사자의 기망행위에 의하여 야기된 특별한 사정이 있는 경우에는 기망행위를 한 당사자의 소송절차상의 안정을 보호할 필요는 없는 것이며 그 소송절차 중에서 소 취하행위의 효력을 판단받는 한 법원에 대한 관계에서도 그 소송절차의 안정을 해칠 우려는 없기 때문이다. 소의 제기를 당한 피고측 당사자나 그의 대리인이 제1심에서 패소하자 항소한 후 재소가 금지된 그 시점에 이르러 소송 진행과정을 모르고 있던 상대방인 원고 중의 일부를 기망하여 소를 취하하게 하는 것은 형사상 처벌받을 사기행위로서 그 원고는 그 소취하의 의사표시를 취소하여 그의 효력을 부인할 수 있다 함이 상당하다 (대판 2004. 4. 27. 2003다31619).

3) 공법행위

공법행위에도 제110조는 적용되지 않는다. 행정처분의 취소에는 제146조의 제척기간이 적용되지 않으며 그 행정처분이 취소되면 제110조 제3항의 선의의 제3자 보호규정이 적용되는 것이 아니다.

관련판례

귀속재산의 처분이라는 행정처분에 의하여 본건 토지가 매각 되었다면 위 매매처분을 취소하는 처분도 역시 행정처분이라 할 것인 바, 위와 같은 행정처분에는 민법 제146조의 규정이 당연히 적용되는 것은 아니다. 귀속재산매매처분이 취소된 경우 위 취소처분이 당연 무효이거나 다시 적법이 취소되지 않는 한 그에 의하여 귀속재산매매계약취소의 효력이 소급되므로 위 매매계약에 의한 등기는 원인무효가 된다(대판 1969. 10. 23. 69다1446).

그러나 행정기관의 사법행위에는 제110조는 적용된다. 따라서 이 경우에는 취소에 대해 제146조의 제척기간이 적용되고 취소를 하더라도 선의의 제3자는 제110조 제3항에 의해 보호 받을 수 있다.

관련판례

국가소유의 잡종재산을 국유재산법과 본법시행령에 의하여 매각하는 행위는 그 성질이 사법상의 행위에 지나지 아니하므로 구 국유재산법 제27조 제1항에 의한 그 매각행위의 취소의 효력은 민법 제110조 제3항의 규정상 선의의 제3자에게는 미치지 않는다(대판 1970. 6. 30. 70다708).

Ⅲ. 의사표시의 효력발생

1. 의사표시의 효력발생시기

(1) 상대방 없는 의사표시의 효력발생시기

의사표시의 완성과 함께 효력이 발생한다(표백주의). 즉 상대방 없는 의사표시는 원칙적으로 표시행위가 완료된 때에 의사표시의 효력이 생긴다.

(2) 상대방 있는 의사표시의 효력발생시기

1) 입법주의

상대방 있는 의사표시에 있어서는, 그 의사표시는 표의자로부터 상대방에게의 의사의 전달에 의하여 행하여진다. 그런데, 직접 대화하는 관계에 있는 자(대화자) 사이에서는, 전달의 과정은 문제가 되지 않으나, 장소적으로 떨어져 있어서 서면 등으로 의사표시를 하는 경우에 있어서는, 그 전달과정을 분석해 볼 필요가 있다. 다음과 같은 네 단계를 거치는 것이 보통이다. 즉 우선 표의자가 의사를 표백하고(예컨대, 서면의 작성과 같은 방법으로 의사표시를 드러내어 밝히는 것), 이어서 이를 발견하고(예컨대, 우체통에의 투입 등과 같은 방법으로 의사표시를 보내는 것), 상대방이 이를 수령하며(바꾸어 말해서, 상대방에의 '도달'. 예컨대, 우편물의 배달 등으로 의사표시를 받는 것), 마지막에 상대방이 이를 요지한다는(예컨대, 서면을 읽고 그 내용을 이해하는 것) 순서 내지 단계를 거치는 것이 일반이다. 그리하여 의사표시의 효력발생시기에 관하여는, 다음과 같은 입법주의가 있다.

(가) 표백주의

의사표시가 성립한 때, 즉 외형적 존재를 가지게 된 때에, 효력이 생긴다고 하는 주의이다. 예컨대, 표의자의 의사표시가 서면으로 행하여지는 경우에, 그 서면의 작성이 끝난 때에 효력이 생기는 것으로 하는 주의이나, 상대방은 그 서면의 작성에 관하여 전혀 알지 못하는데 곧 효력이 생긴다는 것은, 너무나 표의자의 처지에 기울어진 것으로서, 타당하다고 할 수 없다.

(나) 발신주의

의사표시가 외형적 존재를 갖추고, 표의자의 지배를 떠나서 상대방에게 보내진 때에, 효력이 생긴다는 주의이다. 예컨대, 서면이 우편함에 투입되거나, 우체국의 창구에서 발송이 부탁된 때에, 효력이 성기는 것으로 하는 주의이다. 이는 민활·신속을 필요로 하는 거래에 적합하며, 특히 다수의 자에게 동일한 통지를 하여야 할 경우에 의사표시의 효력발생시기를 획일적으로 할 수 있는 장점이 있다. 그러나 그 시기가 발신자의 자유의사에 의사에 좌우되고, 상대방은 아직 알지 못하는데 의사표시의 효과를 강제 당하게 되어, 역시 표의자에게 치중한 입법주의이다. 이러한 단점이 있기는 하나, 그 장점에 착안하여, 민법은 특별한 경우에 이 주의를 취하고 있다.

(다) 도달주의

의사표시가 상대방에게 도달한 때, 즉 상대방의 지배권 내에 들어간 때에, 효력이 생기는 것으로 하는 주의이며, 「수신주의」·「수령주의」라고도 한다. 예컨대, 서면이 상대방에게 배달된 때에 효력이 생기는 것으로 하는 것이며, 이는 쌍방 당사자의 이익을 가장 잘 조화하는 주의라고 할 수 있다. 민법은 다음에서 보는 바와 같이 이 주의를 일반원칙으로 취하고 있다.

(라) 요지주의

상대방이 의사표시의 내용을 요지 즉 알게 된 때에, 그 의사표시는 효력을 발생한다는 것이다. 예컨대, 도달한 서면을 읽고 그 내용을 깨달아 안 때를 효력발생시기로 하는 주의이다. 이는 상대방의 보호에 치우친 것이며, 또한 상대방이 알게 된 시기를 입증하기가 곤란한 단점이 있다. 민법에 이 주의를 취하는 경우는 없다.

2) 도달주의의 원칙

민법은 도달주의를 원칙으로서 채용하고 있다. 제111조 제1항은 「상대방 있는 의사표시는 그 통지가 상대방에 도달한 때로부터 그 효력이 생긴다」고 규정함으로써, 도달주의의 원칙을 명백히 하고 있다.

3) 예외(발신주의)

민 법	상 법
① 제한능력자의 상대방의 확답촉구에 대한 확답 ② 사원총회의 소집통지 ③ 무권대리인의 상대방의 최고에 대한 확답 채무인수 승낙여부의 최고에 대한 확답 ④ 연착한 승낙의 도달 전에 지연의 통지 발송 격지자간의 계약의 승낙	① 격지자간의 청약의 구속력 ② 청약에 대한 허부 통지 ③ 매도인의 목적물 공탁·경매 통지 ④ 대리상의 본인에의 통지 ⑤ 주주총회 소집의 통지

2. 의사표시의 통지

(1) 통지의 의의

통지란 의사표시를 상대방에 발송하는 행위를 말한다. 즉 표의자가 의사표시를 상대방에게 발송하는 행위를 말한다. 이와 같이 통지는 도달에 선행하는 개념으로서 통지 없는 도달은 있을 수 없다. 물론 통지와 도달의 구분은 격지자 사이에서 생기는 것이지 대화자 사이에서는 통지와 도달이 동시에 이루어지므로 문제되지 않는다.

(2) 의사표시요건의 구비

표의자는 행위능력, 의사표시의 착오·사기·강박의 유무, 어떤 사정의 지·부지 등 주관적 요소는 모두 통지시점을 기준으로 판단한다.

(3) 통지 후 도달전의 의사표시의 효력(제111조 제2항)

표의자가 그 통지를 발한 후 사망하거나 행위능력을 상실하여도 의사표시의 효력에 영향을 미치지 아니한다.

(4) 제3자가 통지한 의사표시의 효력

표의자 이외의 자가 위임받은 바 없이 의사표시를 통지한 경우에는 의사표시가 성립하지 않는다. 다만 표의자가 이를 알고 지체없이 이의하지 않으면 통지의 결여가 치유된다.

3. 의사표시의 도달

(1) 도달의 요건

상대방 있는 의사표시는 그 통지가 상대방에게 도달 한 때로부터 그 효력이 생긴다. 그런데 도달의 의미에 대해서는 규정이 없어 학설 대립이 있다.

1) 요 지 설

도달이란 통지가 상대방의 지배권내에 들어가 사회통념상 일반적으로 요지할 수 있는 상태라고 한다(이에 의하면 동거인이 수취하였으나 제3자가 즉시 회수한 경우에는 도달하지 않은 것이며, 야간에 사서함에 투입된 서신은 그 다음날 아침에 도달한 것이 된다). 이 견해는 ① 수령거절의 경우에도 도달한 것으로 보고, ② 수령능력을 요구하는 제112조는 요지할 능력이 없으면 의사표시가 도달되지 않기 때문에 이를 규정한 것일 뿐이라고 보며, ③ 수령자가 의사무능력자인 경우 의사표시의 부도달로 본다.

2) 진 입 설

의사표시의 도달은 객관적으로 상대방의 영역 내에 진입했는지 여부만으로 판단하고, 상대방이 의사표시의 내용을 알 수 있는 상태에 있었는가 여부는 기한 내에 도착하였는가의 문제로 보는 견해이다. 도달의 효력을 주장하는 자는 진입의 입증책임을 지고, 상대방이 기한 내에 요지할 수 있는 상태에 있지 않다는 입증책임을 져야 한다고 한다. 이 견해는 ① 상대방이 수령을 거절한 경우 부도달한 것으로 보며, ② 수령능력을 요구하는 112조에 대해 요지할 능력이 없더라도 진입만 되면 도달되기 때문에 이 규정은 진입설을 전제로 한 규정이라 보며, ③ 진입하면 수령자가 제한능력자인 경우에도 도달이 되나 제한능력을 입증하여 무효 주장이 가능하다고 본다.

3) 판 례

판례는 요지설에 따른다.

관련판례

채권양도의 통지는 그 통지가 채무자에게 도달됨으로써 효력을 발생하는 것이고 여기에 도달이라 함은 사회관념상 채무자가 통지의 내용을 알 수 있는 상태에 놓여졌다고 인정되는 상태를 지칭한다. … 채권양도통지서가 들어있는 우편물을 채무자의 가정부가 수령한 직후 한 집에 거주하고 있던 채권양도통지인이 그 우편물을 바로 회수해 버렸다면 그 우편물의 내용이 무엇인지를 가정부가 알고 있었다는 등의 특별한 사정이 없었던 이상 그 통지를 받아야 할 채무자로서는 채권양도의 통지가 있었는지 여부를 알 수 없었던 상태였다 할 것이니 위 채권양도의 통지는 사회관념상 채무자가 그 통지의 내용을 알 수 있는 개관적 상태에 놓여졌던 것이라고는 볼 수 없다 할 것이고 따라서 그 통지는 채무자에게 도달되었던 것이라고는 볼 수 없다(대판 1983. 8. 23. 83다카439).

(2) 도달의 효과

1) 의사표시의 효력발생

상대방 있는 의사표시는 상대방에 도달한 때에 효력이 생긴다.

2) 의사표시의 불착·연착의 불이익

도달주의의 원칙상 의사표시의 불착 또는 연착에 대한 불이익은 모두 표의자가 부담한다.

3) 의사표시의 철회

표의자는 발신 후 도달 전에 철회할 수 있다. 철회의 의사표시는 늦어도 발신한 의사표시와 동시에 도달하여야 한다. 따라서 의사표시가 상대방에게 도달한 후에는 철회할 수 없게 된다.

4) 입증책임

의사표시의 효력발생을 주장하는 자가 도달에 대한 입증책임을 진다.

5) 의사표시 후의 표의자의 사정변화

의사표시를 발신 한 후에 표의자가 사망하거나 행위능력을 상실하였더라도 그 의사표시의 효력에는 영향이 없으므로(제111조 2항) 후에 의사표시가 도달하는 한 효력이 발생한다.

4. 의사표시의 공시송달

표의자가 과실없이 상대방을 알지 못하거나 상대방의 소재를 알지 못하는 경우에는 의사표시는 민사소송법의 공시송달의 규정에 의하여 송달할 수 있다.

5. 의사표시의 수령능력

의사표시의 상대방이 이를 받은 때에 제한능력자인 경우에는 그 의사표시로써 대항하지 못한다. 그러나 법정대리인이 그 도달을 안 후에는 그러하지 아니한다.

(1) 입법취지

요지설에 따르면 의사표시의 상대방에게 요지능력이 없으면 도달도 없으므로 당연한 규정이다. 그러나 진입설에 의하면 진입만으로 효력이 발생케 하면 제한능력자에게 가혹하므로 제한능력자 보호를 위해 본조를 둔 것이라 한다.

(2) 수령능력이 없는자에 대한 의사표시의 효력

표의자는 수령능력이 없는자에 대한 의사표시로써 제한능력자에게 대항하지 못한다. 그러나 제한능력자가 의사표시의 도달을 주장하는 것은 인정되며, 법정대리인이 도달을 안 경우에는 표의자도 도달을 주장할 수 있고, 제한능력자라도 행위능력이 인정되는 범위에서는 수령능력이 있다.

(3) 적용범위

상대방 없는 의사표시나 발신주의를 취하는 의사표시에는 적용되지 않는다.

제4절 법률행위의 대리

Ⅰ. 총 설

1. 서 설

(1) 대리의 의의

대리제도란 본인과 일정한 관계에 있는 제3자(대리인)가 본인을 위한 의사표시를 하고, 그 법률효과가 직접 본인에게 발생(귀속)하는 것을 인정하는 제도이다. 즉 대리인이 본인을 대신하여 법률행위를 하면 본인이 직접 그 법률효과를 갖게 되는 제도이다.

예를 들면 A(본인)가 C(상대방)로부터 집을 매수함에 있어서 스스로 계약당사자로서 C 앞에 나서지 않고 B(대리인)를 대신 내세워 A의 대리인임을 밝히고 매매계약을 체결케 하는 경우에 「대리에 의한 법률행위」가 성립한다. 매매계약의 체결행위를 실제로 하는 사람은 B와 C이지만 매매계약의 당사자는 A(매수인)와 C(매도인)가 되고 A가 매수인으로서 권리·의무를 취득한다.

그 결과 A는 C에 대하여 매매목적물의 인도청구권을 가지며 그 반대급부로서 A는 C에 대하여 매매대금의 지급의무를 진다. B는 계약체결의 행위를 대행할 뿐 계약당사자가 아니므로 자신이 직접 권리나 의무를 취득하지 않는다.

(2) 대리의 3면관계

1) 본인과 대리인 사이의 관계(대리권)

본인과 대리인은 대리권에 의해 관계지워지는 바, 이와 관련해서 ① 대리권의 성질, ② 수권행위 개념의 독자성과 무인성의 인정여부 및 수권행위의 법적 성질, ③ 대리권의 범위와 제한, ④ 대리권의 남용의 효력과 그 근거 등에 대한 문제가 발생한다.

2) 대리인과 상대방 사이의 관계(대리행위)

대리인과 상대방은 대리행위에 의해 관계 지워지는 바, 이와 관련하여 ① 현명주의, ② 대리행위의 하자, ③ 대리인의 능력 등에 대한 문제를 검토해 보아야 한다.

3) 상대방과 본인 사이의 관계(대리의 효과)

대리인의 대리행위가 유권대리의 일반적 요건을 충족하면, 대리인에 의한 법률효과는 직접 본인에게 귀속한다.

(3) 대리제도의 기능

법률행위의 효과는 그 표의자에게 귀속한다는 일반원칙과 관련하여, 대리제도는 이 원칙의 예외인가 아니면 그 구체적 발현형태 중의 하나에 불과한가에 대하여 견해의 대립이 있다.

1) 제1설(통설)

대리제도는 ① 복잡화·전문화된 거래사회에서는 개인이 모든 법률관계를 직접 처리하는 것이 불가능하므로 이러한 개인의 활동영역을 확장해주는 사적자치의 확장기능(임의대리)과 ② 행위능력이 없기 때문에 스스로 법률관계를 형성할 능력을 갖지 못한 자(제한능력자)를 보호해 주는 사적자치의 보충기능(법정대리)을 담당한다고 한다. 두 가지 기능 중 그 본질적 작용은 사적자치의 확장에 있다고 한다.

2) 제2설(소수설)

개인이 자신에 대한 법률관계를 형성하는 규율을 만들 수 있는 권한을 타인에게 부여하여 그 타인이 만든 규율을 자기의 규율로 할 수 있다는 것은 사적자치의 원칙상 당연히 인정되는 것이므로 대리행위는 변태적·예외적 법현상이 아니라 통상의 법현상으로서 사적자치의 실천 그 자체라고 한다.

2. 대리제도의 연혁과 본질

(1) 대리제도의 연혁

로마법은 원칙적으로 대리를 허용하지 않았다. 17세기에 제3자를 위한 계약이론에 의해 대리제도의 기초가 마련되어, 19세기 이후 각국의 근대민법은 위임과 관련하여 대리에 관한 명문의 규정을 두었다. 그러나 프랑스 민법은 대리를 독립된 제도로 인정하지 않는다. 다만 학설과 판례가 부모와 후견법원의 재산관리, 위임 등을 기초로 대리제도를 간접대리와 구별된 제도로 발전시켰다. 반면 독일민법은 대리를 위임과 구별하여 독립한 제도로 규정하였고 우리 민법은 이에 따르고 있다.

(2) 대리의 본질

1) 문제의 소재

사적자치의 원칙상 법률행위의 효과는 표의자만을 구속한다는 의사주의 이론에 입각할 경우 대리인이 행한 의사표시의 법률효과가 직접 본인에게 발생하는 근거는 무엇인가라는 문제가 된다.

2) 독일의 학설

(가) 대리부정설

본인이 대리인의 의사에 의무를 부담하는 것은 불가능하므로 대리를 일반적인 법제로 인정할 수 없다고 한다(Puchta).

(나) 본인행위설

대리인은 단지 본인의 기관으로서 본인의 의사를 전달하는 자에 불과하므로 본인 자신이 대리행위의 의사자이며, 본인과 상대방이 행위당사자라고 한다(Savigny).

(다) 대리인행위설

대리인이 본인을 표상 내지 대표하므로 대리인이 법률행위의 행위자이며, 그 법률효과가 본인에게 발생하는 근거를 대리인의 의사표시를 본인의 의사표시로 의제함으로써 설명하고자 한다(Jhering, Windscheid).

3) 우리나라의 학설

(가) 대리인행위설(통설)

법률행위의 법률효과가 본인에게 귀속되는 이유는 대리인의 '대리적 효과의사'가 그것을 의욕하고 나아가 제114조 이하의 규정이 이러한 효과의사를 적법한 것으로 인정하여 그 효과의사대로 법률효과가 발생하도록 협력하기 때문이라고 한다. 즉 법률행위에 있어서 본인이 아니라 현실의 행위자인 대리인을 행위당사자로 보아 그 행위의 효과는 법률의 규정에 의하여 본인에게 귀속한다는 입장이다. 따라서 그 행위의 요건(행위능력, 의사의 결함, 착오, 사기, 강박 등)도 본인이 아닌 대리인을 표준으로 하여 결정해야 한다는 것이다.

(나) 본인행위설

본인과 상대방을 본래의 행위당사자로 보아 대리인은 본인의 「기관 : 수족」에 지나지 않는다는 견해이다. 즉 이는 대리인의 행위는 본인의 행위로 의제하여 이 의제된 행위에 의하여 본인에게 그 효과가 귀속된다는 입장이다. 따라서 법률행위 요건들은 대리인이 아닌 본인을 표준으로 하여 결정해야 한다는 것이다.

(다) 행위 · 규율 분리설(단일설)

대리권과 대리행위는 합체하여 하나의 법률행위로 되며 행위로서의 법률행위는 대리인이 하는 것이나 규율로서의 행위는 본인이 하는 것이라고 보는 견해이다. 대리인의 행위에 대해 본인에게 효과가 발생하는 것은 수권행위에 따른 것으로 보아 본인의 수권을 중시한다. 이 견해는 대리의 본질에 관해 본인행위설에 바탕을 둔 이론이라고 볼 수 있다.

(라) 통합요건설

본인의 수권행위와 대리인의 대리행위를 대리의 효과발생을 위한 별개의 요건 즉 통합요건으로 본다. 이 견해는 수권행위와 대리행위가 합체하여

하나의 법률행위로 되는 것이 아니라 이들이 각각 별개로 법률행위의 요건이 된다고 보는 점에서 앞의 행위·규율을 분리설과 구별된다. 유권대리는 대리의사와 수권행위가 통합요건이고, 표현대리는 대리의사와 상대방의 신뢰가 통합요건이며, 무권대리는 대리의사와 본인의 추인이 통합요건이라 한다.

3. 대리가 인정되는 범위

(1) 법률행위

대리는 법률행위적 의사표시에 한하여 허용된다. 그러나 법률행위라도 ① 대리를 금지하는 법률의 규정이 있거나, ② 법률행위의 성질상 적합하지 않은 경우(혼인·인지·입양·유언 등 일신전속적인 행위), ③ 약정에 의해 대리를 금지하는 경우에는 대리가 허용되지 않는다.

(2) 법률행위 이외의 행위

1) 준법률행위

준법률행위는 의사표시가 아니므로 원칙적으로 대리는 허용되지 않는다. 그러나 의사의 통지나 관념의 통지와 같이 의사표시와 유사한 행위에는 의사표시규정의 유추적용이 가능하므로 대리규정의 유추적용도 가능하다는 것이 통설이다.

2) 사실행위

사실행위 또한 대리가 허용되지 않는다고 본다. 따라서 물건의 인도는 대리가 허용되지 않는다. 다만 간이인도, 점유개정, 목적물반환청구권의 양도에 의한 인도의 경우에는 의사표시를 요소로 하므로 대리가 가능하다는 것이 다수설인 반면, 이 경우에도 대리인은 단순한 점유보조자 또는 점유매개자에 지나지 않으므로 대리가 허용되지 않는다는 소수설의 대립이 있다.

3) 불법행위

대리는 적법행위인 법률행위에만 인정되며 위법한 행위인 불법행위의 대행은 대리로서 취급되지 않는다. 이때는 공동불법행위, 사용자책임 등의 법률문제가 발생할 수 있을 뿐이다.

4. 대리의 종류

(1) 임의대리와 법정대리(대리권수여의 근거에 따른 구분)

1) 임의대리란 본인이 수권행위를 통하여 대리권을 수여하고 대리인이 그 대리권에 기해 대리행위를 하는 경우를 말하고, 법정대리란 본인과 일정한 관계에 있는 자가 법률의 규정에 따라 부여된 대리권에 기해 대리행위를 하는 경우를 말한다.

2) 양자는 대리인의 복임권, 대리권의 소멸, 표현대리에 관한 규정의 적용여부에 관하여 구별의 실익이 있다.

(2) 능동대리와 수동대리(의사표시의 주체에 따른 구분)

1) 능동대리란 대리인이 상대방에게 능동적으로 의사표시를 하는 경우를 말하고, 수동대리란 상대방의 의사표시를 수령하는 경우를 말한다.
민법은 원칙적으로 능동대리를 기준으로 규정하고 수동대리에는 그 성질이 허용하는 한 능동대리의 규정을 준용하고 있다.

2) 수동대리권의 범위에 대해 ① 통설은 특별한 사정이 없는 한 능동대리와 수동대리행위를 모두 할 수 있다고 하는 반면 ② 소수설은 능동대리와 관련한 사항에 관하여만 수동대리권도 갖는다고 한다.

3) 양자는 상대방 있는 단독행위의 무권대리, 현명주의의 요건 등에서 그 구별의 실익이 있다.

(3) 유권대리와 무권대리

1) 대리인으로 행위하는 자에게 대리권이 있는 것이 유권대리이고,

대리권이 없는 것이 무권대리이다.

2) 유권대리행위는 유효하므로 그 행위의 효과가 본인에게 귀속하나 무권대리는 무효이므로 그 효과가 본인에게 발생하지 않으며, 다만 무권대리라도 일정한 요건을 갖춘 경우 상대방은 본인에게 효과의 귀속을 주장할 수 있는데 이를 표현대라고 한다.

5. 대리와 유사한 제도

(1) 사자(使者)

1) 의 의

사자는 본인이 결정한 내심적 효과의사를 그대로 상대방에게 전달하거나 표시함으로써 표시행위의 완성에 협력하는 자이다. 전달기관으로서의 사자와 표시기관으로의 사자를 구별할 것인지의 여부에 따라 달라진다.

(가) 긍 정 설

사자는 본인이 결정한 내심적 효과의사를 표시하거나 전달함으로써 표시행위의 완성에 협력하는 자이며, 전달기관으로서의 사자와 표시기관으로서의 사자로 구별된다. 전자는 완성된 본인의 의사표시를 그대로 전달하는 자이며, 후자는 본인이 결정한 의사를 상대방에게 표시하여 의사표시를 완성하는 자를 말한다.

(나) 부 정 설

전달기관으로서의 사자는 물론이고 표시기관으로서의 사자도 모두 본인에 의하여 의욕되고 사자에게 교부됨으로써 완성된 의사표시를 상대방에게 전달하는 자에 불과하다. 따라서 사자는 '본인의 의사표시를 완성'하는 자가 아니라 '본인에 의하여 완성된 의사표시를 전달'하는 자이다.

(다) 판 례

긍정설을 따른다.

관련판례

사자에 의한 의사표시의 경우는 물론 본인이 결정한 의사를 대리인으로 하여금 표시한 경우에는 그 의사표시는 대리행위가 아니므로 오로지 본인에 대하여서만 그 지, 부자, 착오 등이 문제가 된다 할 것인 바, 본인이 기망당하였다 하더라도 대리인이 기망당한 일이 없으므로 본인이 의사표시로 취소할 수 없다고 판시하였음은 위와 같은 법리를 오해한 위법이 있다(대판 1967. 4. 18. 66다1661).

2) 대리와 사자의 구별기준

(가) 내부관계설

효과의사를 본인이 결정하는 것을 사자, 대리하는 자 자신이 결정하는 것을 대리인이라고 한다. 따라서 사자에 있어서는 본인이 행위능력을 가지고 있어야 한다.

(나) 외부관계설

법률행위라 함은 상대방에 대하여 행하는 것이므로 사자와 대리인의 구별은 행위자와 상대방간의 관계에 의하여 행한다. 따라서 사자가 상대방에 대하여 명시적 또는 묵시적으로 대리인으로서 행위한 경우에는 이를 대리로 취급한다.

3) 사자의 행위의 법적효과

(가) 사자가 선의인 경우

표시기관인 사자로부터 전달된 의사표시는 유효하고, 본인은 사자가 착오로 표시를 잘못한 경우 제109조에 의해서 취소할 수 있다. 다만 계약체결상의 과실의 요건이 갖추어진 때에는 본인은 신뢰이익에 대한 손해배상책임을 부담해야 한다. 전달기관인 사자가 엉뚱한 사람에게 잘못 전달한 경우에는 이는 의사표시의 부도달이므로 효력이 발생하지 않는다.

(나) 사자가 악의인 경우

(a) 문제의 소재

사자가 악으로 본인의 의사와 다른 의사를 표시한 경우 그 효력에 대해 표현대리를 유추적용할 수 있느냐가 문제 된다.

(b) 학 설

이에 대해 표현대리의 규정들이 유추적용된다는 견해(다수설)와 부정하는 견해가 있지만 문제는 126조의 표현대리를 인정하기 위해서는 기본대리권이 있어야 하는데 사자는 기본대리권이 없다는 점이다. 긍정설은 제126조의 기본대리권은 사실행위에 대한 수권이어도 상관없다고 보는 것이고 부정설은 사실행위에 관한 수권은 기본대리권이 될 수 없다고 보는 것이다.

(c) 판 례

판례는 표현대리 적용을 긍정한다.

관련판례

대리인이 아니고 사실행위를 위한 사자라 하더라도 외관상 그에게 어떠한 권한이 있는 것의 표시 내지 행동이 있어 상대방이 그를 믿었고 또 그를 믿음에 있어 정당한 사유가 있다면 표현대리의 법리에 의하여 본인에게 책임이 있다(대판 1962. 2. 8. 4294민상192).

(2) 간접대리

1) 의 의

행위자가 자기 이름으로, 그러나 타인의 계산으로 하는 법률행위를 말한다. 즉 자기이름으로 법률행위를 하고 그 효과 역시 행위자 자신에 관하여 생긴 후, 나중에 그가 취득한 권리를 타인에게 이전하는 관계이다. 법률행위의 당사자는 간접대리인과 상대방이고 법률행위의 효과도 간접대리인에게 속한다. 위탁매매인이 그 예이다.

2) 대리와의 구별

법률행위의 성립뿐만 아니라 법률행위의 효과도 모두 간접대리인을 기준으로 판단하여야 한다.

(3) 제3자를 위한 계약

대리에서는 대리인이 법률행위의 당사자임에 반하여, 제3자를 위한 계약에서 계약의 당사자는 요약자와 낙약자(상대방)이고 제3자는 단지 법률효과의 수익자이다.

– 제3자를 위한 계약 –

제3자를 위한 계약관계는 계약의 효력을 계약당사자가 아닌 제3자에게 발생(권리취득)하게 하는 것을 말한다. 예컨대 보험회사 A(낙약자)와 보험계약자 B(요약자) 사이에 보험계약을 체결한 후 보험료는 B가 지급하고 보험금의 수익자는 C(수익자)로 하는 계약을 말한다. 즉 C(수익자·제3자)는 A에게 보험금청구권을 갖게 된다.

(4) 대 표

1) 대리와 대표의 관계

(가) 구별설(다수설)

대표기관은 법인과 대립하는 지위에 있지 않고 법이론상 그 행위가 법인의 행위로 간주되는 관계에 있다는 점과 대표는 사실행위와 불법행위에 관하여도 성립한다는 점에서 대리와 다르다고 한다.

(나) 포함설(소수설)

현실적으로 자연인인 대표가 행한 일정한 행위를 법인 자신의 행위로 본다는 것은 의제라 할 것이며, 대표기관도 법인의 이름으로 법률행위를 하므로 우리 민법이 말하는 대표도 대리의 범주를 벗어나는 것이 아니라고 한다. 제59조 제2항이 대리규정을 대표에 관하여 준용하는 점을 실정법적 근거로 제시한다.

2) 불법행위에 대한 대표의 성립여부

(가) 긍 정 설

대표는 대리와 달리 불법행위에 관하여도 성립할 수 있다고 한다. 이 견해에 의하면 제35조는 확인적 규정이 될 것이다.

(나) 부 정 설

대표기관의 불법행위에 대해서는 제756조의 특칙으로서의 제35조에 의하여 법인이 불법행위책임을 부담한다. 제35조 제1항 단서의 규정은 대표도 대리와 동일하게 법률행위에 관하여만 가능하고 불법행위에 관하여는 불가능하다고 해석할 때에만 이해할 수 있는 것이라도 한다.

(5) 처분권 부여

1) 의 의

권리의 보유자가 타인에 대하여 권리자체를 이전함이 없이 처분권한만을 타인에게 부여하는 것이다. 우리 민법에는 규정이 없으나 사적자치에 의하여 이를 긍정하는 것이 통설이다. 예를 들어 무권리자의 처분행위에 대해 본인이 추인하는 것과 같은 사후추인도 일종의 처분권 부여이며 판례는 이를 무권대리의 추인에 준하여 다루거나(대판 1981. 1. 13. 79다2151), 사적자치를 근거로 무권리자의 처분행위의 추인을 유효로 인정하고 있다(대판 2001. 11. 9. 2001다44291).

2) 특 징

처분권이 부여되면 권한을 받은 자는 자신의 이름으로 유효한 처분행위를 할 수 있으며 본인의 이름을 밝혀 현명을 하여 법률행위를 할 필요가 없다 이러한 처분권이 부여된 자의 처분행위의 효과는 직접 권리자에게 귀속하고 그에 따라 상대방이 권리를 취득함으로써 본인의 처분권은 상실된다는 점에서 간접대리와 차이가 있다.

처분권 부여는 처분행위에 관하여 인정된다. 의무부담행위에도 처분권부여가 인정되는 가 즉 권한자가 자신의 이름으로 계약을 하고 그 계약에 의한 효과는 본인에게 귀속시키는 것이 가능한가에 대해 통설은 이를 부정한다. 계약의 당사자로 표시되지 않은 자에게 계약의 효력이 미친다는 것은 민법의 기본체계에 반하고 자신의 이름으로 계약을 체결하고 그 효과는 직접 제3자에게 발생하게 하는 것은 제3자를 위한 계약과 같이 법률에 규정이 있는 경우를 제외하고는 원칙적으로 허용될 수 없기 때문이다.

Ⅱ. 대 리 권

1. 서 설

(1) 대리권의 의의

대리권이라 함은 본인의 이름으로 의사표시를 하거나 또는 의사표시를 받음으로써 직접 본인에게 법률효과를 귀속시킬 수 있는, 대리인의 본인에 대한 법률상의 지위(권한)를 의미한다. 즉 본인과 대리인 사이의 관계이다.

(2) 대리권의 법적 성질

1) 자격설(통설, 판례)

대리권은 권리가 아니라 본인을 위하여 의사표시를 하거나 받음으로써 본인에 관하여 법률상 일정한 효과를 발생케 하는 자격이나 상태, 권한이라고 한다. 판례도 "대리권은 대리인의 행위는 행위의 효과가 본인에게 미치는 대외적 자격을 말하는 것이다"(대판 1962. 5. 24. 4294민상251)라고 함으로써 대리권을 일종의 자격으로 보고 있다.

2) 정당화설(무실체설, 소수설)

대리인이 본인을 위하여 행위로서의 법률행위를 한 경우, 규율로서의 법률행위는 본인의 것이 되는 바, 그 이유는 대리인의 대리적 효과의사 때문이 아니고 대리권의 효력 때문이다. 이 견해는 대리권이 권리도 아니고 권한도 아니라고 본다.

2. 대리권의 발생원인

(1) 법정대리권의 발생원인

법정대리권은 본인의 의사와 관계없이 대리권이 발생하는 경우인데, 여기에는 법률의 규정·지정행위·법원의 선임에 의하여 발생하다.

1) 법률의 규정

친권자, 법정후견인, 일상가사대리권을 갖는 부부

2) 지정행위

지정후견인, 지정유언집행자

3) 법원의 선임

부재자재산관리인, 상속재산관리인, 유언집행자

(2) 임의대리권의 발생원인(수권행위)

1) 수권행위의 의의

임의대리권은 본인이 대리인에게 대리권을 수여하는 행위에 의해 발생하는 바, 이 대리권 수여행위를 수권행위라고 한다. 제128조는 '본인이 수권행위를 철회한 경우'라 하여 그 개념을 인정하고 있다. 한편 근래에는 수권행위를 내부적 수권행위와 외부적 수권행위로 나누는 견해가 제기되고 있다. 이에 따르면 내부적 수권행위는 본인이 대리인에게 대리권수여의 의사표시를 하는 경우를 말하고, 외부적 수권행위는 본인이 대리행위의 상대방이 될 제3자에게 대리권수여의 의사표시를 하는 것을 말한다.

2) 수권행위의 독자성 인정여부

(가) 수권행위의 사례

외국에서 한국으로 이사하는 사람이 부동산중개인에게 위임하면서 처음에는 적당한 아파트를 골라 임대차계약까지 체결해 달라고 부탁했다가 후에 태도를 변경하여 아파트를 골라 놓기만 하면 본인이 직접 국제전화로 계약을 체결하겠노라고 말한 경우를 생각해보자. 기초계약인 위임계약의 변경에 따라서 초기에는 대리권이 수여되었으나 후에 대리권수여는 철회되었다. 그러나 대리권수여의 철회에도 불구하고 위임계약은 그 내용을 축소해서 존속한다. 위임계약의 내용은 초기에는 아파트선정이라는 사실행위와 임대차계약이라는 법률행위의 두 종류이었으나 후에 사실행위만으로 축소되었다. 이와 같이 위임계약의 존부와 대리권의 존부는 운명을 달리하는 경우가 많으므로 개념상 양자를 구분하여 대리제도에서는 후자의 부분에 초점을 맞추어 그 법률관계를 고찰하는 것이 편리하다.

(나) 학 설

(a) 독자성인정설

대리권의 수여를 목적으로 하는 법률행위(수권행위)는 기초적 내부관계와 독립하여 대리권의 발생만을 목적으로 하는 행위라고 한다(통설, 판례). 내부적 기초관계를 발생시키는 법률행위는 본인과 대리인 사이의 권리의무를 발생시키는 것인데 비하여 수권행위는 대외적인 법률행위를 할 수 있는 대리권의 발생만을 목적으로 하는 법률행위를 의미한다고 보고 양자는 관념상 구별된다고 본다. 그런데 수권행위의 독자성을 인정한다는 것은 수권행위가 기초적 내부관계와는 별개의 독립된 행위로서 구별하여야 한다는 의미일 뿐이고 두 행위가 항상 따로 행하여져야 한다는 의미는 아니며 따라서 이들을 함께 하는 것이 가능하고 실제로도 양자를 함께 하는 것이 보통이다.

(b) 독자성부정설

대리권은 내부적 계약관계에 의하여 직접 발생하므로 수권행위라는 관념을 특별히 인정할 필요가 없다고 한다. 이 견해는 내부관계 설정계약에서 대리권이 발생하는 경우 그 계약은 대리권수여의 합의까지 포함하게 되므로 융합계약이 된다고 보게 되므로 이러한 견해를 융합계약설이라고도 한다. 이 견해 의하면 내부적인 계약관계 없이 수권행위만을 하는 것은 인정될 수 없고 내부적인 계약이 무효나 취소가 되어 효력이 소멸하면 그에 따라 대리권도 영향을 받는다고 한다.

(다) 판 례

판례는 수권행위의 독자성을 긍정한다.

관련판례

위임과 대리권수여는 별개의 독립행위로서 위임은 위임자와 수임자간의 내부적인 채권채무 관계를 말하고, 대리권은 대리인의 행위의 효과가 본인에게 미치는 대외적 자격을 말하는 것이므로 위임계약에 대리권수여가 수반되는 일은 있으나 위임계의 사유는 대리권관계와는 아무런 관계가 없다(대판 1962. 5. 24. 4294민상251).

3) 수권행위의 법적성질

(가) 단독행위설(통설)

대리권 수여행위는 대리인에게 대외적인 자격을 줄 뿐이고 권리나 의무를 취득 또는 부담시키는 것이 아니므로 대리인이 될 자의 승낙을 필요로 하지 않는 상대방의 수령을 뜻하는 단독행위(상대방 있는 단독행위)라고 한다. 이 견해는 제117조는 단독행위설을 전제로 한 것이며 제128조 후단(철회)도 수권행위가 단독행위임을 암시한다고 한다. 따라서 대리인의 의사표시에 무능력자의 의사흠결, 사기, 강박 등이 있을 때에도 수권행위의 효력에 영향을 주지 않기 때문에 대리행위는 그대로 유효하고 거래의 안전을 기할 수 있다고 한다.

(나) 무명계약설(일종의 위임계약)

수권행위는 위임행위와는 전혀 별개의 것이지만, 수권행위가 다른 의사표시와 합체할 수 없다는 것은 아니다. 수권행위가 대내적 법률관계와 합체하느냐 하는 것은 입법정책과 법률행위해석의 문제이다. 수권행위가 단독행위라는 명문의 규정이 없고 보통 대리권의 수여에는 위임장을 교부하는데 그 배후에는 대리인의 승낙이 있음을 부인할 수 없기 때문에 수권행위는 위임과 유사한 무명계약이라고 한다.

(다) 판 례

판례는 수권행위를 단독행위로 보고 있다.

관련판례

소송위임은 소송대리권의 발생이라는 소송법상의 효과를 목적으로 하는 단독 소송해위로서 그 기초관계인 의뢰인과 변호사 사이의 사법상의 위임계약과는 성격을 달리하는 것이다(대판 1997. 12. 12. 95다20775).

4) 수권행위의 무인성 인정여부

본인·대리인 사이에 기초적 법률관계(위임, 고용, 도급 등)가 무효·취소로 인하여 실효된 경우에 수권행위도 그 영향을 받아 소급하여 그 효력은 잃게 되느냐의 문제이다. 원인행위가 소급적으로 실효되면 수권행위도 소급적으로 소멸하느냐가 문제되는 것이며 원인행위의 비소급적 소멸의 경우 예를들어 해지의 경우에는 대리권이 그때부터 소멸하게 된다고 보게 되며 이는 어느 견해에 의하더라도 동일하다. 또한 수권행위의 무인성 유인성 문제는 수권행위의 독자성을 인정하는 것을 전제로 한 것이며 수권행위의 독자성을 부정하면 당연히 유인성을 인정하는 결과로 될 것이다.

수권행위 자체에 흠결이 있는 경우 또는 내부적 원인행위가 수권행위와 함께 행해져서 원인행위의 흠결이 수권행위에도 영향을 미치는 경우에는 수권행위 자체가 무효, 취소가 되고 그에 의해 대리권이 소급적으로 소멸하므로 수권행위의 유인성, 무인성 여부는 논의의 실익이 없으므로 본인과 대리인 사이의 내부적 원인행위가 수권행위와 별도로 행해지고 원인행위에만 의사의 흠결이나 하자가 있는 경우, 원인행위의 흠결이나 하자가 대리인측에만 있는 경우, 원인계약이 해제로 인하여 소급적으로 실효된 경우 등에서 논의의 실익이 있다.

(가) 무 인 설

수권행위의 독자성을 인정한 실질적 근거가 대리권의 운명을 대리인의 의사표시의 흠에 영향받지 않도록 하여 거래의 안전을 기하려는 데 있음을 고려할 때 무인성을 인정하는 것은 독자성 인정의 당연한 귀결이라는 것으로 수권행위는 유효하게 존속할 수 있다는 입장이다. 특히 수권행위의 무인성을 긍정해야 대리인의 행위가 유권대리로 되어 거래의 안전을 도모할 수 있다는 점, 제128조 전단에서 원인관계가 종료하면 대리권이 소멸하는 것으로 규정되어 있으나 이는 대리권의 비소급적 소멸만을 규정할 뿐 수권행위의 유인성을 직접 규정한 것은 아니라는 점 등을 근거로 한다. 다만 이 견해에서도 원인행위의 실효에 의해 대리권이 소급적으로 소멸하지는 않고 다만 그때부터 장래를 향하여는 대리권이 소멸한다고 보며 특히 수권행위가 원인행위와 합체되어 행해진 때에는 유인성을 인정할 수밖에 없으므로 원인행위의 실효에 의해 대리권도 함께 소멸한다고 본다.

(나) 유 인 설

수권행위를 무인적으로 보는 것은 지나치게 추상적인 개념논리로서 당사자의 통상적 의사해석과 거리가 멀기 때문에 특별규정이 없는 한 통상적 의사해석에 따라 수권행위와 기초적 내부관계의 유인성을 인정해야 한다고 한다. 즉 수권행위도 효력을 상실한다는 견해이다. 이 설은 제128조의 조문에서 원인관계가 종료하면 대리권이 소멸하는 것으로 규정되어 있는 점을 실정법적 근거로 제시한다. 이 견해에 의하면 원인행위가 실효되면 수권행위도 효력이 소멸하여 대리권이 소멸하므로 대리인의 행위는 무권대리가 되나 거래의 안전과 관련해서는 별도의 제3자 보호규정이 있는 경우(제107조 내지 제110조)에는 그에 의하여 선의의 상대방은 보호받을 수 있고 또 그 외에도 표현대리를 적용할 수도 있으며, 특히 원인행위의 실효원인이 대리인측의 사유에 의한 것이라면 상대방은 대리인에게 제135조의 책임을 물으면 된다고 본다.

(다) 수권행위 이분설

수권행위를 본인이 대리인에게 하는 내부적 수권행위와 본인이 거래의 상대방에게 하는 외부적 수권행위로 나누어 내부적 수권행위는 유인행위이므로 원인행위가 실효되면 내부적 수권행위는 함께 실효하지만 외부적 수권행위는 무인행위라고 보아 외부적 수권행위는 원인행위의 실효에 영향을 받지 않고 효력을 유지한다고 본다. 이 견해는 외부적 수권행위만 효력이 있는 경우를 표현대리로 다루기 때문에 원인행위가 실효되더라도 거래의 상대방과의 관계 즉 외부적 수권행위에서는 그대로 효력이 존속한다고 보아 대리권이 존재한다고 믿고 거래한 상대방은 제129조의 표현대리 규정의 유추적용에 의하여 보로를 받는다고 한다.

5) 수권행위의 방식

(가) 방식의 무제한성

명문의 규정이 없으므로 위임장이라는 서면뿐만 아니라 구두에 의한 수권행위도 인정된다. 즉 수권행위는 불요식행위이다.

(나) 대리행위의 방식 규정을 수권행위에 유추적용하는 문제

대리행위가 요식행위인 경우 수권행위도 그 방식에 따라야 하는지에 대하여, ① 부정설 (수권행위는 불요식행위로서 대리하는 법률행위가 요식행위라 하여 수권행위도 그 방식을 따를 이유는 없다)과 ② 제한적긍정설(수권행위는 대리행위와 독립하여 있으면서도 연계성을 갖고 있으므로, 대리행위의 방식규정이 수권행위에 관하여 적용되지 않으면 그 방식규정의 존재의의가 몰각되는 경우에 한하여 수권행위에도 유추적용한다)이 있다.

6) 수권행위의 상대방

(가) 문제의 소재

수권행위의 상대방이 누구인가에 대해 민법은 규정을 두고 있지 않다. 하지만 수권행위의 성질을 계약으로 본다면 수권행위의 상대방은 대리인이 될 것이 분명하다. 그런데 수권행위를 단독행위로 보는 통설에 의할 경우 수권행위 상대방이 누구인가에 대해서는 견해가 대립한다.

(나) 학 설

① 다수설은 수권행위의 상대방은 대리인에 한한다고 본다. 따라서 대리인이 아닌 대리행위의 상대방이 될 제3자에게 특정인에게 대리권 수여를 한다는 표시를 하더라도 이는 수권행위는 아니며 따라서 그 특정인의 대리

행위는 무권대리이나 다만 이러한 표시는 제125조의 대리권을 수여함을 표시한것에 해당하여 상대방이 이를 믿고 그 특정인을 통하여 대리행위를 한 경우 표현대리의 보호를 받을 뿐이라고 한다. 이에 반해 ② 대리인뿐 아니라 대리행위의 상대방인 제3자도 수권행위의 상대방이 될 수 있다는 견해가 있고 , ③ 수권행위를 내부적 수권과 외부적 수권으로 구분하고 내부적 수권은 본인이 대리인에게 대리권을 수여하는 것을 말하고 외부적 수권은 본인이 대리행위의 상대방인 제3자에게 특정인을 대리인으로 한다는 표시를 하는 것을 의미한다고 보아 이 경우 제3자도 수권행위의 상대방이 될 수 있다고 보는 견해가 있다.

3. 대리권의 범위

(1) 법정대리권의 범위

법정대리권의 범위는 법률의 규정에 의해 정해지며, 이러한 규정은 강행규정이다. 즉 친권자·후견인은 무능력자의 법률행위에 관하여 대리권이 있고, 부재자의 재산관리인은 재산의 관리행위(보존·이용·개량행위)를 할 권한이 있다.

(2) 임의대리권의 범위

임의대리권의 범위는 수권행위에 의하여 정하여 진다. 권한을 정하지 아니한 대리인은 다음 각 호의 행위만을 할 수 있다.

1) 보존행위
2) 대리의 목적물건이나 권리의 성질을 변하지 아니하는 범위에서 그 이용 또는 개량 하는 행위

(가) 수권행위에 의한 결정

임의대리권의 범위는 수권행위에 의해 정해지며, 이때 본인이 어느 범위까지 수권하였는지는 수권행위의 해석문제로서 의사표시해석의 일반원칙에 따라 개별적·구체적으로 정해진다.

관련판례

① 토지매각의 대리권은 잔대금을 수령하고 소유권이전등기를 할 권한을 포함한다(대판 1958. 3. 27. 4290민상840).

② 소비대차계약의 대리권은 그 계약의 내용을 이루는 기한을 연기하고 이자와 잔여금을 수령할 권한을 포함한다(대판 1948. 2. 17. 4280민상236).

③ 부동산처분에 관한 소요서류를 준 것은 특단의 사정이 없는 한 그 부동산의 처분에 관한 대리권을 준 것으로 본다(대판 1959. 7. 2. 4291민상329).

④ 대여금의 영수권한만을 위임받은 대리인이 그 대여금채무의 일부를 면제하기 위하여는 본인의 특별수권이 필요하다(대판 1981. 6. 23. 80다3221).

⑤ 채권담보의 목적으로 채무불이행시에 대물변제에 충당하기 위하여 부동산의 매도증서를 채권자에게 교부하였다 하더라도 대물변제에 충당되기 이전에는 그 채권자에게 부동산을 매도할 수 있는 대리권을 준 것은 아니다. 한편, 판례는 인장이 교부된 경우에는 일정한 대리권의 수여로 보는 경우가 많지만 부정하는 경우도 있다(대판 1963. 2. 28. 62다910).

⑥ 부동산관리인에게 인감을 보관시킨 것은 처분권의 부여가 아니다(대판 1973. 6. 5. 72다2617).

⑦ 가옥이전용 인감증명만을 교부하여 부동산매매의 알선을 부탁한 경우는 가옥의 처분권의 부여가 아니다(대판 1982. 4. 13. 81다408).

⑧ 은행으로부터 융자를 받도록 하기 위하여 부동산의 등기부등본과 인감증명을 주었다 하여 부동산의 처분을 대리권을 주었다고 할 수 없다(대판 1962. 10. 11. 62다436).

(나) 제118조에 의한 결정

(a) 제118조의 취지

본조는 대리권의 범위가 수권행위에 의해 정해지지 않거나 명백하지 아니한 경우에 대비한 보충규정이며, 대리권의 범위가 명백하거나 표현대리가 성립하는 경우에는 적용되지 않는다(대판 1964. 12. 8. 64다968).

(b) 보존행위

보존행위란 물건이나 권리의 사용가치 또는 교환가치를 현 상태로 유지하여 그 가치의 감소를 방지하는 행위를 말한다. 재산의 현상을 유지하는 행위로서 물건의 수선, 기한도래한 채무의 변제, 소멸시효의 중단행위, 미등기부동산의 등기, 무효등기의 말소청구 등이 이에 해당한다. 보존행위에 해당하는가는 실질적으로 파악해야 한다. 따라서 일반적인 목적물의 매각 등 처분행위는 이에 포함되지 않으나 실질적으로 현상유지에 해당하는 처분행위, 예컨대 부패하기 쉬운 물건의 매각행위 등도 포함한다.

(c) 이용행위·개량행위

이용행위 또는 개량행위는 모두 그 권리나 물건의 성질을 변화시키지 않는 범위 내에서 유익한 행위이다. 이용 또는 개량행위를 합하여 관리행위라 표현하기도 한다. 이용행위란 물건이나 권리를 사용·수익하는 행위를 말하고, 개량행위란 대리의 목적인 물건이나 권리의 사용가치 또는 교환가치를 증가시키는 행위를 말한다. 대리의 목적인 물건이나 권리의 성질이 변하는 이용행위·개량행위, 예컨대 예금을 주식으로 바꾸는 행위 등은 허용되지 않는다.

4. 대리권의 남용

(1) 대리권의 남용의 의의

대리권의 남용이란, 대리인이 외형적·형식적으로는 대리권의 범위 내에서 한 행위이지만 본인의 이익을 위해서가 아니라 자기의 이익을 꾀하기 위하여 대리행위를 하는 등 본인과 대리인 사이의 내부적 기초관계에 위반하여 대리행위를 한 경우를 말한다.

(2) 대리권남용의 법률적 취급

1) 문제의 소재

대리권 남용은 대리권의 범위 내에서 본인의 이름으로 대리행위를 하였으므로 대리행위로서는 일단 유효하여 본인에게 그 효과가 귀속되지만, 대리인이 상대방과 공모하거나 배임의 목적으로 대리행위를 한 경우 본인에게 대리의 효과를 발생시키면 본인의 이익을 해하고, 본인에의 효과귀속을 부정하면 대리제도의 신용을 해한다. 따라서 대리인의 배임적 의도를 상대방이 알고 있는 경우 등 일정한 경우에는 그 대리행위의 효력을 부정하여야 할 것인데 이와같이 대리행위의 효력을 부정할 수 있는 근거나 기준을 어떻게 이론구성할 것인가가 대리권 남용의 문제이다.

2) 학　설

(가) 제107조 제1항단서 유추적용설

대리인이 배임행위를 한 경우에도 대리의사는 있는 것이 되므로, 그 행위는 대리행위로서 유효하게 성립하고, 대리인은 본인에 대해 내부적 책임을 부담할 뿐이다.

다만 대리인의 배임의사를 상대방이 알았거나 또는 알 수 있었음을 본인이 입증하는 때에는 제107조 제1항 단서의 취지를 유추하여 대리행위의 효력을 부정하는 것이 타당하다고 한다. 따라서 이러한 경우 대리행위는 무효가 되며 다만 전득자(제3자)는 선의인 경우에 한하여 보호를 받을 수 있다. 이 경우 대리인에게 제135조의 책임을 물을 수는 없다.

(나) 대리권남용설(무권대리설·대리권부인설)

제107조 제1항 단서를 유추적용하게 되면 대리행위의 상대방이 권한을 넘은 대리를 알지 못했던 주의의무위반을 기준으로 하게 되므로, 거래안전의 보호라는 표현대리제도의 취지가 몰각된다. 따라서 배임대리행위에 있어서 대리권의 부정은 제107조 제1항 단서의 유추적용에 의할 것이 아니라, 대리제도의 목적으로부터 도출하여야 한다. 그러므로 객관적으로 배임행위, 즉 대리인이 본인의 불이익으로 자기이익을 위하는 행위를 하여야 하고, 주관적으로 대리인과 법률행위를 한 상대방이 이러한 배임행위를 알았거나 정당한 이유없이 알지 못한 경우이어야 한다는 요건이 충족되면 대리권이 부정되어 무권대리행위가 된다. 다만 정당한 이유의 존부에 대하여는 이미 대리권 남용의 요건에서 검토하였으므로 제126조의 표현대리가 되는 경우는 없다. 전득자(제3자)는 보호되지 않는다. 이 경우 대리인에게 제135조 책임을 물을 수는 없다.

(다) 권리남용설

대리권남용의 문제는 결국 대리인의 권한남용에 의한 위험을 어떻게 분배해야 하느냐라는 관점에서 처리하게 된다. 대리인은 통상 본인의 지배권·이익권에 속하기 때문에 그러한 위험은 본인이 원칙적으로 부담해야 할 것이다. 다만 상대방의 권리행사가 신의칙에 반하는 경우에는 상대방이 위험을 부담하도록 하는 것이 좋을 것이다.

즉 거래보호를 중시하는 입장에서 대리권남용이론 또는 신의칙이론으로 해결하는 것이 타당하다고 한다. 대리인의 진의가 배임적인 것임을 상대방이 안 경우 즉 악의 또는 중과실로 알지 못한 경우 그 행위의 유효를 주장하지 못한다. 다만 선의의 제3자는 보호한다. 이 경우 대리인에게 제135조의 책임을 물을 수는 없다.

관련판례

① 제107조 제1항 단서를 유추적용한 경우 : 제107조 제1항에서 규정하고 있는 진의 아닌 의사표시가 대리인에 의하여 이루어지고, 그 대리인의 진의가 본인의 이익이나 의사에 반하여 자기 또는 제3자의 이익을 위한 배임적인 것임을 그 상대방이 알았거나 알 수 있었을 경우에는 동항 단서의 유추해석상 그 대리인의 행위는 본인의 행위로 성립할 수 없으므로 본인은 대리인의 행위에 대하여 아무런 책임이 없다 할 것이며, 이때에 그 상대방이 대리인의 표시의사가 진의 아님을 알았거나 알 수 있었는가의 여부는 표의자인 대리인과 상대방 사이에 있었던 의사표시의 형성과정과 그 내용 및 그로 인하여 나타나는 효과 등을 객관적 사정에 따라 합리적으로 판단하여야 한다(대판 1987. 11. 10. 86다카371 등).

② 권리남용설에 의한 경우 : 주식회사의 대표이사가 그 대표권의 범위 내에서 한 행위는 설사 그 대표이사가 회사의 영리목적과 관계없이 자기 또는 제3자의 이익을 도모할 목적으로 그 권한을 남용한 것이라 할지라도 일응 회사의 행위로서 유효하고 다만 그 행위의 상대방이 그와 같은 정을 알았던 경우에는 그로 인하여 취득한 권리를 회사에 대하여 주장하는 것이 신의칙에 반하므로 회사는 상대방의 악의를 입증하여 그 행위의 효과를 부인할 수 있을 뿐이다(대판 1987. 10. 13. 86다카1522).

(3) 대리권 남용의 효과

1) 일반적 효과

대리권 남용에서 상대방이 남용사실을 알았거나 알 수 있어서 무효로 된 경우 상대방은 대리인에게 불법행위책임을 물을 수 있고, 대리인이 본인과 사용관계가 있는 경우 본인에게 사용자책임을 물을 수 있게 된다. 다만 이 경우 상대방은 대리인의 대리행위가 사무집행에 해당하지 않는다는 사실을 알았거나 중대한 과실로 알지 못한 경우 사용자책임을 물을 수 없다(대판 1983. 6. 28. 83다카217).

2) 친권남용에 대리권 남용의 법리적용

친권자인 모가 미성년자인 자의 법정대리인으로서 자의 유일한 재산을 아무런 대가도 받지 않고 증여하였고 상대방이 그 사실을 알고 있었던 경우 증여행위는 친권의 남용에 의한 것이므로 그 효과는 자에게 미치지 않는다. 이 경우 증여행위는 무효이므로 등기말소를 청구할 수 있다. 이때 친권자도 무효등기의 말소청구를 할 수 있다.

관련판례

친권자의 법정대리권의 남용으로 인한 법률행위의 효과가 미성년인 자에게 미치지 아니한다고 하여 그 친권자의 친권이 상실되어야 하는 것은 아니며 친권자가 자의 법정대리인으로서 소송대리인을 선임하여 그 증여에 기하여 이루어진 소유권이전등기의 말소를 구하는 소를 제기하였다고 하여 이를 금반언의 원칙에 어긋난 것으로 볼 수도 없다(대판 1997. 1. 24. 96다43928).

5. 대리권의 제한

(1) 자기계약 및 쌍방대리의 금지

대리인은 본인의 허락이 없으면 본인을 위하여 자기와 법률행위를 하거나 동일한 법률행위에 관하여 당사자쌍방을 대리하지 못한다.

그러나 채무의 이행은 할 수 있다(제124조).

1) 의 의

① 자기계약이란 대리인이 본인의 이름으로 본인을 대리하면서 동시에 자기이름으로 본인과 자기 사이의 계약을 체결하는 것, 즉 A와 B의 대리인 A가 계약을 체결하는 것을 말한다.

② 쌍방대리란 대리인이 본인의 이름으로 본인을 대리하면서 동시에 상대방을 대리하여 본인과 상대방의 법률행위를 하는 것, 즉 을의 대리인 갑과 병의 대리인 갑이 계약을 체결하는 것을 말한다.

2) 근 거

(가) 정 책 설

대리에서 3면관계가 생긴다는 것은 현실적으로 세 명의 인격자를 필요로 한다는 의미가 아니라 법률상의 세 주체를 필요로 한다는 것을 의미할 뿐이므로 자기계약과 쌍방대리도 대리로서 성립할 수 있지만, 본인의 이익을 해할 염려가 있으므로 자기계약 및 쌍방대리를 원칙적으로 금하는 것이다.

(나) 본 질 설

계약이란 2인 이상의 자가 그 의사결정에 의하여 하나의 법적규율을 형성하는데 그 본질이 있는데 자기계약과 쌍방대리의 경우에는 계약이라는 형식 속에 단순히 1인에 의한 법적 규율이 존재하고 있을 뿐이므로 계약이 아니라고 한다. 다만 본인의 승낙이 있는 경우에 자기 계약과 쌍방대리를 허용하는 것은 민법이 사적자치에 의하여 자기계약과 쌍방대리를 계약과 동일한 것으로 선언하는 것이라고 한다.

3) 금지위반의 효과

자기계약·쌍방대리의 금지를 위반한 행위가 행해진 경으 그 효과에 대해 견해가 대립한다. ① 통설은 자기계약이나 쌍방대리 금지는 본인을 보호하기 위한 취지를 갖고 있다고 보고 따라서 이는 본인보호를 위한 대리권의 제한사유이며 이를 위반하여 자기계약이나 쌍방대리를 하면 대리행위는 무권대리가 되고 다만 본인이 이를 추인하면 유권대리로 전환할 수 있다. 쌍방대리의 경우 상대방이 본인의 쌍방대리에 관한 허락이 있다고 믿을 만한 정당한 이유가 있는 때에는 표현대리의 성립도 인정해야 한다고 한다. 이와달리 ② 소수설은 자기계약이나 쌍방대리는 계약의 경우에도 단순히 1인에 의한 법적 규율이 존재할 뿐이라고 하면서 따라서 계약이 불성립한다고 보는 견해이다. 다만 민법은 예외적으로 본인의 허락이 있으면 자기계약이나 쌍방대리를 허용하는데 이는 본인의 허락이 있으면 계약이 성립하지는 않지만 사적 자치의 원칙에 의하여 계약과 동일한 효력을 인정함을 선언한 것일 뿐이라고 한다.

관련판례

민법 제124조는 대리인은 본인의 허락이 없으면 본인을 위하여 자기와 법률행위를 하거나 동일한 법률행위에 관하여 당사자 쌍방을 대리하지 못한다고 규정하고 있으므로 부동산 입찰절차에서 동일물건에 관하여 이해관계가 다른 2인 이상의 대리인이 된 경우에는 그 대리인이 한 입찰은 무효이다(대결 2004. 2. 13. 2003마44).

4) 금지의 예외

(가) 본인의 허락이 있는 경우

특정한 법률행위에 관하여 본인의 승낙이 있으면 당사자 쌍방을 대리할 수 있다. 판례는 사채알선업자를 채권자와 채무자 쌍방의 대리인으로 보면서 금전대차계약체결행위의 효력을 인정한다.

관련판례

사채알선업자는 어느 일방만의 대리인이 아니고 채권자 쪽을 대할 때는 채무자 측의 대리인 역할을 하게 되는 것이고 반대로 돌아서서 채무자 쪽을 대할 때에는 채권 측의 대리인으로서 역할을 하게 된다(대판 1979. 10. 30. 79다425).

본인의 허락은 묵시적으로도 가능하다고 본다. 예컨대 쌍방대리행위에 대해 본인이 이의제기를 하지 않은 것을 허락으로 볼 수도 있다.

관련판례

변호사가 쌍방의 소송대리를 한 경우 당사자가 이의를 제기하지 않으면 소송행위는 유효하다(대판 1995. 7. 28. 94다44903).

(나) 채무의 이행

이미 확정되어 있는 법률관계를 결제하는 것에 지나지 않으므로 본인의 이익을 부당하게 해하지 않기 때문이다. 따라서 채무의 이행외에 본인의 이익을 해칠 염려가 없는 경우에도 예외적으로 허용된다(통설). 그러나 대물변제, 경개, 기한미도래의 채무나 다툼 있는 채무, 항변권 있는 채무의 변제 등은 새로운 이해관계가 발생할 수 있으므로 자기계약, 쌍방대리가 허용되지 않는다.

5) 적용범위

① 법정대리와 임의대리에 모두 허용된다(통설).

② 제124조는 상대방 없는 단독행위에는 적용될 여지가 없지만 상대방 있는 단독행위에 대해서는 제124조가 적용된다고 본다. 그리고 상계는 채무이행에 준하는 것이므로 제124조 단서가 적용되어 자기대리, 쌍방대리가 허용된다고 본다.

③ 다수설은 사단법인 설립행위를 합동행위로 보면서 여기에는 제124조가 적용되지 않고 자기계약이나 쌍방대리가 허용된다고 본다. 이와달리 합동행위 개념을 부정하고 사단법인 설립행위를 특수한 계약으로 보면서 다만 그 행위의 특성상 제124조는 적용되지 않고 자기계약이나 쌍방대리가 허용된다고 보는 견해도 있다.

6) 유사제도

① 법인대표에 있어서 이해상반행위의 금지 : 법인과 이사의 이해가 상반하는 사항에 관하여는 그 이사에게는 대표권이 없고 이 경우에 일정한 자의 청구에 의하여 법원은 특별 대리인을 선임하여야 한다(제64조).

② 법정대리에 있어서 이해상반행위의 금지 : 법정대리인인 친권자나 후견인은 이해상반행위를 하는 것을 금하고 특별대리인을 선임하게 하고 있다. 그런데 이해상반행위는 자기계약이나 쌍방대리보다 그 범위가 넓다. 예컨대 법정대리인이 자신의 채무에 대한 담보를 위하여 채권자에게 미성년자의 부동산에 저당권을 설정하여 주는 행위는 이해상반행위이지만 자기계약이나 쌍방대리에는 해당하지 않는다. 이 경우 제921조와 제124조의 관계에 대해 제921조의 이해상반행위 금지규정을 특별규정이라고 보는 것이 일반적인 견해이다. 다라서 이해상반행위가 아니라면 자기계약이나 쌍방대리도 허용된다고 보게 된다.

관련판례

법정대리인인 친권자가 부동산을 매수하여 이를 그 자에게 증여하는 행위는 미성년자인 자에게 이익만을 주는 행위이므로 친권자와 자 사이의 이해상반행위에 속하지 아니하고 또 자기계약이지만 유효하다(대판 1981. 10. 13. 81다649).

③ 이사 또는 사원의 회사와의 자기거래금지 : 이사가 회사와 거래를 할 때 주식회사의 경우 이사회의 승인을 요하며(상법 제398조), 이러한 승인이 있는 경우에는 제124조가 적용되지 않는다.

(2) 공동행위

대리인이 수인인 때에는 각자가 본인을 대리한다. 그러나 법률 또는 수권행위에 다른 정한 바가 있는 때에는 그러하지 아니하다(제119조).

1) 단독대리의 원칙(각자대리의 원칙)

대리인이 수인인 경우 각자 본인을 대리할 수 있는 것이 원칙이다.

2) 공동대리의 의의 및 인정이유

법률의 규정 또는 수권행위에 의하여 수인의 대리인이 공동으로만 대리행위를 하여야 하는 것을 공동대리라고 한다. 공동대리를 하게 하는 것은 수인의 대리인으로 하여금 의사결정을 신중하게 하고, 대리권의 남용으로부터 본인을 보호하기 위한 것이다. 이는 일종의 대리권 제한의 의미를 갖는다.

3) 공동의 의미와 방식

공동대리에서의 공동은 의사결정의 공동을 의미한다는 의사결정설이 통설이다. 따라서 내부적으로 공동대리인 전원의 의사의 합치가 있으면 일부가 의사표시를 하여도 좋다. 공동대리인 전원의 합의로 1인에게 의사의 결정을 위임하는 것은 공동대리의 취지에 반하므로 허용되지 않는다고 한다. 반면, 공동대리인이 원칙적으로 표시행위를 공동으로 해야 한다는 입장에서 공동대리인으로서 행위한다는 표시를 한 경우 제한적으로 1인의 대리행위를 인정하는 표시행위설도 있다.

4) 위반의 효과

공동대리인이 단독으로 대리행위를 한 경우의 효과는 공동대리의 의미를 어떻게 이해하느냐에 따라 다르다.

(가) 무권대리설

의사결정 공동설에 의하면 공동대리에 위반하여 공동대리인이 의사의 합의 없이 단독으로 대리행위를 한 경우에는 무권대리가 되며 제126조의 권한을 넘은 표현대리가 될 수 있다고 본다.

(나) 제한적 무권대리설

표시행위 공동설에 의하면 공동대리인 가운데 1인이 대리행위를 하면서 공동대리인으로서 한다는 표시를 한 경우에는 아직 미완성의 의사표시로서 대리행위로서의 효력이 발생하지 않으며 무권대리나 표현대리를 적용할 여지가 없다고 본다. 이에반해 공동대리인임에도 단독대리인으로서 행위한다고 표시한 때에는 다른 대리인의 수권이 없는 한 무권대리가 되며 제126조의 표현대리를 적용할 수 있다고 본다.

5) 수동대리에서의 적용여부

공동대리의 경우 의사표시를 수령하는 것도 공동으로 하여야 하느냐가 문제된다.

(가) 단독수령설

공동대리라고 의사표시의 수령은 각 대리인이 단독으로 할 수 있다는 견해이다. 상대방을 보호하고 거래의 편의를 기한다는 점을 근거로 한다.

(나) 공동수령설

의사표시의 수령도 공동으로 하여야 한다는 견해이다. 상법에서 공동지배인은 단독으로 수령할 수 있다는 규정이 있으나 민법에는 이를 규정하지 않고 있다는 점을 근거로 한다.

6. 대리권의 소멸

(1) 서 설

민법은 제5장의 법률행위 대리편에서 임의대리권과 법정대리권의 공통된 소멸사유와 임의대리권에 특유한 소멸사유만을 규정하고 법정대리권의 소멸에 대하여는 개별적으로 규정하고 있다.

(2) 공통의 소멸원인

대리권은 다음 각 호의 사유로 소멸한다.

① 본인의 사망

② 대리인 사망, 성년후견의 개시 또는 파산(제127조)

1) 본인의 사망

(가) 원 칙

본인이 사망하면 대리권은 소멸한다. 본인의 사망에는 실종선고를 받은 경우와 인정사망의 경우를 포함한다.

(나) 예 외

① 특약이 있는 경우 : 본인이 사망한 경우 대리인은 그 본인의 상속인의 대리인이 당연히 되는 것이 아님이 원칙이다. 그러나 제127조 제1호는 강행규정이 아니므로 상속인의 합리적 의사에 반하지 않는 특약은 허용된다.

② 긴박한 사정이 있는 경우: 제690조(사망·파산 등과 위임의 종료)와 제691조(위임종료시의 긴급처리)에 상응하여 대리권도 존속한다고 해석한다(통설). 이러한 법리는 기초적 법률관계가 위임이 아니고 도급·조합인 경우에도 유추적용된다고 본다.

③ 다른 법률의 규정이 있는 경우 : 한편 상행위의 위임에 의한 대리권과 소송대리권에 대하여는 예외규정이 존재한다.

민법 제690조 【사망, 파산 등과 위임의 종료】

위임은 당사자 일방의 사망 또는 파산으로 인하여 종료한다. 「수임인이 금치산선고」를 받은 때에도 같다.

민법 제691조 【위임종료시의 긴급처리】

위임종료의 경우에 급박한 사정이 있는 때에는 수임인, 그 상속인이나 법정대리인은 위임인, 그 상속인이나 법정대리인이 위임사무를 처리할 수 있을 때까지 그 사무의 처리를 계속하여야 한다. 이 경우에는 위임의 존속과 동일한 효력이 있다.

2) 대리인 사망

① 대리인이 사망한 경우에 상속인이 대리인이 지위를 당연히 승계하지는 못한다.

② 본인의 사망의 경우처럼 ㉮ 급박한 사정이 있거나 ㉯ 특약이 존재할 경우에 대리권은 당연히 존속한다고 보는 견해가 다수설임에 반하여, 이러한 해석은 대리제도 및 사적자치에 반하므로 허용되지 않는다는 비판도 있다.

3) 대리인의 성년후견의 개시 또는 파산

제한능력자나 파산자도 의사능력이 있는 한 임의대리인이나 법정대리인이 될 수는 있으나, 특히 대리인으로 선임된 후에도 이러한 사정으로 대리권 선임된 후의 성년후견의 개시 또는 파산선고를 의미한다고 본다(통설).

(3) 임의대리에 특유한 소멸사유

법률행위에 의하여 수여된 대리권은 제127조의 경우 외에 그 원인된 법률관계의 종료에 의하여 소멸한다. 법률관계의 종료 전 본인이 수권행위를 철회한 경우에도 같다(제128조).

1) 원인된 법률관계의 종료

임의대리권은 대리권 수여의 원인이 된 법률관계의 종료에 의하여 소멸한다. 대리권 수여의 원인이 되었던 위임이나 고용 등이 종료하면 대리권은 소멸하며 원인관계의 종료사유는 묻지 않는다. 다만 이 규정은 임의규정이므로 특약으로 원인관계의 종료에도 불구하고 대리권의 존속을 약정할 수 있다.

2) 수권행위의 철회

원인된 법률관계가 종료하기 전이라도 수권행위를 철회하면 임의대리권은 소멸한다. 수권행위는 독자성이 있으므로 원인관계와는 별도로 수권행위만 철회하는 것이 가능하도록 한 것이다. 이 규정도 임의규정이므로 특약에 의한 배제가 가능하다. 철회시의 상대방은 대리인 또는 대리행위의 상대방(제3자)이지만, 대리인에게 철회를 한 경우에는 이를 알지 못하는 상대방에 대해서 여전히 표현대리의 성립이 문제될 수 있다.

3) 대리인의 대리권의 포기

4) 본인의 파산

본인의 파산을 대리권 소멸사유로 규정하지 않고 있지만 수권행위는 본인·대리인간의 신뢰관계를 기초로 하므로 본인의 파산에 관하여도 제690조를 유추적용해야 한다는 것이 다수설이다. 이에 대하여 제128조 전문은 원인된 법률관계가 종료되면 대리권이 소멸한다고 규정하고 있으므로 일반원칙에 따라서 해결하면 족하고 특별히 본인의 파산으로 당연히 대리권이 소멸한다고 할 필요가 없다는 견해가 있다.

(4) 법정대리에 특유한 소멸사유

① 부재자 재산관리인의 선임의 취소 또는 해임
② 친권자의 친권상실선고
③ 친권자의 대리권 상실선고
④ 친권자의 대리권의 사퇴
⑤ 후견인의 결격사유의 발생
⑥ 후견인의 사퇴
⑦ 후견사무의 종료

Ⅲ. 대리행위

1. 서 설

대리에 있어서의 행위의 당사자는 대리인과 상대방이다.

대리행위란 대리인이 본인을 위한 것임을 표시하여 상대방에게 한 의사표시와 상대방으로부터 받은 의사표시를 말한다. 이러한 대리행위의 결과 발생하는 법적효과는 표의자(대리인)가 아닌 본인에게 발생하는 바, 그 이유는 대리인의 대리적 효과의사 때문이다. 대리적 효과의사를 상대방에게 표시하는 의사표시를 현명이라고 한다.

따라서 대리인의 대리행위와 관련하여 ① 현명주의에 대한 제반 문제를 기초로, ② 대리인의 의사표시에 하자가 있는 경우 본인과 대리인 중 누구를 기준으로 할 것인가와, ③ 대리인의 행위능력의 필요여부 등을 검토해야 한다.

2. 현명주의

(1) 의의 및 본질

1) 의 의

대리인이 상대방과 법률행위를 함에 있어서 자신이 대리인으로서 행위한다는 사실('본인을 위한 것'임을 표시)과 그 행위의 법률적 효과를 본인에게 귀속시키려고 하는 의사(대리의사표시)가 있어야 하는데, 이를 현명이라고 하고, 원칙적으로 현명한 경우에만 본인에게 효력이 발생하고 현명하지 아니한 경우 대리인 자신을 위한 것으로 보는 태도를 현명주의라고 한다. 이는 상대방 보호와 법률관계의 명확함을 위한 제도이다.

2) 본 질

(가) 대리적효과의사설

대리행위의 효과가 본인에게 발생하는 것은 대리인의 대리적 효과의사 때문이고, 현명은 바로 이 대리적 효과의사를 상대방에게 표시하는 의사표시라고 한다. 이는 대리인행위설에 바탕을 두고 있는 견해이다.

(나) 의사의 통지라는 견해

현명은 대리의 효과가 직접 본인에게 귀속하게 하는 대리의사의 표시가 아니고 규율로서의 법률행위의 주체가 본인임을 상대방에게 알리는 의사의 통지이다. 이는 본인행위설에 기초한 행위·규율분리설에 바탕을 둔 견해이다.

(2) 현명의 방식

1) 현명의 방법과 해석

현명은 갑의 대리인 을의 형식으로 하는 것이 일반적이다. 그러나 현명의 방법에는 특별한 제한이 없으므로 주위사정에 따라 본인을 위한 것이라는 것이 표시되면 충분하다. 즉 대리인임을 명시적으로 표시하지 않았다 하더라도 법률행위 전체에 비추어 본인을 위한 행위임을 인식할 수 있는 표시가 있으면 대리관계의 표시로 볼 수 있다.

예컨대 상점·식당 등 영업소에서 직원이나 종업원이 교부하거나 수령한 의사표시는 특별한 사정이 없는 한 모두 영업주의 이름으로 행하여진 것으로 본다. 그 외에 대리관계임을 표시하지 않고 대리인이 직접 본인 명의로 상대방과 계약을 체결하는 것도 대리의 효과를 인정한다(이른바 서명대리).

관련판례

① 현명의 방식에는 제한이 없으므로 구체적인 서면뿐만 아니라 구술에 의해서도 가능하다(대판 1946. 2. 1. 4278민상205).

② 영업소장이 한 물품공급계약행위는 다른 특별한 사정이 없는 한 회사를 대리하여 계약을 체결한 것이라 할 것이다(대판 1968. 3. 5. 67다2297).

③ 대리인은 대리인임을 표시하여 의사표시를 하여야 하는 것이 아니고 본인명의로도 할 수 있다(대판 1963. 5. 9. 63다67).

2) 본인의 이름을 유보한 현명

(가) 문제의 소재

현명을 할 때 본인에 관하여 어느 정도로 특정하여야 하는가 즉 본인의 이름을 밝히지 않은 경우에 대해 어떻게 되는가에 대해 견해가 나뉘고 있다.

(나) 학 설

(a) 타인성설

현명을 한다는 것은 타인성을 표시하는 것이므로 현명에 있어서는 법률행위의 타인성을 표시하면 족하므로 본인의 이름을 밝히지 않은 경우 또는 법률행위 당시 본인이 정하여져 있지 않은 경우에도 현명은 있다. 다만 대리인이 끝까지 본인의 성명을 밝히지 않는 경우에는 무권대리가 되어 대리인이 제135조에 다라 이행 또는 손해배상책임을 진다고 본다.

(b) 본인성명설

본인이 특정되거나 특정될 수 있어야 하며 따라서 본인의 이름이 명시되지는 않더라도 주위의 사정으로 본인이 누군지 알 수 있어야 한다는 견해이다. 이에 의하면 본인의 성명이 밝혀지지 않은 상태는 현명이 된 것이 아니므로 계약은 대리인과 상대방 사이에 잠정적으로 성립하고 후에 본인의 성명이 밝혀지면 본인이 그 계약당사자의 지위를 승계하게 된다고 보며, 본인의 성명이 결국 밝혀지지 않으면 대리인이 계약의 당사자가 되어 이행을 하여야 한다고 본다.

(다) 판 례

관련판례

대리인이 어음행위를 하려면 어음상에 대리관계를 표시하여야 하는 바, 그 표시방법에 대하여 특별한 규정이 없으므로 어음상에 대리인 자신을 위한 어음행위가 아니고 본인을 위하여 어음행위를 한다는 취지를 인식할 수 있을 정도의 표시가 있으면 대리관계의 표시로 보아야 한다(대판 1973. 12. 26. 73다1436).

3) 수동대리의 현명

수동대리에는 제115조가 적용되지 않는다. 수동대리의 경우 대리인이 본인을 위해 수령하는 것이 아니라 반대로 상대방이 본인에 대한 의사표시임을 표시해야 한다.

(3) 현명하지 않은 대리행위의 효력

1) 원 칙

현명하지 않은 대리행위는 대리인 자신을 위한 것으로 간주되므로 대리인이 법률관계의 당사자가 되어 그로 인한 효과로 대리인에게 직접 발생한다. 그리고 이 경우에 대리인은 자신을 위하여 대리행위를 할 의사가 없었다는 이유로 착오를 주장할 수 없다(통설).

① 대리인행위설은 대리적 효과의사가 표시되지 않은 대리인의 의사표시는 대리인 자신의 의사표시로 간주되므로 이 규정은 당연규정이라고 한다. 반면 ② 행위와 규율의 분리이론은 대리에 의한 효과가 본인에게 귀속되는 것은 대리적 효과의사에 의해서가 아니라 본인의 자기결정에 의한 것이므로 이 규정은 상대방을 보호하기 위한 것이라고 한다.

본인이 사후에 추인할 수 있느냐에 대해 판례는 "무권리자가 타인의 권리를 자기의 이름으로 또는 자기의 권리로 처분한 경우에 권리자는 후일 이를 추인함으로써 그 처분행위를 인정할 수 있고 이러한 경우 특별한 사정이 없는 한 권리자 본인에게 위 처분행위의 효력이 발생함은 사적 자치의 원칙에 비추어 당연하다 할 것이고 이 경우 추인은 명시적으로 뿐만 아니라 묵시적인 방법으로도 가능하며 그 의사표시는 무권대리인이나 그 상대방 어느 쪽에 하여도 무장하다 할 것이다(대판 2001. 11. 9. 2001다44291)"고 하여 사적자치를 근거로 이를 유효로 인정하고 있다.

이 경우 표현대리를 적용할 수 있느냐에 대해서 판례는 표현대리의 적용을 부정한다. 이는 대리행위의 구조가 아니어서 대리권의 존재에 대한 신뢰를 논할 수 없기 때문이다.

관련판례

종중의 재산에 대한 매각의 대리권을 가진 자가 자신이 실제로 이를 매수한 것이라고 하면서 자신의 이름으로 타인으로부터 금전을 차용하고 양도담보계약을 체결한 경우 이는 대리행위가 아니므로 표현대리의 법리를 적용할 수 없다(대판 2001. 1. 19. 99다67598).

2) 예 외

① 현명을 하지 않았더라도 상대방이 대리관계임을 알았거나 알 수 있었다면 대리행위로서 효력이 발생한다(제115조 단서).

② 판례는 채권양도통지를 대리하면서 현명을 하지 않은 경우에도 같은 법리를 적용한다.

관련판례

채권양도통지 권한을 위임받은 양수인이 양도인을 대리하여 채권양도통지를 함에 있어서는 민법 제114조 제1항의 규정에 따라 양도인 본인과 대리인을 표시하여야 하는 것이므로 양수인이 서면으로 채권양도통지를 함에 있어 대리관계의 현명을 하지 아니한 채 양수인 명의로 된 채권양도 통지서를 채무자에게 발송하여 도달되었다 하더라도 이는 효력이 없다고 할 것이다. 채권양도 통지를 함에 있어 현명을 하지 아니한 경우라도 채권양도통지를 둘러싼 여러 사정에 비추어 양수인이 대리인으로서 통지한 것임을 상대방이 알았거나 알 수 있었을 때에는 제115조 단서의 규정에 의하여 유효하다(대판 2004. 2. 13. 2003다43490).

(4) 현명주의의 예외

1) 상사대리

상행위에 관하여는 현명주의가 적용되지 않는다(상법 제48조). 상대방 보호의 필요성이 없는 경우, 즉 상대방이 대리인으로서 한 것임을 알았거나 알 수 있었을 때에는 보통의 대리와 같이 취급하여 대리행위의 효력을 본인에게 발생한다.

- 상법 제48조(대리의 방식) -

상법 제48조는 “상행위의 대리인이 본인을 위한 것임을 표시하지 아니하여도 그 행위는 본인에 대하여 효력이 있다. 그러나 상대방이 본인을 위한 것임을 알지 못한 때에는 대리인에 대하여도 이행을 청구할 수 있다."라고 규정하여 민법상의 현명주의의 예외를 인정하고 있다.

2) 민법상의 대리

민법상의 법률행위에서도 개인의 개성을 중시하지 않는 단체성을 띠는 거래행위에 한해서는 현명주의의 예외를 인정할 것인가에 대해서 이를 긍정하는 견해와 부정하는 견해의 대립이 있다. 그런데 판례는 본인의 승낙하에 자신의 이름으로 행위를 한 것에 대해 이를 대행적 대리라고 하여 그 효력을 긍정한 것이 있다.

관련판례

갑이 을을 대리하여 토지를 매도하였다는 주장에는 갑이 을을 이른바 대행적으로 대리하여 자신의 명의로 토지를 매도하였다는 주장도 포함되어 있다고 본다(대판 1995. 2. 28. 94다19341).

(5) 타인명의의 법률행위

1) 문제의 소재

행위자가 자신의 명의가 아닌 타인 명의로 법률행위를 한 경우 그 법률행위의 효과가 문제된다.

2) 학 설

(가) 종래 통설

행위자가 타인의 이름으로 법률행위를 할 권한이 있느냐를 중심으로 효력을 논 하였다 ① 행위자에게 권한이 있는 경우 즉 본인이 명의사용을 허락한 경우는 일종의 서명대리이므로 유권대리로서 명의자에게 효력이 귀속한다고 한다. ② 다만 고용, 위임, 숙박계약, 현금거래, 대량거래 등의 경우에는 명의자가 아닌 행위자가 법률행위의 당사자이므로 행위자에게 효과가 귀속하며 인적 색채가 강한 조합, 임대차 등도 그 효과가 명의자가 아닌 행위자에게 귀속한다고 본다.

(나) 유 력 설

유권대리, 무권대리를 논하기 전에 먼저 당사자의 확정이 선행되어야 한다고 본다. 즉 명의자가 당사자냐 행위자가 당사자냐 이다. 이는 법률행위의 해석 문제이며 양 당사자가 누구를 행위의 당사자로 할 것인가에 대해 의사의 일치가 있으면 그가 당사자가 되고(자연적 해석), 누가 당사자인가에 관하여 일치하는 의사가 없는 경우 합리적인 인간이라면 누구를 당사자로 이해했어야 하느냐에 따라 당사자를 확정해야 한다고 본다(규범적 해석). 만약 명의자가 당사자로 해석되는 경우에는 행위자가 권한없이 행위한 경우이므로 이에 대해서는 대리에 관한 규정을 적용할 수 있다고 본다.

관련판례

계약을 체결하는 행위자가 타인의 이름으로 법률행위를 한 경우에 행위자 또는 명의인 가운데 누구를 계약의 당사자로 볼 것인가에 관하여는 우선 행위자와 상대방의 의사가 일치한 경우에는 그 일치한 의사대로 행위자 또는 명의인을 계약의 당사자로 확정해야 하고 행위자와 상대방의 의사가 일치하지 않는 경우에는 그 계약의 성질, 내용, 목적, 체결 경위 등 그 계약체결 전후의 구체적인 제반사정을 토대로 상대방이 합리적인 사람이라면 행위자와 명의자 중 누구를 계약 당사자로 이해할 것인가에 의하여 당사자를 결정하여야 한다(대판 2003. 12. 12. 2003다44059).

3. 대리행위의 하자

(1) 의 의

대리에 있어서는 어디까지나 법률행위의 당사자는 대리인이다. 따라서 의사표시의 효력이 의사의 흠결, 사기, 강박 또는 어느 사정을 알았거나 과실로 알지 못한 것으로 인하여 영향을 받을 경우에 그 사실의 유무는 대리인을 표준하여 결정한다. 특정한 법률행위를 위임한 경우에 대리인이 본인의 지시에 좇아 그 행위를 한 때에는 본인은 자기가 안 사정 또는 과실로 인하여 알지 못한 사정에 관하여 대리인의 부지를 주장하지 못한다(제116조).

1) 103조, 104조 위반

이중매매를 대리인이 한 경우 적극 가담 여부, 즉 반사회질서 여부(제103조)는 대리인을 기준으로 한다(대판 1998. 2. 27. 97다45532). 이에 반해 매도인의 대리인이 매매한 경우 그 매매가 민법상의 불공정한 법률행위(제104조)인가를 판단함에는 매도인의 경솔, 무경험은 그 대리인을 기준으로 하여 판단하여야 하고, 궁박상태에 있었는지 여부는 매도인 본인의 입장에서 판단하여야 한다(대판 1972. 4. 25. 71다2255).

2) 비진의 표시

대리인을 기준으로 하므로 대리인이 비진의표시를 하면 일단 유효하나 상대방이 비진의임을 알았거나 알 수 있었다면 무효로 된다(제107조). 본인은 제3자가 아니기 때문에 선의의 제3자로서 보호받지는 못한다.

3) 통정허위표시

대리인이 대리권의 범위 내에서 본인의 이름으로 법률행위를 하면서 상대방과 통모하여 허위표시를 한 경우에는 본인의 선의 여부를 불문하고 의사표시는 허위표시로서 무효이고, 본인은 제3자가 아니기 때문에 선의의 제3자로서 보호받지는 못한다.

4) 착 오

착오가 있었는지의 여부 그리고 중과실이 있는지 여부는 대리인을 기준으로 판단한다. 다만 그 착오가 중요한 부분에 해당하는지 여부는 본인을 기준으로 판단한다.

관련판례

매수인이 대리인을 통하여 분양택지 매수지분의 매매계약을 체결할 경우 대리인이 매도인과의 매매계약에 있어서 그 계약 내용, 잔금의 지급기일, 그 지급여부 및 연체 지연손해금 액수에 관하여 잘 알고 있었다고 인정되는 때에는 설사 매수인이 연체 지연손해금 여부 및 그 액수에 관하여 모른 채로 대리인에게 대리권을 수여하여 매도인과의 사이에 그 매매계약을 체결하였다고 하더라도 매수인으로서는 그 자신의 착오를 이유로 매도인과의 매매계약을 취소할 수는 없다(대판 1996. 2. 13. 95다41406).

5) 사기 · 강박

① 대리인에 대한 상대방의 사기, 강박은 대리인을 기준으로 하자 여부를 판단하므로 취소권이 인정되나 취소권은 본인에게 발생한다. 따라서 대리인이 취소를 하기 위해서는 본인의 특별수권이 필요하다. 다만 대리인이 사기, 강박을 당하지 않는 한 본인이 사기나 강박을 당하더라도 취소를 할 수 없다(대판 1967. 4. 18. 66다66). ② 상대방에 대한 대리인의 사기, 강박은 상대방이 사기, 강박을 이유로 취소할 수 있으며 이는 당사자의 사기, 강박이지 제3자의 사기, 강박이 아니다. 따라서 본인이 그 사실을 알 수 있는 여부와 무관하게 상대방은 그 의사표시를 취소할 수 있다(대판 1959. 6. 18. 4291민상101). ③ 제3자의 사기, 강박에 의해 상대방이 의사표시를 한 경우 행위자인 대리인뿐만 아니라 본인도 그 사실을 알았거나 알 수 있었다면 상대방은 취소를 할 수 있다. 그러나 제3자의 사기, 강박에 의해 대리인이 의사표시를 한 경우에는 상대방이 그 사실을 알았거나 알 수 있었던 때에 한하여 취소 할 수 있으나 이 경우의 취소권자는 본인이며 대리인이 취소를 하기 위해서는 본인의 특별수권이 필요하다.

(2) 본인이 알았거나 알 수 있었을 사정

원칙적으로 대리인을 표준으로 하나, 대리인이 본인의 지시에 좇아 대리행위를 한 경우에는 본인이 알았거나 알 수 있었을 사항에 대해 대리인의 부지를 주장할 수 없다. 이는 본인이 선의의 대리인을 이용하여 자기의 악의 또는 과실을 회피함을 방지하기 위함이다.

4. 대리인의 능력

대리인은 행위능력자임을 요하지 아니한다(제117조).

(1) 의사능력

대리인이 법률행위를 할 수 있는 의사능력을 가져야 함은 당연하다.

(2) 행위능력

1) 제117조의 의의

본인이 대리인의 무능력을 이유로 대리행위를 취소할 수 없음을 규정한 것이다. 즉 임의대리에 있어서는 대리인은 행위능력자임을 요하지 않는다.

2) 제117조의 적용범위(법정대리에도 적용여부)

제한능력자가 법정대리인이 될 수 없다는 명문의 규정이 없는 경우에는 ① 법정대리인제도의 존재이유에 비추어 제한능력자는 법정대리인이 될 수 없다는 견해와 ② 명문의 규정이 없는 한 제한능력자라도 법정대리인이 될 수 있다는 견해가 대립하고 있다.

3) 제한능력자인 대리인과 본인 사이의 관계

본인과 대리인 사이의 기초적 내부관계나 수권행위는 제117조와 관계없이 제한능력자제도의 일반법리에 따른다. 그러므로 본인은 대리인의 제한능력자를 이유로 기초적 법률관계를 취소할 수 있고, 그 취소의 효과는 소급한다. 그 경우 수권행위도 소급적으로 무효가 되어(수권행위의 유인설) 이전에 행한 대리행위가 무권대리가 되는가에 문제가 제기된다.

(가) 제 1 설

통설은 대리권이 장래에 향하여 소멸할 뿐이라고 한다. 즉, 당연히 무권대리가 된다면 상대방의 보호 및 거래안전을 위협하게 된다. 따라서 수권행위가 실효하는 경우에도 거래안전에 비추어 또는 제117조를 원용하여 대리권은 장래에 향하여 소멸할 뿐이며, 이미 행한 대리행위의 효력에는 영향이 없다고 새겨야 한다는 것이다.

(나) 제 2 설

수권행위는 소급적으로 소멸하므로 대리행위는 무권대리행위가 되고, 다만 제129조가 적용되어 표현대리로서 본인에게 대리의 효과가 귀속한다는 견해도 있다.

(다) 제 3 설

수권행위의 무인설을 취하면 내부적 법률관계의 취소에도 불구하고 대리권은 소멸하지 않으므로 유권대리가 된다.

Ⅳ. 대리의 효과

1. 법률효과의 본인귀속

(1) 효과귀속의 의미

민법은 대리인이 행한 의사표시의 효과는 마치 본인이 그 행위를 한 것과 같이 모두 직접 본인에게 귀속한다. 즉 대리인의 대리행위가 유권대리로서의 요건을 갖추고 있으면 그로인한 효력이 "직접 본인에 대하여 생긴다"고 규정하고 있는데, 통설은 '생긴다'를 '귀속한다'고 새긴다.

(2) 귀속효과의 범위

당해 법률행위의 중심적 효과(이행청구권·이행의무·기타 재산권의 귀속 등)뿐만 아니라, 이에 따르는 부수적 효과(취소권·해제권·담보책임 등)도 모두 본인에게 귀속된다.

(3) 대리인의 계약체결상의 과실책임 문제

계약을 체결하는 과정에서 대리인의 과실로 계약이 두효, 취소되거나 불성립한 경우 상대방의 보호를 어떻게 할 것인가가 문제되는 데 ① 계약체결상의 과실책임을 계약책임으로 보는 경우에는 대리적 효과에 의해 본인만 책임을 지고 제391조에 의해 이행보조자의 고의 과실은 채무자의 고의 과실로 간주되므로 대리인에게 귀책사유가 있으면 본인은 귀책사유가 없더라도 책임을 진다고 한다. ② 계약체결상의 과실책임의 본질을 불법행위책임으로 보는 경우에는 본인과 대리인이 함께 책임을 ㅈ며 이때 본인도 책임을 지는 근거는 사용자책임이다. 그러나 이와 달리 계약체결상의 과실책임을 불법행위책임으로 보면서도 제391조를 유추적용 하여 본인에게 책임을 지울 수 있다고 보고 이 경우 대리인은 책임을 지지 않으나 대리인이 고유의 이익을 갖거나 대리인의 특별한 신뢰를 요구하여 계약체결에 영향을 미친 때에는 대리인도 책임을 진다고 보는 견해도 있다.

2. 본인의 능력

(1) 본인의 의사능력·행위능력

본인이 스스로 법률행위를 하는 것이 아니므로 의사능력이나 행위능력을 가질 필요는 없다. 다만 법률행위의 효과가 본인에게 발생하므로 권리능력은 가지고 있어야 한다(통설).

(2) 수권행위 및 내부적 법률관계에 관한 본인의 능력

위와는 달리 임의대리인에 있어 본인이 수권행위나 그 원인이 되는 법률관계를 형성하기 위해서는 행위능력이 필요하다(통설). 즉 제한능력자가 한 수권행위는 취소할 수 있다.

3. 대리행위와 본인의 행위의 경합

대리인에게 대리권이 있더라도 그 사항에 대해 본인이 스스로 법률행위를 하는 것은 가능하다. 따라서 때로는 본인의 행위와 대리인의 행위가 경합할 수도 있다 이러한 경우 각자의 행위는 요건을 갖추면 유효로 된다. 예컨대 갑이 자신의 부동산을 매각하는 대리권을 을에게 주어 을이 이를 병에게 팔기로 계약을 하였는데 갑이 스스로 정에게 팔기로 한 경우 이는 이중매매가 되어 먼저 등기를 받은 사람이 원칙적으로 소유권을 취득하고 나머지 사람은 갑에게 채무불이행책임을 물을 수 있게 된다.

V. 협의의 무권대리

1. 서 설

(1) 무권대리의 의의

무권대리라 함은 대리권 없이 타인의 이름으로 의사표시를 하거나 이를 수령하는 행위를 말한다. 대리권 없이 행한 대리행위, 즉 대리행위의 다른 요건을 모두 갖추고 있으나 대리권만이 없는 행위를 무권대리라고 한다. 넓은 의미에서의 무권대리는 크게 나누어 ① 대리인과 상대방의 대리행위는 행해졌으나 대리인이 대리권을 갖지 않음으로써 본인에게 대리행위의 효과가 발생하지 않는 경우의 협의의 무권대리와 ② 대리인에게 대리권이 없음에도 불구하고 외관상 마치 대리권이 있는 것처럼 보일 때, 그리고 그러한 외관의 발생이 본인에게 어느 정도의 책임이 있는 경우에 그 무권대리행위에 대하여 본인에게 책임을 지게 하는 표현대리가 있다.

광의의 무권대리
- 표현대리 : 무권대리인과 본인사이에 긴밀한 관계가 있는 경우, 즉 겉으로 나타나기에는 대리권이 존재하는 것처럼 보이는 더리
- 협의의 무권대리 : 무권대리인과 본인사이에 긴밀한 관계가 없는 경우

(2) 무권대리의 발생원인

① 대리행위자에게 본래부터 대리권이 없는 경우

② 대리행위를 할 당시에 이미 대리권이 소멸한 경우

③ 대리인이 그 권한을 넘어 대리행위를 한 경우(일부무효의 법리를 유추하여 원칙적으로 전체가 무권대리행위)

④ 공동대리의 제한에 위반하여 단독으로 대리행위를 한 경우

⑤ 복임권없는 대리인이 선임한 복대리인의 대리행위

⑥ 본인의 허락이 없는 자기계약과 쌍방대리
⑦ 본인의 명의를 유보한 대리 : 대리인이 끝까지 본인을 밝히지 않거나 또는 본인이 실재하지 않는 것이 판명된 경우

(3) 무권대리의 법적 문제

협의의 무권대리는 대리인이 대리권 없이 대리행위를 한 경우에 「표현대리」라고 볼 수 있는 특별한 사정이 있지 않은 경우의 무권대리를 「협의의 무권대리」라고 한다. 즉 광의의 무권대리에서 표현대리를 뺀 것이 협의의 무권대리이다. 무권대리는 대리권 없이 행해진 행위이므로 본인에게 법률효과를 귀속할 수 없다. 또한 대리인은 본인의 이름으로(대리의사를 가지고) 행위를 하였으므로 이론상 대리인에게 아무런 법률효과를 귀속시킬 수 없다. 즉, 무권대리에 의해 이루어진 법률행위는 본인에 대해 불확정적 무효상태에 있게 된다. 따라서 이러한 불확정적 상태를 확정적 상태로 만들 필요가 있는 바, 이와 관련해서 제기되는 문제가 본인에 의한 무권대리행위의 추인과 상대방의 최고·거절이다. 또한, 만약 무권대리행위가 본인에 대해 확정적으로 무효가 된 경우에는 대리인을 신뢰한 상대방을 보호해야 하는 문제가 제기되는바 이것이 무권대리인의 책임문제이다.

2. 본인과 상대방 사이에서 무권대리의 효과

대리권 없는 자가 타인의 대리인으로 한 계약은 본인이 이를 추인하지 아니하면 본인에 대하여 효력이 없다(제130조).

(1) 불확정적 무효상태

무권대리행위는 본인에 대하여 원칙적으로 무효이다. 다만 본인은 추인에 의하여 무권대리행위를 유효로 할 수 있다. 즉 무권대리에 의한 계약이 본인에 대하여 효력을 발생하느냐 않느냐의 여부는 본인의 추인여부에 의하여 좌우된다. 따라서 무권대리행위는 불확정(유동적)적 무효라고 할 수 있다. 그리고 상대방은 불안정한 상태에서 벗어나기 위하여 철회권을 행사할 수 있다. 본인의 추인과 상대방의 철회 중 먼저 행하여진 쪽에 의하여 무권대리행위의 효력이 좌우된다.

(2) 본인의 추인권

1) 추인의 의의 및 법적 성질

(가) 의 의

추인이란 무권대리인에 의해 행하여진 불확정한 행위에 관하여 그 행위의 효과를 자기(본인)에게 직접 발생케 하는 것을 목적으로 하는 본인의 의사표시이다.

(나) 법적 성질

① 추인은 상대방 또는 무권대리인의 동의나 승낙을 필요로 하지 않는 단독행위이다. 즉 효력발생이 불확정한 법률행위의 효과를 확정적으로 자기에게 직접 발생시키는 의사표시이므로 추인은 사후의 대리권 수여가 아니며, 일종의 형성권이다.

② 무권대리행위의 추인은 불확정적 무효상태에 있는 법률행위의 효력을 확정적으로 유효하게 한다는 점에서 불확정적 유효상태인 취소할 수 있는 법률행위의 추인과 구별된다.

관련판례

무권대리행위의 추인은 무권대리인에 의하여 행하여진 불확정한 행위에 관하여 그 행위의 효과를 자기에게 직접 발생케 하는 것을 목적으로 하는 의사표시이며, 무권대리인 또는 상대방이 동의나 승낙을 요하지 않는 단독행위이다(대판 1982. 1. 26. 81다549).

2) 추인의 방법

(가) 추인권자

추인은 본인뿐만 아니라 법정대리인도 할 수 있다. 그리고 본인으로부터 추인의 권한을 받은 임의대리인도 할 수 있다. 본인은 추인을 하기 위해 행위능력이 있어야 한다.

관련판례

부재자의 모가 적법한 권한 없이 부재자소유 부동산에 관한 매매계약을 체결하였으나 그 후 부재자의 재산관리은로 선임된 자가 위 매매계약에 기한 소유권이전등기를 위하여 자기의 임감증며서를 상대방에게 교부하였다면 위 매매계약을 추인한 것으로 불 것이다(대판 1982. 12. 14. 80다1872).

(나) 상 대 방

추인의 의사표시는 무권대리인에 대해서는 물론 무권대리행위의 직접 상대방 및 무권대리행위로 인한 권리 또는 법률관계의 승계인에게도 가능하다. 그러나 무권대리인에 대해 추인할 때에는 상대방이 추인사실을 알기까지 상대방에 대해 추인의 효력을 주장할 수 없다. 그러므로 상대방은 그때까지 철회할 수 있다. 그러나 상대방은 추인이 있었음을 주장할 수도 있다.

관련판례

공동대표이사가 단독으로 회사를 대표하여 제3자와 한 법률행위를(다른 공동대표이가가) 추인함에 있어 그 의사표시는 단독으로 행위한 공동대표이사나 그 법률행위의 상대방인 제3자 중 어느 사람에게 대하여서도 할 수 있다(대판 1982. 1. 26. 81다549).

(다) 추인권의 행사

추인은 단독행위이므로 의사표시의 요건을 갖추어야 한다. 따라서 본인이 무권대리행위의 사실을 알고 있으면서 이의하지 않는 것만으로는 추인이 되지 않는다(판례). 추인의 의사표시는 명시적·묵시적으로 할 수 있으며, 재판상·재판외의 행사가 모두 허용된다. 예컨대 소송에서 본인이 피고로서 변론에서 무권대리계약을 시인한다고 답변하고 있고 원고도 이 진술을 추인으로 주장하여 변론을 진행하면 이러한 무권대리계약은 피고에 의해 추인되었다고 볼 수 있다(대판 1974. 7. 13. 81다648). 일부추인에 대해 상대방의 동의가 없으면 일부추인은 효력이 없다는 것이 판례이다.

관련판례

무권대리행위의 추인은 의사표시의 전부에 대하여 행하여져야 하고, 그 일부에 대하여 추인을 하거나 그 내용을 변경하여 추인을 하였을 경우에는 상대방의 동의를 얻지 못하는 한 무효이다(대판 1982. 1. 26. 81다549).

(라) 추인의 방식

추인에는 특별한 방식을 요하지 않으므로 추인 자체는 불요식행위라고 본다. 대리행위가 요식행위인 경우에도 무권대리의 추인에는 그 방식을 갖추지 않아도 된다는 것이 통설이다. 무권대리인의 촉탁에 의해 공정증서가 작성된 때에는 이는 무효인데, 이에 대해 본인이 추인하는 경우 일반적인 방식의 추인에 의해서도 본인이 실체법상의 채무를 부담하게 될 수는 있으나 그 추인에 의해 집행권으로서의 효력을 갖기 위해서는 공증하는 방식에 의하여야 한다.

관련판례

공정증서가 채무명의로서 집행력을 가질 수 있도록 하는 집행인낙의 표시는 공증에 대한 소송행위이므로 무권대리인의 촉탁에 의하여 공정증서가 작성된 때에는 채무명의로서의 효력이 없다. 공정증서상의 집행인낙의 의사표시는 공증인가 합동법률사무소 또는 공증인에 대한 채무자의 단독 의사표시로서 성규의 방식에 따라 작성된 증서에 의한 소송행위이어서 대리권 흠결이 있는 공정증서 중 집행인낙에 대한 추인의 의사표시 또한 당해 공정증서를 작성한 공증인가 합동법률사무소 또는 공증인에 대하여 그 의사표시를 공증하는 방식으로 하여야 하므로 그러한 방식에 의하지 아니한 추인행위가 있다 한들 그 추인행위에 의하여는 채무자가 실체법상의 채무를 부담하게 됨은 별론으로 하고 무효의 채무명의가 유효하게 될 수는 없다(대판 2006. 3. 24. 2006다2803).

(마) 추인의 대상

무권대리인의 사법상의 법률행위가 추인의 대상이 되는 것이 보통이며 종중총회의 소집 등에 대하여도 추인의 법리를 적용할 수 있다. 또한 무권대리인의 소송행위도 추인 할 수 있다.

관련판례

① 종중의 대표자격이 있는 연고항존자가 직접 종회를 소집하지 아니하였다 하더라도 그가 다른 종중원의 종회 소집에 동의하여 그 종중원으로 하여금 소집케 하였다면 그와 같은 종회 소집을 전혀 권한 없는 자의 소집이라고 볼 수는 없고 한편 소집절차에 하자가 있어 그 효력을 인정할 수 없는 종중총회의 결의라도 후에 적법하게 소집된 종중총회에서 이를 추인하면 이는 처음부터 유효로 된다(대판 1996. 6. 14. 96다2729).

② 종중을 대표할 권한 없는 자가 종중을 대표하여 한 소송행위는 그 효력이 없으나 나중에 종중이 총회결의에 따라 위 소송해위를 추인하면 그 행위시로 소급하여 유효하게 된다(대판 1991. 11. 8. 91다25383).

3) 추인의 효과

(가) 소 급 효

추인이 있으면 무권대리행위는 계약시에 소급하여 적법한 유권대리행위와 같은 법률효과가 발생한다.

관련판례

타인의 권리를 자기의 이름으로 또는 자기의 권리로 처분한 후에 본인이 그 처분을 인정하였다면 특별한 사정이 없는 한 무권대리에 있어서 본인의 추인의 경우와 같이 그 처분은 본인에 대하여 효력을 발생한다(대판 1981. 1. 13. 79다2151).

(나) 소급효의 제한

① 다른 의사표시가 있으면 추인의 소급효는 제한된다. 다른 의사표시란 본인과 상대방의 계약을 의미한다.

② 추인의 소급효는 제3자의 권리를 해하지 못한다. 즉 제3자의 권리를 해치는 범위에서는 소급효가 제한된다. 제133조 단서의 규정은 무권대리인으로부터 취득한 권리와 본인으로부터 취득한 제3자의 권리가 모두 배타적효력을 갖는 경우에 한하여 적용된다. 따라서 제3자의 권리는 물권행위에 있어서는 등기·인도를 갖추어야 하고, 준물권행위에 있어서도 기타의 공시방법을 갖추어야 한다.

③ 무권대리인의 소송해위를 추인하는 것도 제33조 본문에 의해 가능하나 이에 대해 제133조 단서는 적용될 수 없다는 것이 판례이다. 즉 무권대리인의 소송행위에 대한 추인의 소급효는 절대적이다.

관련판례

종중을 대표할 권한 없는 자가 종중을 대표하여 한 소송해위는 그 효력이 없으나 나중에 종중이 총회결의에 따라 위 소송행위를 추인하면 그 행위시로 소급하여 유효하게 되며 이 경우 민법 제113조 단서의 규정은 무권대리행위에 대한 추인의 경우에 있어 배타적 권리를 취득한 제3자에 대하여 그 추인의 소급효를 제한하고 있는 것으로서 위와 같은 하자있는 소송행위에 대한 추인의 경우에는 적용될 여지가 없는 것이다(대판 1991. 11. 8. 91다25383).

(다) 추인의 소급효와 소멸시효의 기산점

추인의 소급효가 인정된다 하더라도 추인이 없는 이상 그 권리를 행사할 수 없기 때문에 본인의 추인에 의하여 취득한 상대방 권리의 소멸시효의 기산점은 대리행위 당시가 아니고 추인시이다.

(3) 본인의 추인거절권

1) 추인거절의 의의 및 법적 성질

(가) 의 의

추인의 거절, 즉 추인을 하느냐 않느냐는 본인의 자유이나, 본인이 추인의 의사없음을 적극적으로 표시하여 무권대리행위를 확정적으로 무효로 하는 것을 말한다.

(나) 법적 성질

추인거절의 효과는 법률에 의하여 정하여지는 것이므로 의사의 통지에 해당한다.

2) 추인거절의 효과

① 본인의 추인거절이 있으면 무권대리행위는 확정적으로 무효가 된다.

따라서 본인은 다시 추인할 수 없게 되고, 상대방은 최고권 및 철회권을 행사할 수 없다.

② 단 무권대리인이 본인을 상속하는 경우처럼 추인을 거절하는 것이 신의칙에 반하는 경우에는 추인거절의 항변은 허용되지 않는다.

(4) 상속에 의해 무권대리인의 지위와 본인의 지위가 동일인에게 귀속한 경우

1) 문제의 소재

무권대리행위가 있은 후 상속에 의해 본인과 무권대리인의 지위가 동일인에게 귀속된 경우 그 행위가 당연히 유효로 되느냐가 문제이다. 무권대리인은 제135조에 따라 상대방에게 이행 또는 손해배상책임을 지므로 본인과 무권대리인의 지위가 동일인에게 귀속되면 결국 이행책임을 지게 될 것이므로 당연히 추인된 것으로 보자는 견해가 주장될 수 있기 때문이다.

2) 무권대리인이 본인을 상속한 경우

무권대리인이 본인을 상속하면 본인의 추인권도 상속이 되는데 무권대리은 추인을 거절할 수 있느냐가 문제이다 이는 무권대리행위를 한다가 본인의 추인권도 승계한 상황에서 무권대리행위의 추인을 거절하는 것을 허용할 것인가에 관한 것이다.

(가) 당연유효설

무권대리인은 추인을 거절할 수 없고 무권대리행위는 당연히 유효가 된다고 본다. 무권대리인이 추인을 거절하더라도 제135조에 따른 이행 또는 손해배상책임을 지게 되므로 아예 처음부터 당연유효라고 보는 것이 간명한 해결이 되고, 무권대리인의 지위와 본인의 지위는 상속에 의해 혼동 융합이 되며, 무권대리인이 추인거절하는 것은 신의칙에 반하므로 당연유효로 하는 것이 타당하다고 한다.

(나) 병 존 설

본인의 지위와 무권래인의 지위는 혼동이 되지 않고 병존하므로 추인을 거절할 수 있는 것으로 보자는 견해이다. 공동상속의 경우 상속인 전원의 추인이 있어야 유효로 되는 데 당연유효설에 의하더라도 다른 공동상속인은 추인을 거절할 수 있고 추인을 거절하면 역시 법률관계는 복잡해지므로 당연유효설을 따를 필요성은 없으며, 경우에 따라 무권대티인이 추인을 거절하는 것이 신의칙에 반하는 때에는 추인거절의 항변을 할 수 없는 것으로 해석하면 된다. 상대방에게 과실이 있거나 대리인이 제한능력자인 경우 무권대리인은 제135조의 책임이 없으므로 추인을 거절할 실익이 있으며 이 경우에도 당연유효로 하면 상대방에게 지나치게 유리하거 된다. 당연유효설에 따르면 상대방이 철회권을 행사할 수 없게 되고 제135조에 의한 손해배상청구권을 선택할 기회도 상실시킨다는 문제가 있다

(다) 절 충 설

단독상속의 경우에는 추인을 거절하는 것이 신의칙에 반하므로 당연유효로 되어야 하나 공동상속의 경우에는 당연유효로 되는 것은 아니고 추인을 거절할 수 있다고 보고 다만 경우에 따라 신의칙을 적용한다. 이 견해는 공동상속의 경우에도 당연유효로 하면 다른 공동상속인이 불리해진다는 것을 근거로 한다. 다만 무권대리인이 상속재산분을 통해 그 목적물을 상속한 경우에는 추인을 거절하는 것이 신의칙에 반하여 허용될 수 없다고 본다.

(라) 판 례

신의칙을 적용한다.

관련판례

무권대리인은 제135조에 의하여 이행의무가 있으므로 목적물을 상속받아 이행이 가능하게 된 시점에서 무권대리로서 무효를 주장하여 이미 경료된 이전등기의 말소를 청구 하거나 부동산의 점유로 인한 부당이득반환을 구하는 것은 금반언의 원칙이나 신의성실의 원칙에 반하여 허용될 수 없다(대판 1994. 9. 27. 94다20617).

3) 본인이 무권대리인을 상속한 경우

이는 본인 자신이 행위를 한 것이 아니므로 본인은 추인을 거절하는 것이 가능할 수 도 있으나 본인은 추인을 거절하더라도 무권대리인의 제135조에 따른 책임을 상속에 의해 승계하므로 문제된다.

(가) 당연유효설

무권대리행위가 유효로 되고 본인은 추인을 거절할 수 없다는 견해이다. 이는 본인이 추인을 거절하는 것이 신의칙에 반하는 것은 아니지만 본인은 추인을 거절해도 무권리인의 책임을 상속하므로 추인을 거절하는 것이 별 의미가 없고 따라서 이는 무권대리인이 본인을 상속한 것과 달리 볼 필요가 없다고 본다. 따라서 무권대리는 당연유효로 되므로 본인은 대리행위에 따른 이행책임을 질 뿐 제135조의 무권대리인의 책임을 상속하지는 않는다.

(나) 병 존 설

본인은 본인의 지위에서 무권대리행위의 추인을 거절하는 것이 가능하며 제135조의 무권대인의 책임을 상속하는 것은 이와 별개로 병존한다고 본다. 이는 본인이 행위한 것이 아니므로 추인거절이 신의칙에 반하는 것은 아니라고 보며 상대방에게 과실이 있거나 대리인이 제한능력자인 경우 무권대리인은 제135조의 책임이 없는 데도 당연유효로 하면 상대방에게 지나치게 유리하기 때문이다. 본인이 추인을 거절하여 무권대리를 확정무효로 하더라도 무권대리인의 책임의 요건을 갖춘 때에는 본인은 그 책임을 상속하게 된다고 보고 따라서 상대방이 선의 무과실인 때 한하여 본인은 이행 또는 손해배상책임을 지는 것으로 해결하면 된다고 한다. 그리고 공동상속의 경우에도 본인은 추인을 거절할 수 있고 제135조의 무권대리인의 책임을 다른 공동상속인과 함께 상속하여 상속지분의 범위 내에서 책임을 지면 된다고 본다.

(다) 절 충 설

무권대리행위의 내용이 특정물채권을 발생시키는 경우와 그 외의 경우로 나누어 설명한다. 무권대리행위의 내용이 특정물 채권을 발생시키는 것이었다면 본인은 추인을 거절할 수 있고 이때 제135조의 무권대리인의 책임이 성립하면 본인은 이를 상속하나 그 책임 중 이행책임은 면하고 손해배상책임만 부담한다고 본다. 원래는 무권대리인이 자신의 소유물이 아니어서 상대방은 그 이행을 기대하지도 않았는데 상속이라는 우연적 사정에 의해 그 특정물을 이행받을 수 있게 된다는 것은 타당하지 않다고 본다. 이와 달리 무권대리 행위의 내용이 불특정물 채권이나 금전차권을 발생시키는 것이었다면 그 행위는 당연히 유효로 된다고 본다.

(5) 상대방의 최고권과 추인거절의 간주

1) 의 의

대리권 없는 자가 타인의 대리인으로 계약을 한 경우에 상대방은 상당한 기간을 정하여 본인에게 그 추인여부의 확답을 최고할 수 있다. 본인이 그 기간 내에 확답을 발하지 아니한 때에는 추인을 거절한 것으로 본다(제131조).

민법은 상대방을 보호하기 위해 발신주의를 채택하고 있다.

2) 성 질

최고는 그 효과가 당사자의 의사에 관계없이 법률에 의해 정해지므로 의사의 통지로서 준법률행위이다.

3) 요 건

① 악의의 상대방 즉 계약당시 무권대리임을 알았던 상대방도 최고를 할 수 있다. 최고의 상대방은 본인이지만 본인의 법정대리인에게도 할 수 있다 다만 무권대리인에게는 최고를 할 수 없으며 무권대리인에게는 최고를 하더라도 최고의 효과가 발생하지 않는다.

② 상대방이 상당한 기간을 정하여 최고하여야 하는데 기간을 너무 짧게 정하고 최고한 경우 최고의 효력을 인정할 수 있는가에 대해 견해가 대립한다. 최고의 효력이 없다는 견해가 있으나 상당기간이 경고한 후에 효력이 발생한다는 견해도 있다.

4) 효 과

그 최고기간내에 확답을 발하지 않으면 무권대리행위의 추인을 거절한 것으로 간주한다. 최고의 효과는 확답을 발하지 않는 때에 확정된다. 이와 달리 그 상당한 기간 내에 추인이나 추인거절의 확답을 발하면 그 내용에 따라 추인 또는 추인거절이 되며 이 경우 확답 자체의 효과일 뿐 최고의 효과는 아니며 확답자체에는 도달주의가 적용된다.

(6) 상대방의 철회권

대리권 없는 자가 한 계약은 본인의 추인이 있을 때까지 상대방은 본인이나 그 대리인에 대하여 이를 철회할 수 있다. 그러나 계약당시에 상대방이 대리권 없음을 안 때에는 그러하지 아니하다(제134조).

① 본인의 추인이 있기 전에는 상대방이 철회할 수 있게 함으로써 상대방을 보호하고 있다.

② 철회는 선의의 상대방이 본인 또는 무권대리인에게 하여야 한다. 여기서 선의란 계약 당시를 기준으로 대리인에게 대리권 없음을 알지 못하는 것이며, 입증책임은 철회의 효과를 다투는 본인에게 있다(통설).

③ 철회가 있으면 불확정한 법률행위는 확정적으로 무효가 되고, 본인은 추인을 할 수 없게 되며 상대방도 무권대리인에게 책임을 물을 수 없게 된다.

3. 상대방과 대리인 사이에서 무권대리의 효과

타인의 대리인으로 계약을 한 자가 그 대리권을 증명하지 못하고 또 본인의 추인을 얻지 못한 때에는 상대방의 선택에 좇아 계약의 이행 또는 손해배상의 책임이 있다. 상대방이 대리권 없음을 알았거나 알 수 있었을 때 또는 대리인으로 계약한 자가 행위능력이 없는 때에는 앞의 규정을 적용하지 아니한다.

(1) 계약의 이행 또는 손해배상의 책임

무권대리인이 대리권을 증명하지 못하고 또 본인의 추인도 얻지 못한 때에는 상대방의 선택에 좇아 계약의 이행 또는 손해배상의 책임을 진다. 이 책임은 무과실책임이다(통설, 판례). 이는 법률의 규정에 의한 책임이며 계약책임은 아니다.

(2) 책임의 근거

1) 신뢰책임설(다수설)

제135조의 무권대리인의 책임은 상대방을 보호하고 대리제도의 신용을 유지하기 위해 무권대리인에게 부과하는 법정의 무과실책임이라고 보는 견해이다. 이 견해는 상대방 보호의 필요성을 중시한다.

2) 표시책임설

제135조에 의한 책임의 근거는 행위자가 대리인이라고 표시 내지 주장한 행위로부터 찾아야 하며, 이 책임은 법정의 표시책임의 성격을 갖는다고 하는 견해이다. 이 책임은 자기결정과 자기책임의 원칙에서 도출된 것이라고 한다.

3) 위험귀속설

무권대리행위에 대한 신뢰에 상대방의 귀책사유가 없는 때에는 그에 대한 위험을 위험영역의 원칙에 따라 분배한 것으로 보는 견해이다. 즉 무권대리인이 대리권 없음을 알고 행위를 했다면 본인의 추인을 받을 수 있을 것이라는 점에 대해 스스로 위험을 부담하면서 대리행위를 한 것이고 대리권 없음을 몰랐더라도 대리권이 없음에 대해서는 대리인이 더 잘 알 수 있으므로 무권대리행위에 대해 상대방이 신뢰한 경우 그에 대한 위험을 무권대리인에게 부담시킨 것으로 본다. 그리고 상대방의 신뢰에 대해 표현대리가 성립하는 경우에는 본인에게 이행책임을 지우는 것이라면 대리인을 신뢰한 것에 대해서는 무권대리인에게 이행 또는 이행이익의 배상책임을 지운 것이라고 설명한다.

4) 판 례

신뢰책임설의 논리를 따른다.

관련판례

第135조는 대리권이 있다고 믿었던 상대방을 보호함으로써 거래의 동적 안전을 기하기 위한 규정의 하나로서 규정하는 무권대리인의 무과실책임에 관한 규정이라 할 것이다(대판 1962. 4. 12. 61다1021).

(3) 책임발생의 요건

1) 무권대리인이 대리권을 증명하지 못할 것

의사표시 당시 객관적으로 대리권이 결여되어 있으면 족하고 대리권의 결여에 대한 과실이 있어야 하는 것은 아니다(대판 1962. 4. 12. 4294민상1021).

2) 본인의 추인을 얻지 못할 것

① 추인을 거절하고 있지 않은 동안에는 대리행위의 유·무효가 유동적이기 때문에 상대방의 이행 또는 손해배상청구권은 본인이 추인을 거절한 때에 비로소 발생한다. 따라서 본인의 추인을 얻지 못한 때라는 요건이 충족된다고 볼 것이다.

② 그러나 본인이 명시적으로 추인을 거절하지는 않더라도 무권대리행위에 기한 계약관계를 부인하는 적극적인 법률행위를 한다면 추인을 얻지 못한 때라는 요건이 충족된다고 볼 것이다.

3) 상대방이 철회권을 행사하고 있지 않을 것

4) 상대방이 무권대리인에게 대리권 없음을 알지 못하고, 또한 알지 못하는데 과실이 없어야 한다. 즉 상대방은 선의, 무과실이어야 한다.

5) 무권대리인의 과실은 필요 없다. 즉 무권대리인은 무과실책임이다.

(4) 책임의 내용

1) 책임의 성격

무권대리인의 책임은 무과실책임이며 상대방은 선택채권(이행의 청구 또는 손해배상의 청구)을 취득하게 된다. 이행 또는 손해배상청구는 상대방이 선택한다. 이는 선택채권이므로 선택채권에 관한 제380조 이하가 적용된다. 상대방이 대리인에게 선택의 의사표시를 하면 대리인의 동의가 없는 한 그 의사표시를 철회할 수 없다. 상대방이 이행을 선택하면 무권대리인이 그 대리행위의 목적물을 취득하여 본인에게 이행하여야 하나 이때 무권대리인이 목적물을 취득할 수 없으면 이행이 불능으로 되므로 손해배상책임으로확정된다. 반대로 처음부터 손해배상을 선택하면 손해배상책임으로 확정된다. 그리고 무권대리인은 대리행위가 유효하였을 경우 본인이 부담하였을 것 이상의 채무를 부담하여서는 안되므로 대리행위가 유효하였을 경우 본인이 동시이행의 항변권, 상대방에 대한 반대급부청구권, 계약해제권이나 대리인의 의사표시의 하자를 이유로 한 취소권, 담보책임에 따른 권리등을 가질 수 있었더라면 대리인도 이러한 권리를 행사할 수 있다그 보아야 한다.

2) 이행의 청구

이는 법률의 규정에 의한 청구권이기 때문에 본인에 대한 상대방의 이행청구권과는 별개의 청구권이다. 즉 이행의 책임을 진다는 것은 만약 그 무권대리행위가 본인에 대하여 효력을 발생하였다면, 본인이 상대방에 대하여 부담하였을 것과 같은 내용의 채무를 이행할 책임이 있다는 것이다.

3) 손해배상의 청구(이행이익의 배상)

배상의 범위는 신뢰이익의 배상이냐 이행이익의 배상이냐 문제되나 통설의 견해는 이행이익(적극적 계약이익)의 배상 이다.

4) 소멸시효의 기산점

무권대리인이 대리권을 증명하지 못하고 본인의 추인도 얻지 못한 경우 상대방의 계약이행청구권이나 손해배상청구권의 소멸시효는 그 선택권을 행사할 수 있을 때부터 진행하며 선택권을 행사할 수 있는 때란 대리권의 증명 또는 본인의 추인을 얻지 못한 때라고 할 것이다(대판 1965. 8. 24. 64다1156).

5) 소멸시효의 기간

제135조의 손해배상청구권의 법정의 채권이지만 일반채권에 관한 10년의 소멸시효기간이 적용되는 것은 아니고 그 대리행위에 의하여 발생하였을 청구권의 성질에 따른 소멸시효기간이 적용된다고 본다(통설).

6) 책임의 배제

① 상대방이 대리인에게 대리권이 없었음을 알았거나 알 수 있었던 때(선의 무과실)에는 무권대리인에게 책임을 물을 수 없으며, 또한 ② 무권대리인이 제한능력자인 때에도 그 책임을 물을 수 없다.

4. 본인과 무권대리인 사이에서 무권대리의 효과

1) 본인의 추인이 없는 경우

협의의 무권대리행위는 본인이 추인하지 않으면 본인에 대하여 아무런 효력이 생기지 않는다. 즉 본인과 무권대리인 사이에 아무런 기초적 내부관계가 없으므로 일반원칙에 따라 사무관리, 부당이득, 불법행위가 문제된다(통설).

2) 본인이 추인한 경우

본인이 추인하면 그 대리행위의 효과가 본인에게 귀속하며 이때 대리인은 법률상 의무없이 본인의 사무를 처리한 것으로 되므로 본인과 대리인 사이에는 사무관리가 성립할 것이며 따라서 그에 따라 대리인은 그 행위로 취득한 물건이나 권리를 본이에게 이전하여야 하고 대리인은 본인에게 비용상환 청구를 할 수 있다. 그 외에 무권대리인이 처분행위로 받는 대가에 대해 본인은 부당이득반환청구도 할 수 있을 것이다. 그런데 본인이 추인한 때에도 무권대리인이 본인에 대해 불법행위책임을 질것인가에 대해서는 학설은 일반적으로 무권대리인의 행위에 의해 본인의 이익이 침해되면 불법행위가 문제될 수 있다고 한다. 그런데 판례는 본인이 추인하면 본인은 대리인에 대해 불법행위에 기한 손해배상청구는 할 수 없다고 본 것이 있다.

관련판례

증권회사의 고객이 그 직원의 임의매매를 사후에 추인한 것으로 보게되면 그 법률효과는 모두 고객에게 귀속되고 그 임의 매매행위가 불법행위를 구성하지 않게 되어 임의매매로 인한 손해배상청구도할 수 없게 된다(대판 2002. 10. 11. 2000다59217).

5. 단독행위의 무권대리

단독행위에는 그 행위당시에 상대방이 대리인이라 칭하는 자의 대리권없는 행위에 동의하거나 그 대리권을 다투지 아니한 때에 한하여 제130조 내지 제135조의 규정을 준용한다. 대리권 없는 자에 대하여 그 동의를 얻어 단독행위를 한 때에도 같다.

(1) 상대방없는 단독행위

능동대리 및 수동대리를 묻지 않고 언제나 무효이다. 본인의 추인이 있더라도 무효이다(통설).

(2) 상대방있는 단독행위

1) 원 칙

민법은 계약과는 달리 단독행위의 무권대리를 원칙으로 무효로 하고 일정한 경우에 예외를 인정한다.

2) 능동대리

대리권없이 대리행위를 하는 데 상대방이 동의를 하거나 대리권을 다투지 아니한 때에는 계약의 경우와 동일한 효과가 발생한다. 따라서 제130조 내지 제135조가 준용된다. 대리권을 다투지 아니한 때란 이의를 제출하지 아니한 것을 말한다.

3) 수동대리

무권대리인의 동의를 얻어 행위를 한 경우에만 계약과 동일한 효과가 발생한다.

Ⅵ. 표현대리

1. 표현대리의 의의 및 본질

(1) 서 설

대리인이 무권대리 행위를 한 것에는 본인에게도 책임의 일부가 있다고 여겨질 만한 특별한 사정(그러한 외관의 발생)이 있는 경우에는 본인에게 책임을 지게 하여 상대방을 보호하고 아울러 거래의 안전을 도모하려는 것이 표현대리 제도이다. 민법은 대리를 위임과는 구별되는 독립된 제도로 파악하는 독일민법의 입법례를 따르고 있다. 그러나 독일에서는 판례상 인용수권, 외관수권의 법리가 인정되는 반면 우리 법은 표현대리라는 독창적인 제도를 규정하고 있다. 표현대리는 그 인정근거와 본질을 어떻게 이해하는가에 따라 그 개념 및 통상의 유권대리·무권대리와의 관계가 달라진다. 이러한 견해 차이는 수권행위에 대한 이해에서부터 비롯된다.

(2) 학 설

1) 무권대리설(통설)

(가) 표현대리의 의의

표현대리의 본질을 무권대리로 보면서 대리인에게 정당한 대리권이 없음에도 불구하고 대리권이 있는 것과 같은 외관이 존재할 뿐만 아니라 이에 대하여 본인이 어느 정도의 원인을 제공한 경우 이를 신뢰한 상대방을 보호하고 거래안전을 도모하기 위하여 무권대리행위에 의한 법률효과를 정당한 대리행위에서와 같이 본인에게 책임지게 하는 이른바 외관책임설 또는 법정책임설에 기초한 것이라고 한다.

(나) 표현대리의 인정근거

표현대리는 실제로 존재하지 않는 대리관계를 상대방이 존재한다고 믿는 경우 법률이 상대방의 이익을 위하여 그러한 상황에 기여한 본인에게 일정한 책임을 부담시키는 것이므로, 표현대리의 근거는 일종의 신뢰책임이라고 한다.

(다) 표현대리의 본질(무권대리와의 관계)

(a) 다 수 설

무권대리를 광의와 협의로 나누고 광의의 무권대리에서 표현대리를 제외한 것이 협의의 무권대리라고 한다. 표현대리는 넓은 의미의 무권대리에 속하므로 표현대리는 무권대리로서의 성질을 잃지 않는다. 더구나 표현대리는 어디까지나 상대방의 보호 또는 거래의 안전을 위하여 본인을 구속하는 제도에 지나지 않으므로, 협의의 무권대리로서의 성질을 잃지 않는다. 따라서 표현대리에는 제130조 이하의 규정이 적용되어 본인의 추인, 상대방의 최고나 철회가 가능하나, 예외적으로 무권대리인의 책임에 관한 제135조의 무권대리인의 책임에 대한 규정은 적용되지 않는다. 왜냐하면 표현대리의 경우에도 대리인에게 제135조의 책임을 물을 수 있게 하면 상대방은 본인이나 대리인에게 선택적으로 책임을 물을 수 있어 오히려 유권대리의 경우보다 상대방이 더욱 보호를 받게 되어 이는 균형을 잃은 것이기 때문이다.

(b) 소 수 설

다수설의 협의의 무권대리가 무권대리의 일반적·원칙적인 것이고, 표현대리는 무권대리의 특별한 경우라고 한다. 따라서 민법 제130조 이하의 무권대리에 관한 규정은 모두 표현대리에 적용된다고 한다. 표현대리는 본질이 무권대리이므로 무권대리에 관한 제130조 내지 제135조 규정 모두 표현대리가 성립하는 경우에 적용된다고 한다. 결국 이 견해에 따르면 표현대리가 성립하더라도 상대방이 본인에게 책임을 물을 수 있는 외에 무권대리의 일반효과에 따라 본인의 추인, 상대방의 철회권이 인정되며 나아가 상대방은 대리인에게 제135조에 따른 이행이나 손해배상책임을 물을 수 있게 된다.

(c) 차 이

① 다수설은 표현대리의 성립으로 상대방이 통상의 유권대리와 똑같은 보호를 받게 되어 제135조의 적용을 인정할 필요가 없다고 하는 반면, ② 소수설은 무권대리에 관한 원칙규정들은 당연히 모두 표현대리에도 적용되며 이에 의해 상대방은 유권대리보다도 두텁게 보호된다고 한다.

2) 유권대리설

(가) 표현대리의 의의

수권행위에는 외부적 수권과 내부적 수권이 있는데, 본인이 대리인에게 하는 수권행위가 내부적 수권행위이고, 본인이 대리행위의 상대방에게 하는 수권행위가 외부적 수권행위라고 한다. 유권대리는 내부적 수권과 외부적 수권이 모두 존재하는 것이고, 무권대리는 내부적 수권과 외부적 수권이 모두 존재하지 않는 것이며, 표현대리라 함은 내부적 수권은 없으나 외부적 수권은 있는 경우의 대리행위를 말한다고 한다. 그리하여 내부적 수권은 없으나 상대방에 대한 대리권 수여의 표시에 의해 외부적 수권이 존재하는 때에는 제125조의 표현대리가 성립하고 내부적 수권이 소멸하였으나 상대방이 이를 알 수 없었으므로 외부적 수권이 소멸되지 않은 때에는 제129조의 대리권소멸 후의 표현대리가 성립하며, 내부적 수권이 일부에만 존재하는 데도 정당한 이유가 있어 외부적 수권이 전부에 관하여 존재하는 때에는 제126조의 권한을 넘는 표현대리가 성립한다. 표현대리는 유권대리이므로 표현대리가 성립하는 경우에는 무권대리에 관한 제130조내지 제135조 모두 적용되지 않는다.

(나) 표현대리의 인정근거

표현대리는 거래의 안전을 도모하기 위해 외관에 대하여 본인의 책임을 인정하는 것(신뢰책임)이 아니라, 외부적 수권행위에 대한 자기결정 책임(의사책임)이라고 한다.

(다) 표현대리의 본질

표현대리는 외부적 수권의 효과로서 무권대리의 일종이 아니라 유권대리의 아종이다. 통상의 유권대리에 있어서는 외부적 수권과 내부적 수권이 모두 존재하고, 무권대리는 양자가 모두 존재하지 않는 경우이다. ① 표시대리는 내부적 수권은 없으나 외부적 수권이 있는 경우이며, ② 월권대리는 월권행위 부분에 대하여 내부적 수권은 없으나 정당한 이유에 의하여 외부적 수권이 인정되는 경우이며, ③ 대리권 소멸 후의 표현대리는 내부적 수권을 소멸하였으나 외부적 수권에 의한 효과로 볼 수 있으므로 이는 무권대리가 아니라 유권대리의 아종으로 보아야 한다고 한다.

3) 독자 유형설

(가) 표현대리의 의의

표현대리를 무권대리와 유권대리의 중간에 속하는 독자적인 대리 유형으로 파악하는 견해이다. 이 견해는 대리의 종류를 대리권이 있는 유권대리, 대리권은 없고 외관만 있는 표현대리, 대리권과 외관이 모두 없는 무권대리 등의 세 가지로 분류한다.

(나) 표현대리의 인정근거

표현대리는 외관책임을 근거로 하는 것이므로 유권대리와는 그 효력의 근거가 다르며, 표현대리의 효과에 대해 법조문상 '책임이 있다' 또는 '대항하지 못한다'라고 표현하고 있는데 이는 표현대리는 유권대리와는 달리 외관에 따른 법정책임임을 말해주는 것이다. 표현대리가 성립하면 일반적인 무권대리에 관한 일반규정(제130조 내지 135조)은 모두 적용이 배제되며 특히 무권대리인의 책임에 관한 제135조도 적용될 수 없다고 본다.

(3) 판례(무권대리설)

1) 표현대리의 의의 및 유형

표현대리란 대리인에게 대리권이 없음에도 불구하고 마치 그것이 있는 것과 같은 외관이 있고, 또한 그러한 외관의 발생에 관하여 본인이 어느 정도의 원인을 주고 있는 경우에 그 무권대리행위에 대하여 본인에게 책임을 지게 함으로써 그러한 외관을 신뢰한 선의·무과실의 제3자를 보호하고 거래의 안전을 보장하며 나아가서는 대리제도의 신용을 유지하려는 것에 그 존재이유가 있다.

관련판례

표현대리제도는 대리제도의 신용을 유지하고 대리인과 거래하는 제3자의 이익을 보호하기 위한 것으로서 민법이 규정한 대리권수여의 표시로 인한 것, 권한초월로 인한 것 및 대리권소멸 후의 것에 한 한다(대판 1955. 7. 7. 4287민상366).

2) 표현대리의 본질

관련판례

유권대리에 있어서는 본인이 대리인에게 수여한 대리권의 효력에 의하여 법률효과가 발생하는 반면 표현대리에 있어서는 대리권이 없음에도 불구하고 법률이 특히 거래상대방의 보호와 거래안전의 유지를 위하여 본래 무효인 무권대리행위의 효과를 본인에게 미치게 한 것으로서 표현대리가 성립된다고 하여 무권대리의 성질이 유권대리로 전환되는 것이 아니므로, 양자의 구성요건 해당사실, 즉 주요사실은 다르다고 볼 수밖에 없으니 유권대리에 관한 주장 속에 무권대리에 속하는 표현대리의 주장이 포함되어 있다고 볼 수 없다(대판 1983. 12. 13. 83다카1489).

(4) 표현대리의 적용범위

1) 공법행위

무권대리인이 공법상의 행위를 대리한 경우에는 표현대리를 적용할 수 없다는 것이 통설이다 단 공법상의 대리권을 기본대리권으로 하여 부동산 매각 등 사법상의 행위를 한 경우에는 표현대리가 성립한다. 판례도 공법상의 대리권을 기본대리권으로 한 사법상의 법률행위에 대해 표현대리를 인정한다(대판 1965. 3. 30. 65다44).

2) 소송행위

소송행위는 표현대리규정을 적용 또는 유추 적용할 수 없다. 판례도 이행지체가 있으면 즉시 강제집행을 하여도 이의가 없다는 강제집행 수락의사 표시는 소송행위이며 이러한 소송행위에는 표현대리 규정을 적용할 수 없다고 한다(대판 1983. 2. 8. 81다카621).

3) 어음행위

판례는 어음행위에도 표현대리를 적용한다. 특히 대리인이 직접 본인 명의로 기명날인을 하여 어음행위를 하는 경우 이는 어음위조이지만 이러한 어음위조에도 표현대리 규정을 유추 적용한다.

관련판례

다른 사람이 본인을 위하여 한다는 대리문구를 어음상에 기재하지 않고 직접 본인 명의로 기명날인을 하여 어음행위를 하는 이른 바 기관 방식 또는 서명대리 방식의 어음행위가 권한 없는 자에 의하여 행하여졌다면 이는 어음행위의 무권대리가 아니라 어음의 위조에 해당하는 것이기는 하나 그 경우에도 제3자가 어음행위를 실제로 한 자에게 그와 같은 어음행위를 할 수 있는 권한이 있다고 믿을 만한 사유가 있고 본인에게 책임을 질만한 사유가 있는 때에는 대리방식에 의한 어음행위의 경우와 마찬가지로 민법상의 표현대리 규정을 유추적용하여 본인에게 그 책임을 물을 수 있다(대판 2000. 3. 23. 99다50385).

4) 법정대리의 표현대리 인정여부

법정대리의 표현대리 인정여부에 대해 학설은 긍정설과 부정설이 있다.

(가) 긍 정 설

표현대리는 거래의 안전을 위한 제도이므로 법정대리인이 한 대리행위에 대해서도 표현대리를 적용해야 하며 특히 제한능력자제도는 제한능력자보호에 치중한 나머지 상대방 보호에 미흡하므로 표현대리에 의해 상대방 보호를 기할 수 있다고 한다. 이는 민법의 기본원리와 관련하여 공공복리를 강조하는 견해를 바탕으로 한다.

(나) 부 정 설

법정대리인의 경우 본인이 대리인을 선임하거나 감독하는 것이 아니어서 본인에게 대리권의 존재에 대한 허위 외관형성의 책임이 없음에도 본인에게 표현대리책임을 지우는 것은 자기책임의 원리에 반하고 특히 무능력자 제도는 무능력자 본인의 보호를 위한 것이므로 이에 충실하여야 한다는 등을 근거로 한다. 이는 민법의 기본원리를 이해함에 있어 사적 자치를 강조하는 견해를 바탕으로 한다.

(다) 판 례

판례는 기본적으로 법정대리의 표현대리를 긍정하나 다만 유형별로 차이를 보이고 있다. 제125조의 표현대리에서는 법정대리의 표현대리를 부정하나(대판 1955. 5. 12. 428민상3828), 이와 달리 제126조에서는 법정대리의 표현대리를 긍정하며(대판 1997. 6. 27. 97다3828), 제129조에 대해서도 법정대리의 표현대리를 긍정한다(대판 1975. 1. 28. 74다199).

5) 사자의 표현대리 인정여부

(가) 문제의 소재

사자가 선의로 본인의 지시와 다른 표시를 한 경우에는 이를 표시상의 착오로 보아 취소가 가능할 것이다 그러나 사자가 악의를 가지고 대리인으로 행위를 하면서 권한 외의 행위를 하거나 수여받지 않은 사항을 상대방에게 표시하는 경우 표현대리를 적용 또는 유추적용할 수 있을 것인가가 문제된다. 제126조의 표현대리가 되기 위해서는 기본대리권이 존재해야 하는데 사자는 일반적으로 대리권은 없는 자이기 때문이다.

(나) 긍 정 설

사자와 대리가 다르다는 것을 근거로 제3자와의 관계에서까지 본질적 차이를 둘 수는 없다는 점, 사자에게 대리권이 존재하는 것과 같은 외관이 발생한 것에 대해 본인이 원인을 주고 있는 한 상대방 보호의 필요성은 대리와 사자에 차이를 둘 필요가 없다고 보는 점에서 사자에 대해서도 표현대리를 적용 또는 유추 적용할 수 있다고 본다.

(다) 부 정 설

사자의 의사표시 전달행위는 사실행위이므로 여기에는 법률행위에 관한 표현대리 규정을 유추 적용할 수 없다는 점, 표현대리는 대리제도에 의한 사적자치의 확장을 인정함으로써 발생한 피해에 대해 본인이 대리행위의 상대방에게 책임을 지는 것인데 사자는 사적 자치의 확장은 아니 점 등을 근거로 사자에 대해서는 표현대리의 유추적용을 부정한다.

(라) 판 례

기본적으로는 사자에 대해서도 표현대리를 적용한다. 다만 사실행위를 하는 자의 대리행위에 대해서는 표현대리의 적용을 부정한 것도 있다.

관련판례

① 대리인이 사실행위를 위한 사자라 해도 외관상 그에게 어떠한 권한이 있는 것 같은 표시 내지 행동이 있어 상대방이 그를 믿었고 그를 믿음에 있어 정당한 사유가 있었다면 표현대리의 법리에 의하여 본인에게 책임지워 상대방을 보호하여야할 것이다(대판 1962. 2. 8. 4294민상192).

② 민법 제126조의 표현대리가 성립하기 위하여는 무권대리인에게 법률행위에 관한 기본대리권이 있어야 하는 바, 증권회사로부터 위임받은 고객의 유치, 투자상담 및 권유, 위탁매매약정실적의 제고 등은 업무는 사실행위에 불과하므로 이를 기본대리권으로 하여서는 권한 초과의 표현대리가 성립할 수 없다(대판 1992. 5. 26. 91다31190).

6) 표현대리의 중첩적용 문제

(가) 문제의 소재

제126조의 표현대리는 기본대리권이 있어야 하는데 제125조의 표현대리권 또는 제129조의 표현대리권이 제126조의 기본대리권으로 인정될 수 있느냐가 문제이다.

(나) 학 설

학설은 이를 긍정하는 견해가 다수설이나 제126조의 표현대리가 성립하려면 현재 기본대리권이 존재해야 한다는 점을 근거로 이를 부정하는 소수설도 있다.

(다) 판 례

① 제129조의 표현대리의 경우 다수의 판례는 이를 긍정한다. 즉 제129조의 표현대리로 인정되고 또한 그 표현대리의 권한을 넘는 대리행위가 있을 때에는 제126조의 표현대리가 성립할 수 있다고 한다(대판 1970. 3. 24. 70다98). ② 제125조와 제126조의 중첩적용에 의한 표현대리에 대해서는 이를 긍정하는 듯한 것이 있다(대판 1998. 3. 27. 97다48982).

2. 표현대리의 유형 및 요건

(1) 대리권 수여의 표시에 의한 표현대리(민법 제125조)

1) 의 의

대리권을 주었다는 뜻을 본인이 상대방에게 표시하였으나 사실은 대리권을 주지 않은 경우인데, 즉 제3자(대리행위의 상대방)에 대하여 타인에게 대리권을 수여함을 표시한 자는 그 대리권의 범위 내에서 행한 그 타인과 그 제3자간의 법률행위에 대하여 책임이 있다(A가 B에 대하여 A가 C에게 대리권을 수여했다고 했지만, 아직 C에게 대리권을 수여하지 않은 경우). 그러나 제3자가 대리권 없음을 알았거나 알 수 있었을 때에는 그러하지 아니하다.

이와 관련하여 상법에서는 표현지배인(제14조), 명의대여자의 책임(제24조), 표현대표이사(제395조) 등의 규정을 두어 이를 신뢰한 상대방을 보호를 하는 특칙을 두고 있으므로 이에 해당하지 않는 경우에는 민법이 적용한다. 즉 영업주가 지배인이 아닌 자를 지배인으로 인정되는 명칭의 사용을 허락한 경우(제14조), 자기의 성명이나 상호의 신용을 허락한 경우(제24조), 또는 회사는 대표이사 등 대표권이 있는 것으로 인정되는 명칭을 사용하여 대표행위를 한 경우(제395조)등에서는 상대방이 선의이기만 하면 상대방에게 거래상 책임을 진다.

2) 요 건

(가) 대리권수여의 표시

본인이 제3자(상대방)에 대하여 특정인(표현대리인)에게 대리권을 수여하였음을 표시하여야 한다.

(a) 표시의 법적 성질

① 통설은 제125조의 표시는 수권을 했다는데 대한 관념의 통지이며, 대리권 수여의 의사표시가 아니라고 하는 데 반해, ② 소수설은 제125조의 표시는 본인이 상대방에 대하여 하는 외부적 수권행위로서 의사표시라고 한다. ③ 판례는 명백하지 않으나 관념의 통지로 보고 있는 듯하다.

관련판례

민법 제125조가 규정하는 대리권 수여의 표시에 의한 표현대리는 본인과 대리행위를 한 자 사이의 기본적인 법률관계의 성질이나 그 효력의 유무와는 직접적인관계가 없이 어떤 자가 본인을 대리하여 제3자와 법률행위를 함에 있어 본인이 그 자에게 대리권을 수여하였다는 표시를 제3자에게 한 경우에 성립한다(대판 1969. 6. 12. 67다53762).

(b) 표시의 방법

(ㄱ) 표시의 방법에는 제한이 없으므로, ① 위임장이나 구두로 ② 특정 또는 불특정의 제3자에게 하든, ③ 본인이 직접 또는 대리인을 통해하든, ④ 명시적 또는 묵시적으로 할 수 있다. ⑤ 다만 상대방은 일치해야 한다. 즉 수권의 표시의 상대방과 대리행위의 상대방은 일치해야 하므로 대리인이 수권표시의 상대방과 대리행위를 하여야 한다.

관련판례

민법 제125조에서 본인에 의한 대리권 수여의 표시는 반드시 대리권 또는 대리인이라는 말을 사용하여야 하는 것은 아니다(대판 1968. 6. 12. 67다53762).

(ㄴ) 이 표시는 대리인이 대리행위를 하기 전에는 항상 철회 할 수 있다. 다만 철회는 대리인이 대리행위를 하기 전에 해야 하며 대리권수여의

표시를 한 상대방에게 철회를 하여야 한다. 따라서 특정인에게 수권표시를 한 때에는 그 특정인에게 하여야 하나 불특정 다수인에게 표시한 경우 예컨대 광고에 의한 경우 그 광고와 동일한 방법이나 그에 준하는 방법으로 철회를 하여야 한다. 그리고 대리권수여의 표시의 방법으로 위임장이 교부된 때에는 그 위임장을 회수하여야 하며 이를 회수 하지 않은 때에는 대리인이 위임장을 이용한 대리행위에 대해 표현대리가 성립할 수 있다.

(ㄷ) 표현대리는 대리행위의 직접 상대방에 한하여 적용된다. 따라서 제125조의 경우 대리권수여의 표시를 받은 상대방에 대해서만 표현대리가 적용되고 그의 승계인에게는 적용하지 않으며 또한 특정인에게 그러한 대리권수여의 표시가 되었음을 우연히 알게 된 제3자는 표현대리의 적용을 받지 못한다. 다만 광고에 의한 대리권수여의 표시와 같이 불특정다수에게 대리권수여의 표시가 된 때에는 그 광고를 본 다수인이 표현대리의 적용을 받을 수 있다.

(c) 백지위임장에 의한 대리권 수여의 표시와 제125조의 관계

(ㄱ) 대리권수여표시설

백지위임장에 의하여 대리권수여를 한 경우 작성자의 의도와는 달리 위임장이 전전되어 대리인의 성명이 보충되었거나, 반대로 직접 피교부자 또는 전득자에 의하여 대리권의 내용이나 상대방이 보충된 경우에는 표현대리에 의해 규율한다고 한다. 즉 예정되어 있지 않은 상대방과 거래한 때에는 제125조의 수권행위가 있는 것으로 보고, 위임사항 이외의 것을 대리권의 내용으로 보충한 때에는 제126조에 의하여 규율한다고 한다.

(ㄴ) 수권행위설

통상의 대리가 성립한다. 즉 백지위임장이 전전된 경우에는 백지위임장 작성자가 전득자에게 직접 수권행위를 한 것으로 보아야 하고, 다만 백지의 보충이 명백한 대리권남용에 해당하면 대리권남용이론에 의하여 규율된다고 한다.

(나) 표시된 대리권의 범위 내에서의 행사

표현대리인의 대리행위는 표시된 대리권의 범위 내에 속해야 한다. 그 범위를 넘으면 제126조의 중첩적용 문제가 발생한다(후술).

(다) 표현대리의 대리행위

① 그 특정인(표현대리인)이, ② 본인을 위한 것임을 표시하여, ③ 통지를 받은 상대방과 법률행위를 하여야 한다.

(라) 상대방의 선의 · 무과실

제3자(상대방)가 대리권이 없음을 알았거나 알 수 있었을 때에는 제125조가 적용되지 않는다. 이러한 사실의 입증책임은 본인에게 있다(통설). 즉 상대방은 선의·무과실이어야 한다. 선의는 상대방이 표현대리인에게 대리권 없음을 알지 못한 경우이며(대리권이 있는 것으로 오신), 무과실은 선의인데 과실이 없어야 한다. 이때 과실이 있는가의 여부에 대한 판단의 기준시점에 대해 판례는 표현대리가 거래안전을 위하여 인정된 제도임을 감안할 때 계약성립 당시의 제반사정을 객관적으로 판단하여야 한다고 본다(대판 1974. 7. 9. 73다1804).

(마) 적용여부

① 법정대리에 적용 여부 : 민법 제125조의 표현대리는 법정대리인의 외관을 갖춘자가 대리행위를 한 경우에도 적용되느냐에 대해 견해대립이 있다. 임의대리에 한한다(통설). 민법 제125조의 표현대리는 임의대리에 한하며, 법정대리에는 적용될 여지가 없다. 왜냐하면 법정대리인은 본인이 선임하는 것이 아니라 법규에 의하여 대리인이 정해지기 때문이다.

관련판례

타인(B)에 대하여 사업을 자기 이름(A)으로 대행할 것을 허용한 사람(A)은 그 사업에 관하여 자기(A)가 책임을 부담할 지위에 있음을 표시한 것이라 할 것이므로 그 사업을 대행하는 사람(B) 또는 그 피용자(B')가 그 사업에 관하여 한 법률행위에 대하여, A는 제3자에 대하여 그 책임이 있다(대판 1964. 4. 7. 63다638).

② 복대리의 경우에도 제125조의 표현대리가 적용된다. 예컨대 복임권이 없는 대리인이 복대리인을 선임하여 그 복대리인이 본인의 이름으로 대리행위를 한 경우 복대리인 선임행위가 대리권수여의 표시에 해당하는 것으로 보아 제125조의 표현대리를 적용할 수 있다. 판례도 긍정한다.

관련판례

A가 그 소유의 토지를 병에게 매도한 후 그 매수인 병이 타인 을과 함께 A의 대리인 갑에게 와서 소유권이전등기를 할 수 있는 서류를 해주면 딴데 융통하여서 잔대금을 지급하겠다고 하자 A의 대리인 갑이 그들에게 등기권리증과 A의 인감증명, 주민등록표, 근저당권설정계약서 등의 서류를 해주어 을이 위 토지에 대하여 정 명의로 근저당권 설정등기를 경료한 경우 정은 을을 A의 대리인으로 믿은 데 정당한 사유가 있다 할 것이다(대판 1979. 11. 27. 79다1193).

③ 공법상의 행위 : 공법상의 행위에 대해서는 표현대리를 적용할 수 없다. 판례도 소송행위에 대해서는 표현대리의 적용을 부정한다. 다만 국가지방자치단체라도 사경제주체로서 법률행위를 한 경우 그것이 무권대리행위라면 표현대리를 적용한다.

관련판례

이행지체가 있으면 즉시 강제집행을 하여도 이의가 없다는 강제집행 수락의사표시는 소송행위라 할 것이고 이러한 소송행위에는 민법상의 표현대리규정이 적용 또는 유추적용 될 수는 없다(대판 1983. 2. 8. 81다카621).

3) 효 과

(가) 위와 같은 요건을 갖추면 본인은 무권대리인(표현대리인)의 대리행위에 대하여 책임을 진다. 즉 본인은 무권대리행위라는 것을 이유로 하여 그 효과가 자신에게 미치는 것을 거부 할 수 없게 된다.

(나) 표현대리는 외관을 신뢰한 상대방의 보호·거래의 안전을 위하여 본인에게 책임을 지도록 하는 것에 지나지 않으며 표현대리가 곧 유권대리행위로 되는 것은 아니다.

(2) 권한을 넘은 표현대리(민법 제126조)

1) 의 의

대리인이 권한 밖의 대리행위를 한때, 즉 대리인이 그 권한 외의 법률행위를 한 경우에 제3자가 그 권한이 있다고 믿을 만한 정당한 이유가 있는 때에는 본인은 그 행위에 대하여 책임이 있다(A가 자신이 소유하는 주택에 대한 저당권(乙은행) 설정의 대리권을 B에게 수여했는데, B는 甲주택을 매도한 경우).

2) 요 건

(가) 기본대리권의 존재

(a) 대리인은 현실로 이루어진 행위에 대한 대리권은 없지만 다른 어떤 행위에 대한 대리권, 즉 기본대리권을 가지고 있어야 한다. 즉 전혀 대리권이 없는 자의 행위에 대하여는 민법 제126조의 표현대리는 있을 수 없다.

현실로 이루어진 행위에 대해서는 대리권이 없지만 다른 어떠한 행위에 대해서는 진실로 대리권이 존재하고 있는 경우에 제126조에 의한 표현대리가 성립한다(대판 1984. 10. 10. 84다카780).

제126조의 표현대리의 적용이 있는 것은 임의대리는 물론 법정대리에도 적용된다(통설, 판례).

① 사실행위를 할 수 있는 권한을 부여한 경우 그러한 사실행위에 관한 권한을 기본대리권으로 볼 수 있느냐가 문제되는데 학설은 법률행위에 대하여 기본대리권이 될 수 있다는 견해, 사실행위의 수권이라도 기본대리권이 될 수 있다는 견해, 사실행위에 대한 권한에 대해서는 제126조를 유추적용하자는 견해 등의 대립이 있는데 판례는 사실행위를 하는 사자의 행위에 대해 제126조의 표현대리를 긍정한 것이 있으나 그 외에 사실행위를 기본대리권으로 하는 제126조의 표현대리는 부정한다.

관련판례

대리인이 아니고 사실행위를 위한 사자라 하더라도 외관상 그에게 어떠한 권한이 있는 것의 표시 내지 행동이 있어 상대방이 그를 믿었고 또 그를 믿음에 있어 정당한 이유가 있었다면 표현대리의 법리에 의하여 본인에게 책임이 있다(대판 1962. 2. 8. 4294민상192).

② 공법상의 대리권 : 공법상의 대리권도 기본대리권이 될 수 있다는 것이 판례이다 공법상의 대리권을 기본대리권으로 하여 사법상의 법률행위를 대리한 경우 표현대리를 인정한다(대판 1965. 3. 30. 65다44).

③ 복대리 : 복대리인이 대리인의 권한을 넘은 대리행위를 한 경우에도 제126조의 표현대리가 적용될 수 있다. 복대리인의 대리권은 대리인의 대리권의 범위 내에서만 인정되므로 복대리인이 대리인의 대리권의 범위를 벗어나는 대리행위를 하면 권한을 넘은 대리행위가 되는 것이다. 그런데 판례는 적법하게 선임된 복대리인의 경우 외에, 복임권이 없는 대리인에 의하여 선임된 복대리인이 대리인의 대리권외의 행위를 한 것에 대해서도 제126조의 표현대리를 적용한다.

관련판례

민법 제120조는 본인과 대리인과의 위임관계가 불명확한 경우에 있어서의 임의 대리인의 복임권에 관한 보충규정일 뿐 복임권 없는 대리인에 의하여 선임된 복대리인의 대리행위는 어떠한 경우를 막론하고 소위 초과행위가 될 수는 없는 성질의 행위라는 취지까지를 정한 것이 아니다(대판 1967. 11. 21. 66다2197).

(b) 일상가사 대리권의 기본대리권 적격

부부가 일상가사의 범위를 넘은 법률행위를 배우자 이름으로 한 경우 표현대리를 적용할 것인가의 문제이다 이는 법정대리의 표현대리 문제이나 사적자치를 강조하면서 법정대리의 표현대리를 원칙적으로 부정하는 학설에서도 대부분 일상가사는 부부 공동책임을 구현하기 위한 것이라는 점을 근거로 표현대리를 적용한다.

(ㄱ) 학 설

① 제 1 설

법정대리 전반에 대해서 제126조의 적용을 인정하면서 가사대리에도 동조의 적용을 긍정하는 견해이다. 일상 가사대리권은 일종의 법정대리권이기 때문에 제126조의 적용이 있다고 해야 한다. 다만 제126조의 표현대리를 인정하는 데 있어서는 정당한 이유의 존재여부를 인정하는 것이 중심이다.

② 제 2 설

제한능력자의 법정대리에는 제126조의 적용을 부정하면서 가사대리에는 이를 긍정하는 견해이다. 제한능력자의 법정대리에 있어서 와는 달리 본인의 보호를 거래안전의 보호보다 우선시킬 이유가 없으므로 일상가사대리권을 기본대리권으로 하는 제126조의 표현대리를 인정하는 것이 타당하다. 또한 일상가사대리의 범위 내에 들어가는 경우에는 표현더리의 취지를 유추적용할 것이 아니고 바로 제827조가 적용될 것이며, 그 범위를 넘는 경우에는 제126조의 정당한 이유의 존부문제로 다루어 표현대리의 인정여부를 결정해야 한다.

민법 제827조【부부간의 가사대리권】

① 부부는 일상의 가사에 관하여 서로 대리권이 있다.

② 전항의 대리권에 가한 제한은 선의의 제3자에게 대항하지 못한다.

③ 제 3 설

사회통념에 기초한 일반적·추상적 일상가사의 범위 내에서만 제126조를 유추적용하고, 그 밖의 행위에 대해서는 대리권의 수여(특별수권)가 있어야만 이를 기초로 제126조를 적용할 수 있다는 견해이다.

(ㄴ) 판 례

관련판례

부부 사이에는 일상의 가사에 관하여 대리권이 있으므로 부동산에 관한 처의 저당권설정행위는 권한 밖의 법률행위를 한 경우에 해당하며, 부가 부동산에 관한 권리문서를 처에게 맡겨두고 다녔고 저당권자가 그 취득당시에 권리문서가 처의 수중에서 나온 것이라고 믿고 있었다면 처에게 저당권설정에 관한 권한이 있다고 믿을만한 정당한 사유가 있는 때에 해당한다(대판 1967. 8. 29. 67다1125).

즉 판례는 일상가사에 속하지 않더라도 일상가사대리권을 기본대리권으로 하여 문제의 행위에 특별수권이 주어졌다고 믿을 만한 정당한 이유가 있는 경우에 제126조의 표현대리를 인정한다.

(c) 표현대리권이 기본대리권이 될 수 있는지 여부

(ㄱ) 문제의 소재

제126조의 표현대리는 기본대리권이 있어야 하는데 제125조의 표현대리가 성립하는 경우 또는 제129조의 표현대리가 성립하는 경우 이러한 표현대리권을 제126조의 기본대리권으로 보아 제125조나 제129조의 대리권의 범위를 넘은 행위를 한 경우 제126조의 표현대리를 적용 할 수 있느냐가 문제된다.

(ㄴ) 학 설

① 긍 정 설

제125조나 제129조의 표현대리가 성립하면 대리권이 있는 것과 같은 효력이 발생하므로 이를 기본대리권이 존재하는 것처럼 다루어야 표현대리 제도를 하나의 유기적인 제도로 통일적으로 이해할 수 있다고 보고 있다.

② 부 정 설

제126조의 표현대리가 성립하려면 현재 기본대리권이 존재해야 한다는 점을 근거로 현재 대리권이 없으면 제126조의 표현대리를 적용할 수 없다.

(ㄷ) 판 례

판례는 유형별로 다르게 판단하고 있다.

① 제129조와 제126조의 중복적용을 긍정하는 것이 주류적 판례이다.

관련판례

민법 제129조에 의하여 표현대리로 인정되는 경우에 그 표현대리의 권한을 넘는 대리행위가 있을 때에도 제126조 소정의 표현대리가 성립할 수 있다(대판 1970. 2. 10. 69다2149).

② 제125조와 제126조의 중첩적용에 의한 표현대리에 대해서는 정면으로 다룬 판례가 보이지 않으나 이를 긍정하는 듯한 것이 있다.

관련판례

민법 제120조는 본인과 대리인과의 위임관계가 불명확한 경우에 있어서의 임의대리인의 복임권에 관한 보충규정일 뿐, 복임권 없는 대리인에 의하여 선임된 복대리인의 대리행위는 어떠한 경우를 막론하고 소위 초과행위가 될 수는 없는 성질의 행위라는 취지까지를 정한 것이 아니다(대판 1967. 11. 21. 66다2197).

(나) 권한을 넘은 표현대리행위의 존재

① 대리인이 대리권의 범위에 속하지 않는 행위를 하여야 한다.

관련판례

부동산의 매도위임을 받은 대리인이 본인으로부터 위임받은 금액브다 저렴한 가격으로 매도한 것은 위임받은 권한의 범위를 넘은 행위라 하더라도 특별한 사정이 없는 한 상대방은 위 대리인이 그 저렴한 가격에 매도할 수 있는 권한이 있는 것으로 믿을만한 정당한 사유가 있다고 할 것이다(대판 1971. 10. 22. 71다1921).

② 대리행위의 존재

표현대리인이 본인을 위한 것임을 표시하여 법률행위를 하여야 하고, 표현대리인과 상대방사이에 대리행위가 없는 때에는 제126조가 적용되지 않는다.

③ 표현대리행위와 기본대리권의 동종·유사성 요부

표현대리행위와 기본대리권이 동종임을 요하지 않고, 전혀 별개의 행위를 한 경우에도 제126조의 표현대리가 성립한다.

따라서 기본대리권이 공법상의 권리이고 표현대리행위가 사법상의 행위일지라도 제126조의 표현대리는 성립한다(통설·판례).

관련판례

① 대리인이 본인으로부터 위임받은 바와는 달리 이전등기관계서투를 위조 내지 변조하여 본인으로부터 직접 자기 앞으로 이전한 후 제3자를 통하여 담보권을 설정하였다고 한다면 특별한 사정이 없는 한 담보권설정계약 당사자는 대리인과 제3자로서 그 대리인은 본인의 대리인으로서 그러한 계약을 하였다고 볼 수 없다(대판 1975. 5. 23. 71다2365).

② 담보권설정의 대리권을 수여받은 자가 자기 명의로 소유권을 이전등기하여 자신의 이름으로 설정한 담보권은 유효하지 않다(대판 1981. 12. 22. 80다1475).

관련판례

① 표현대리의 법리가 적용될 권한을 넘는 행위는 그 대리인이 가지고 있는 진실한 대리권과 동종임을 필요로 하지 않는다(대판 1963. 8. 31. 63다326).

② 제126조의 표현대리는 문제된 법률행위와 수여받은 대리권 사이에 아무런 관계가 없는 경우에도 적용이 있다(대판 1963. 11. 21. 63다418).

(다) 상대방은 선의 · 무과실이어야 한다.

(a) 문제의 소재

대리행위의 상대방이 대리인에게 대리권이 있다고 믿을만한 정당한 이유가 있어야 한다. 그런데 제125조나 제129조의 경우에는 법문상으로 상대방의 선의 무과실을 요구하는데 비해 제126조에서는 선의 무과실 대신에 정당한 이유를 요구하고 있어 그 의미에 대해 견해가 대립한다.

(b) 학 설

(ㄱ) 선의 · 무과실설

상대방은 대리인이 일정한 대리권을 가지고 있음에 대하여, 대리인의 월권행위에 관하여도 대리인에게 대리권이 있는 것으로 믿고, 또한 그와 같이 믿는 것에 대하여 과실이 없어야 한다.

(ㄴ) 객관적 판단설

정당한 이유는 과실보다 좁은 개념으로 객관적으로 판단하여야 한다고 한다. 즉 제125조나 제129조는 상대방의 악의나 과실 유무를 기준으로 하므로 상대방의 주관적 요소를 문제삼는 것이지만 제126조는 중의의무를 다하였느냐는 주관적 의미를 갖는 것이 아니라 객관적으로 정당한 이유가 있느냐가 기준이 되므로 과실과는 다른 의미라고 한다.

(c) 판 례

다수의 판례에서는 과실의 유무를 기준으로 정당한 이유를 판단하고 있으며 따라서 정당한 이유에 대해 선의, 무과실을 의미하는 것으로 본다.

관련판례

일방적으로 부동산의 소유자가 아닌 제3자로부터 근저당권을 취득하려는 자로서는 근저당권설정계약을 함에 있어서 그 소유자에게 과연 담보제공의의사가 있는지 여부 및 그 제3자가 소유자로부터 담보제공에 관한 위임을 받았는지 여부를 서류상 또는 기타의 방법으로 소유자에게 확인하여 보는 것이 보통이라 할 것이므로 만약 그러한 조사를 하지 아니 하였다면 그 제3자에게 소유자를 대리할 권한이 있다고 믿은 데에 과실이 있다고 할 것이다(대판 1995. 2. 17. 94다34425).

3) 적용범위

(가) 법정대리에의 적용여부

법정대리인이 대리권의 제한을 어기고 권한을 넘은 대리행위를 한 경우 제126조의 표현대리를 적용할 수 있느냐가 문제이다. 특히 제한능력자의 법정대리인이 권한의 제한을 어기고 대리행위를 하는 경우 등에서 법정대리권을 기본대리권으로 삼아 제126조의 표현대리를 적용할 수 있느냐에 대해 견해가 대립한다. 그 외에도 공동친권의 경우 친권자 일방이 타방과 협의 없이 대리행위를 한 경우에도 제126조의 표현대리가 문제된다. 다만 이 때에도 친권자 공동명의로 법률행위를 한 때에는 타방의 의사에 반하는 때에도 선의인 때에는 그 효력이 있으므로 제126조의 표현대리가 문제되는 것은 친권자 일방이 일방의 명의로 대리행위를 한 경우일 것이다.

(a) 학 설

(ㄱ) 긍정설(통설)

제126조 표현대리가 성립하기 위해서는 본인의 과실이나 행위에 기할 것을 필요로 하지 않으므로 본조는 법정대리에도 마찬가지로 적용된다. 따라서 법정대리인의 권한행사가 후견감독인의 동의를 요하는 경우에, 법정대리인이 그 동의없이 대리행위를 한 때에도 본조를 적용하여야 한다.

(ㄴ) 부 정 설

제한능력자의 법정대리인에 관하여도 제126조의 표현대리를 인정하면 제한능력자를 보호하려는 제한능력자제도의 취지에 반한다. 그러므로 법정대리인의 권한이 후견감독인의 동의를 요하는 경우에 법정대리인이 그 동의없이 대리행위를 한 때에는 제126조를 적용할 수 없다. 만약 그러한 경우에도 표현대리의 성립을 인정한다면 제950조의 규정은 사문화되고 만다.

(b) 판례(긍정설)

관련판례

친권자인 부가 미성년자의 인장과 그 소유부동산에 관한 권리증을 그 처에게 보관시켜 그 처가 그 부동산을 담보로 제공한 경우에는 특별한 사정이 없는 한 표현대리행위가 된다(대판 1968. 8. 30. 68다1051).

(나) 법인의 대표기관의 불법행위에 의한 적용여부

(a) 문제의 소재

법인의 대표기관인 이사가 대표권을 남용한 경우에 그로 인하여 손해를 입은 상대방은 법인에 대하여 책임을 물을 수 있다. 이러한 경우 법인은 제35조에 의한 불법행위의 책임을 지는가 아니면 제126조의 표현대리의 책임을 지는가가 문제된다.

(b) 학 설

(ㄱ) 제126조 우선적용설(다수설)

제35조와 제126조의 요건은 거의 차이가 없으므로 어느 것을 적용하여도 좋으나, 법률행위는 어디까지나 거래행위로서의 효력유지에 노력해야 하기 때문에 먼저 제126조의 적용을 고려하고, 적용이 부정되는 경우나 적용의 결과 불공평한 효과를 초래한 경우에는 제35조를 적용하는 것이 타당하다.

(ㄴ) 선택적 적용설

제35조 제1항과 제126조의 요건 및 효과에 차이가 없으므로 어느 규정을

적용해도 무방하다.

(ㄷ) 제35조 적용설

판례의 입장을 지지하여 불법행위책임을 묻는다.

(c) 판례(제35조 적용설)

관련판례

행위의 외형상 법인의 대표자의 직무행위라고 인정할 수 있는 것이라던 설사 그것이 대표자 개인의 사리를 도모하기 위한 것이거나 혹은 법령의 규정에 위배된 것이었다 하더라도 직무에 관한 행위에 해당한다(대판 1969. 8. 26. 68다2320).

(3) 효 과

이상의 요건을 갖추게 되면 본인은 대리인(표현대리인)의 월권행위에 대하여 책임을 진다. 따라서 본인이 그 대리행위의 효과가 직접 본인에게 귀속하며 그에 따른 일체의 권리와 의무가 본인에게 발생한다. 그리고 본인은 계약책임을 지는 것이지 손해배상책임을 지는 것은 아니므로 상대방에게 손해의 발생에 대해 과실이 있더라도 과실상계를 적용할 수 없다.

관련판례

표현대리가 성립하는 경우에 본인은 표현대리행위에 기하여 전적인 책임을 져야 하는 것이고 상대방에게 과실이 있다고 하더라도 과실상계의 법리를 유추적용하여 본인의 책임을 감경할 수 없는 것이다(대판 1994. 12. 22. 94다24985).

(4) 대리권 소멸후의 표현대리(민법 제129조)

1) 의 의

대리인이 대리권이 소멸한 후에 대리행위를 한 경우이다. 대리권의 소멸은 선의의 제3자에게 대항하지 못한다. 대리인이 이전에 대리권을 가지고 있었기 때문에 상대방이 대리행위시 그 대리권이 존속하는 것으로 믿고 법률행위를 한 경우에 제129조에 의해 표현대리가 성립한다(A가 B에게 A소유의

甲주택의 매도를 위한 대리권을 수여하였으나 그 기본계약인 위임계약이 종료하여 대리권이 소멸한 후에 B가 甲그주택을 C에게 매도한 경우). 그러나 제3자가 과실로 인하여 그 사실을 알지 못한 때에는 그러하지 아니하다.

2) 요 건

(가) 대리권의 소멸

대리인이 이전에는 대리권을 가지고 있었으나, 대리행위를 할 당시에는 대리권이 소멸하고 없는 상태에서 대리행위를 한 경우로, 처음부터 전혀 대리권이 없는 경우에는 제129조가 적용될 수 없다.

관련판례

기본적인 어떠한 대리권도 없는 자에 대하여 대리권한의 유월 또는 소멸후의 표현대리관계는 성립할 여지가 없다(대판 1984. 10. 10. 84다780).

(나) 상대방의 선의·무과실

대리행위의 상대방이, 대리인이 이전에 대리권을 가지고 있었기 때문에 현재에도 대리권을 가지고 있다고 믿고, 또한 그와 같이 믿는 데 대해 과실이 없어야 한다.

그 입증책임에 대해,

① 대리권의 존재 : 과거에 대리권이 존재했다는 사실 및 대리인이 대리권의 범위내에서 행위 했다는 사실은 상대방이 주장 입증하여야 한다.

② 선의·무과실 : 통설은 표시대리의 경우와 구별할 이유가 없다고 보아 본인에게 악의 또는 유과실의 입증책임이 있다고 하는 반면, 소수설은 법문에 따라 선의의 입증책임은 상대방에게, 과실의 입증책임은 본인에게 있다고 한다.

(다) 기존의 대리권의 범위 내

기존의 대리권의 범위 내에서 대리행위를 하면 제129조의 표현대리가 된다. 그러나 기존의 대리권의 범위를 넘은 대리행위를 하면 제129조와 제

126조의 중첩적용에 의한 표현대리가 되는데 주류적인 판례는 이 경우 제126조의 표현대리를 긍정한다(대판 1979. 3. 27. 79다234).

3) 적용범위

① 제129조가 법정대리인에게도 적용되는지에 대해, ① 통설·판례는 이를 긍정하는 반면, ② 제한능력자의 법정대리의 경우에도 본조에 의한 표현대리를 인정하게 되면 제한능력자 보호의 취지에 반하게 되므로 이 경우를 제외한 법정대리에만 긍정하는 소수설도 있다.

관련판례

대리권소멸 후의 표현대리에 관한 제129조는 법정대리인의 대리권소멸에 관하여도 그 적용이 있다(대판 1975. 1. 28. 88다카1199).

② 복대리인이 대리권 소멸 후에 대리행위를 한 경우 제129조가 적용된다. 또한 대리인이 대리권이 소멸 후 대리인이 복대리인을 선임한 경우 그 복대리인은 처음부터 대리권이 발생되지 않았으므로 그 복대리인이 본인의 명의로 대리행위를 하면 이는 제125조의 표현대리 문제로 볼 여지도 있으나 판례는 이때에도 제129조의 표현대리로 다룬다.

관련판례

표현대리의 법리는 거래의 안전을 위하여 어떠한 외관적 사실을 야기한 데 원인을 준자는 그 외관적 사실을 믿음에 정당한 사유가 있다고 인정되는 자에 대하여는 책임이 있다는 일반적인 권리외관 이론에 그 기초를 두고 있는점에 비추어 볼 때 대리인이 대리권 소멸 후 직접 상대방과 사이에 대리행위를 하는 경우는 물론 대리인이 대리권 소멸 후 복대리인을 선임하여 복대리인으로 하여금 상대방과 사이에 대리행위를 하도록 한 경우에도 상대방이 대리권 소멸 사실을 알지 못하여 복대리인에게 적법한 대리권이 있는 것으로 믿었고 그와 같이 믿은 데 과실이 없다면 민법 제129조에 의한 표현대리가 성립할 수 있다(대판 1998. 5. 29. 97다55317).

4) 효 과

본인은 대리인의 기존의 대리권이 소멸한 후의 대리행위에 대하여 책임을 진다.

Ⅶ. 복 대 리

1. 복대리의 의의 및 성질

(1) 복대리의 의의

① 복대리란 대리인의 수권행위에 의해 선임된 대리인(복대리인)이 직접 본인을 대리하여 법률행위를 하는 것을 말한다.
② 따라서 복대리인은 대리인이 그의 권한 내에서 행위를 하기 위하여 대리인 자신의 이름으로 선임한 「본인의 대리인」이다.
③ 복대리권의 범위는 대리인의 대리권의 범위에 한정된다.

(2) 복임행위의 법적 성질

① 복대리인도 대리인이다. 즉 복대리인도 스스로 의사를 결정하여 표시하는 것이며, 대리인의 사자나 보조자가 아니다.
② 복대리인은 대리인이 자신의 이름으로 선임한 자이다. 복임행위는 대리행위가 아니라 수권행위이다.
③ 복대리인은 대리인의 대리인이 아니라 어디까지나 본인의 대리인이다. 따라서 복대리인이 대리행위를 할 때 본인의 이름으로 법률행위를 해야 한다.
④ 복대리인을 선임한 뒤에도 대리인은 여전히 대리권을 가진다.

■ 사　례 ■

갑의 임의대리인 을이 자신의 이름으로 갑의 대리인 병을 선임하여 병이 갑의 이름으로 대리행위를 한 경우 그리고 을이 갑의 이름으로 갑의 대리인 병을 선임하여 병이 갑의 이름으로 대리행위를 한 경우 각각의 법률효과는?

1. 을 자신의 이름으로 갑의 대리인 병을 선임한 경우
(1) 을은 복임행위를 한 것이다 을에게 복임권이 있다면 병은 갑의 대리인이 될 수 있고 을에게 복임권이 없다면 병은 무권대리인이 될 것이다.
(2) 을은 복대리인 병을 감독하여야 한다.

2. 을이 갑의 이름으로 갑의 대리인 병을 선임한 경우
   (1) 을의 행위는 복대리인 선임행위가 아니다. 을은 갑의 대리인 선임행위를 대리한 것이다. 즉 을은 대리행위를 한 것이다.
   (2) 을이 이러한 대리행위를 하기 위해서는 갑의 특별수권이 있어야 한다. 본인 갑의 특별수권이 있었다면 병은 갑의 통상의 대리인이며, 복대리인이 아니다. 복대리인이 아니므로 을은 병을 감독할 지위에 있지 않다. 특별수권이 없다면 병을 대리인으로 선임한 대리행위는 무권대리가 된다. 무권대리는 본인에게 효력이 없으므로 병은 갑의 대리인이 될 수 없고 따라서 병의 대리행위도 무권대리가 될 것이다.

2. 대리인의 복임권 및 선임감독책임

(1) 복임권의 의의 및 법적 성질

1) 의 의

복임권이라 함은 대리인이 복대리인을 선임할 수 있는 권리 또는 자격을 말한다.

2) 법적 성질

(가) 권 능 설

본인·대리인 사이의 내부관계로부터 발생하는 대리인이 가지는 법률상의 일종의 권능 혹은 자격이라고 한다(통설).

(나) 대리권의 내용이라는 견해

복대리인을 선임할 수 있느냐의 여부는 대리권의 내용 자체이며 별개의 권능이 아니라고 한다.

(2) 임의대리인의 복임권과 그 책임

1) 임의대리인의 복임권

대리권이 법률행위에 의하여 부여된 경우, 즉 수권행위에 의한 임의대리

인은 본인의 승낙이 있거나 부득이한 사유있는 때가 아니면 복대리인을 선임하지 못한다. 이를테면 임의대리인에게는 원칙적으로 복임권이 없다.

관련판례

① 대리의 목적인 법률행위의 성질상 대리인 자신에 의한 처리가 필요하지 아니한 경우에는 본인이 복대리 금지의 의사를 명시하지 아니한 복대리인의 선임에 관하여 묵시적인 승낙이 있는 것으로 보는 것이 타당하다(대판 1996. 1. 26. 94다30690).

② 갑이 채권자를 특정하지 아니한 채 부동산을 담보로 제공하여 금원을 차용해 줄 것을 을에게 위임하였고 을은 이를 다시 병에게 위임하였으며 병은 정에게 위 부동산을 담보로 제공하고 금원을 차용하여 을에게 교부하였다면 을에게 위 사무를 위임한 갑의 의사에는 복대리인 선임에 관한 승낙이 포함되어 있다고 봄이 타당하다(대판 1993. 8. 27. 93다21156).

③ 임의대리인은 본인의 승낙이 있거나 부득이한 사유가 있지 아니하면 복대리인을 선임할 수 없는 것인 바, 아파트 분양업무는 그 성질상 분양 위임을 받은 수임인의 능력에 따라 그분양 사업의 성공 여부가 결정되는 사무로서 본인의 명시적인 승낙 없이는 복대리인의 선임이 허용되지 아니하는 경우로 보아야 한다(대판 1999. 9. 3. 97다56099).

2) 임의대리인의 복대리인선임의 책임

제120조의 규정에 의하여 임의대리인이 복대리인을 선임한 때에는 본인에게 대하여 그 선임감독에 관한 책임이 있다. 임의대리인이 본인의 지명에 의하여 복대리인을 선임한 경우에는 그 부적임 또는 불성실함을 알고 본인에게 대한 통지나 그 해임을 태만한 때가 아니면 책임이 없다.

3) 임의대리인도 본인의 승낙이 있거나 부득이한 사유가 있는 때에는 복대리인을 선임할 수 있다. 단 대리인은 본인에 대하여 그 선임·감독에 관한 책임만 진다. 그리고 본인의 지명에 의하여 복대리인을 선임한 경우에는 그 부적임 또는 불성실함을 알고 본인에게 대한 통지나 해임을 태만히 한 때가 아니면 책임이 없다.

제120조는 본인과 대리인과의 위임관계가 불명확한 경우 임의대리인의 복임권에 관한 보충규정일 뿐, 복임권 없는 대리인에 의하여 선임된 복대리인의 대리행위는 어떠한 경우를 막론하고 권한을 넘는 표현대리가 될 수 없다는 취지까지 정한 것은 아니다.

(3) 법정대리인의 복임권과 그 책임

법정대리인은 그 책임으로 복대리인을 선임할 수 있다. 즉 법정대리인은 언제든지 복임권이 있다. 그러나 부득이한 사유로 인한 때에는 제121조 제1항에 정한 책임만이 있다.

〈 대리인의 복임권과 그 책임 〉

임의대리인	㉠ 복임권 원칙적으로 인정 안됨(예외 : 본인의 허락 또는 부득이한 사유가 있을 경우 선임 가능) ㉡ 복대리인의 선임과 그 책임 : 선임·감독상의 과실책임짐(단, 본인의 지명에 의해 선임할 경우 : 부적임·불성실함을 알고도 본인에게 통지나 해임을 태만히 한 때에 한해 책임짐)
법정대리인	㉠ 복임권 언제나 있다. ㉡ 복대리인의 선임과 그 책임 무과실책임짐(단, 부득이한 사유로 복대리인을 선임한 경우 : 그 선임·감독상의 과실에 대해서만 책임짐)

(4) 복대리인의 복임권

복대리인도 본인의 대리인이므로 복대리인이 다시 복임행위를 할 수 있다. 그러나 복대리인은 임의대리인이므로 복대리인이 다시 복임행위를 할 때에는 임의대리인의 복임권에 관한 규정이 적용된다.

3. 복대리인의 지위

복대리인은 그 권한 내에서 본인을 대리한다. 복대리인은 본인이나 제3자에 대하여 대리인과 동일한 권리의무가 있다(제123조).

(1) 복대리인의 본인에 대한 지위

① 원래 복대리인은 대리인에 의하여 대리인의 이름으로 선임되었으므로 복대리인과 본인 사이에는 아무런 내부관계가 생길 수 없다. 그러나 민법은 복대리인은 본인이나 제3자에 대하여 대리인과 동일한 권리의

무가 있다고 규정한다.

② 이는 제123조 제2항에 의하여 본인과 대리인 사이의 내부적 법률관계가 본인과 복대리인간의 기초적 법률관계로 의제됨을 의미한다(통설). 따라서 복대리인은 본인에 대하여는 선관주의의무, 수취물의 인도의무, 보수청구권, 비용상환청구권 등을 갖으며, 제3자와의 관계에서는 대리인과 동일한 대리권을 갖는다.

③ 복대리인은 그 권한 내에서 본인을 대리한다. 복대리인은 본인의 대리인으로 본인의 이름으로 대리행위를 한다.

(2) 복대리인의 상대방에 대한 지위

① 복대리인은 그 권한 내에서 본인을 대리한다. 따라서 복대리인의 대리행위에 관해서는 대리의 일반원칙이 적용된다.

② 복대리인은 본인이나 제3자에 대하여 대리인과 동일한 권리·의무가 있다. 따라서 현명주의, 대리행위의 하자, 대리인의 능력 등의 규정은 복대리인에게도 적용된다.

③ 복대리인도 본인의 대리인이므로 무권대리 및 표현대리에 관한 규정은 복대리에도 적용된다. 즉 복임권 없는 대리인이 복대리인을 선임하여 복대리인이 본인의 대리행위를 한 경우 무권대리가 되어 무효이나 본인이 추인하면 유효로 되며 표현대리를 적용할 수도 있다.

■ 복대리인의 표현대리 유형 ■

1. 복대리인 선임 후에 본인 또는 대리인 사망한 후 복대리인이 대리행위를 한 경우 제129조의 표현대리가 된다.

2. 본인 사망 후 대리인이 복대리인을 선임해서 복대리인이 대리행위를 한 경우 판례는 이 경우에도 제129조의 표현대리로 다룬다.

관련판례

대리인이 대리권 소멸 후 직접 상대방과 사이에 대리행위를 하는 경우는 물론 대리인이 대리권 소멸 후 복대리인을 선임하여 복대리인으로 하여금 상대방과 사이에 대리행위를 하도록 한 경우에도 상대방이 대리권 소멸 사실을 알지 못하여 복대리인에게 적법한 대리권이 있는 것으로 믿었고 그와 같이 믿은 데 과실이 없다면 민법 제129조에 의한 표현대리가 성립할 수 있다(대판 1998. 5. 29. 97다55317).

3. 복대리인이 대리인의 대리권의 범위를 넘은 대리행위를 한 경우 제126조의 권한을 넘은 표현대리 적용이 가능하다.
4. 복임권없는 자가 복대리인을 선임하여 복대리인이 대리행위를 한 경우 복대리인의 대리행위는 무권대리로서 무효이나 본이나 대리인이 추인하면 유효로 될 수 있다. 그리고 무권대리로 되어도 제125조의 표현대리를 적용할 수 있다(대판 1979. 11. 27. 79다1193). 만약 이때 복대리인이 대리인의 권한을 벗어나는 행위를 하면 제126조의 표현대리를 적용할 수 있다(대판 1998. 3. 27. 97다48982).

(3) 복대리인의 대리인에 대한 지위

① 복대리인은 대리인에 의하여 선임된 자이므로 대리인의 감독을 받는다.

② 복대리인의 대리권은 그 범위나 존립에 있어서 대리인의 대리권에 의해 제한된다. 따라서 복대리권은 대리인의 대리권을 초과할 수 없으며, 대리인의 대리권이 소멸하면 복대리인의 복대리권도 소멸한다.

③ 복대리인의 선임에 의하여 대리인의 대리권이 소멸하는 것은 아니다 따라서 대리인과 복대리인의 대리권은 병존한다.

④ 임의대리인은 일정한 경우 복대리인을 해임할 수 있으나(제121조 2항) 대리인이 복임행위를 철회할 수 있으므로 그 실효성은 적다.

4. 대리권의 소멸

복대리권은 직접 본인에 대한 대리권이므로, 대리권의 일반적인 소멸원인, 대리인과 복대리인 사이의 기초적 법률관계의 종료에 의해서 소멸한다. 또한 복대리권은 대리인의 대리권을 전제로 하기 때문에 대리권이 소멸하면 복대리권도 소멸한다.

제5절 법률행위의 무효와 취소

Ⅰ. 서 설

1. 개 념

(1) 법률행위가 정상적으로 성립한 후 그 목적이 적법한 것이면 그에 따른 효력을 발생한다. 그러나 그 성립에 있어 하자가 있거나 그 효력상의 흠결로 인하여 그 효력이 정상적으로 발생하지 못하는 경우가 있는데, 이를 모두 법률행위의 효력이 불완전한 형태라고 한다. 즉 법률행위의 성립요건이나 유효요건을 규정함에 있어 그와 같은 요건을 갖추지 못한 법률행위를 무효 또는 취소 할 수 있는 것으로 한다.

(2) 민법은 여러 곳에서 법률행위의 효력을 무효 또는 취소할 수 있는 것으로 규정할 뿐만 아니라, 일정한 경우는 그 특성에 따라 유효로도 할 수 있고 무효로도 할 수 있도록 하고 있다.

2. 무효와 취소의 비교

(1) 하자있는 법률행위를 무효로 할 것인가 취소할 수 있는 법률행위로 할 것인가에 관한 일반적인 기준은 명확하지 않으므로, 그의 표준은 당시의 시대 및 사회의 법사상에 따라 결정되는 것이 보통이다. 가장 근본적인 차이는, 취소에 있어서는, 특정인이 그 효력을 잃게 하기 위한 주장 내지 행위를 하는 때에 비로소 효력이 없는 것으로 되는데 반하여, 무효에 있어서는, 누구의 주장이나 행위를 기다리지 않고서 당연히 처음부터 효력이 없는 것으로 되는 점에 있다.

(2) 일응 무효와 취소의 기준으로 말해지는 것을 보면 무효의 경우는 주로 공익적 견지에서 인정하고, 취소의 경우는 주로 사익적인 견지에서 인정된다고 한다.

3. 형 태

〈 무효로 되는 경우와 취소할 수 있는 경우 〉

무 효	취 소
① 의사무능력자의 법률행위 ② 원시적 불능의 법률행위 ③ 강행법규에 위반하는 법률행위 ④ 반사회질서의 법률행위 ⑤ 불공정한 법률행위 ⑥ 상대방이 안 비진의표시 ⑦ 허위표시 등	① 제한능력자의 법률행위 ② 착오에 의한 의사표시 ③ 사기 또는 강박에 의한 의사표시 등

1) 무효의 형태

민법은 법률행위의 무효에 관하여 의사무능력자의 법률행위·불가능한 법률행위·강행법규에 위반된 법률행위·사회질서에 반하는 법률행위·불공정한 법률행위·비진의의사표시·통정허위표시·협의의무권대리 등을 규정하고 있다.

2) 취소의 형태

민법은 법률행위의 취소에 관하여 제한능력자의 법률행위·착오에 의한 법률행위·사기나 강박에 의한 법률행위 등을 규정하고 있다.

4. 무효와 취소의 경합

	무 효	취 소
특정인의 주장	특정인의 주장불요	특정인(취소권자)의 주장(취소)필요
효 력	처음부터 당연무효·절대적 무효	불확정적 무효 (취소 전까지는 일단 유효)
기간의 경과와 보정	기간의 경과로도 효력불변·항상 무효	일정한 기간의 경과로 취소권행사 불가, 확정적 유효

1) 경합의 가능성

① 하나의 법률행위에 무효의 원인과 취소의 원인이 동시에 존재하는 경우 당해 법률행위는 무효와 취소에 관한 규정이 경합적으로 적용된다.
② 따라서 법률행위의 당사자는 당해 법률행위에 대하여 무효를 주장할 수도 있고, 취소를 주장할 수도 있다.

2) 양자의 유사성

당해 법률행위를 당사자가 취소하면 그 효과는 행위 당시까지 소급하여 무효로 되므로 결과에 있어서는 무효를 주장한 것과 동일하게 된다. 당연무효인 행위를 취소하는 경우 이러한 취소는 당연무효인 행위를 확인하는 것이므로 소멸시효의 대상이 되지 않는다고 본다.

관련판례

편입학허가, 대학교의 졸업인정, 대학원입학, 공학석사학위수여가 각 그 자격요건을 규정한 위 법령에 위반되어 무효라면 이와 같은 당연무효의 행위를 학교법인이 취소하는 것은 그 편입학 허가 등의 행위가 처음부터 무효이었음을 당사자에게 통지하여 확인시켜주는 것에 지나지 않으므로 여기에 신의칙 내지 신뢰의 원칙을 적용할 수 없고 그러한 뜻의 취소권은 시효로 인하여 소멸하지도 않으며 그와 같은 자격요건에 관한 흠은 학교법인이나 학생 또는 일반인들에 의하여 치유되거나 정당한 것으로 추인될 수 있는 성질의 것도 아니다(대판 1989. 4. 11. 87다카131).

Ⅱ. 법률행위의 무효

1. 무효의 개념

(1) 의 의

법률행위의 무효란 당해 법률행위가 성립한 때부터 그 성립상의 하자로 인하여 법률상 당연히 효력을 발생하지 않는 경우를 말한다. 무효인 법률행위는 특정인이 무효주장을 하지 않더라도 당연히 무효이며 처음부터 효력이 발생되지 않는 것으로 확정되어 있는 것을 의미하는 것이 보통이나 무효의 유형에 따라 예외적으로 유효로 바뀔 수 있는 것도 있다.

(2) 구별의 개념

1) 취소와의 구별

법률행위의 취소는 일응 법률행위로서 성립한 후에 그 효력을 발생하고 있으나, 차후 취소권자의 취소에 의하여 그 효력이 소급적으로 소멸하여 결과적으로 무효와 동일하게 되는 경우이다. 따라서 성립 당시부터 그 효력을 발생하지 않는 무효와는 구별되는 것이다.

2) 법률행위 불성립과의 구별

법률행위의 유효·무효의 문제는 법률행위로서 성립한 이후의 문제이므로, 당해 행위가 법률행위로서 존재할 수 있는 최소한의 요건도 갖추지 못한 법률행위의 불성립과는 다른 것이다. 즉, 불성립의 문제는 법률행위의 성립 이전의 문제이다.

2. 무효의 원인

민법에서 무효의 원인으로 들고 있는 것은 의사무능력자의 법률행위·법률행위 내용의 불능·반사회질서의 법률행위·불공정한 법률행위·법률행위의 목적을 확정할 수 없는 경우·단독허위표시의 예외·통정허위표시의 경우·협의의 무권대리·불법조건부 법률행위 등이 있다.

3. 무효의 일반적 효과

(1) 법률효과의 불발생

① 법률행위가 무효로 되면 당해 법률효과는 발생하지 않는다. 따라서 물권행위의 경우는 예정한 물권변동의 효과가 발생하지 않고, 채권행위의 경우도 당해 채권·채무 등이 발생하지 않는다.

② 무효인 법률행위의 당사자는 그 법률행위에 따른 급부를 이행하기 전이면 이행할 필요가 없고, 이미 이행한 후이면 부당이득의 반환을 청구할 수 있다.

(2) 무효의 절대적 효력

법률행위의 무효는 누구나 주장할 수 있고, 누구에게나 주장할 수 있기 때문에 절대적 무효로 되는 것이 원칙이다.

4. 무효의 종류

(1) 절대적 무효와 상대적 무효

1) 절대적 무효

법률행위의 무효를 모든 사람에게 주장할 수 있는 경우로, 원칙적인 의미에 있어서의 무효이다. 이러한 예로는 의사무능력을 이유로 무효인 경우 및 반사회질서를 이유로 무효로 된 경우·강행법규에 위반하여 무효로 된 경우 등을 들 수 있다.

2) 상대적 무효

이는 무효인 법률행위의 효과를 특정인(예컨대 선의의 제3자)에게는 주장할 수 없는 경우를 말한다. 이러한 무효를 인정하는 이유는 그 무효로 인하여 불측의 피해를 입을 수 있는 선의의 제3자의 이익을 보호함과 동시에 거래의 안전보호·공신의 원칙이라는 일련의 목적을 달성하는데 있다. 그러한 예로는 단독허위표시에서의 예외적 무효·통정허위표시의 무효 등을 들 수 있다.

(2) 당연무효와 재판상 무효

1) 당연무효

당해 법률행위의 무효가 당연한 경우로서 그 무효를 주장하기 위한 특별한 절차나 행위를 요하지 않는다.

2) 재판상 무효

당해 법률행위의 무효는 일정한 절차나 재판을 통하여야만 인정되는 경우로, 거래의 안전보호·제3자의 이익보호라는 측면에서 인정되고 있다. 이러한 예로는 회사설립의 무효·회사합병의 무효 등이 있다. 이러한 재판상의 무효의 경우에도 제소권자와 제소기간이 제한되며, 판결이 확정될 때까지는 무효를 주장할 수 없고 무효로 확정하는 재판은 대세적 효력을 갖는 것이므로 이러한 무효의 소는 형성의 소의 성질을 갖는다고 한다.

(3) 전부무효와 일부무효

1) 전부무효

당해 무효의 원인이 법률행위 내용의 전체에 있는 경우로 법률행위 전체가 무효가 된다.

2) 일부무효

무효의 원인이 법률행위 내용의 일부에만 있는 경우로 당해 법률행위 전체의 효력을 어떻게 처리할 것인가에 관한 문제로 귀착된다.

(가) 원 칙

법률행위의 일부에 무효의 원인이 있는 경우 당해 법률행위 전체가 무효인 것이 원칙이다.

(나) 예 외

다만, 당사자가 당해 무효인 부분이 없었더라도 나머지 부분에 관한 법률행위를 하였으리라고 인정되는 경우에 한하여 그 나머지 부분을 유효로 할 수 있다.

(4) 유동적 무효

1) 의 의

법률행위의 무효는 법률행위가 성립한 때부터 법률상 당연히 그 효력이 없는 확정적 무효가 원칙적인 모습이지만, 추인 등에 의하여 소급적으로 유효가 될 수 있는 것이 있다. 즉 유동적 무효란 법률행위가 무효이기는 하지만 추인에 의하여 행위시에 소급하여 유효로 될 수 있는 것을 말한다. 예컨대 토지매매의 조건으로 토지거래허가의 조건, 사찰소유의 재산을 양도·담보에 제공되는 경우 관할청의 허가조건의 경우이다.

따라서 유동적 무효가 확정적 무효로 되는 것은 위 사례의 거래조건의 불성취 또는 배제되는 경우, 즉 토지거래허가를 얻지 못하거나 관할청의 불허가처분이 확정된 때이다.

관련판례

사찰재산의 양도에 필요한 위와 같은 허가는 반드시 그 양도 전에 미리 받아야 하는 것은 아니고 양도 후에라도 허가를 받으면 그 양도계약은 소급하여 유효한 것으로 된다고 할 것이지만 양도계약이 처음부터 허가를 배제 잠탈하는 내용의 것이거나 또는 양도계약 후 당사자 쌍방이 허가 받지 않기로 하는 의사표시를 명백히 한 때에는 그 양도계약은 그로서 확정적으로 무효가 되어 더 이상 관할청의 허가를 받아 유효한 것으로 될 여지가 없다(대판 2001. 2. 9. 99다26978).

2) 유동적 유효와 구별

취소할 수 있는 법률행위의 경우에는 법률행위가 처음부터 유효하지만, 취소권자의 취소에 의하여 그 행위는 소급하여 무효로 되는 것인데, 취소하기 전의 상태를 유동적 유효라고 한다. 즉 유동적 유효는 유효한 법률행위를 취소에 의하여 무효로 되는 것을 말하고, 유동적 무효는 무효인 법률행위를 추인에 의하여 유효로 되는 것을 말한다.

3) 토지거래허가와 유동적 무효

(가) 허가주의

국토계획및이용에관한법률상 허가구역 안에 있는 토지에 대한 소유권, 지상권 등을 이전 또는 설정하는 계약을 체결하고자 하는 당사자는 공동으로 대통령이 정하는 바에 따라 시장, 군수 또는 구청장의 허가를 받아야 한다. 대가를 받지 않고 토지에 대한 권리를 이전하는 것은 허가 대상이 아니다.

관련판례

규제구역 내에 있는 토지라 하더라도 대가관계 없이 신탁자의 일방적인 의사표시에 의하여 이루어지는 명의신탁 해지로 인한 소유권이전등기청구는 위의 토지등의 거래계약에 해당하지 아니한다(대판 1991. 10. 25. 91다29378).

(나) 토지거래 허가의 성질

국토이용관리법에 기한 허가에 대해 판례는 허가 전의 유동적 무효상태에 있는 법률행위의 효력을 완성시켜주는 인가적 성질을 띤 것으로 본다(대판 1999. 6. 17. 98다40459).

(다) 유동적 무효상태의 법률관계

(a) 일반적 효과

거래허가를 받기 전에는 물권적 효력은 물론 채권적 효력도 발생하지 아니하여 무효이므로 계약상의 권리의 이전 또는 설정에 관한 어떠한 내용의 이행청구도 할 수 없다. 그러나 일단 허가를 받으면 그 계약은 소급해서 유효가 되므로 허가 후에 새로이 거래계약을 체결할 필요는 없다. 다만 이러한 유동적 무효는 거래허가를 받을 것을 전제로 한 계약에만 적용되므로 처음부터 허가를 배제하거나 잠탈할 의도를 가지고 거래를 한 경우 예컨대 전매목적의 중간생략등기를 합의한 경우 등은 확정적 무효이다.

(b) 계약의 이행청구권

① 계약상의 이행청구권 불허 : 거래허가를 받기 전의 상태에서는 채권적 효력도 발생하지 아니하여 계약상의 이행청구를 할 수 없다. 따라서 거래허가를 받기 전까지는 매수인은 매매대금을 지급할 의무가 없으며 매매대금 지급을 선이행하기로 약정 하였더라도 마찬가지이다.

② 허가건부 소유권이전청구 불허 : 허가를 받을 것을 조건으로 소유권이전등기절차의 이행을 구하는 것도 허용될 수 없다.

③ 채무불이행책임 불발생 : 허가를 받기 전에는 매매계약의 채권적 효력도 발생하지 아니하므로 채무불이행으로 인한 손해배상청구도 할

수 없고 선이행하기로 약정한 매매잔대금의 지급을 지체하더라도 채무불이행을 이유로 계약을 해제할 수 없다.

(c) 토지거래허가 신청절차 협력청구권

① 소구 가능 : 유동적 무효상태에서도 토지거래 허가 신청절차에 협력할 의무가 있고 이에 협력하지 않는 당사자에 대해서 상대방이 협력의무의 이행을 소로서 구할 이익이 있다.

② 보전처분의 피보전권리 가능 : 매수인은 토지거래허가신청절차청구권을 피보전권리로 하여 목적물의 처분을 금하는 가처분을 할 수 있다.

③ 채권자대위권의 피보전권리 가능 : 토지거래허가 신청절차에 협력할 것을 청구할 권리가 있는 양수인은 이와 같은 토지거래허가 신청절차의 협력의무 이행청구권을 보전하기 위하여 양도인을 대위하여 그에게 토지를 매도한 매도인을 상대로 토지거래허가 신청절차에 협력할 것을 청구할 수 있다.

④ 협력의무와 대금지급의 동시이행관계 부정 : 협력의무 이행을 청구함에 있어 대금채무의 이행제공을 할 필요가 없으며 따라서 대금의 제공이 없었다는 이유로 협력의무의 이행을 거절할 수 없다.

(d) 계약해제권

① 채무불이행을 이유로 한 해제 불허 : 허가 받기 전의 상태에서는 채권적 효력도 발생하지 아니하여 계약의 이행청구를 할 수 없으므로 채무불이행을 이유로 계약을 해제할 수 없다. 다만 허가 후에는 계약이 소급하여 유효로 되므로 그 이후의 채무불이행의 경우에는 해제가 가능하다.

② 협력의무 불이행을 이유로 한 해제 불허 : 유동적 무효의 상태에 있는 거래계약의 당사자는 상대방이 그 거래계약의 효력이 완성되도록 협력할 의무를 이행하지 아니 하였음을 이유로 일방적으로 유동적 무효의 상태에 있는 거래계약 자체를 해제할 수 없다. 즉 허가를 받기 위한 협력의무불이행을 이유로 한 계약해제도 허용되지 않는다.

③ 해약금에 의한 해제 가능 : 토지거래허가를 받지 않아 유동적 무효 상태인 매매계약에 있어서도 당사자 사이의 매매계약은 매도인이 계약

금의 배액을 상환하고 계약을 해제함으로써 적법하게 해제된다. 즉 해약금에 의한 해제는 가능하며 해약금은 약정해제권을 유보한 것이므로 결국 유동적 무효인 동안에도 약정해제권의 행사는 가능하게 된다.

(e) 손해배상

① 채무불이행을 이유로 한 손해배상청구 불허 : 허가 받기 전의 상태에서는 채권적 효력도 발생하지 아니하므로 계약의 이행청구를 할 수 없고 따라서 채무불이행으로 인한 손해배상청구도 할 수 없다.

② 허가협력 불이행을 이유로 한 손해배상청구 가능 : 허가신청을 하여야 할 협력의무를 이행하지 아니하고 매수인이 일방적으로 철회함으로써 매도인이 손해를 입은 경우 매수인은 협력의무 불이행과 인과관계 있는 손해를 배상하여야 할 의무가 있다.

③ 허가협력 불이행을 이유로 한 손해배상액의 예정액 청구 가능 : 당사자 일방이 토지거래 허가를 받기 위한 협력 자체를 이행하지 아니하거나 허가신청에 이르기 전에 매매계약을 철회하는 경우 상대방에게 일정한 손해액을 배상하기로 하는 약정은 유효하게 할 수 있다.

(f) 부당이득반환청구 문제

① 원 칙 : 확정적 무효가 되어야 계약금을 부당이득으로 반환청구할 수 있다.

관련판례

유동적 무효상태에 매매계약을 체결하고 매수인이 이에 기하여 임의로 지급한 계약금은 그 계약이 유동적 무효상태로 있는 한 이를 부당이득으로 반환을 구할 수는 없고 유동적 무효상태가 확정적으로 무효로 되었을 때 비로소 부당이득으로 그 반환을 구할 수 있다(대판 1993. 7. 27. 91다33766).

② 반환에 관한 별도의 특약이 있으면 그에 따른다.

관련판례

토지거래허가를 받지 아니하여 유동적 무효상태에 있던 매매계약이 확정적으로 무효가 된 상태에서 당사자들이 이미 지급한 매매대금의 반환에 관하여 민법상의 부당이득 반환과는 다른 내용의 계약을 하는 경우 그것은 무효가 된 계약과는 별개의 계약으로 유효한 것이므로 무효가 된 계약에 기하여 이미 지급된 매매대금 중 반환할 금액의 범위 등은 당사자 사이의 새로운 계약 내용에 따라야 한다(대판 1996. 11. 22. 96다31704).

(g) 중간생략등기의 문제

① 유효성 : 토지거래허가 없이 행한 중간생략등기는 무효이다.

관련판례

토지거래 허가구역 내의 토지가 관할 관청의 허가 없이 전전매매되고 그 당사자들 사이에 최초 매도인으로부터 최종 매수인 앞으로 직접 소유권이전등기를 경료하기로 하는 중간생략등기의 합의가 있는 경우 이러한 중간생략등기의 합의란 부동산이 전전매도된 경우 각 매매계약이 유효하게 성립함을 전제로 그 이행의 편의상 최초 매도인으로부터 최종 매수인 앞으로 소유권이전등기를 경료하기로 한다는 당사자 사이의 합의에 불과할 뿐 그러한 합의가 있다고 하여 최초 매도인과 최종 매수인 사이에 매매계약이 체결되었다는 것을 의미 하는 것은 아니고 따라서 최종 매수인은 최초 매도인에 대하여 직접 그 토지에 관한 토지거래허가 신청절차의의 협력의무 이행청구권을 가지고 있다고 할 수 없으며 설사 최종매수인이 자신과 최초 매도인을 매매 당사자로 하는 토지거래허가를 받아 최종 매수인 앞으로 소유권이전등기를 경료하더라도 그러한 소유권이전등기는 적법한 토지거래허가 없이 경료된 등기로서 무효이다(대판 1996. 6. 28. 96다3982).

② 특히 허가를 배제할 의도로 중간생략등기를 하면 각각의 계약은 확정적으로 무효이므로 전득자는 중간자의 토지거래허가신청절차 협력청구권을 대위행사 할 수도 없다.

③ 토지거래허가 없는 상태에서 매수인의 지위 이전도 효력이 없으므로 지위의 양수인이 직접 최초양도인에게 토지거래허가신청절차 협력청구를 할 수도 없다.

5. 무효행위 추인

(1) 의 의

1) 무효행위라도 일정한 요건 하에 효력을 발생시키는 것이 가능하다

(무효행위의 재생). 이에 대해서는 일부무효, 무효행위의 전환, 무효행위의 추인의 세가지가 있다. 일부무효와 무효행위의 전환이 당사자의 가상적 의사에 기초한 것이라면 무효행위의 추인은 현실적 의사에 기초한 것이다. 무효행위는 법률행위의 효과가 발생하지 않는 것으로 확정되어 있는 것이므로 후에 그 행위를 유효하게 하는 의사표시를 하더라도 유효하게 되지 않는다. 그러나 민법은 비소급적 추인을 인정하고 있다.

무효행위의 추인이란 당해 법률행위가 처음부터 무효인 경우, 이러한 사실을 알면서도 당사자가 추인을 함으로써 그 법률행위가 효력을 발생하도록 하는 행위를 말한다.

2) 따라서 법률행위에 하자가 있어서 당해 법률행위를 취소할 수 있는 경우에 그 법률행위를 취소하지 않겠다는 의사표시인 취소할 수 있는 법률행위의 취소 또는 당해 대리행위가 협의의 무권대리에 해당함으로써 본인에 대하여 무효인 경우에 본인의 그 효력을 인정한다는 취지의 의사표시인 무권대리행위의 추인과는 그 성질이 다른 것이다.

(2) 추인의 요건

① 무효인 법률행위의 당사자가 그 법률행위가 무효임을 알고 있어야 한다.

관련판례

상환미료중의 농지매매에 관하여 상환완료 후 매도인이 매수인에게 소유권이전등기를 하여 주겠다는 의사표시를 한 때에는 별단의 사정이 없는 한 위 매도인은 상환완료전의 농지매매행위가 무효임을 알면서 위와 같은 의사표시를 하였다고 할 수 있고 이는 무효행위의 추인에 관한 법리에 따라서 새로운 법률행위를 한 것이라고 볼 수 있다(대판 1969. 6. 10. 69다471).

② 당사자가 무효인 법률행위에 대하여 추인을 하여야 한다. 무효행위가 존재 하여야 한다 법률행위가 불성립인 경우에는 추인을 논할 여지가 없다. 또한 무효행위의 추인은 실제적인 추인의사가 있어야 한다. 다만 추인의 의사표시는 묵시적으로도 가능하다. 무효행위 전환이 당사자가 그러한 사정을 알았더라면 그러한 법률행위를 하였을 것이라는 가상적 의사에 의해 인정되는 것과 구별된다.

③ 그 추인된 법률행위가 새로운 법률행위로서의 요건을 갖추어야 한다. 따라서 하자가 치유될 수 없는 것이나 강행규정 취지에 반하는 추인이 불가능하다.

관련판례

① 불공정한 법률행위로서 무효인 경우에는 추인에 의하여 그 무효인 법률행위가 유효로 될 수 없다고 할 것이므로 법정추인도 인정될 수 없다(대판 1994. 6. 24. 94다10900).

② 상법 제731조 제1항에 의하면 타인의 생명보험에서 피보험자가 서면으로 동의의 의사표시를 하여야 하는 시점은 보험계약 체결시까지이고 이는 강행규정으로서 이에 위반한 보험계약은 무효이므로 타인의 생명보험계약 성립 당시 피보험자의 서면동의가 없다면 그 보험계약은 확정적으로 무효가 되고 피보험자가 이미 무효가 된 보험계약을 추인하였다고 하더라도 그 보험계약이 유효로 될 수는 없다(대판 2006. 9. 22. 2004다56677).

(3) 추인의 효과

1) 원 칙

당사자가 무효임을 알고 추인하였다면 그때부터 그 법률행위는 장래에 향하여 효력을 발생한다. 즉, 추인한 때부터 새로운 법률행위를 한 것으로 간주하기 때문에 추인의 효과는 "비소급적"으로 발생하는 것이다.

관련판례

무효인 가등기를 유효한 등기로 전용키로 한 약정은 그 때부터 유효하고 이로써 위 가등기가 소급하여 유효한 등기로 전환될 수는 없다(대판 1992. 5. 12. 91다26546).

2) 예 외

무효인 법률행위의 당사자는 당사자 사이에서만 또는 제3자의 이익을 해하지 않는 범위에서, 그 무효인 법률행위를 소급적으로 추인할 수 있다.

6. 무효행위의 전환

(1) 의 의

1) 무효행위의 전환이란 제1의 행위로서 무효인 법률행위가 다른 법률행위(제2의 행위)로서의 요건을 갖추고 있는 경우에 그 무효인 법률행위(제1의 행위)를 다른 법률행위(제2의 행위)로서 효력을 발생할 수 있도록 하자는 것이다. 즉 갑이라는 행위로서는 무효인 법률행위가 을이라는 행위로서의 요건을 갖춘 경우 무효의 행위인 갑을 을행위로서 효력을 인정 하는 것이다.

2) 무효행위의 전환을 인정하는 근본적인 취지는 법률행위의 성립에 하자가 존재한다고 하여도 가능한 당사자의 의도에 부합하는 방향으로 효력을 발생하도록 해석하는 것이 법률행위 해석의 당연한 임무일 뿐만 아니라, 이로 인하여 거래의 안정성 및 사회 일반의 신의칙에도 합당하다는 것이다.

3) 무효행위의 전환도 일부무효의 한 예로 볼 수 있으나 보통의 일부무효는 양적 일부무효임에 비해 무효행위의 전환은 질적 일부무효라고 볼 수 있다. 따라서 무효행위의 전환은 법률행위가 무효임에도 불구하고 그것이 유효한 행위로 인된다는 뜻이 아니라 무효인 법률행위 내에 포함된 일부유효한 행위가 당사자의 가정적 의사의 확정을 통해 유효로 현실화 된다는 것을 의미한다.

(2) 전환의 요건

1) 무효인 법률행위가 전환되려는 법률행위로서의 요건을 갖출 것

(가) 전환되는 법률행위가 불요식행위인 경우

① 요식행위인 제1의 행위가 무효인 경우 불요식행위인 제2의 행위로 전환되는데 아무런 어려움이 없으며, 이때 무효인 법률행위는 전환된 법률행위로서 유효하게 효력을 발생한다.

② 불요식행위인 제1의 행위가 무효인 경우 불요식행위인 제2의 행위로 전환되는 것도 아무런 어려움이 없으므로 당해 무효인 불요식행위는 전환된 불요식행위로서 유효하게 효력을 발생한다.

(나) 전환되는 법률행위가 요식행위인 경우

(a) 원 칙

무효인 제1의 법률행위가 요식행위이건 불요식행위이건 관계없이 모두 요식행위인 제2의 법률행위로 유효하게 전환될 수 없다.

(b) 예 외

다만, 전환되려는 제2의 요식행위가 특별한 절차나 방식을 반드시 필요로 하는 것이 아니라, 당사자의 확정적 의사를 서면으로 표시하여야 한다는 취지의 요식행위인 경우는 무효인 제1의 요식행위가 유효한 제2의 요식행위로 전환될 수 있다. 이러한 예로는 혼인 외의 출생자를 혼인중의 출생자(적출자)로 출생신고한 경우에 그 적출자로서의 출생신고인 제1의 행위는 무효이나, 당해 출생신고가 혼인 외의 출생자에 대한 인지신고(전환된 제2의 행위)로서의 효력은 인정된다는 것을 들 수 있다(판례).

관련판례

① 당사자가 양친자관계를 창설할 의사로 친생자출생신고를 하고 거기에 입양의 실질적 요건이 모두 구비되어 있다면 그 형식에 다소 잘못이 있더라도 입양의 효력이 발생하고, 양친자관계는 파양에 의하여 해소될 수 있는 점을 제외하고는 법률적으로 친생자관계와 똑같은 내용을 갖게 되므로 이 경우의 허위의 친생자출생신고는 법률상의 친자관계인 양친자관계를 공시하는 입양신고의 기능을 발휘하게 되는 것이며, 이와 같은 경우 파양에 의하여 그 양친자관계를 해소할 필요가 있는 등 특별한 사정이 없는 한 그 호적기재 자체를 말소하여 법률상 친자관계의 존재를 부인하게 하는 친생자관계부존재확인청구는 허용될 수 없는 것이다(대판 2001. 5. 24. 2000므1493(전합)).

② 무효인 법률행위는 당사자가 무효임을 알고 추인할 경우 새로운 법률행위를 한 것으로 간주할 뿐이고 소급효가 없는 것이므로, 무효인 가등기를 유효한 등기로 전용키로 한 약정은 그때부터 유효하고 이로써 위 가등기가 소급하여 유효한 등기로 전환될 수 없다(대판 1992. 5. 12. 91다26546).

③ 계부가 재혼한 처의 자를 입양하기로 그 대낙권자인 생모(처)와 합의하여 그 입양신고의 방편으로 친생자로서의 출생신고를 한 경우에는 출생신고에 의하여 입양의 효력이 있게 되고, 그 양친자 관계를 해소하여야 하는 등의 특단의 사정이 없는 한 친생자 관계의 부존재확인을 구할 이익이 없다(대판 1991. 12. 13. 91므153).

2) 당사자가 무효인 법률행위의 전환을 의욕하였을 것

① 당사자가 무효행위의 전환을 의욕하였으리라 인정되어야 한다는 것은 명시적으로 무효행위의 전환을 요구하는 것이 아니라, 당해 무효행위로부터 추론되는 당사자의 내심적 의사를 말한다.

② 따라서 당사자가 무효행위의 전환을 명시적으로 표시한 경우는 무효행위의 전환이 아니라, 그 제1의 행위가 무효임을 인정함과 동시에 새로 유효한 제2의 법률행위를 함으로써 그 새로운 법률행위에 따른 효력이 발생 하는 것에 해당한다.

(3) 무효인 단독행위의 전환

1) 원 칙

무효인 단독행위의 전환은 법률에 특별한 규정을 두고 있지 않는 한 인정되지 않는다.

2) 예 외

민법에서 연착한 승낙(제530조)과 변경을 가한 승낙(제534조)에 관하여 청약자가 이를 새로운 청약으로 간주할 수 있도록 규정하고 있다.

(4) 전환의 효력

무효인 법률행위가 위의 요건을 구비한 경우 다른 법률행위로 전환되면 그 전환된 법률행위로서 효력을 발생한다(제138조).

Ⅲ. 법률행위의 취소

1. 취소의 개념

(1) 의 의

법률행위의 취소란 일단 유효하게 성립한 법률행위의 효력을 특정인(취소권자)의 의사표시에 의하여 행위 당시까지 소급하여 그 효력을 소멸시키는 것을 말한다.

이는 이미 발생한 법률행위의 효력이 처음부터 발생하지 않은 것으로 된다는 점에서는 결과적으로 법률행위의 무효와 동일하다.

법률행위의 취소는 하나의 의사표시에 의해 법률행위가 완성된다는 점에서 단독행위이며, 취소권은 형성권이다.

(2) 구별할 개념

1) 철회와의 구별

법률행위의 철회란 당해 법률행위가 유효하게 성립한 후에 그 법률행위가 효력을 발생하기 전이나, 또는 일단 효력을 발생한 후 그 효력을 장래에 향하여 비소급적으로 소멸시키는 철회권자의 일방적 의사표시로, 단독행위이자 형성권에 속한다.

따라서 이미 발생한 법률행위의 효력을 그 법률행위의 성립시까지 소급하여 처음부터 무효인 경우와 동일하게 그 효력을 소멸시키는 법률행위의 취소와는 구별된다.

2) 해제와의 구별

(가) 의 의

취소란 취소원인에 따른 취소권자의 상대방에 대한 일방적 의사표시로 기존의 법률효과가 소급적으로 소멸되어 무효로 되는 경우를 말한다. 해제란 계약이 성립하여 그 효력을 발생한 후 해제권자의 일방적 해제행위로 인하여 그 계약의 효력이 소급적으로 소멸되어 무효로 되는 경우를 말한다.

(나) 양자의 공통점

① 취소권 및 해제권은 모두 권리자의 일방적 단독행위이자 형성권에 속하는 것이다.

② 소멸할 법률행위로 인하여 발생한 기존의 모든 효과는 소급하여 무효로 된다.

③ 취소권 및 해제권은 모두 소멸할 법률관계를 전제로 하고 있는 종된

권리이므로, 당해 법률관계에서 이러한 권리를 분리하여 그 권리만 독립적으로 제3자에게 양도할 수 없다. 다만, 당해 소멸할 법률관계 자체의 양도에 따른 당사자로서의 지위를 승계한 경우는 그 취소권 및 해제권도 그에 수반하여 양도·양수된다.

(다) 양자의 차이점

① 취소는 모든「법률행위」일반에 인정되는 것(계약도 포함)으로「민법총칙」에서 규정하고 있으나, 해제는 채권계약에만 적용되는 것으로「계약」특유의 제도로서「채권법」에서 규정하고 있다. 해제는 보통 채무불이행으로 생긴다.

② 취소권은 법률의 규정에 의하여 개개의 경우 발생하나, 해제권은 법률의 규정에 의하여 발생하는 법정해제권의 경우와 당사자의 약정에 의하여 발생하는 약정해제권의 경우가 있다.

③ 취소권자의 취소권의 행사가 있으면 당사자는 이미 이행한 급부를 상호 반환하여야 한다. 이것은 부당이득반환청구권의 성질을 갖는데 반하여, 해제권의 행사가 있으면 당사자는 부당이득반환청구권의 특례인 원상회복의무에 따르게 된다(제548조 제1항).

④ 행사기간 : 취소권의 경우는 단기소멸기간이 적용되므로 취소, 즉 추인할 수 있는 날로부터 3년 내에, 당해 법률행위를 행한 날로부터 10년 내 행사하여야 한다(제146조). 그러나 해제권의 경우는 형성권으로서 20년간 행사하지 않으면 소멸시효가 완성되게 되나, 해제권의 행사에 따른 원상회복의무가 채권적 청구권에 해당하기 때문에 10년 내 행사하지 않으면 원상회복의무의 소멸시효가 완성하므로, 결국 해제권의 행사기간도 10년에 해당된다고 본다.

3) 해지와의 구별

해지는 법률행위의 효력발생 이후 해지권자가 해지하면 그때까지 한 행위의 효력은 유효하고 해지 후부터 그 효력이 소멸되는 것이다. 이를테면 장래에 대하여 효력이 생기지 않는, 즉 비소급적으로 소멸시키는 것을 말한다.

(3) 취소의 유형

1) 법률행위의 취소

민법상의 협의의 취소는 유효한 법률행위를 제한능력, 착오, 사기, 강박 등을 이유로 취소권을 행사하여 그 효력을 무효화 시키는 것이다.

관련판례

사립학교 교원의 임용을 위한 계약은 사립학교법 소정의 절차에 따라 이루어지는 것이지만 그 법적 성질은 사법상의 고용계약에 다름 아닌 것으로 그 계약체결에 관한 당사자들의 의사표시에 무효 또는 취소의 사유가 있으면 그 상대방은 이를 이유로 당연히 그 임용계약의 무효 또는 취소를 주장하여 그에 따른 법률효과의 발생을 부정하거나 소멸시킬 수 있는 것이므로 부교수 임용계약의 취소는 결국 사법상의 고용계약의 취소에 불과하고 부교수 임용계약의 취소가 징계처분 또는 징계처분적 성질을 가지는 것이어서 소정의 징계절차를 거쳐야 하는 것은 아니다(대판 1996. 7. 30. 95다11689).

2) 광의의 취소

실종선고의 취소, 부재자의 재산관리에 대한 법원의 취소, 법인설립허가의 취소, 등은 취소라는 표현을 사용하고 있으나 이는 재판상의 처분이나 행정처분의 취소로서 민법상의 법률행위를 취소하는 것과는 다른 개념이다. 그 외에 혼인취소, 협의이혼의 취소, 입양취소, 협의파양의 취소, 인지의 취소 등은 의사표시의 하자를 이유로 한 것이 많으나 이러한 신분행위의 취소는 재판상 취소인 점 등에서 일반적인 취소와는 차이가 있다.

2. 취 소 권

(1) 취소권의 개념

1) 취소권의 의의

일정한 법률관계에 있어서 특정인이 특정인에 대한 의사표시로 그 법률관계의 효력을 소멸시키는 것을 취소라고 하는데, 이 경우 그 특정인이 취소할 수 있는 법적 지위를 취소권이라고 한다.

2) 취소권의 성질

대부분의 경우에 있어 취소권의 행사는 취소권자의 상대방에 대한 의사표시로 하므로, 그 성질은 상대방 있는 단독행위이자 형성권의 성질을 갖는다.

(2) 취소권자

1) 민법상의 취소권자

민법은 제140조에서 취소할 수 있는 권리를 갖는 자로 제한능력자, 착오로 인하거나 사기·강박에 의하여 의사표시를 한 자, 그의 대리인 또는 승계인 등을 들고 있으나, 착오로 인하여 의사표시를 한 자도 이에 포함된다.

2) 제한능력자

제한능력자는 단독으로 즉 법정대리인의 동의 없이 법률행위를 취소할 수 있다. 그러나 취소의 의사표시를 다시 제한능력을 이유로 취소할 수는 없다.

3) 하자있는 의사표시를 한 자

하자있는 의사표시를 한 자란 사기나 강박에 의하여 의사표시를 한 자를 말하나, 민법 제140조에서의 하자있는 의사표시를 한 자에는 착오에 의한 의사표시를 한 자도 포함된다.

4) 대 리 인

대리인에는 제한능력자나 착오로 인하거나 사기, 강박에 의하여 의사표시를 한자의 대리인을 말하며 법정대리인 및 임의대리인을 모두 포함하는 것이나, 임의대리인의 경우는 자신이 행한 대리행위에 대하여 당연히 취소권을 갖는 것이 아니고 그 취소권에 관하여 재차 본인으로부터의 수권행위가 있어야 한다.

5) 승 계 인

제한능력자 및 하자있는 의사표시를 한 자·착오에 의한 의사표시를 한 자의 승계인을 말한다. 여기에는 포괄승계인 및 특정승계인 모두가 포함되나, 특정승계인의 경우 주의할 것은 취소할 수 있는 행위에 의하여 취득한 권리의 승계가 있어야 취소권자로 될 수 있는 것이지, 취소권만의 승계는 인정되지 않는다는 것이다.

(3) 취소권의 행사

1) 취소의 방법

취소권은 상대방있는 단독행위이자 형성권이므로, 그 상대방에 대한 의사표시로 행사하게 된다. 그러나 이러한 취소의 의사표시는 특정의 방식을 요하지 않으므로 명시적이건 묵시적이건 묻지 않는다.

따라서 당사자의 의사표시 해석의 결과 취소권의 행사라고 볼 수 있는 경우, 즉 등기말소청구·손해배상청구·증서의 반환청구 등이 있는 때에도 취소의 의사표시가 있는 것으로 볼 수 있다.

2) 취소의 상대방

취소의 상대방이 정하여져 있는 경우는 그에 대한 의사표시로 한다(제142조). 또한 당해 법률행위로 인하여 취득된 권리가 이전되어 있는 경우라도 그 법률행위의 취소는 원래의 당사자에 대하여 하여야 하는 것이므로, 전득자에게 취소권을 행사할 수 없다. 보증인이 보증계약을 취소할 때는 보증채권자를 상대방으로 취소의 의사표시를 하여야 한다.

관련판례

전문건설공제조합이 하는 보증에 있어서의 보증관계는 조합과 조합원 사이에 체결되는 보증위탁계약의 제3자에 대한 효력으로서 성립하는 것이 아니라 조합원의 신청에 따라 보증채권자를 위하여 보증서를 발급하는 방식으로 조합이 보증채권자에 대하여 직접 보증의 의사표시를 함으로써 성립하는 것이므로 그 보증관계의 해소를 위한 보증 취소의 의사표시는 보증을 신청한 자에 불과한 조합원에 대하여 할 것이 아니라 보증의 의사표시의 상대방인 보증채권자에 대하여 하여야 한다(대판 1999. 11. 26. 99다36617).

(4) 취소의 효과

1) 취소의 소급효

① 취소한 법률행위의 효력은 행위 당시까지 소급하여 무효로 된다(제141조).

② 취소권의 행사에 따른 소급효를 가지고 제3자에게 더항할 수 있느냐의 문제가 발생하는데, 제한능력자임을 이유로 취소하는 경우는 선의의 제3자에게도 그 무효를 주장할 수 있으므로 그 취소는 절대적 효력을 가지나, 하자있는 의사표시·착오를 이유로 하는 취소의 경우는 선의의 제3자에게 그 소급효를 갖고 대항할 수 없으므로 이때 취소의 효력은 상대적으로만 발생할 뿐이다.

2) 부당이득반환의무

(가) 취소한 법률행위에 따른 급부가 이행 전이라면 이행할 필요가 없으나, 이미 이행한 후라면 부당이득반환의무에 의하여 해결된다(학설 일치). 다만, 그 부당이득반환의무자가 제한능력자인 경우는 "받은 이익이 현존하는 한도"에서 반환할 책임을 부담하나, 그 외의 경우는 부당이득의 일반원리에 따라 반환하여야 한다(제141조·통설).

따라서 반환의무를 부담하는 제한능력자 측에서 그 받은 이익이 현존하지 않는 것을 입증하여야 하므로, 제한능력자가 취득한 이익은 일응 현존하는 것으로 추정된다고 할 것이다(통설). 즉, 제한능력자는 취소된 행위에 의하여 받은 이익이 현존하는 한도에서 상환하면 되는데 제한능력자가 설사 악의이더라도 현존이익만을 반환하면 된다는 점에서 제141조 단서는 제748조 제2항에 대한 특칙을 이룬다. 위 규정은 제한능력자가 상환책임을 지는 경우를 규정하고 있으므로 제한능력자가 관여한 힝위라면 취소원인 여하를 불문하고 적용된다고 할 것인가에 대해 제한행위능력을 이유로 하는 취소에 한하여 적용되는 것으로 보아야 한다는 견해가 유력하다.

(나) 제한능력자를 제외한 일반수익자의 경우 선의의 수익자의 반환범위는 무능력자와 동일하나, 악의의 수익자는 그 받은 이익의 전부를 반환할 뿐만 아니라 그에 대한 이자와 손해가 있으면 그 손해까지도 배상하여야 한다.

또한 사기나 강박에 의한 의사표시의 취소에서는 불법행위에 기한 손해배상청구권도 별도로 발생할 수 있게 된다.

(다) 이익이 현존하는 여부에 대한 입증책임에 대해서는 제한능력자측이 현존이익이 없음을 입증해야 한다는 견해와 상대방이 현존이익의 존재를 입증할 책임을 진다는 견해가 대립한다. 판례는 금전상의 이득인 경우에는 현존하는 것으로 추정한다(대판 2005. 4. 15. 2003다60297).

(5) 취소권의 소멸

취소권의 소멸원인으로는 취소권의 행사에 따른 소멸·취소권의 포기(추인)에 따른 소멸·법정추인에 따른 소멸·단기소멸기간의 완료에 따른 소멸 등이 있다.

3. 취소할 수 있는 행위의 추인

(1) 의　의

추인(임의추인)이란 취소할 수 있는 법률행위를 취소하지 않겠다는 의사표시(사후동의·취소권의 포기)로서, 취소권자인 추인권자가 그 상대방에 대하여 행하는 단독행위이자 형성권에 속하는 것이다. 따라서 추인이란 취소권자의 의사표시에 의한 취소권의 포기를 말하므로, 임의추인만을 의미한다고 할 것이다.

(2) 추인권자

추인권자는 취소할 수 있는 자, 즉 취소권자를 말한다. 다만, 주의할 것은 제한능력자는 능력자로 된 후에 추인할 수 있다.

(3) 추인의 유형

1) 취소할 수 있는 행위의 추인

추인에 의하여 취소할 수 있는 당해 법률행위는 취소할 수 없는 법률행위로 확정된다(제143조).

2) 무효행위의 추인

당해 법률행위는 추인한 때로부터 장래에 향하여 효력을 발생하는 것이 원칙이나, 예외적으로 당사자 사이에서 채권적인 소급적 추인은 가능하다(제139조).

(4) 추인의 요건

① 추인권자, 즉 취소권자가 하여야 한다.

② 취소의 원인이 종료한 후에 하여야 한다(제144조 제1항).
추인권자가 취소의 원인이 종료한 후에 하여야 하고 그렇지 않으면 그 효력이 없으므로 제한능력자는 능력자로 된 후에 추인할 수 있고 착오나 사기, 강박에 의한 표의자는 착오 또는 사기, 강박의 상태에서 벗어난 후가 아니면 추인할 수 없다. 그러나 법정대리인이 추인함에는 이러한 제한을 받지 않는다. 한편 제한능력자이더라도 피성년후견인 아닌 자는 법정대리인의 동의를 얻어 유효하게 추인할 수 있다(제144조 제2항).

③ 그 법률행위가 취소할 수 있는 것임을 알고 추인하여야 한다. 그 이유는 추인은 결과적으로 취소권의 포기를 초래하기 때문이다.

(5) 추인의 방법

추인권자가 그 상대방에 대한 일방적 의사표시로 행사하며, 그 방법에 아무런 제한이 없으므로 명시적으로든 묵시적으로든 모두 가능하다.

(6) 추인의 효과

당해 법률행위는 이제 추인할 수 없는 법률행위로 확정되므로, 다시 취소할 수 없게 된다. 즉, 불완전한 법률행위의 효력을 완전히 유효한 것으로 확정하는 것이다.

4. 법정추인

(1) 의 의

추인은 취소할 수 있는 법률행위를 취소하지 않겠다는 의사표시인데(취소권의 배제), 여기서의 법정추인이란 취소권자의 추인의사여부를 묻지 않고 일정한 사실이 존재하는 경우 법률상 당연히 추인한 것으로 간주하는 제도를 말한다.

이는 실제에 있어 묵시적인 추인도 가능하므로 취소권자의 추인이 있었느냐가 명확하지 않은 경우가 많아 법률분쟁의 원인으로 되는 것을 방지함과 동시에 취소권자의 상대방을 보호하자는 취지에서 인정되고 있다.

법정추인은 취소원인이 소멸된 후에 추인할 수 있다는 점은 일반적인 추인과 공통이나 일반적인 추인은 취소할 수 있는 행위임을 알고 추인을 해야 하나 법정추인의 경우 취소할 수 있는 행위임을 알 필요가 없이 일정한 사유만 있으면 당연히 추인으로 된다.

(2) 법정추인의 요건(제145조)

취소할 수 있는 법률행위에 관하여 다음 6가지의 사실 중 하나가 존재하여야 한다.

1) 전부나 일부의 이행

취소권을 갖고 있는 자가 스스로 그 취소할 수 있는 법률행위에 따른 급부를 이행하거나 상대방으로부터 이행받은 경우를 포함한다.

2) 이행의 청구

이는 취소권자가 그 상대방에 대하여 취소할 수 있는 법률행위에 따른 급부의 이행을 청구한 경우에 한한다. 따라서 상대방으로부터 이행청구를 받는 것은 법정추인사유가 아니다.

3) 경 개

취소할 수 있는 법률행위의 당사자가 계약으로 그 취소할 수 있는 법률행위를 소멸시키고 그에 갈음하여 새로운 채권관계를 형성시키는 것이므로, 취소권자가 채권자이든 채무자이든 관계없다.

4) 담보의 제공

취소권자가 취소할 수 있는 법률행위에 따른 담보를 제공하거나, 상대방으로부터 제공받은 경우를 포함한다. 또한 담보의 내용은 인적 담보 및 물적 담보 모두를 포함하는 개념이다.

5) 취소할 수 있는 행위로 취득한 권리의 일부나 전부의 양도

취소할 수 있는 법률행위에 따라 취득한 권리를 취소권자가 양도한 경우를 말한다. 다만, 주의 할 것은 취소할 경우 발생할 손해배상청구권이나 부당이득반환청구권의 양도는 취소를 전제로 하는 것이기에 이에 포함되지 않는다.

6) 강제집행

(가) 취소권자가 그 취소할 수 있는 법률행위에 다른 권리로 강제집행을 하거나, 그 상대방으로부터 강제집행을 받은 경우 모두를 포함한다(학설의 입장·판례는 반대).

(나) 이러한 사실은 취소의 원인이 종료한 후에 존재하여야 한다. 따라서 무능력자의 경우는 법정대리인의 동의를 얻지 않으면 이러한 사실이 존재하여도 법정추인으로 되지 않는다.

(다) 취소권자가 이러한 행위를 함에 있어 이의를 유보하지 않아야 한다.

(라) 취소권자의 위의 행위를 함에 있어 취소권의 존재여부를 알지 못하여도 법정추인으로 된다.

(마) 이러한 사실만 존재하면 추인권자에게 실제 추인의사가 있었는지 여부와 관계없이 법정추인으로 된다.

(3) 법정추인의 효과

법정추인의 요건만 구비하면 당해 법률행위는 확정적으로 유효하게 되므로, 취소할 수 없게 된다. 즉, 추인한 것으로 간주된다(제145조).

법정추인의 사유		
사 유	취 소 권 자	
	채권자가 취소권자인 경우	채무자가 취소권자인 경우
① 전부나 일부의 이행	이행을 받은 경우 가능	이행을 한 경우 가능
② 이행의 청구	이행을 청구한 경우 가능	법정추인 불가
③ 경개(계약)	법정추인 가능	법정추인 가능
④ 담보의 제공	담보제공을 받은 경우 가능	담보제공한 경우 가능
⑤ 취소할 수 있는 행위로 취득한 권리의 일부나 전부의 양도	법정추인 가능	법정추인 가능
⑥ 강제집행	강제집행을 한 경우 가능	강제집행을 받은 경우 (학설은 가능, 판례는 불가)

5. 취소권의 단기소멸

(1) 제도적 의의

취소할 수 있는 법률행위는 취소권자의 일방적 의사표시에 의하여 그 효력이 소멸하거나 유효로 되기 때문에, 그 상대방의 법적지위는 상당히 유동적이다.

따라서 조속히 불안정한 법률관계를 확정 시켜 법률관계의 불안정한 상태에서 그 상대방을 보호함을 물론 거래의 안전을 도모하는 취지에서 민법은 취소권의 행사기간을 단기간으로 하고 있다.

(2) 취소권의 행사기간

① 추인할 수 있는 날로부터, 즉 취소의 원인이 소멸한 때로부터 3년이 경과되면 취소권은 소멸한다.

② 취소할 수 있는 법률행위를 한 날로부터 10년이 경과되면 취소권은 소멸한다.

③ 이러한 두 가지의 소멸기간 중 어느 것이라도 먼저 만료하는 것이 있으면 그에 의하여 당해 취소권은 소멸한다.

(3) 행사기간의 성질

1) 민법은 "…내에 행사하여야 한다"라고만 규정하고 있으므로 위의 소멸기간의 성질은 소멸시효가 아니라, 제척기간이라는데 학설이 일치하고 있다.

또한 취소권이나 추인권은 형성권에 속하므로 이의 소멸을 정한 기간의 성질이 제척기간이라는 학설이 타당함은 물론이다.

2) 따라서 판례는 제척기간으로서 제척기간이 도과하였는지 여부는 당사자의 주장에 관계없이 법원이 당연히 조사하여 고려하여야 할 사항이라고 한다(대판 1996. 9. 20. 96다25317).

3) 취소권과 같은 형성권의 행사기간은 제착기간으로서 제착기간은 소멸시효와는 달리 권리가 행사되면 행사의 효과가 발생하며 다시 기간이 갱신되는 문제는 생기지 않으므로 시효중단으니 적용될 수 없다고 본다. 다만 소멸시효의 정지규정을 제척기간에도 적용할 것인가에 대해서는 학설의 대립이 있으나 판례는 제척기간에는 소멸시효의 정지도 적용되지 않는다고 본다.

(4) 단기소멸의 효과

1) 일반적 효과

위의 기간이 만료되면 취소권은 확정적으로 소멸하므로, 당해 법률행위는 취소할 수 없는 법률행위로 확정된다.

2) 부수적 효과

또한 위의 기간은 취소권의 행사에 따른 원상회복청구권·부당이득반환청구권 등의 행사기간에도 적용된다.

(5) 취소권의 행사와 취소에 따른 반환청구권의 존속기간

1) 취소권의 제척기간이 출소기간인지의 여부

(가) 다 수 설

형성권의 제척기간을 출소기간으로 보고 제척기간 내에 소를 제기하는 방법으로 권리를 행사해야 권리가 보전된다는 견해이다.

(나) 소 수 설

제척기간은 출소기간은 아니며 재판 외의 행사가 있어도 권리가 보전된다는 견해이다.

(다) 판 례

후견인이 친족회의 동의 없이 한 법률행위에 대하여 무능력자나 친족회가 취소권을 행사하는 사안에서 판례는 형성권의 제척기간을 출소기간은 아닌 것으로 본다.

관련판례

미성년자 또는 친족회가 민법 제950조 제2항에 따라 제1항의 규정에 위반한 법률행위를 취소할 수 있는 권리는 형성권으로서 민법 제146조에 규정된 취소권의 존속기간은 제척기간이라고 보아야 할 것이지만 그 제척기간 내에 소를 제기하는 방법으로 권리를 재판상 행사하여야 함 되는 것은 아니고 재판 외에서 의사표시를 하는 방법으로도 권리를 행사 할 수 있다고 보아야 한다(대판 1993. 7. 27. 92다52795).

2) 취소권의 제척기간과 부당이득반환청구권의 관계

법률행위를 취소하면 부당이득반환청구권이 발생하는데 이 반환청구권도 취소권의 제척기간 내에 행사해야 하는가가 문제이다.

(가) 다 수 설

취소에 따른 부당이득반환청구권도 취소권의 제척기간 내에 행사해야 한다고 본다. 그렇게 하는 것이 법률관계를 빨리 확정시키고자 하는 제척기간의 취지에 부합한다고 본다.

(나) 소 수 설

취소 한 때부터 별도로 10년의 소멸시효에 걸린다고 보는 견해이다. 취소권과 취소에 따른 부당이득반환청구권은 별개이며 취소권을 행사하면 법률관계는 확정되므로 제척기간의 취지는 달성되고 부당이득반환청구권은 그 발생시부터 별도로 10년의 소멸시효가 진행한다고 본다.

(다) 판 례

형성권인 환매권에 관하여 환매권의 행사로 발생한 소유권이전등기청구권은 환매권을 행사한 때로부터 일반채권과 같이 제162조 제1항 소정의 10년의 소멸시효기간이 진행된다고 하여 소수설의 논리를 따르고 있다.

(6) 적용범위

1) 행정기관의 사법행위

판례는 지방자치단체 소유의 잡종재산을 지방재정법에 의하여 매각하는 행위에 대해 제146조의 적용을 긍정한다.

관련판례

지방자치단체 소유의 잡종재산을 지방재정법에 의하여 매각하는 행위는 그 성질이 민법상의 매매와 동일하고 그 매매계약서에 정해진 계약 취소 사유는 민법 제146조에 정하여진 바에 따라 법률행위를 한 날로부터 10년 내에 행사하여야 할 것이다(대판 2003. 9. 5. 2001다44697).

2) 행정행위

귀속재산의 처분이라는 행정처분에는 제146조가 적용되지 않는다.

관련판례

귀속재산의 처분이라는 행정처분에 의하여 본건 토지가 매각되었다면 위 매매처분을 취소하는 처분도 역시 행정처분이라 할 것인 바, 위와 같은 행정처분에는 민법 제146조의 규정이 당연히 적용되는 것이 아니다(대판 1969. 10. 23. 69다1446).

3) 소송행위

적용되지 않는다.

관련판례

재산법상의 법률행위가 아닌 재판상의 자백에 민법 제146조의 적용이 있을 수 없다(대판 1965. 11. 30. 65다1515).

제6절 법률행위의 부관(조건과 기한)

Ⅰ. 서 설

법률행위를 하면서 그 효력의 발생 또는 소멸을 「장래의 일정한 사실」에 의존케 할 수 있다. 여기서 「장래의 일정한 사실」이 발생하는 것이 "불확실한 경우"가 조건이고, 발생하는 것이 "확실한 경우"가 기한이다. 즉 법률행위의 부관이라 함은 법률행위의 효력발생 또는 소멸을 제한하기 위하여 법률행위의 내용으로서 부가되는 약관(넓은 의미의 약관은 이자약관·담보약관·환매약관 등을 지칭할 수도 있다.)을 의미한다. 민법은 이와 같은 법률행위의 약관으로 조건·기한에 대한 규정을 두고 있다.

Ⅱ. 조 건

1. 의 의

조건은 법률행위의 효력의 발생 또는 소멸에 있어서 「장래의 불확실한 사실의 성부」에 의존하게 하는 법률행위의 부관이다. 즉 ① 「행정고시에 붙으면 소형자동차를 1대 사준다」는 계약, ② 「행정고시에 붙을 때 까지만 생활비를 대준다」는 계약에 있어서 어느 것이나 청약과 승낙의 합치가 있으면 바로 계약은 성립하지만 그 효력에 있어서 ①의 경우는 「행정고시합격」이라는 계약 내용이 장차 일어날 것인지의 여부가 불확실한 사실의 발생이 있을 때 까지는 생기지 않는다. 즉 행정고등고시를 합격한 때에 자동차를 사주게 된다는 것이다. ②의 경우는 생활비 지급이라는 계약의 내용은 바로 효력이 생기지만 「행정고시합격」을 하게 되면 어떤 조치를 취하지 않더라도 그 효력은 당연히 소멸된다. 즉 지급해 오던 생활비를 끊을 수 있다는 것이다. 위의 사례에서 「행정고시합격」이라는 계약 내용이 「조건」인 것이다.

2. 조건과 기한의 구별

「오늘 저녁에 있을 축구경기에서 한국팀이 이기면 내가 소유한 PC를 너에게 주겠다」와 같이 법률행위효력의 발생 또는 소멸을 좌우하는 장래의 불확실한 사실을 조건이라고 하고, 이러한 조건이 법률행위의 내용이 되는 경우를 '조건부 법률행위'라고 한다. 반면에 「앞으로 10일 후에 당신으로부터 PC를 사겠다」와 같이 법률행위효력의 발생·소멸을 좌우하는 장래의 확실한 사실을 기한이라 하고, 이러한 기한이 법률행위의 내용이 되는 경우를 '기한부 법률행위'라고 한다. 조건과 기한은 법률행위의 내용을 이루는 부관이기 때문에 이에 대한 다툼이 있으면 법률행위의 해석문제로 다루어진다.

3. 조건부 법률행위

(1) 조건과 조건부법률행위

1) 조건이란 그 성취 여부가 불확실한 장래의 사실을 말하고, 법률행위효력의 발생 또는 소멸에 관하여 이러한 조건이 붙은 법률행위를 조건부 법률행위라고 한다. 이러한 법률행위에 있어서 그 효력을 판단하는 기준시는 법률행위의 성립시이고 조건의 성취시가 아니다. 특히 조건은 장래의 사실로서, 그 실현에 있어서 불확실한 것이어야 한다. 이것이 기한과의

차이점이며, 또한 불확실의 원인은 문제되지 않는다. 현실의 사실이나 과거의 사실은 조건이 될 수 없으며, 반드시 장래에 있어서 불확실한 사실만이 조건이 될 수 있다.

2) 조건은 법률행위의 효력에 관한 것이지 법률행위의 성립요건은 아니다. 예컨대 정지조건부 법률행위에서 법률행위 후 조건이 성취되기 전에 급부가 불능이 되더라도 이는 후발적 불능이지 원시적 불능이 되는 것은 아니다.

3) 부관으로서의 조건은 의사표시에 의한 것이며, 법률행위의 내용을 구성하는 것이므로 의사표시의 일반이론이 적용된다. 따라서 부관은 당사자가 효과의사를 가지고 의사표시에 의해 표시하여야 하며 부관이 법률행위의 요건을 갖추어야 한다. 이러한 점에서 부관은 법률행위의 동기와는 구별된다.

관련판례

조건은 법률행위의 효력의 발생 또는 소멸을 장래의 불확실한 사실의 성부에 의존케 하는 법률행위의 부관으로서 당해 법률행위를 구성하는 의사표시의 일체적인 내용을 이루는 것이므로 의사표시의 일반원칙에 따라 조건을 붙이고자 하는 의사 즉 조건의사와 그 표시가 필요하며 조건의사가 있더라도 그것이 외부에 표시되지 않으면 법률행위의 동기에 불과할 뿐이고 그것만으로는 법률행위의 부관으로서의 조건이 되는 것은 아니다(대판 2003. 5. 13. 2003다10797).

(2) 조건의 종류

1) 정지조건과 해제조건

조건의 가장 본질적인 구별인데, 법률행위의 효력이 그 성취로 인하여 발생하게 하는 조건을 정지조건이라고 하고, 이미 발생된 법률행위의 효력을 그 성취로 인하여 소멸하게 하는 조건을 해제조건이라고 한다. 즉 일단 효력이 발생하지 않고 있다가 그 조건이 성취되면 법률행위의 효력이 발생하는 것이면 이는 정지조건이고, 일단 효력이 발생하였다가 그 조건이 성취되면 그 효력이 소멸하는 것이면 이는 해제조건이다.

2) 적극조건과 소극조건

적극조건은 장래의 불확실한 사실이 현재의 상태를 변경하는 것을 그 내용으로 할 때의 조건이고, 소극조건은 변경하지 않는 것을 그 내용으로 할 때의 조건이다.

예를 들면 「내가 혼인한다면 또는 내일 눈이 온다면 등」은 적극조건이고, 「내가 혼인하지 않는다면 또는 내일 눈이 오지 않는다면 등」은 소극조건이다.

3) 수의조건과 비수의조건

이는 조건이 되는 사실이 당사자의 의사와 어떤 관계어 있느냐에 의한 구별이다.

(가) 수의조건

조건이 이루어질 것인지의 여부가 당사자의 일방적 의사에 의존하는 조건인데, 여기에는 다시 두 가지가 있다.

(a) 순수수의조건

「내 마음이 움직이면 이 책을 주겠다」라는 것과 같이, 당사자의 한쪽의 의사에만 의존하는 조건으로서 이러한 조건은, 당사자에게 법률적 구속력을 생기게 하려는 의사가 있다고 할 수 없으므로 항상 「무효」이다라는 견해와 일반적으로 유효하다는 견해, 채무자의 의사에만 의존하는 순수수의조건이 정지조건부이면 무효이나, 해제조건부이면 유효하고 채권자순수수의조건이면 유효라는 견해 등이 있다.

(b) 단순수의조건

「내가 미국에 여행하면 이 PC를 주겠다」라는 것과 같이, 결론은 당사자 한쪽의 의사로 결정은 되지만, 다만 조건을 성취시키려는 의사뿐만 아니라, 그 밖에 의사결정에 의한 사실상태(미국으로의 여행)의 성립도 있어야만 하는 경우의 조건으로서 이는 유효한 조건이 된다.

(나) 비수의조건

조건이 이루어질 것인지의 여부가, 당사자의 일방적 의사에만 의존하지 않는 조건인데, 여기에는 다시 두 가지가 있다.

(a) 우성조건

「내일 눈이 온다면」이라는 것과 같이, 조건이 이루어질 것인지의 여부가 당사자의 의사와는 관계가 없는 경우, 이를테면 자연의 사실·제3자의 의사나 행위에 의하여, 그것이 이루어질 것인지의 여부가 결정되는 조건이다.

(b) 혼성조건

「네가 A와 결혼한다면」이라는 것과 같이, 조건의 성부가 당사자의 한쪽의 의사뿐만 아니라, 그 밖에 제3자의 의사에 의하여서도 결정되는 조건이다.

4) 가장조건

형식적으로는 조건인 것처럼 보이지만 조건으로서의 효력이 인정되지 않는 것을 말한다.

(가) 불법조건

조건이 「선량한 풍속 기타 사회질서에 반하는 조건」은 그것이 정지조건이든 해제조건이든 모두 무효이다.

관련판례

부부생활의 종료의 해제조건으로 하는 증여계약은 부첩관계를 유지시키고 부첩관계의 종료에 지장을 주는 조건으로서 공서양속에 반하여 무효라고 할 것이다(대판 1966. 6. 21. 66다530).

(나) 법정조건

법률의 규정에 의해 효력요건으로 규정되어 있는 것을 말한다. 법인설립시 주무관청의 허가, 유언에서 유언자의 사망 등이 이에 해당한다. 법정조건은 조건이 아니다. 다만 이에 대해서는 조건에 관한 규정을 유추적용할 수 있다는 것이 통설적인 견해이고 판례이다.

관련판례

농지매매에서 있어서의 소재지관서증명은 당사자가 임의로 정하는 법률행위의 부관이 아니므로 민법이 정한 바 조건에 해당한다고는 할 수 없으나 농지개혁법이 농지매매 효력발생요건으로 정하여 조건에 관한 민법의 규정이 본법에 배치되지 않는 한 유추적용되어야 할 법정조건이라고 해석된다(대판 1962. 4. 18. 4294민상1603).

(다) 기성조건

법률행위당시에 이미 성취되어 있는 조건이다. 조건은 성취 여부가 불확실한 장래의 사실에 의존하여야 하는 것이므로 기성조건은 진정한 의미의 조건이라고 할 수 없다. 기성조건이 정지조건이면 조건 없는 법률행위가 되고 해제조건이면 법률행위는 무효이다.

(라) 불능조건

법률행위당시에 이미 객관적으로 성취불가능한 사실을 내용으로 하는 조건이 불능조건이다. 불능조건이 정지조건으로 되어 있으면 그 법률행위는 무효이고 불능조건이 해제조건이면 조건없는 법률행위가 된다.

4. 조건과 친하지 않은 법률행위

조건부 법률행위는 그 효력의 발생과 소멸이 장래에 대하여 불확정적이므로, 법률관계가 확정적이어야 하는 법률행위에는 조건을 붙일 수 없다. 또한 조건을 허용하면 법률의 목적에 명백히 반하는 경우에도 조건을 붙일 수 없다. 따라서 조건과 친하지 않은 법률행위에 조건을 붙인 경우에, 그 법률행위는 모두 무효이다.

(1) 단독행위

단독행위에는 원칙적으로 조건을 붙일 수 없다. 조건에 의하여 상대방의 지위가 불안정하게 되어 부당하기 때문이다. 따라서 상계, 취소, 해제·해지,

철회, 선택채권의 선택, 환매 및 주식청약 등에 대해서는 조건을 붙일 수 없다. 그러나 상대방의 동의가 있는 경우, 채무면제 혹은 유증처럼 상대방에게 이익만 주는 경우, 그리고 상대방이 결정할 수 있는 사실을 조건으로 한 경우에는 상대방의 지위나 이익을 해하지 않으므로 단독행위에도 조건을 붙일 수 있다.

(2) 신분행위

혼인, 이혼, 입양, 인지, 상속의 포기 등의 신분행위에는 원칙적으로 조건을 붙일 수 없다. 다만 상대방에게 불이익을 초래하지 않거나 공서양속에 반하지 않는 경우에는 허용된다.

(3) 어음 및 수표행위

어음과 수표행위의 효력이 확정적으로 발생하는 데에는 객관적 획일성이 요구되므로 원칙적으로 조건을 붙일 수 없다. 여기에는 두 가지 두형의 예외가 있다. ① 어음보증에는 조건을 붙이는 것이 가능하다. 어음보증에는 어음행위에서의 단순성을 요구하지 않기 때문에 어음보증에 조건을 붙이더라도 어음거래의 안정성을 해하지 않는다. ② 어음, 수표의 배서에 조건을 붙이면 조건만 무효이다. 즉 조건 없는 배서로 된다.

5. 조건의 성취와 불성취

(1) 조건부 법률행위의 효력은 장래의 불확실한 사실이 이루어지는가의 여부에 의존하는 것으로 ① 적극조건에 있어서는 사실의 발생을, ② 소극조건에서는 사실의 불발생을, 각각 확정하는 것을 「조건의 성취」라고 한다. 한편 적극조건에서는 그 사실의 불발생을, 그리고 소극조건에서는 그 사실의 발생을, 각각 확정하는 것이 「조건의 불성취」라고 한다.

(2) 정지조건이 붙어 있는 법률행위라는 사실은 법률행위의 효력을 다투는 자가 입증해야 하고, 정지조건이 성취되었다는 사실은 법률행위의 효과가 확정되었음을 주장하는 자가 입증해야 한다.

관련판례

① 어떠한 법률행위가 조건의 성취시 법률행위의 효력이 발생하는 소위 정지조건부 법률행위에 해당한다는 사실은 그 법률행위로 인한 법률효과의 발생을 저지하는 사유로서 그 법률효과의 발생을 다투려는 자에게 주장, 입증책임이 있다(대판 1993. 9. 28. 93다20832).

② 원고가 피고 교회의 담임 목사직을 자진 은퇴하겠다는 의사를 표명한데 대하여 피고교회에서 은퇴 위로금으로 이건 부동산을 증여하기로 한 것이라면 이 증여는 원고의 자진사임을 조건으로 한 증여라고 보아야 할 것이므로 원고가 위 증여계약을 원인으로 피고에게 소유권이전등기를 구하려면 적어도 그 후 자진사임함으로써 그 조건이 성취되었음을 입증할 책임이 있다(대판 1984. 9. 25. 84다카967).

6. 조건의 성취와 신의칙

(1) 의 의

조건의 성취에 의해 불이익을 받을 자가 신의칙에 반하는 방법으로 조건성취를 방해하면 그 조건이 성취된 것으로 주장할 수 있고, 조건성취로 이익을 받을 자가 신의칙에 반하는 방법으로 조건을 성취 시키면 조건이 성취되지 않은 것으로 주장할 수 있다(제150조).

(2) 요 건

1) 조건의 성취 또는 불성취로 직접 이익이나 불이익을 받는 자의 방행행위가 있어야 한다. 그리고 그 방행행위로 인하여 조건성취가 되지 않는 등 인과관계가 있어야 한다.

2) 조건성취의 방해는 고의에 의한 것뿐만 아니라 과실에 의한 것도 포함한다.

3) 방해행위는 작위나 부작위를 포함한다.

4) 반신의 행위가 아니면 그 적용이 없다.

관련판례

소취하의 승소로 간주하여 사금을 지급한다는 변호사와 사건의뢰인 간의 특약은 의뢰인의 신의에 반한 행위를 제지하기 위한 것이므로 승소의 가망있는 소송을 부당하게 취하하여 변호사의 조건부 권리를 침해하는 경우에 한하여 적용되고 승소 가망이 전혀 없는 소송취하의 경우는 적용이 없다(대판 1979. 6. 26. 77다2091).

(3) 효 과

1) 상대방은 조건성취 또는 불성취를 주장할 수 있다. 통설은 일종의 형성권으로 파악하나 조건성취로 의제된다고 보는 소수설도 있다.

2) 신의성실에 반하는 행위가 없었더라면 조건이 성취되었으리라고 추산되는 시점을 기준으로 조건성취가 된 것으로 주장할 수 있다.

3) 권리자는 조건성취 또는 불성취를 주장하는 외에 조건부 법률행위에 따른 권리침해를 이유로 손해배상청구를 선택적으로 주장할 수 있다.

7. 조건법률행위의 효력

(1) 조건부 권리의 보호

1) 조건부 권리

조건이 성취되기 전에도 권리자는 조건부권리를 취득하면 이는 기대권의 일종이다.

2) 조건부권리의 실현

조건부권리도 권리이므로 이를 처분할 수 있고 상속할 수 있으며 보존행위도 할 수 있고 조건부권리를 위한 담보설정도 가능하다. 또한 조건부권리를 보전하기 위한 가처분도 할 수 있다.

관련판례

가처분이란 장래의 집행불능 또는 곤란을 예방하기 위한 것이므로 그 피보전권리는 가처분 신청 당시 확정적으로 발생되어 있어야 하는 것은 아니고 이미 그 발생의 기초가 존재하고 그 내용이나 주체등을 특정할 수 있을 정도의 요건만 갖추어져 있으면, 조건부·부담부 청구권이라 할지라도 그 피보전권리로 될 수 있다(대판 2002. 8. 23. 2002다1567).

3) 조건부 권리의 보호

(가) 의 의

조건부권리의 의무자는 조건의 성취여부가 미정인 동안에 조건의 성취로 인하여 생길 상대방의 이익을 해하지 못한다(제148조). 예컨대 시험에 합격하면 이 물건을 증여하겠다고 약정한 의무자가 조건성취 전에 그 물건을 타인에게 처분한 경우 수증자의 조건부권리를 침해한 것이 된다. 이때 수증자는 조건의 성취를 전제로 증여자에게 손해배상을 청구할 수 있다.

(나) 손해배상청구권의 근거

조건부권리침해에 따른 손해배상청구권이 채무불이행에 기한 것인가 아니면 불법행위에 기한 것인가가 문제이다 이에 대해 불법행위책임이 라는 견해, 채무자의 충실의무 또는 보호의무 위반을 이유로 한 채무불이행책임이라는 견해가 대립한다. 그러나 제3자가 조적부권리를 침해한 때에는 그 제3자는 불법행위책임을 진다고 보며 이에 대해서는 견해대립이 없다.

(다) 조건부권리를 침해하는 처분행위

조건부권리를 침해하는 처분행위의 효력에 대해 견해가 대립한다. 그 처분행위는 조건부권리를 침해하는 범위내에서 무효로 된다는 견해와 이를 무효로 볼 필요는 없고 조건부권리자와 제3취득자 중 누가 먼저 등기나 인도 등 물권취득의 요건을 갖추었느냐에 따라 결정하면 된다는 견해가 있다. 판례는 전자의 견해를 따른다.

관련판례

해제조건부증여로 부동산소유권이전등기를 마쳤다 하더라도 그 해제조건이 성취되면 그 소유권은 증여자에게 복귀한다고 할 것이고 이 경우 당사자간에 별단의 의사표시가 없는 한 그 조건성취의 효과는 소급하지 아니하나 조건성취 전에 수증자가 한 처분행위는 조건성취의 효과를 제한하는 한도 내에서는 무효라고 할 것이고 다만 그 조건이 등기되어 있지 않는 한 그 처분행위로 인하여 권리를 취득한 제3자에게 위 무효로 대항할 수 없다(대판 1992. 5. 22. 92다5584).

4) 조건부권리의 침해에 따른 권리의 발생

조건부 권리도 보호 받으며 이를 침해하는 처분행위를 하면 그 처분행위는 무효로 되고 조건부권리침해에 따른 손해배상청구권도 발생한다.

(2) 조건성취의 효력

1) 법률행위의 효력 확정

조건의 성취 또는 불성취로 인하여 법률 행위의 효력은 확정된다. 정지조건있는 법률행위는 조건이 성취한 때로부터 그 효력이 생기며, 해제조건있는 법률행위는 조건이 성취한 때로부터 그 효력을 잃는다(제147조 1항, 2항).

2) 비소급적 효력

조건성취의 효력은 불소급이 원칙이다 단 당사자가 조건성취의 효력을 그 성취 전에 소급하게 할 의사를 표시한 때에는 그 의사에 의한다(제147조 3항). 그리고 의사표시로 소급을 시키는 경우에는 제3자의 권리를 해하지 못한다.

3) 입증책임

조건의 성취에 대한 입증책임은 조건성취로 법률행위의 효과가 확정되었음을 주장하는 자, 즉 조건의 성취로 이익을 얻게 될 자가 입증한다. 따라서 정지조건의 경우 조건의 성취로 권리를 취득하게 될 자가 정지조건의 성취를 입증하며, 해제조건의 경우에는 조건의 성취로 인하여 효력의 소멸을 주장하는 자가 해제조건의 성취를 입증한다.

Ⅲ. 기 한

1. 의 의

법률행위의 당사자가 그 효력의 발생과 소멸을 장래에 발생할 확실한 사실에 의존하게 하는 법률행위의 부관을 「기한」이라 한다. 기한은 장래사실의 발생이 「확정」되어 있다는 점에서 「불확정적」인 조건과 다르다.

2. 기한의 종류

(1) 시기와 종기

법률행위의 효력의 발생시기를 장래의 확정적으로 정하는 기한을 시기라 하고, 법률행위의 효력의 소멸시기를 정하는 기한을 종기라 한다. 예컨대 임대에 있어서 '내년 2월 5일부터 임대하기로 한다'는 시기부 법률행위이고, '내년 3월 31일까지 임대하기로 한다'는 종기부 법률행위이다.

(2) 확정기한과 불확정기한

1) 의 의

발생하는 시기가 확정되어 있는 기한을 확정기한이라 하고, 발생하는 시기가 확정되어 있지 않은 기한을 불확정기한이라 한다. 예컨대「내년 2월 15일 부터」라고 하는 것은 확정기한이고,「A가 사망했을 때, 눈이 왔을 때」 등은 불확정기한이다.

2) 조건과 불확정기한의 구별

양자는 구별하기 어려운 때가 있다 이는 법률행위의 해석문제인데 채무의 이행에 관하여 당사자의 의사가 표시된 사실이 발생하지 아니하면 채무를 이행하지 아니하여도 된다는 것이라면 이는 조건으로 정한 것으로 보아야 하고, 표시된 사실이 발행한 때에는 물론이고 반대로 발생하지 아니한 것이 확정된 때에도 그 채무를 이행하여야 한다는 것이라면 불확정기한으로 정한 것으로 보아야 한다. 즉 조건은 도래가 되지 않을 수도 있다는 것을 전제로 한 부관이나 불확정기한은 일시적 연기를 의미한다. 예컨대 사업에 성공하면 돈을 갚겠다고 했을 때 사업에 성공하지 못하면 돈을 갚지 않아도 된다는 취지이면 이는 조건이나 반드시 그 채무를 갚겠지만 사업에 성공할 때까지 채무이행을 유예한다는 취지라면 이는 불확정기한이다.

관련판례

부관이 붙은 법률행위에 있어서 부관에 표시된 사실이 발생하지 아니하면 채무를 이행하지 아니하여도 된다고 보는 것이 상당한 경우에는 조건으로 보아야 하고 표시된 사실이 발행한 때에는 물론이고 반대로 발생하지 아니하는 것이 확정된 때에도 그 채무를 이행하여야 한다고 보는 것이 상당한 경우에는 표시된 사실의 발생 여부가 확정되는 것을 불확정기한으로 정한 것으로 보아야 한다. 이미 부담하고 있는 채무의 변제에 관하여 일정한 사실이 부관으로 붙여진 경우에는 특별한 사정이 없는 한 그것은 변제기를 유예한 것으로서 그 사실이 발생한 경우 뿐 아니라 그 발생이 불가능한 경우에도 기한은 도래한 것으로 본다(대판 2003. 8. 19. 2003다24215).

3. 기한과 친하지 않은 법률행위

대체로 조건과 친하지 않은 법률행위는 기한과 친하지 않은 법률행위이다. 기한과 친하지 않은 법률행위에 기한이 붙은 경우에는 법률행위 전체가 무효로 되는데, 혼인·이혼·입양·상속의 포기 등의 신분행위처럼 법률행위의 효과가 그 성립과 동시에 즉시 발생하여야 하는 법률행위, 또는 취소·추인·상계 등과같이 소급효가 있는 법률행위에는 원칙적으로 시기를 붙일 수 없다. 어음행위이나 수표행위는 조건을 붙이지 못하는 것이 원칙이나 시기 즉 지급기일을 붙이는 것은 가능하다.

4. 기한부 법률행위의 효력

(1) 기한의 도래

예컨대, 기일(10월 12일)의 도래 또는 기간(50일)이 경과함으로써 기한은 도래한다. 그러나 기한의 이익을 포기하거나 상실한 때에도 기한이 도래한 것으로 본다.

(2) 기한도래 전의 기한부 법률행위의 효력

기한은 조건과 달리 반드시 도래하므로 기한의 도래까지 기한부 권리를 강하게 보호할 필요가 있다. 이에 민법은 조건부권리의 침해금지(제148조), 조건부권리의 처분(제149조)을 기한부 권리에 준용하고 있다(제154조). 그러나 조건부 권리 가운데 신의칙에 반하는 행위 금지규정(제150조)은 기한부 권리에는 적용되지 않는다.

(3) 기한도래 후의 효력

시기부 법률행위에서는 그 기한이 도래하면 바로 그 효력이 발생한다(제152조 제1항). 그러나 종기부 법률행위에서는 그 기한이 도래하면 바로 그 효력이 소멸한다(제152조 제2항).

5. 기한의 이익

(1) 의 의

기한의 이익이란 기한이 존재하는 것, 즉 시기 또는 종기가 아직 도래하지 않아 아직 법률행위의 효력이 확정되지 않았음에도 불구하고 당사자가 받는 이익을 말하는데, 기한의 이익을 받을 당사자는 법률행위의 종류, 특약 등에 따라 정해진다. 그러나 기한이 어느 당사자를 위하여 존재하는지 분명하지 않은 경우에는 채무자의 이익을 위하여 존재하는 것으로 추정된다(제153조 제1항).

(2) 기한의 이익의 포기

기한의 이익은 포기할 수 있다. 예컨대 무상임치의 경우 임치인에게만 기한의 이익이 있으므로 임치인은 언제든지 임치물의 반환을 청구할 수 있고 무이자부소비대차는 차주에게 기한의 이익이 있으므로 차주는 언제나 반환할 수 있다. 그러나 상대방의 이익을 해하지 못한다(제153조 제2항). 포기에 의하여 기한이익이 해소되고 기한이 도래한 것과 같은 효과가 발생한다. 단지 포기는 소급효가 없으므로 장래를 향해서만 효력이 있다.

(3) 기한의 이익의 상실

1) 민법상 기한이익 상실사유

민법상 일정한 경우에는 채무자는 기한의 이익을 상실하는데, 즉 ① 채무자가 담보를 손상·감소 또는 멸실하게 한 때, ② 채무자가 담보제공의무를 이행하지 아니한 때 기한이익 상실사유가 발생하여 기한의 이익을 주장하지 못한다. 기한의 이익을 주장하지 못할 뿐 기한의 도래가 의제되는 것은 아니다. 따라서 기한이익 상실사유가 발행하여도 기한 전이면 이행의 청구를 하여야 비로소 기한도래의 효과가 발생하여 이행지체가 된다(제388조).

2) 파산시 기한이익 상실사유

채무자가 파산선고를 받은 경우에는 채무자는 그 시기가 도래하지 않았음을 이유로 채권자의 기한 도래 전의 이행청구를 거절하지 못한다. 다시 말하면 더 이상 기한의 이익을 주장하지 못한다(채무자회생및파산에관한법률 제425조).

(4) 기한이익 상실약정

1) 문제의 소재

일정한 사유가 발생하면 기한의 이익이 상실된다는 취지의 특약을 한 경우 그 의미에 대해 학설과 판례의 논의가 있다. 예컨대 할부매매에서의 1회의 할부대금이라도 연체하면 잔대금 전액을 일시에 청구할 수 있다라는 특약을 한 경우 그 효과가 문제된다.

2) 판　례

판례는 기한이익상실 특약을 두 가지로 나누어서 ① 정지조건부 기한이익 상실약정의 경우에는 사유발생과 동시에 전부에 대해 이행지체가 되지만 ② 형성권적 기한이익 상실약정인 경우에는 전부에 대해 변제를 청구하는 취지의 의사표시가 있어야 전부에 대해 이행지체가 되고 소멸시효도 진행한다고 본다.

관련판례

① 계약당사자 사이에 일정한 사유가 발생하면 채무자는 기한의 이익을 잃고 채권자의 별도의 의사표시가 없더라도 바로 이행기가 도래한 것과 같은 효과를 발생케 하는 이른바 정지조건부 기한이익상실의 특약을 한 경우에는 그 특약에 정한 기한이익의 상실사유가 발생함과 동시에 기한의 이익을 상실케 하는 채권자의 의사표시가 없더라도 이해기 도래의 효과가 발생하고 채무자는 특별한 사정이 없는 한 그때부터 이행지체의 상태에 놓이게 된다(대판 1999. 2. 9. 88다카14663).

② 형성권적 기한이익 상실의 특약이 있는 경우에는 그 특약은 채권자의 이익을 위한 것으로서 기한이익의 상실 사유가 발행하였다고 하더라도 채권자가 나머지 전액을 일시에 청구할 것인가 또는 종래대로 할부변제를 청구할 것인가를 자유로이 선택할 수 있으므로 이와 같은 기한이익 상실의 특약이 있는 할부채무에 있어서는 1회의 불이행이 있더라도 각 할부금에 대해 그 각 변제기의 도래시마다 그 때부터 순차로 소멸시효가 진행하고 채권자가 특히 잔존채무 전액의 변제를 구하는 취지의 의사를 표시한 경우에 한하여 전액에 대하여 그 때부터 소멸시효가 진행한다(대판 1997. 8. 29. 97다12990).

제7절 기 간

Ⅰ. 서 설

1. 의 의

어느 한 시점에서 다른 시점까지의 계속된 시간을 「기간」이라고 한다. 즉 기간은 일정한 법률관계의 발생·변경·소멸에 따른 법률효과가 인정되는 어느 시점에서 어느 시점까지의 계속되는 시간의 흐름을 말한다.

2. 구별 개념

(1) 기일과 구별

기일이란 계속적인 흐름 속에서 어느 특정의 시점을 말하는 것으로 기간의 경우처럼 시간의 연속이라는 관념이 존재하지 않는다. 즉, 기간은 "지금부터 다음 달 말까지" 등을 말하나, 기일은 "다음달 10일"과 같이 특정일을 말하는 것이다.

(2) 기한과 구별

① 기한이란 법률행위의 부관을 말하는 것으로 당해 법률행위 효력의 발

생 또는 소멸을 장래 도래가 확실한 사실에 의존케 하는 것을 말하므로 계속적인 시간의 흐름만을 의미하는 기간과는 다르다.

② 다만, 이러한 기간이 법률행위의 부관인 기한과 결합되어 기한의 내용으로 되기도 한다. 예를 들면, "내년 말까지 빌려 주겠다"고 하는 경우, 이것은 장래 도래가 확실한 기한이면서 지금부터 내년 말까지라는 시간의 연속적인 흐름, 즉 기간을 포함하고 있는 것이다.

3. 기간의 성질 및 적용범위

(1) 기간의 성질

기간은 시간의 흐름을 말하는 것이므로, 법률사실 가운데 사람의 정신작용과 관계없는 사건에 속한다.

따라서 기간만이 독자적인 법률효과를 발생하는 법률요건으로 되지 않으나, 다른 법률사실과 결합하여, 즉 성년기·최고기간·기한·시효기간 등의 법률요건을 구성하는 법률사실로 된다.

(2) 기간의 적용범위

기간에 관한 민법총칙의 규정은 민법 전체에 적용되는 민법의 통칙성을 갖는다. 또한 민법총칙의 기간에 관한 규정은 민법 이외의 사법 및 공법에서 별도의 규정을 두고 있지 않으면 당연히 적용되므로, 모든 법에 대한 통칙성을 갖는다고 할 수 있다.

Ⅱ. 기간의 계산법

1. 자연적 계산법

(1) 의의 및 특성

자연적 계산법은 시간의 흐름을 순간에서 순간까지 계산하는 방법으로 주로 단기간의 계산에 사용된다. 따라서 시간의 계산은 비교적 정확하나,

계산이 복잡하므로 장기간의 계산에는 불편하다.

(2) 민법의 규정

민법은 비교적 단기간의 계산인 시·분·초를 단위로 하는 기간의 계산을 자연적 계산법에 의하도록 하고 있다(제156조).

(3) 기산점 및 만료점

시·분·초를 단위로 하는 기간의 계산에 있어서의 기산점은 즉시를 기산점으로 하여 기간을 계산한다. 그 정하여진 시·분·초가 종료하는 때가 기간의 만료점으로 된다.

2. 역법적 계산법

(1) 의의 및 특성

역법적 계산법은 역에 따라서 기간을 계산하는 방법으로 비교적 장기간의 계산에 사용된다. 따라서 기간의 계산이 비교적 편리하지만, 개개의 경우에 있어 그 기간이 정확하지 못하다는 단점이 있다.

(2) 민법의 규정

민법은 비교적 장기간의 계산인 일·주·월·년을 단위로 하는 기간의 계산을 역법적 계산법에 따르도록 하고 있다(제157조).

(3) 기 산 점

1) 원 칙

역에 의한 계산에 있어 초일은 기간에 산입하지 않는다. 초일불산입 원칙은 강행규정이 아니므로 당사자에 의해 달리 정할 수 있다.

관련판례

민법 제157조는 기간을 일, 주, 월 또는 년으로 정한 때에는 기간의 초일은 산입하지 아니한다고 규정하여 초일 불산입을 원칙으로 정하고 있으나 민법 제155조에 의하면 법령이나 법률행위 등에 의하여 위 원칙과 달리 정하는 것도 가능하다(대판 1989. 3. 10. 88수85).

2) 예 외

① 연령의 계산에 있어서는 출생일인 초일을 산입한다(제158조).

② 당해 기간이 오전 0시로부터 시작되는 경우도 초일을 기간의 계산에 산입한다(제117조).

3) 구체적인 경우의 계산

① 1월 1일 0시부터 1개월이라고 하면 0시부터 기산하므로 초일을 산입하므로 1월 31일 24시에 기간만료한다.

② 4월 21일 현재를 기준으로 한다면
오늘부터 한달 후란 현재가 21일 0시가 아닌 한 4월 22일부터 기산하여 5월 21일 24시에 만료하고, 4월 23일부터 한달 후라고 하면 23일 0시부터 기산하므로 5월 22일 24시에 만료한다.

(4) 만 료 점

1) 원 칙

당해 기간의 말일의 종료로 기간이 만료한다(제159조).

2) 구체적인 경우의 계산

① 당해 기간이 주·월·년으로 정하여 진 경우에는 일로서 환산하지 않고 역에 의하여 계산하므로, 월·년 등에 있어 실제 일수의 많고 적음은 문제삼지 않는다(제160조 제1항).

② 따라서 초일을 산입하지 않는 주·월·년 등의 경우에 최후의 주·월·년에서 기산일에 해당하는 일의 전일로 당해 기간이 만료하게 된다(제160조 제2항).

③ 위의 경우 최후의 월에 해당 일이 없는 경우는 그 월의 말일의 종료로서 기간이 만료된다(제160조 제3항).

④ 또한 기간의 말일이 토요일 또는 공휴일인 경우는 그 익일의 종료로서 기간이 만료된다(제161조). 여기의 공휴일에는 일요일인 경우외에

국경일을 포함하며, 임시공휴일인 경우도 이에 포함되어 그 다음날에 기간이 만료한다(대판 1964. 5. 26. 63다958).

⑤ 특정기일을 지정하였는데 그 기일이 공휴일인 경우에도 다음날로 만료한다(대판 1980. 12. 9. 80다1717).

⑥ 초일이 공휴일이라고 해서 다음날부터 기산하는 것은 아니다(대판 1982. 2. 23. 81누204).

Ⅲ. 기간역산의 계산법

1. 계산방법

민법의 기간계산법은 일정한 기산일로부터 역으로 거슬러 올라가는, 즉 과거로 소급되는 기간의 계산에도 적용된다.

2. 계 산 예

사단법인이 사원총회를 소집할 경우 그 소집일로부터 1주일 전에 소집의 통지를 하여야 한다. 이때 10월 19일 10:00에 사원총회를 개최하려면 그 총회소집의 통지는 언제까지 발송하여야 하는가를 계산하여 보자.

기간의 계산법			
단기간의 계산	자연적 계산법	즉시로부터 기산	그 정해진 시·분·초의 종료로 만료
장기간의 계산	역법적 계산법	초일불산입이 원칙	기간의 말일의 종료로 만료

① 기간의 계산에 있어 초일은 산입하지 않으므로 기산일은 10월 18일부터 역으로 1주일을 계산하게 된다.

② 따라서 만료일은 10월 11일 자정, 즉 10월 12일 오전 0시로 되므로, 그 총회소집의 통지서는 늦어도 10월 11일 자정 전에 각 사원들에게

발송되어야 한다.

③ 2007년 6월 16일 오전 10시에 10일간이라고 하는 경우에는, 기산점은 6월 17일이고 만료점은 6월 26일 오후 12시가 된다.

④ 2007년 10월 31일에 앞으로 4개월이라고 한 때에는, 기산일은 11월 1일이므로, 2008년 3월 1일의 전일, 즉 2월 30일이 만료일이 되나 2008년도 2월은 29일까지이므로, 결국 2008년 2월 29일 오후 12시에 만료한다.

제8절 소멸시효

Ⅰ. 시효제도

1. 시효의 의의

시효란 일정한 사실상태가 오랫동안 계속 존재함으로써, 그 사실상태에 대하여 일반인이 진정한 것이라고 믿을 만한 신뢰가 발생한 경우 그 사실상태가 과연 진실한 법률관계에 합치하느냐를 묻지 않고 사실상태 그 자체에 대하여 일정한 법적 효과를 부여하는 경우이다. 이에 따라 그러한 사실상태에 있는 자에게 일정한 권리의 취득 또는 상실이라는 법적 효과가 발생한다.

2. 시효의 종류

(1) 취득시효

취득시효란 어떤 사람이 타인의 권리를 마치 자신이 권리자인 것처럼 장기간 권리를 행사하고 있는 경우, 권리자로서 권리를 행사하고 있다는 외관을 근거로 진정한 권리자의 여부를 묻지 않고, 처음부터 그를 진정한 권리자로 인정하자는 제도이다.

(2) 소멸시효

소멸시효란 진정한 권리자가 자신의 권리를 행사할 수 있음에도 불구하고 오랫동안 행사하지 않고 방치한 상태에 있는 경우, 그 권리의 불행사 상태를 그대로 인정하여 권리자의 권리를 소멸시키는 제도를 말한다.

Ⅱ. 시효제도의 존재이유와 입법례

1. 시효제도의 존재이유

(1) 본래 법의 이념은 진정한 권리자의 권리가 침해된 경우 그 침해된 상태로부터 진정한 권리자의 권리를 회복시킴으로써, 진정한 권리자의 권리를 보호하자는데 있다.

그러나 시효제도는 진정한 권리자의 권리보호라는 법의 이념과 달리 사실상의 권리자를 보호하거나, 진정한 권리자의 권리를 소멸시키는 것이므로, 결과적으로 법의 이념에 상반되는 것이다.

(2) 이러한 불합리에도 불구하고 시효제도는 각국의 민법에서 공통적으로 인정되는데, 이것은 당해 권리가 인정된 사회적 기초 및 공익성을 해하면서까지 진정한 권리자를 보호하는 것이 궁극적으로 법의 이념이 아니라는 측면에서 인정되는 것이다.

(3) 우선 시효제도는 일정한 사실상태가 계속되어 그에 대한 사회일반의 신뢰관계가 형성되면 그 진실한 권리관계를 불문하고, 사실상태 그 자체를 존중하는 것이 법적안정성 및 거래의 안전보장이라는 취지에 오히려 부합한다는데 있다.

(4) 이와 같이 진정한 권리자가 자신의 권리를 오랫동안 행사하지 않고 방치하고 있다면 구태여 법이 이러한 자의 권리까지 보호하여야 할 가치가 없는 것이므로, 오히려 그 권리를 소멸시키는 것이 사회일반의 권리관념에 부합하는 것이라고 한다. 즉, 권리 위에 잠자고 있는 자는 시효제도에 따른 불이익을 감수하는 것이 마땅하다는데, 시효제도의 존재이유가 있다.

2. 입 법 례

시효제도는 로마법 이래 모든 국가의 입법을 통하여 인정되어 오고 있다. 그러나 각국은 자국의 사회적 상황 및 입법정책에 따라 시효제도를 인정하고 있기 때문에 구체적으로 보면 그 내용에 다소 차이가 있다.

(1) 프랑스의 시효제도

소멸시효와 취득시효를 통일적으로 규정하여 동일한 원리에 따르도록 하고 있다. 또한 소멸시효에 있어서 권리 자체를 소멸시키지 않고 소권만 소멸시키는 한편, 시효원용제도를 인정하고 있다.

(2) 독일의 시효제도

소멸시효는 민법총칙편에, 취득시효는 물권편에 각각 규정하고 있으며, 소멸시효에 따른 권리의 소멸은 권리 자체의 소멸이라는 효과가 발생하지 않고, 그 권리를 행사할 수 있는 청구권의 소멸이라는 효과만 인정한다.

(3) 스위스의 시효제도

소멸시효와 취득시효를 채무법에서 동일하게 규정하고 있으나, 프랑스와는 달리 소멸시효의 경우 권리 자체를 소멸시키는 효과를 부여한다. 그러나 이러한 권리소멸이라는 효과는 프랑스와 동일하게 시효의 원용이 있어야 발생한다는 시효원용제도를 인정한다.

(4) 일본의 시효제도

민법총칙에서 소멸시효와 취득시효를 통일적으로 규정하고 있으며, 소멸시효 완성의 효과는 스위스의 경우와 동일하다. 따라서 소멸시효의 완성으로 권리 자체가 소멸되나, 그에 대한 시효원용이 있어야 한다.

(5) 한국의 시효제도

독일의 경우와 같이 소멸시효는 민법총칙편에, 취득시효는 물권법편에서 각각 규정하고 있으며, 소멸시효의 효과에서는 스위스의 경우처럼 권리 자체를 소멸시키는 형태를 취하나 시효원용제도는 인정하지 않는다.

3. 시효제도의 성질

(1) 법률요건

시효도 권리의 발생이나 소멸을 일으키는 법률요건이다.

(2) 강행규정

시효규정은 공익적 성격도 가지고 있어 강행규정이다.

관련판례

제소기간을 약정하고 그 기간연장에 합의하였다 하더라도 위와 같은 제소기간의 약정과 그 기간연장에 관하여 상관습법이 확립되었다고 인정되지 아니한다면 그러한 약정과 합의에 의하여 위 소멸시효에 관한 상법이나 민법규정의 적용을 배제할 수는 없다(대판 1987. 6. 23. 86다카2107).

Ⅲ. 소멸시효

1. 의 의

소멸시효란 진정한 권리자가 당해 권리를 법정기간, 즉 시효기간 동안 계속하여 행사하지 않는 사실이 존재하면 그 권리는 소멸한 것으로 보는 민법상의 제도를 말한다.

2. 구별할 개념

(1) 취득시효와의 구별

소멸시효는 권리의 불행사가 일정기간 동안 계속되는 경우 당해 권리를 소멸하게 하려는 제도이나, 취득시효는 사실상 권리를 행사하는 자가 있는 경우 그 권리에 대한 진정한 권리자인지의 여부를 묻지 않고 당해 권리를 취득하게 하는 제도를 말한다. 양자는 요건을 달리하는 것으로 별개의 법률요건이라는 것이 판례이다.

관련판례

소멸시효의 완성으로 권리소멸의 효과가 발생하였다고 하여도 피고들이 소송상 권리소멸의 항변을 한 바 없는 이상, 법원으로서는 이에 관하여 판단할 수 없는 것인 바, 취득시효와 소멸시효는 그 성립요건을 달리하므로 피고들이 소론과 같이 취득시효를 주장하였다고 하여 소멸시효의 주장까지 포함한 취지라고 볼 수는 없다(대판 1982. 2. 9. 81다534).

(2) 실효의 원칙과 구별

실효의 원칙이란 권리자가 그의 권리를 장기간 방치하여 행사하지 않고 있어 그의 상대방이 권리자가 권리를 행사하지 않을 것으로 믿을 만한 정당한 사유가 발생한 경우 새삼 권리자가 그 신뢰에 반하여 권리를 행사하는 것은 신의칙에 반하게 되어 그러한 권리행사는 권리남용이 되므로, 그러한 권리행사는 허용되지 않는다는 것이다.

이는 신의성실의 원칙의 파생원칙에 속하는 것이다. 따라서 소멸시효는 권리자가 소멸시효기간 동안 당해 권리를 행사하지 않은 경우 이를 소멸한 것으로 간주하는 제도라는 점에서 다르다.

관련판례

권리자가 장기간에 걸쳐 그 권리를 행사하지 아니하여 새삼스럽게 그 권리를 행사하는 것이 신의성실의 원칙에 위반되어 허용되지 아니한다고 하려면 의무자인 상대방에 더 이상 권리자가 그 권리를 행사하지 아니할 것으로 믿을만한 정당한 사유가 있어야 한다(대판 2002. 1. 8. 2001다60019).

(3) 제척기간과의 구별

1) 제척기간의 의의

제척기간이란 일정한 권리에 관하여 법률이 예정하는 존속기간 내지 예정기간을 말한다. 따라서 권리의 존속기간인 제척기간이 만료하면 당해 권리는 당연히 소멸하게 된다. 이러한 제척기간은 법률관계의 신속한 확정을 도모하기 위한 것으로, 권리의 박탈을 목적으로 하고 있다.

따라서 법률관계의 불안정을 야기하는 원인으로 되는 형성권에 주로 제척기간이 인정된다. 소멸시효가 권리행사기간을 정한 것이라면 제척기간은 권리의 존속기간을 정한 것이다.

2) 제척기간과의 구별

(가) 공 통 점

제척기간과 소멸시효는 그 존속기간이 만료하면 당해 권리가 소멸한다는 점에서 동일하다.

(나) 차 이 점

① 소멸시효는 영속한 사실상태의 존중 및 입증의 곤란 구제 등을 위하여 권리를 소멸시키는 제도이나, 제척기간은 권리관계를 신속하게 확정하려는 취지에서 권리의 박탈을 목적으로 하는 제도이다.

② 소멸시효는 원칙적으로 청구권에 관하여만 발생하나, 제척기간은 청구권 외에 주로 형성권의 경우 인정된다.

③ 소멸시효에는 시효의 중단과 정지라는 제도가 있으나, 제척기간에는 중단이라는 것이 없을 뿐만 아니라, 정지에 관하여서도 아무런 규정을 두지 않아 학설이 대립하고 있지만 다수설의 입장은 소멸시효의 정지에 관한 규정도 제척기간에 준용될 수 없다고 한다.

④ 시효기간의 진행 중 소를 제기하면 시효중단의 효력이 생기고 시효가 중단된 때에는 그때까지 경과한 시효기간은 모두 무효가 된다. 그러나 제척기간은 그 만료 전에 소를 제기하면 제척기간이 경과 되더라도 권리에는 전혀 영향이 없다.

⑤ 소송에 있어서 시효의 완성을 주장하지 않으면 소멸시효는 참작되지 않으나, 제척기간은 법원이 직권으로 판단하게 된다.

⑥ 소멸시효의 경우 그 이익을 포기할 수 있으나, 제척기간의 경우는 포기가 인정되지 않는다.

⑦ 소멸시효 완성의 효과는 소급적으로 발생하나, 제척기간의 경우는 소급하지 않는다.

⑧ 양자의 구별

다수설은 법률의 규정에 "시효로 인하여"라는 문구가 있으면 소멸시효이고 그렇지 않으면 제척기간이라고 한다. 다만, 예외적으로 민법 제1024조 제2항의 경우는 "시효로 인하여"라는 문구가 있지만 제척기간으로 해석하는 것이 통설이다.

〈 소멸시효와 제척기간의 비교 〉

	소멸시효	체척기간
의　의	일정한 사실상태가 일정기간 계속될 경우 사실 상태대로 권리관계를 인정하려는 제도.	일정한 권리에 관하여 법률이 예정하는 그 권리의 존속기간.
존재이유	영속한 사실상태의 존중, 입증곤란의 구제.	권리관계의 신속한 확정.
중단제도	있다.	없다.
정지제도	있다.	천재 기타 사변으로 인한 시효정지에 관한 규정(제182조)이 유추적용될 수 있는지에 대해 학설 대립.
입증책임	소멸시효의 항변권을 주장하는 자에게 있다.	권리자가 제척기간을 경과하지 않았다는 것을 입증해야 함.
인정범위	채권, 소유권 이외의 재산권.	형성권인 경우가 많음.
재판상 참작 여부	변론주의 원칙상 주장이 있어야 참작 가능.	직권으로 참작해야 함.
포기제도	시효완성 후 포기 가능함.	인정되지 않음.
효　과	① 기산일에 소급하여 효력발생 ② 시효완성으로 권리소멸의 효과가 생긴다는 소멸설(다수설·판례)과 권리소멸을 주장·원용할 권리가 생길 뿐이라는 상대적 소멸설의 대립이 있다.	기간이 경과한 때로부터 생긴다. 장래로 향해 권리 소멸의 효과

3) 제척기간에서의 권리행사방법

(가) 문제의 소재

제척기간이 정해져 있는 권리는 어떠한 방법으로 행사해야 권리가 보전되는지가 문제이다. 채권자취소권과 같이 소의 방법으로 권리를 행사하여야 하는 것으로 규정되어 있으면 출소기간임이 명백하나 그렇지 않은 경우 견해가 대립한다.

(나) 학 설

① 출소기간설 : 제척기간은 출소기간이며 따라서 그 기간 내에 소를 제기하여야 제척기간의 경과에 의한 권리의 소멸을 저지하여 권리가 보전된다고 한다.

② 재판외 행사가능설 : 제척기간은 출소기간은 아니므로 그 기간 내에 재판상 또는 재판외에서 행사하면 된다고 본다.

(다) 판 례

판례는 형성권(무능력자의 법률행위에 대한 취소권 등)의 제척기간과 하자담보책임 등의 제척기간은 출소기간은 아니고 그 기간내에 재판상 또는 재판외에 행사하면 된다고 보면서도, 점유보호청구권의 제척기간이나 상속회복청구권은 제척기간에 대해서는 제소기간으로 보고 있어 그 기간내에 소를 제기하여야 한다고 한다.

4) 형성권의 존속기간

(가) 문제의 소재

형성권의 제척기간에 대해 규정이 있으면 그에 따르면 되는데 규정이 없는 때에는 그 기간이 몇 년인가가 문제된다.

(나) 학 설

① 다수설 : 제척기간의 취지는 법률관계를 조속히 안정시키는 것이므로 형성권 행사의 결과로 발생하는 청구권도 형성권의 존속기간 내에서

만 존속하도록 해야 하며 형성권의 행사의 결과로 발생하는 채권적 권리가 일반적으로 10년이므로 이것과 균형을 맞추기 위해 형성권 행사의 제척기간도 10년으로 하는 것이다.

② 소수설 : 형성권의 제척기간에 대해 정함이 없는 경우 그 기간을 반드시 10년으로 볼 필요는 없고, 기타 재산권으로 보아 20년으로 보는 견해, 기초적 법률관계에 따르게 하거나 기초적 법률관계 따르고 그것이 불가능하면 실효의 원칙 등으로 해결하자는 견해 등이 있다.

(다) 판 례

형성권의 제척기간은 별도의 규정이나 당사자간의 약정이 없는 한 10년이라고 본다.

관련판례

대물변제예약 완결권은 일종의 형성권으로 당사자 사이에 그 행사기간을 약정한 때에는 그 기간 내에 그러한 약정이 없는 때에는 그 권리가 발생한 때로부터 10년 내에 이를 행사하여야 하고 이 기간을 도과 한 때에는 예약완결권은 제척기간의 경과로 인하여 소멸한다(대판 1997. 6. 27. 97다12488).

5) 형성권 행사에 따라 발생한 개별적 청구권의 행사기간

(가) 문제의 소재

취소권 행사에 따라 발생하는 부당이득반환청구권이나 환매권행사에 따른 이행청구권 등 형성권을 행사함으로써 발생하는 개별적 청구권도 형성권의 제척기간 내에 행사해야 하는가가 문제이다.

(나) 학 설

① 다수설 : 형성권의 제척기간 내에 이들 개별적 청구권도 행사해야 한다고 본다. 이렇게 하는 것이 법률관계를 조속히 확정시키고자 하는 제척기간의 취지에 부합한다고 한다.

② 소수설 : 이들 개별적 권리는 형성권이 행사되어야 발생하므로 그 발

생시부터 별도로 소멸시효가 진행된다고 본다. 형성권의 제척기간은 형성권에 국한된 것이므로 형성권 행사로 발생하는 개별적 청구권은 별개이며 형성권을 행사하면 법률관계는 확정되므로 제척기간의 취지는 달성되고 그에 따라 발생하는 개별 청구권은 그 행사가 지연되어도 무방하다고 본다. 따라서 개별청구권은 형성권 행사시부터 별도로 10년의 소멸시효가 적용된다고 본다.

(다) 판 례

형성권을 행사한 때부터 별도의 소멸시효에 걸린다고 본다.

관련판례

환매권의 행사로 발생한 소유권이전등기청구권은 위 기간 제한과는 별도로 환매권을 행사한 때로부터 일반채권과 같이 민법 제162조 소정의 10년의 소멸시효 기간이 진행되는 것이지 위 제척기간 내에 이를 행사하여야 하는 것은 아니다(대판 1991. 2. 22. 90다13420).

3. 소멸시효의 요건

(1) 권리가 소멸시효의 목적으로 될 수 있을 것

1) 소멸시효의 효과에 관하여는 앞서 본 바와 같이 입법례에 따라 차이가 있으나, 대부분의 국가는 채권에 관하여만 소멸시효를 인정하고 있다. 그러나 우리 민법의 경우는 이와 달리 채권은 물론 소유권을 제외한 재산권의 경우도 소멸시효에 걸리는 것으로 하고 있다.

2) 소멸시효의 대상인 권리

소멸시효의 대상으로 되는 권리는 재산권에 한하는 것이 원칙이며, 소유권 이외의 재산권은 채권을 포함하여 소멸시효의 대상이 된다(제162조).

3) 소멸시효의 대상이 아닌 권리

(가) 소 유 권

소유권은 존속기간의 제한을 받지 않는 항구성을 보유하므로, 소유권자가 당해 목적물을 장기간 방치하여도 소멸시효로 인하여 소유권이 소멸하는 경우는 없다(제162조).

(나) 점 유 권

점유권이란 목적물에 대한 진정한 권리여부와 관계없이 사실상 목적물을 점유하고 있다는 사실상태에 권리를 부여하였기 때문에 목적물에 대한 점유의 상실로 점유권도 즉시 소멸하므로 소멸시효의 대상이 되지 않는다.

(다) 물권적 청구권(물상청구권)

(a) 문제의 소재

본권에 기한 물권적 청구권이 소멸시효의 대상이 되는가가 문제이다. 그런데 물권적 청구권의 소멸시효 여부는 소유권이나 제한물권 등 본권이 존속하고 있음에도 이와 별도로 그 본권에 기한 물권적 청구권이 따로 시효로 소멸하느냐의 여부를 문제 삼는 것인데, 예컨대 자신의 소유물을 제3자가 무단 점유하는 경우 소유권은 시효의 대상이 아니지만 소유권에 기한 물권적 청구권이 시효에 걸려 그 반환이나 방해제거 등의 청구를 할 수 없게 되는 결과를 인정할 것인가 등이 문제이다. 물권적 청구권은 당해 물권에 대한 침해가 있는 경우 그 침해를 배제하여 물권의 정상적인 작용을 보호하기 위한 청구권이므로, 기초가 되는 물권과 분리하여 별도의 소멸시효에 걸리지 않는다.

(b) 소유권에 기한 물권적 청구권

물권적 청구권의 기초가 되는 소유권이 소멸시효에 걸리지 않으므로, 소유권의 작용을 보장하기 위한 물권적 청구권도 당연히 소멸시효에 걸리지 않는다.

(c) 소유권 이외의 기타 물권에 기한 물권적 청구권

물권적 청구권은 당해 물권의 작용을 보호하기 위하여 인정되는 것이므로 당해 물권과 분리되어 별도로 소멸시효에 걸리지 않는다는 것이 다수설의 입장이고, 소유권이외의 물권은 소멸시효의 대상으로 되므로 이러한 물권에서 기인하는 물권적 청구권도 소멸시효에 걸린다는 것이 소수설의 입장이다. 이와달리 물권적 청구권은 소유권에 기한 것이건 제한물권에 기한 것이건 모두 소멸시효에 걸린다는 견해도 있다.

(라) 등기청구권

(a) 문제의 소재

법률행위에 의하여 취득하는 등기청구권 예컨대 매매계약에 의한 매수인의 등기청구권이 소멸시효의 대상이 되느냐 하는 것은 우선 그 등기청구권의 성질이 채권적 청구권이냐 아니면 물권적 청구권이냐에 따라 달라진다. 그런데 등기청구권을 채권적 청구권으로 보는 견해에서도 매수인의 점유 등 일정한 요건하에 시효소멸이 되지 않는다는 견해가 있는 등 다양한 견해의 대립이 있다.

(b) 판 례

등기청구권은 성질상 채권적 청구권에 속하는 것이나, 부동산의 매수인이 목적 부동산을 인도받아 점유하고 있으면 그 매수인은 권리위에 잠자는 자가 아니므로, 당해 등기청구권도 소멸시효에 걸리지 않는다고 한다(판례).

관련판례

시효제도의 존재이유에 비추어 보아 부동산 매수인이 그 목적물을 인도받아서 이를 사용수익하고 있는 경우에는 그 매수인을 권리위에 잠자는 것으로 볼 수도 없고 또 매도인 명의로 등기가 남아 있는 상태와 매수인이 인도받아 이를 사용수익하고 있는 상태를 더욱 보호하여야 할 것이므로 그 매수인의 등기청구권은 다른 채권과는 달리 소멸시효에 걸리지 않는다고 해석함이 타당하다(대판 1976. 11. 6. 76다148).

다만, 매수인이 점유를 하다가 점유를 침탈당한 경우와 같이 매수인이 그 목적물의 점유를 상실하면 그 점유상실시점으로부터 등기청구권은 소멸시효가 진행한다.

관련판례

부동산의 매수인이 매매목적물을 인도받아 사용수익하고 있는 경우에는 그 매수인의 이전등기청구권은 소멸시효에 걸리지 아니하나 매수인이 그 목적물의 점유를 상실하여 더 이상 사용수익하고 있는 상태가 아니라면 그 점유상실시점으로부터 매수인의 이전등기청구권에 관한 소멸시효는 진행한다(대판 1992. 7. 24. 91다40924).

그런데 매수인이 등기를 받지 않은 채 인도를 받아 점유하고 있다가 이를 타인에게 전매하고 마찬가지로 이전등기를 하지 않은 채 전득자에게 스스로 인도를 한 경우에는 종전 매수인은 점유를 하지 않더라도 그의 등기청구권은 소멸시효가 진행하지 않는다는 것이 판례이다.

관련판례

부동산의 매수인이 그 부동산을 인도받은 이상 이를 사용, 수익하다가 그 부동산에 대한 보다 적극적인 권리 행사의 일환으로 다른 사람에게 그 부동산을 처분하고 그 점유를 승계하여 준 경우에도 그 이전등기청구권의 행사 여부에 관하여 그가 그 부동산을 스스로 계속 사용 수익만 하고 있는 경우와 특별히 다를 바 없으므로 위 두 어느 경우에나 이전등기청구권의 소멸시효는 진행되지 않는다고 보아야 한다(대판 1999. 3. 18. 98다32175).

부동산 점유시효취득에 의한 등기청구권은 채권적 청구권이지만 시효취득자가 목적물을 점유하는 한 소멸시효가 진행되지 않는다고 보면서도 시효취득자가 목적물의 점유를 타인에게 이전하여 더 이상 점유를 하지 않는 한 그때부터 시효취득자의 등기청구권의 소멸시효가 진행한다고 본다.

관련판례

토지에 대한 취득시효 완성으로 인한 소유권이전등기청구권은 그 토지에 대한 점유가 계속되는 한 시효로 소멸하지 아니하고 그 후 점유를 상실하였다고 하더라도 이를 시효이익의 포기로 볼 수 있는 경우가 아닌 한 이미 취득한 소유권이전등기청구권은 바로 소멸되는 것은 아니나 취득시효가 완성된 점유자가 점유를 상실한 경우 취득시효 완성으로 인한 소유권이전등기청구권의 소멸시효는 이와 별개의 문제로서 그 점유자가 점유를 상실한 때로부터 10년간 등기청구권을 행사하지 아니하면 소멸시효가 완성한다(대판 1996. 3. 8. 95다34866).

(마) 형 성 권

형성권은 권리자의 일방적 권리행사로 인하여 그에 따른 효과가 발생하는 것으로, 제척기간의 대상일 뿐 소멸시효의 대상으로 되지는 않는다.

(바) 항 변 권

항변권은 권리자의 청구에 대하여 그 효력을 저지하는 형태로 행사되는 권리이다. 따라서 권리자가 청구권을 행사하지 않으면 항변권이 발생하지 않으므로 소멸시효의 대상이 되지 않는다고 할 것이다.

(사) 비재산권

당사자의 진의가 절대적으로 요구되는 가족권(신분권)과 자연인의 신체와 생명에 의존하는 인격권 등은 비재산권으로 소멸시효의 대상으로 되지 않는다.

(아) 담보물권

담보물권은 채권을 담보하기 위하여 설정되는 물권이드로 당해 피담보채권과 독립하여 소멸시효에 걸리지 않는다. 그러나 피담보채권에 대한 담보물권의 부종성으로 인하여, 피담보채권이 소멸시효로 소멸하면 당해 담보물권도 소멸한다.

(자) 일정한 권리에 의존(수반)하는 권리

일정한 법률관계가 존속하는 경우 그에 수반하여 발생하는 권리는 그 기초가 되는 권리와 독립하여 소멸시효에 걸리지 않는다. 즉, 상린관계에서 기인하는 상린권이나 공유관계에서 기초하는 공유물분할청구권 등은 그 기초가 되는 법률관계가 존속하는 동안 시효로 인하여 소멸하지 않는다.

(2) 권리를 행사할 수 있음에도 불구하고 행사하지 않을 것

1) 법률상 권리행사의 장애

당해 권리를 행사함에 있어 법률상 아무런 장애가 없음에도 불구하고 일정기간 동안 권리를 행사하지 않는 것을 말한다. 따라서 사실상 권리행사의 장애인 질병으로 인한 장기간의 요양이나 채무자의 소재불명 등은 법률상의 장애에 해당되지 않는다.

2) 소멸시효의 기산점

(가) 원 칙

권리자가 객관적으로 권리를 행사할 수 있는 때부터 시효가 진행한다(제166조 제1항). 따라서 권리자의 권리에 대한 주관적 인식여부는 법률에 특별한 규정이 없는 한 시효의 진행을 방해하지 않는다.

(나) 시기부권리의 경우

① 확정기한이 있는 권리의 경우는 그 기한이 도래한 때로부터 소멸시효가 진행하며 특별한 문제가 없다.

② 불확정기한 있는 권리의 경우는 채무자가 그 기한의 도래를 알았든 알지 못했든 관계없을 뿐만 아니라, 그에 대한 채무자의 과실유무와도 관계없이 당해 기한이 객관적으로 도래한 때부터 소멸시효가 진행한다.

(다) 청구 또는 해지통고 후 일정한 기간이나 상당한 기간이 경과하여야 행사할 수 있는 권리의 경우

① 이 경우는 채권자의 청구나 해지통고가 없으면 소멸시효가 영구히 진행하지 않게 되는 불합리를 초래하므로, 특별한 사정이 없으면 채권자가 "청구나 해지통고를 할 수 있는 때"로부터 일정한 유예기간이 경과한 후에 소멸시효가 집행한다고 보아야 한다.

② 반환기일을 정하지 않은 소비임차의 경우
대주는 상당한 기간을 정하여 반환을 최고하여야 하나, 차주는 언제든지 반환할 수 있다(제603조 제2항).

③ 기한을 정하지 않은 임대차의 해지
임대인 및 임차인은 언제든지 해지통고를 상대방에게 할 수 있으나, 토지·건물 기타 공작물의 임대차 등은 임대인의 해지통고로부터 6월을 경과하여야 해지되고 임차인의 경우는 1월이 경과하여야 된다. 동산임대차의 경우는 임대인 및 임차인이 상대방에 대하여 해지의 통고를 한 날로부터 5일이 경과되어야 해지의 효과가 발생한다(제659조).

④ 기한을 정하지 않은 고용계약의 해지
각 당사자는 상대방에 대한 해지의 통고로 해지할 수 있으나, 해지통고 후 1월이 경과하여야 해지의 효력이 발생한다(제660조).

⑤ 고용계약의 기간이 3년을 넘거나 종신계약인 경우 고용계약의 해지
각 당사자는 고용계약 후 3년이 경과되면 언제든지 상대방에 대한 해지통고로 고용계약을 해지할 수 있으나, 그 해지의 효과는 해지통고일로부터 3월이 경과하여야 발생한다(제659조).

(라) 할부금채무의 경우

일반적으로 할부금채권의 경우는 할부계약시 채무자가 할부금을 1회라도 이행을 지체하면 채권자는 나머지 할부금 전액을 일시에 청구할 수 있다는 특약을 하는 경우가 대부분이므로, 이러한 경우 할부금 채무의 1회 불이행은 나머지 할부금 채권 전액에 관해서도 소멸시효를 진행시킨다고 보아야 한다.

3) 기산점의 주장

① 우리 민법은 시효원용제도를 채택하지 않고 있으므로, 당사자는 소멸시효가 완성되었음을 주장하지 않아도 무방하나, 민사소송에는 변론주의가 적용되므로 시효의 이익을 받을 자가 시효의 완성을 주장하여야 한다.

② 이 경우 법원은 시효의 이익을 받을 당사자가 주장한 시효의 기산점보다 유리한 기산점을 직권으로 인정할 수 없다.

관련판례

소멸시효의 기산일은 채무의 소멸이라고 하는 법률효과발생의 요건에 해당하는 소멸시효기간 계산의 시발점으로서 소멸시효 항변의 법률요건을 구성하는 구체적인 사실에 해당하므로 이는 변론주의의 적용 대상이고 따라서 본래의 소멸시효 기산일과 당사자가 주장하는 기산일이 서로 다른 경우에는 변론주의의 원칙상 법원은 당사자가 주장하는 기산일을 기준으로 소멸시효를 계산하여야 하는데 이는 당사자가 본래의 기산일보다 뒤의 날짜를 기산일로 하여 주장하는 경우는 물론이고 특별한 사정이 없는 한 그 반대의 경우에 있어서도 마찬가지이다(대판 1995. 8. 25. 94다35886).

(3) 소멸시효의 기간이 경과되었을 것

1) 채권의 소멸시효기간

(가) 보통의 채권

(a) 원 칙

민사상의 채권은 10년간 행사하지 않으면 소멸시효가 완성하나,

관련판례

① 부동산매매의 중개에 관한 소개료는 위임사무처리로 인한 약정보증금에 해당하며 따라서 일반채권 10년의 소멸시효가 적용된다(대판 1971. 2. 23. 70다2931).

② 관습법상 분재청구구건은 일반적인 민사채권과 같이 권리자가 분가한 날부터 10년이 경과하여 소멸시효가 완성된다고 할 것이다(대판 2007. 1. 25. 2005다26284).

(b) 특별법과의 관계

상사상의 채권 및 공법상의 채권은 5년간 행사하지 않으면 소멸시효가 완성한다(제162조 제1항·상법 제64조·예산회계법 제71조·지방재정법 제53조). 그러나 국가나 지방자치단체가 당사자가 되더라도 그 권리의 발생근거가 민법의 법리에 의한 경우에는 민사채무에 대한 소멸시효가 적용된다.

관련판례

구 의료보험법 제45조가 정한 보험자의 부당이득금 징수권의 소멸시효기간은 민법 제162조 제1항에 따라 10년이라고 봄이 상당하고 구 의료보험법 제67조 제1항을 적용하여 2년이라거나 예산회계법 제96조 제1항을 적용하여 5년이라고 할 수 없다(대판 2006. 11. 9. 2004두7467).

(c) 구상권의 소멸시효기간

(ㄱ) 일반적인 경우 구상원은 원래의 채권과 무관하게 일반적으로 일반채권 10년의 소멸시효가 적용된다.

관련판례

물상보증은 채무자 아닌 사람이 채무자를 위하여 담보물권을 설정하는 행위이고 채무자를 대신해서 채무를 이행하는 사무의 처리를 위탁받는 것이 아니므로 물상보증인이 변제 등에 의하

여 채무자를 면책시키는 것은 위임사무의 처리가 아니고 법적 의미에서는 의무 없이 채무자를 위하여 사무를 관리한 것에 유사하다 따라서 물상보증인의 채무자에 대한 구상권은 그들 사이의 물상보증위탁계약의 법적 성질과 관계없이 민법에 의하여 인정된 별개의 독립된 권리이고 그 소멸시효에 있어서는 민법상 일반채권에 관한 규정이 적용된다(대판 2001. 4. 24. 2001다6237).

(ㄴ) 중복보험의 경우 보험회사간의 구상권은 상사채권 5년의 소멸시효기간이 적용된다.

관련판례

하나의 사고에 대해 여러개의 무보험자동차특약보험계약이 체결되고 그 보험금액의 총액이 피보험자가 입은 손해액을 초과하는 때에는 손해보험에 관한 상법 제672조 제1항이 준용되어 보험자는 각자의 보험금액의 한도에서 연대책임을 지고 이 경우 각 보험자 사이에서는 각자의 보험금액의 비율에 따른 보상책임을 진다고 할 것이다. 원고와 피고의 각 무보험자동차특약보험이 상법 제671조 제1항이 준용되는 중복보험에 해당함을 전제로 하여 원고가 피고에 대해 그 부담비율에 따른 구상권을 행사하는 경우 각각의 보험계약은 상행위에 속하는 점, 원고와 피고는 상인이므로 중복보험에 따른 구상관계는 가급적 신속하게 해결할 필요가 있다고 보여지는 점 등에 비추어 그 구상금 청구권은 상법 제64조가 적용되어 5년의 소멸시효에 걸리는 것으로 보아야 할 것이다(대판 2006. 11. 10. 2005다35516).

(ㄷ) 보험자 대위의 경우 보험자가 취득하는 채권의 소멸시효 기간과 그 기산점은 피보험자 등이 제3자에 대하여 가지는 채권자체를 기준으로 판단하여야 한다.

관련판례

보험자가 취득하는 구상권의 소멸시효의 기산점과 그 기간은 대위에 의하여 이전되는 권리 자체를 기준으로 판단하여야 하며 위와 같은 구상권은 그 소멸시효에 관하여 법률에 따로 정한 바가 없으므로 일반원칙으로 돌아가 일반채권과 같이 그 소멸시효는 10년으로 완성된다고 해석함이 상당하고 그 기산점은 구상권이 발생한 시점 즉 구상권자가 현실로 피해자에게 지급한 때라 할 것이다(대판 1994. 1. 11. 93다32958).

(ㄹ) 보험금청구권은 2년의 소멸시효가 적용된다(상법 제662조). 자동차손해배상보장법상의 책임보험에 의한 피해자의 직접청구권은 동법 제33조가 적용되어 소멸시효기간은 3년이 적용된다. 그러나 자동차종합보험의 경

우 피해자의 직접 청구권은 손해배상청구권의 성질을 갖는 것이므로 그 소멸시효는 불법행위 손해배상에 관한 제766조가 적용된다.

관련판례

자동차종합보험의 피보험자가 자동차의 사고로 인하여 손해배상책임을 지는 경우에 있어서 피해자가 상법 제724조 제2항에 의하여 보험자에 대하여 행사할 수 있는 손해배상청구권은 자동차손해배상보장법 제9조에 의하여 행사할 수 있는 손해배상청구권과 그 범위를 달리하므로 두 청구권은 별개의 청구라 할 것이어서 자동차 손해배상보장법 제9조에 적용되는 같은 법 제33조의 소멸시효의 규정이 상법 제724조 제2항에 의한 손해배상청구에 대하여 적용될 수는 없다(대판 2005. 10. 7. 2003다6774).

(ㅁ) 손해배상청구권의 소멸시효기간

① 불법행위로 인한 손해배상청구권은 손해 및 가해자를 안 날부터 3년, 불법행위를 한 날부터 10년의 소멸시효가 적용된다. 10년의 기간에 대해 일부학설은 제척기간으로 보나 판례는 소멸시효라고 한다(대판 1996. 12. 18. 94다22927).

② 채무불이행으로 인한 손해배상청구권은 원래의 채권과 동일성이 유지되므로 본래 채권의 소멸시효기간과 동일한 기간이 적용된다. 따라서 일반적인 경우 10년의 소멸시효가 적용된다.

관련판례

우수현상광고의 광고자로서 당선자에게 일정한 계약을 체결할 의무가 있는 자가 그 의무를 위반함으로서 계약의 종국적인 체결에 이르지 않게 되어 상대방이 그러한 계약체결의무의 채무불이행을 원인으로 하는 손해배상을 청구한 경우 그 손해배상청구권은 계약이 체결되었을 경우에 취득하게 될 계약상의 이행청구권과 실질적이고 경제적으로 밀접한 관계가 형성되어 있기 때문에 그 손해재상청구권의 소멸시효기간은 계약이 체결되었을 때 취득하게 될 이행청구권에 적용되는 소멸시효 기간에 따른다(대판 2005. 1. 14. 2002다57119).

(나) 채권의 단기소멸시효

(a) 3년의 소멸시효에 걸리는 채권(제163조)

(ㄱ) 이자·부양료·급료·사용료·기타 1년 이상의 기간을 정한 금전 또는 물건의 지급을 목적으로 하는 채권, 이는 1년 이내의 단위기간(예컨대 매

달 혹은 6개월마다)으로 정기적으로 지급하는 채권을 말한다. 그런데 1년보다 짧은 단위기간으로 하여 정기에 지급하는 것이어야 하며 1회의 급부로 종료하는 것은 제외한다.

관련판례

1년 이내의 기간으로 정한 금전 또는 물건의 지급을 목적으로 하는 채권이라 함은 1년 이내의 정기에 지급되는 채권을 의미하는 것이고 변제기가 1년 이내의 채권이라는 의미가 아니므로 일회의 변제로서 소멸되는 소비대차의 원리금채권은 이에 포함되지 않는다(대판 1992. 9. 8. 91누13670).

그러나 지연이자는 이자채권이 아니므로 3년의 소멸시효가 적용되는 것은 아니다 즉 민사채무의 지연이자는 10년, 상사채무의 지연이자는 5년의 소멸시효가 적용된다.

관련판례

지연손해금은 원금채무의 불이행에 따른 약정손해배상금이라 할 것이므로 이는 민법 제163조 제1호가 정하는 1년 이내의 기간으로 정한 채권이 아니라고 할 것이다(대판 1987. 10. 28. 87다카1409).

(ㄴ) 의사·조산원·간호사 및 약사의 치료·근로 및 조제에 관한 채권

(ㄷ) 도급받은 자, 기사 기타 공사의 설계 또는 감독에 종사하는 자의 공사에 관한 채권, 이에는 수급인의 도급인에 대한 도급계약상의 채권뿐 아니라 이에 부수한 채권도 포함한다.

관련판례

민법 제163조 제3호는 도급을 받은자의 공사에 관한 채권이라고 규정하여 도급받은 공사채권뿐만 아니라 그 공사에 부수되는 채권도 포함하고 있고 원래 도급은 도급계약의 거래관행상 위임적인 요소를 포함시키는 경우가 많음에 비추어 반드시 민법상의 계약유형의 하나인 도급계약만을 뜻하는 것이 아니고 광범위하게 공사의 완성을 맡은 것으로 볼 수 있는 경우까지도 포함되는 것이라고 할 것이므로 계약 중에 택지조성 공사이외에 부수적으로 토지 형질변경허가신청과 준공허가 및 환지예정지지정신청 등의 사무가 포함되어 있다고 하여 위 공사 완성후의 계약에 따른 보수청구가 도급받은 자의 공사에 관한 채권이 아니라고 할 수는 없다(대판 1987. 6. 23. 86다카2549).

(ㄹ) 변호사·변리사·공증인·보험계리인 및 법무사에 대한 직무상 보관한 서류의 반환을 청구하는 채권, 이들도 3년의 소멸시효가 적용되나 그 서류의 소유권이 의뢰인에게 속하여 소유권에 기한 반환을 청구하는 때에는 이 규정의 적용을 받지 않는다.

(ㅁ) 변호사·변리사·공증인·보험계리인 및 법무사의 직무에 관한 채권, 이에는 위임에 따른 보수채권이나 비용상환청구권 등이 해당한다.

(ㅂ) 생산자 및 상인이 판매한 생산물 및 상품의 대가, 영리를 목적으로 생산한 물건의 매매대금 등이 해당한다. 생산자나 상인이 소비자 뿐만 아니라 전매를 목적으로 하는 자에 대하여 판매한 산물 및 상품의 대가에 대하여도 적용된다.

(ㅅ) 수공업자 및 제조자의 업무에 관한 채권, 수공업자는 고용관계 없이 주문을 받아 일하는 자를 말하며, 제조자는 주문을 받아 물건에 가공을 하여 다른 물건을 만드는 자를 의미한다고 한다.

(b) 1년의 소멸시효에 걸리는 채권(제164조)

(ㄱ) 여관·음식점·오락장의 숙박료·음식료·대석료·입장료·소비물의 대가 및 체당금의 채권, 이들은 상인이 판매한 것이라도 3년이 아닌 1년의 소멸시효가 적용된다.

(ㄴ) 의복·장구·침구 기타 동산의 사용료의 채권

관련판례

영화필름 사용료채권은 속칭 세금(보증)이라는 용어를 사용하였다고 하여도 동산인 필름의 사용료채권으로서 본조 제2호 소정의 이른바 기타 동산의 사용료채권으로 볼 수 있다(대판 1967. 6. 27. 67다767).

동산의 사용료 채권은 지극히 단기간의 임대 등에 기초한 사용료에 국한한다고 본다.

관련판례

민법 제164조 제2호에서 말하는 기타 동산의 사용료의 채권이라 함은 의복, 침구, 장구의 사용료 채권과 같이 일상생활에서 빈번하게 생기는 극히 단기의 동산 임대차로 인한 임료채권과 같은 것을 말하는 것이고 본건과 같이 영업을 위하여 약 2개월에 걸친 중기의 임대차에 기한 사용료를 청구하는 채권은 이에 해당하지 아니한다(대판 1976. 9. 28. 76다1839).

(ㄷ) 노역인·연예인의 임금 및 그에 공급한 물건의 대금채권, 즉 사용자와 종속관계 없이 노동력을 제공하는 자의 임금채권은 1년이다. 그러나 노역인이나 연예인 이외의 급료채권은 3년의 소멸시효가 적용되며(제163조 제1호), 근로기준법에 의한 임금채권은 3년의 소멸시효가 적용된다.

(ㄹ) 학생 및 수업자의 교육·의식·유숙에 관한 교주·숙주·교사의 채권

(다) 확정판결이 있는 채권

(a) 의 의

단기의 소멸시효에 해당하는 채권의 경우도 판결이 있으면, 그 확정판결이 있는 날로부터 10년의 소멸시효에 걸린다(제165조 제1항).

(b) 적용범위

단기소멸시효가 적용되는 채권은 주로 일상생활에서 빈번히 발생된 것이어서 영수증 등의 입증자료가 없는 경우가 보통이므로 그 소멸시효기간을 짧게 한 것인데 그러한 채권에 관한 판결이 확정되면 입증곤란의 문제가 해결되기 때문에 단기소멸시효기간을 적용할 필요성이 더 이상 없게 되어 10년의 소멸시효를 적용하도록 한 것이다. 그러므로 이 규정은 본래의 채권의 소멸시효기간이 10년보다 짧은 경우에 한하여 적용된다.

관련판례

민법 제165조의 규정은 단기의 소멸시효에 걸리는 것이라도 확정판결을 받은 권리의 소멸시효는 10년으로 한다는 뜻일 뿐 10년보다 장기의 소멸시료를 10년으로 단축한다는 의미도 아니고 본래 소멸시효의 대상이 아닌 권리가 확정판결을 받음으로써 10년의 소멸시효에 걸린다는 뜻도 아니다(대판 1981. 3. 24. 80다1888).

(c) 판 결

이때의 판결은 이행판결이건 확인판결이건 묻지 않으나 기판력 있는 판결만을 의미한다. 나아가 판결과 동일한 효력이 있는 것도 이에 포함하므로 파산절차에 의해 확정된 채권, 재판상 화해, 조정, 인낙조서, 확정된 지급명령 등에 의한 채권도 10년의 소멸시효기간이 적용된다.

(d) 효 력

그 효력은 당해 판결 등의 당사자 사이에서만 미친다. 따라서 연대보증의 경우 주채무가 화정판결에 의해 10년의 소멸시효가 적용되는 경우 연대보증채무는 주채무에 대한 판결확정시 까지는 일단 시효중단이 되고 판결확정후 새로 소멸시효가 진행하게 되는데 이때 판결의 당사자 이외의 채권자와 연대보증인 사이에 있어서는 위 확정판결은 그 시효기간에 대하여는 아무런 영향도 없고 따라서 채권자의 연대보증인에 대한 연대보증채권의 소멸시효기간은 여전히 종전의 소멸시효기간에 따른다(대판 1986. 11. 25. 86다카1569).

(e) 예 외

판결확정 당시에 변제가가 도래하지 않은 채권은 이 조항이 적용되지 않는다(제165조 제3항). 왜냐하면 변제기가 도래하지 않은 채권은 아직 소멸시효가 진행하지도 않은 상태이므로 소멸시효기간을 연장할 필요가 없기 때문이다.

2) 채권이외의 재산권

(가) 20년의 소멸시효에 걸린다(제162조 제2항).

(나) 근로기준법의 적용을 받는 임금채권의 경우는 3년의 소멸시효에 걸린다(동법 제41조). 또한 퇴직금의 경우도 역시 3년의 소멸시효에 걸린다(판례).

4. 소멸시효의 중단과 정지

(1) 소멸시효의 중단

1) 의 의

소멸시효의 중단이란 소멸시효가 진행하는 도중에 권리의 불행사라는 소멸시효의 기초가 되는 사실을 깨뜨리는 특별한 사정이 발생한 경우에 소멸시효의 진행이 중단되는 제도를 말한다. 이의 목적은 소멸시효의 완성으로 불이익을 받게 될 진정한 권리자를 보호하려는 데 있다. 민법은 소멸시효에서 시효의 중단과 정지를 규정하면서, 시효의 중단에 관한 규정을 취득시효에도 준용한다는 명문의 규정을 두고 있다.

관련판례

① 시효제도는 일정 기간 계속된 사회질서를 유지하고 시간의 경과로 인하여 곤란해지는 증거보전으로부터의 구제를 꾀하며 자기 권리를 행사하지 않고 소위 권리 위에 잠자는 자는 법적 보호에서 이를 제외하기 위하여 규정된 제도라 할 것인바, 부동산에 관하여 인도, 등기 등의 어느 한쪽 만에 대하여서라도 권리를 행사하는 자는 전체적으로 보아 그 부동산에 관하여 권리 위에 잠자는 자라고 할 수 없다 할 것이므로, 매수인이 목적 부동산을 인도받아 계속 점유하는 경우에는 그 소유권이전등기청구권의 소멸시효가 진행하지 않는다.

② 부동산의 매수인이 그 부동산을 인도받은 이상 이를 사용 · 수익하다가 그 부동산에 대한 보다 적극적인 권리 행사의 일환으로 다른 사람에게 그 부동산을 처분하고 그 점유를 승계하여 준 경우에도 그 이전등기청구권의 행사 여부에 관하여 그가 그 부동산을 스스로 계속 사용 · 수익만 하고 있는 경우와 특별히 다를 바 없으므로 위 두 어느 경우에나 이전등기청구권의 소멸시효는 진행되지 않는다고 보아야 한다(대판 1999. 3. 18. 98다32175(전합)).

③ 시효중단사유는 중단으로 이익을 받을 당사자의 주장입증이 있는 때에 고려하는 것으로서 이에 관한 주장이 없는 경우에는 이에 대한 판단할 필요 없다(대판 1978. 4. 11. 76다2476).

2) 중단사유

(가) 청구(제168조)

청구의 유형으로는 재판상 청구, 파산절차참가, 지급명령신청, 화해를 위한 소환, 임의출석, 최고가 있다.

(a) 재판상 청구

(ㄱ) 의 의

재판상 청구는 원칙적으로 민사소송에 의한 권리주장을 의미한다. 이행의 소가 전형적인 시효중단사유이며, 확인의 소에 의해서도 시효중단이 된다. 그리고 형성의 소도 시효중단이 될 수 있으며 반소도 본소와 같이 시효중단의 효력이 있다.

재판상 청구에 의한 시료중단의 요건 또는 범위와 관련하여 이른 바 권리확정설(기판력이 발생하는 소송물에 국한하여 시효중단을 인정하자는 견해)과 권리행사설(주장을 하면 권리불행사의 상태가 깨어지므로 시효중단의 범위를 소송물에 국한할 필요가 없다는 견해)이 있는데 판례는 권리행사설을 따르고 있다. 즉 소멸시효의 중단은 소멸시효의 기초가 되는 권리의 불행사라는 사실상태와 맞지 않는 사실이 생긴 것을 이유로 소멸시효의 진행을 차단케 하는 것이라고 본다.

(ㄴ) 재판상 청구의 범위

① 행정소송이나 행정심판은 시효중단 사유로서의 재판상 청구에는 해당하지 않으나 행정소송도 사권을 행사하기 위한 수단이나 전제가 되는 경우에는 시효중단사유인 재판상 청구에 해당한다.

관련판례

일반적으로 위법한 행정처분의 취소, 변경을 구하는 행정소송은 사권을 행사하는 것으로 볼 수 없으므로 사권에 대한 시효중단사유가 되지 못한 것이나 다만 오납한 조세에 대한 부당이득반환청구권을 실현하기 위한 수단이 되는 과세처분의 취소 또는 무효확인을 구하는 소는 그 소송물이 객관적인 조세채무의 존부확인으로서 실질적으로 민사소송인 채무부존재확인의 소와 유사할 뿐 아니라 과세처분의 유효 여부는 그 과세처분으로 납부한 조세에 대한 환급청구권의 존부와 표리관계에 있어 실질적으로 동일 당사자인 조세부과권자와 납세의무자 사이의 양면적 법률관계라고 볼 수 있으므로 위와같은 경우에는 과세처분의 취소 또는 무효확인청구의 소가 비록 행정소송이라고 할지라도 조세환급을 구하는 부당이득반환청구권의 소멸시효중단사유인 재판상 청구에 해당한다고 볼 수 있다(대판 1992. 3. 31. 91다32053).

② 형사소송도 시효중단사유로서의 재판상청구에는 해당하지 않으며 다만 배상명령을 신청한 때에는 시효중단사유가 된다.

관련판례

형사소송은 피고인에 대한 국가 형벌권의 행사를 그 목적으로 하는 것이므로 피해자가 형사소송에서 소송촉진 등에 관한 특례법에서 정한 배상명령을 신청한 경우를 제외하고는 단지 피해자가 가해자를 상대로 고소하거나 그 소소에 기하여 형사재판이 개시되어도 이를 가지고 소멸시효의 중단사유인 재판상의 청구로 볼 수는 없다(대판 1999. 3. 12. 98다18124).

③ 응소와 시효중단 : 의무자가 소를 제기한 데 대해 권리자가 피고로서 응소를 하는 것이 시효중단사유가 되는가가 문제되는데 응소에 의한 시효중단의 효력을 인정하기 위해서는 적극적으로 응소행위를 해야하고, 변론에서 시효중단의 취지가 포함된 내용의 주장이 있어야 하며, 그러한 주장이 받아들여져야 한다(대판 1993. 12. 21. 92다47861).

관련판례

시효를 주장하는 자가 원고가 되어 소를 제기한 경우에 있어서 피고가 응소행위를 하였다고 하여 바로 시효중단의 효과가 발생하는 것은 아니고 변론주의 원칙상 시효중단의 효과를 원하는 피고로서는 당해 소송 또는 다른 소송에서의 응소행위로서 시효가 중단되었다고 주장하지 않으면 아니되고 피고가 변론에서 시효중단의 주장 또는 이러한 취지가 포함되었다고 볼 만한 주장을 하지 아니하는 한 피고의 응소행위가 있어다는 사정만으로 당연히 시효중단의 효력이 발생한다고 할 수는 없는 것이나, 응소행위로 인한 시효중단의 주장은 취득시효가 완성된 후라도 사실심 변론종결 전에는 언제든지 할 수 있다(대판 2003. 6. 13. 2003다17927).

(ㄷ) 시효중단의 범위

① 어음, 수표채권과 원인채권 : 원인채권의 지급을 확보하기 위한 방법으로 어음, 수표가 수수된 경우 어음 또는 수표금채권과 원인채권은 별개이지만 원인채권을 행사하여 원인채권이 시효중단이 되더라도 어음, 수표금 채권이 함께 시효중단이 되는 것은 아니나 반대로 어음, 수표채권을 행사하면 원인채권의 소멸시효도 중단시키는 효력이 있다.

관련판례

원인채권의 지급을 확보하기 위하여 어음이 수수된 당사자 사이에서 채권자가 어음채권을 피보전권리로 하여 채무자의 재산을 가압류함으로써 그 권리를 행사한 경우에는 그 원인채권의 소멸시효를 중단시키는 효력을 인정하고 있는데 원래 위 두 채권이 독립된 것임에도 불구하고 이와 같은 효력을 인정하는 이유는 이러한 어음은 경제적으로 동일한 급부를 위하여 원인채권의 지급수단으로 수수된 것으로서 그 어음채권의 행사는 원인채권을 실현하기 위한 것이고 어음수수 당사자 사이에서 원인채권의 시효소멸은 어음금 청구에 대하여 어음금 채무자가 대항할 수 있는 인적항변 사유에 해당하므로 채권자가 어음채권의 소멸시효를 중단하여 두어도 원인채권의 시효소멸로 인한 인적항변에 따라 그 권리를 실현할 수 없게 되는 불합리한 결과가 발생하게 되기 때문이다(대판 2007. 9. 20. 2006다68902).

② 저당권과 피담보채권 : 저당권이 존속하는 동안에도 저당권의 피담보채권이 시효중단되는 것은 아니다. 반면에 저당권을 설정해 주기로 약정한 경우 저당권설정청구권을 행사하면 피담보채권도 시효중단된다는 것이 판례이다.

관련판례

근저당권설정 약정에 의한 근저당권설정등기청구권은 그 피담보채권이 될 채권과 별개로 소멸시효에 걸린다. 원고의 근저당권설정등기청구권의 행사는 그 피담보채권이 될 금전채권의 실현을 목적으로 하는 것으로서 근저당권설정등기청구의 소에는 그 피담보채권이 될 채권의 존재에 관한 주장이 당연히 포함되어 있는 것이고 피고로서도 원고가 원심에 이르러 금전지급을 구하는 청구를 추가하기 전부터 피담보채권이 될 금전채권의 소멸을 항변으로 주장하여 그 채권의 존부에 관한 실질적 심리가 이루어져 그 존부가 확인된 이상 그 피담보채권이 될 채권으로 주장되고 심리된 채권에 관하여는 근저당권설정등기청구의 소의 제기에 의하여 피담보채권이 될 채권에 관한 권리의 행사가 있은 것으로 볼수 있으므로 근저당권설정등기청구의 소의 제기에 의하여 그 피담보채권의 재판상의 청구에 준하는 것으로서 피담보채권에 대한 소멸시효 중단의 효력을 생기게 한다고 봄이 상당하다(대판 2004. 2. 13. 2002다7213).

③ 일부청구 : 명시적 일부청구인 경우에는 일부에만 시효중단의 효력이 미치나, 청구의 대상으로 삼은 채권 중 일부만을 청구한 경우에도 그 취지로 보아 채권 전부에 관하여 판결을 구하는 것으로 해석되는 경우에는 그 동일성의 범위 내에서 그 전부에 관하여 시효중단의 효력이 발생하며 이러한 법리는 특정 불법행위로 인한 손해배상채권에 대한 지연손해금의 경우에도 마찬가지로 적용된다(대판 2001. 9. 28. 99다72521).

(ㄹ) 시효중단의 효과

① 시효중단의 효력발생시기 : 소의 종류를 불문하고 소를 제기한 때부터 소멸시효는 중단된다. 재판상의 청구는 소를 제기하는 것을 말하는데, 시효중단의 효력은 소를 제기한 때이다.

② 소의 각하, 기각, 취하 : 한편, 재판상의 청구가 있더라도 소의 각하·기각·소의취하가 있으면 시효중단의 효력은 없다. 그러나 소의 각하·기각·소의취하가 있더라도 6개월 내에 다시 재판상의 청구·파산 절차참가·압류 또는 가압류·가처분을 한 때에는 시효는 최초의 재판상의 청구로 중단된 것으로 본다.

(b) 파산절차 참가(제171조)

채권자가 배당참가를 위한 채권의 신고시에 시효중단의 효력이 발생하지만, 그 신고를 취소하거나 청구가 각하된 경우는 그 중단의 효력이 소멸된다.

파산선고의 신청·강제집행절차에서의 배당청구·화의절차의 참가 등의 경우도 명문의 규정은 없지만 시효중단의 효력이 있다고 보아야 한다. 파산절차가 종료된 후부터 소멸시효는 새롭게 다시 진행된다(제178조 제2항). 그리고 이때 그 채권의 본래의 소멸시효가 10년보다 단기인 경우에는 10년의 소멸시효가 적용된다(제165조 제2항).

(c) 지급명령 신청(제172조)

채권자가 지급명령의 신청서를 관할법원에 제출하는 때에 시효중단의 효력이 발생한다. 그러나 지급명령이 채무자에게 송달되지 않거나 신청이 각하되면 시효중단의 효력이 발생하지 않는다고 해석한다. 지급명령이 확정되면 이는 확정판결과 동일한 효력이 있으므로 시효기간이 10년으로 연장된다.

(d) 화해를 위한 소환(제173조)

채권자가 법원에 화해를 신청하거나 조정신청을 하는 경우 그때부터 시효가 중단된다.

이러한 신청에 기하여 법원이 상대방을 소환하였지만, 상대방이 출석하지 않거나 출석하여도 화해가 성립되지 않은 때에는 화해신청인이 화해불성립조서의 등본을 송달받은 날로부터 1월 이내 소를 제기하지 않으면 시효중단의 효력이 상실된다.

(e) 임의출석(제173조)

소장의 제출 없이 당사자 쌍방이 법원에 임의출석하여 구두변론을 행한 경우에도 시효중단의 효력이 있다.

시효중단의 효력은 임의출석하였으나, 화해가 성립되지 않은 경우는 그 때부터 1월내에 소를 제기하지 아니하면 상실된다.

(f) 최고(제174조)

최고라고 하면 보통 채무자에 대하여 이행을 청구하는 채권자의 의사의 통지를 말한다. 따라서 채권자의 최고통지가 상대방에 도달한 때부터 시효중단의 효력이 발생한다.

그러나 이러한 최고 후 6월 이내에 재판의 청구·파산절차의 참가·지급명령의 신청·화해를 위한 소환·임의출석 또는 압류·가압류·가처분 등의 절차를 행하지 않으면 시효중단의 효력이 상실된다.

여러 번 최고를 한 경우에는 6월내에 후속조치를 취한 최고만이 확정적 시효중단의 효과를 발생시킨다.

관련판례

최고를 여러 번 거듭하다 재판상 청구 등을 한 경우에 시효중단의 효력은 항상 최초의 최고시에 발생하는 것이 아니라 재판상 청구 등을 한 시점을 기준으로 하여 이로부터 소급하여 6월 이내에 한 최고시에 발생한다(대판 1983. 7. 12. 83다카437).

(나) 압류 · 가압류 · 가처분(제168조)

(a) 의 의

압류는 확정판결 기타 채무명의 등에 기하여 행하는 강제집행이며, 가압류·가처분은 강제집행을 보전하기 위한 수단이다. 그 가운데 가압류는 장래의 금전채권 또는 금전으로 환산할 수 있는 채권의 보전을 위하여 집행

권원을 얻기 전에 미리 집행대상 재산을 압류하여 두는 것을 의미하고, 가처분은 청구권의 대상인 목적물의 현상을 유지하게 하거나 다툼이 있는 권리관계에 대하여 임시의 지위를 정하여 주는 것을 말한다.

(b) 시효중단의 시기

(ㄱ) 집행행위시설

권리자가 집행 목적물에 강제집행을 실시하였을 때 시효중단의 효력이 발생한다는 설로 소수설의 입장이다.

(ㄴ) 신청시설

시효중단의 효력은 권리자가 강제집행의 신청을 하였을 때 발생한다는 설로 다수설의 입장이다.

(ㄷ) 효력상실

권리자의 청구에 의하거나 법률의 규정에 따르지 못하여 강제집행의 절차가 취소된 경우는 그 시효중단의 효력이 상실된다. 그러나 압류할 물건이 없어서 집행불능으로 된 경우는 시효중단의 효력이 유지된다.

(ㄹ) 제 한

이와 같은 압류·가압류·가처분 등의 집행행위는 시효의 이익을 받을 자에 대하여 하지 않은 경우, 이를 그 자에게 통지한 후가 아니면 시효중단의 효력이 없다(제176조).

(다) 채무승인(제168조)

(a) 의 의

시효의 이익을 받을 자가 권리자에 대하여 명시적·묵시적으로 그 권리를 승인하면 시효의 진행이 중단된다.

(b) 성 질

시효중단사유로서의 승인은 권리가 존재함을 인식하고 있다는 사실을 상대방에게 알리는 것이므로 그 성질은 관념의 통지이다. 처분권이 없는 자라도 관리권만 있으면 가능하다.

(c) 요 건

(ㄱ) 승인의 당사자

시효이익을 받을 자 또는 그 대리인이 할 수 있다 그런데 승인의 의사를 표시할 수 있는 자는 당해 권리에 대한 처분권한까지 있어야 하는 것이 아니므로, 단순히 권리능력만 있어도 승인을 할 수 있다고 보아야 한다(제177조).

(ㄴ) 승인의 상대방

권리자나 그 대리인에게 한다.

(ㄷ) 승인의 시기

시효중단사유로서의 승인은 소멸시효의 완성 전에 행하여야 한다. 또한 시효가 진행되기 전에 미리 하는 사전승인은 허용되지 않는다.

관련판례

소멸시효 중단사유로서의 승인은 시효이익을 받을 당사자인 채무자가 그 권리의 존재를 인식하고 있다는 뜻을 표시함으로써 성립하는 것이므로 이는 소멸시효의 진행이 개시된 이후에만 가능하고 그 이전에 승인을 하더라도 시효가 중단되지는 않는다고 할 것이고 또한 현존하지 아니하는 장래의 채권을 미리 승인하는 것은 채무자가 그 권리의 존재를 인식하고서 한 것이라고 볼 수 없어 허용되지 않는다고 할 것이다(대판 2001. 11. 9. 2001다52568).

(d) 승인의 효력

① 승인에 의해 시효중단의 효력이 발생하는 시점은 승인이 상대방에게 도달한 때이다. ② 일부변제의 경우 원칙적으로 전부에 대한 승인이 된다.

3) 중단의 효과

(가) 소멸시효가 중단되면 이미 경과한 시효기간은 모두 무효로 되고, 그 중단사유가 종료한 때부터 새로 소멸시효 기간이 진행한다(제178조 제1항).

(나) 소멸시효 중단의 효과는 당사자 및 그 승계인에게만 미치는 상대적 효력을 발생할 뿐이므로, 제3자에게는 영향을 미치지 않는다(제169조). 다만, 지역권·연대채무·보증채무 등의 경우는 그 성질상 시효중단의 효력이 당사자 이외의 자에게도 미친다.

(다) 소멸시효 중단사유의 종료 후 시효진행

(a) 원 칙

시효중단 사유의 종료 후 새로이 당해 권리에 대한 소멸시효가 진행한다(제178조 제1항).

(b) 재판상 청구에 의한 중단

판결이 확정된 날로부터 새로 시효기간이 진행한다(제178조 제2항).

(c) 압류·가압류·가처분에 의한 중단

당해 절차가 종료한 후부터 새로 소멸시효기간이 진행한다.

(d) 승인에 의한 중단

그 승인의 통지가 상대방에게 도달한 때부터 새로 소멸시효기간이 진행하게 된다.

(2) 소멸시효의 정지

1) 의 의

(가) 소멸시효의 정지란 시효기간이 거의 만료할 무렵 권리자가 시효의 완성을 중단시키려는 행위를 함에 상당히 곤란한 사정이 있어 시효중단 행위를 못하는 경우, 일시적으로 시효기간의 진행을 유예하기 위한 제도를 말한다.

이의 목적은 소멸시효의 완성으로 불이익을 받게 될 진정한 권리자를 보호하려는데 있으므로, 소멸시효의 중단과 동일한 취지에서 인정되고 있다.

(나) 민법은 소멸시효에서 시효의 중단과 정지를 규정하면서, 시효의 중단에 관한 규정을 취득시효에도 준용한다는 명문의 규정을 두고 있는 반면, 시효의 정지에 관하여는 준용한다는 규정을 두고 있지 않아 문제되고 있으나 학설은 이 역시 취득시효에 준용된다는데 일치 하고 있다.

2) 정지사유

(가) 제한능력자를 위한 정지(제179·제180조 제1항)

소멸시효의 만료 6월내에 제한능력자에게 법정대리인이 없는 경우는 그가 능력자로 되거나 법정대리인이 새로 취임한 때로부터 6월내에는 소멸시효가 완성되지 않는다.

제한능력자의 재산을 관리하는 법정대리인에 대한 제한능력자의 권리는 그가 능력자로 되거나 새로운 법정대리인이 취임한 때로부터 6월내에 시효가 완성하지 않는다.

(나) 혼인관계의 종료에 따른 정지(제180조 제2항)

부부의 일방이 상대방에 대하여 갖는 권리는 혼인관계가 종료된 때로부터 6월내에는 시효가 완성되지 않는다.

(다) 상속재산을 위한 정지(제181조)

상속재산에 속하는 권리나 상속재산에 대한 권리는 상속인의 확정·관리인의 선임·파산선고가 있는 때로부터 6월 이내에 시효가 완성하지 않는다.

(라) 천재 기타 사변에 의한 정지(제182조)

천재 기타 사변에 의하여 시효중단을 위한 절차를 진행할 수 없는 경우는, 그 사유가 종료한 때로부터 1월 이내에 시효가 완성되지 않는다.

3) 정지의 효과

소멸시효의 정지에 따른 효과는 소멸시효의 중단과 달리 그 정지사유가 발생하여도 이미 경과한 시효기간까지 모두 무효로 되는 것이 아니라, 그 법정의 기간 동안 시효의 진행을 정지시키는데 불과하다.

따라서 그 정지기간이 경과함에도 소멸시효를 중단시키는 행위를 하지 않으면 소멸시효는 완성되므로, 당해 권리는 소급하여 소멸하게 된다.

- 시효중단과 시효정지 -

(1) 공 통 점

소멸시효의 중단과 정지는 소멸시효의 완성을 저지하는 제도라는 점에서 공통점이 있다.

(2) 차 이 점

1) 요 건

① 시효중단은 시효진행 중 언제라도 중단할 수 있다.

② 시효정지는 시효기간의 만료직전에 한하여만 된다.

2) 효 과

① 시효중단은 중단을 분기점으로 종전의 기간을 산입하지 않고 중단 이후에 다시 시효를 기산한다.

② 시효정지는 시효의 진행을 일시적으로 법률이 정하는 기간 동안 정지됨으로 인하여 시효완성을 저지하고 권리자에게 이행청구를 위한 시간을 연장하는 제도이다.

5. 소멸시효의 효력

(1) 시효완성의 효력

1) 민법의 규정

민법은 제162조·제163조·제164조 등에서 모두 "소멸시효가 완성한다"라고만 규정할 뿐 그 완성한다는 의미에 관하여는 아무런 설명이 없어 전적으로 해석에 의존하는 실정이다.

소멸시효완성의 효과는 기산일까지 소급하여 당해 권리의 소멸이라는 효과를 발생시킨다. 따라서 원본채권이 시효로 소멸하면 변제기가 도래한 이자채권 자체의 소멸시효가 완성되지 않았더라도 함께 소멸하며 따라서 채권의 소멸시효가 완성된 때에는 채무자는 기산일부터의 이자도 지급할 필요가 없다. 다만 시효로 소멸하는 채권이 그 소멸시효가 완성되기 전에 상계할 수 있었던 것이라면 채권자는 상계할 수 있다. 소멸시효가 완성되기 전에 상계할 수 있었어야 하므로 채권자의 채권이 시효소멸하기 전에 채무가 발생하여 있었어야 하며, 시효소멸 후에 부담한 채무로는 상계할 수 없다.

2) 절대적 소멸설

(가) 완성의 효과

소멸효과가 완성된 권리는 당사자의 주장여부에 관계없이 그 기산일에 소급하여 절대적으로 소멸한다고 한다.

한편 소송에 있어서 시효의 이익을 주장하여야 하는 것은 소송구조상 변론주의가 적용되는 결과일 뿐, 실체법상 시효완성의 효과는 시효원용에 관계없이 시효기간의 만료로 당연히 발생한다고 한다.

(나) 주장근거

현행 민법은 구민법과 달리 시효원용에 관한 규정을 삭제한 것은 시효기간이 만료하면 당연히 기산일에 소급하여 권리가 소멸한다는 것을 뜻하는 것이다.

또한 민법 부칙 제8조 제1항이 "…본법에 의하여 소멸한 것으로 본다"라고 규정한 것은 권리가 절대적으로 소멸하는 것을 의미하는 것이다.

취득시효에 관한 제245조·제246조의 규정에서도 시효기간이 만료되면 소유권을 취득한다고 규정하는 것에 비추어 소멸시효의 경우도 시효기간이 만료되면 권리가 소멸된다는 것이 타당하다.

관련판례

소멸시효가 완성되면 당사자의 원용이 없어도 시효완성의 사실로서 채무는 당연히 소멸하는 것이며 소멸시효가 완성된 채권에 기한 가압류를 하면 그 채권자에게 과실이 없었다고는 할 수 없으므로 이는 불법행위가 된다(대판 1966. 1. 31. 65다2445). ※ 판례는 기본적으로 절대적 소멸설을 따르는 듯 하다.

3) 상대적 소멸설

(가) 완성의 효과

소멸시효가 완성된 권리는 당연히 소멸되는 것이 아니라, 당사자가 시효의 이익을 받겠다는 시효원용을 하여야 비로소 기산일에 소급하여 권리가 소멸된다고 한다.

(나) 주장근거

① 시효기간의 만료로 당연히 권리가 소멸하는 것으로 하면, 시효의 이익을 받을 자의 진정한 의사를 존중할 수 없으므로 부당하다고 한다.
② 또한 소멸시효제도는 연혁적으로 소권의 소멸에서 유래하는 것이므로, 단순히 기간의 만료만으로 진정한 권리를 절대적으로 소멸시키는 것은 부당하다고 한다.
③ 절대적 소멸설에 의하면 시효의 이익을 받을 자가 부당한 관계를 사용하여 시효를 완성시킨 경우에도 시효의 이익을 받게 되므로 부당하다.
④ 민법 제369조·제766조의 "…시효로 인하여 소멸한다"라는 것은 단순한 용어의 불일치에 불과하다.
⑤ 특히 소멸시효 이익의 포기는 시효원용권의 포기에 해당하는 것이나, 절대적 소멸설에 의하면 이를 설명할 수 없다.
⑥ 시효기간이 만료한 후에 시효의 이익을 받을 자가 변제한 경우 시효원용권의 포기이므로 당해 권리에 대한 유효한 변제이나, 절대적 소멸설에 의하면 이미 소멸한 권리에 대한 변제이므로 그의 반환을 청구할 수 있게 되어 부당하다.
⑦ 등기된 재산권의 경우 등기가 존재함에도 불구하고 단순히 일정기간만의 경과로 등기된 재산권이 소멸한다고 하는 것은 부당하다.

4) 소멸시효 완료 후의 변제

(가) 시효완료를 알고 변제한 경우

(a) 절대적 소멸설의 입장

당해 권리는 시효의 만료로 인하여 이미 소멸하였으므로, 그에 대한 변제는 유효한 변제로 될 수 없으나 그의 반환 청구를 인정하는 것도 부당하므로 민법 제742조에 따른 악의의 비채변제에 해당하는 것으로 보아 그의 반환청구를 할 수 없다고 한다.

(b) 상대적 소멸설의 입장

시효의 이익을 받을 자가 시효기간의 만료 후 시효원용을 하여야 권리가 소멸하므로, 그러한 시효의 원용 없이 변제하였다면 아직 소멸하지 않은 권리에 대한 유효한 변제로 되며 아무런 문제가 없다고 한다.

(나) 시효완료를 알지 못하고 변제한 경우

(a) 절대적 소멸설의 입장

당해 권리는 시효의 만료로 인하여 이미 소멸하였으므로, 그에 대한 변제는 유효한 변제로 될 수 없으나 그의 반환 청구를 인정하는 것도 부당하므로, 민법 제744조의 도의관념에 적합한 비채변제로 보아 그의 반환청구를 할 수 없다고 한다.

(b) 상대적 소멸설의 입장

시효의 이익을 받을 자가 시효기간의 만료 후 시효원용을 하여야 권리가 소멸하므로, 그러한 시효의 원용 없이 변제하였다면 아직 소멸하지 않은 권리에 대한 유효한 변제로 되며 아무런 문제가 없다고 한다.

(2) 시효이익의 포기

1) 의　의

시효이익의 포기란 소멸시효의 완성으로 이익을 받을 자가 스스로 시효의 완성에 따른 이익을 받지 않겠다고 하는 것을 말한다. 이는 시효의 이익자가 상대방에 대한 의사표시로 하므로 상대방 있는 단독행위에 속한다.

2) 성　질

(가) 절대적 소멸설의 입장

소멸시효의 효과에 대하여 시효기간이 완성되면 당해 권리는 시효원용에 관계없이 당연히 소멸한다는 입장에서는, 시효의 이익자가 시효이익을 포기하는 것은 단순히 소멸시효의 완성에 따른 이익을 받지 않겠다는 의사표시라고 할 뿐 성질을 정확하게 제시하지 못하고 있다.

(나) 상대적 소멸설의 입장

소멸시효 기간이 만료하여도 시효의 이익자가 시효완성을 주장하여야 비로소 당해 권리가 소멸한다고 하는 입장에서는 시효이익의 포기는 이미 발생한 시효원용권의 포기라고 한다.

3) 내 용

소멸시효의 이익은 소멸시효 완성 전에는 미리 포기하지 못한다, 다만 시효이익의 사전포기가 시효진행 중에 행해진 경우 이는 시효중단사유인 승인이 될 수는 있다.

소멸시효 기간이 만료한 후에 언제든지 포기할 수 있으며, 그 행사는 상대방에 대한 의사표시로 한다.

시효의 이익을 포기하는 자는 그에 대한 처분권한 또는 처분능력이 있어야 한다. 시효이익의 포기는 다른 사람에게 영향을 미치지 않으므로 당사자 사이에서만 상대적으로 발생한다.

4) 포기의 제한

소멸시효에 관한 규정은 강행규정에 속하므로 시효의 이익자는 시효의 완성 전에 미리 시효의 이익을 포기할 수 없다(제184조 제1항). 따라서 시효의 이익을 받지 않겠다는 특약은 무효로 된다.

그러나 시효기간을 단축하거나 그 요건을 경감하는 특약은 소멸시효제도를 인정하고 있는 취지에 반하지 않으므로 유효하다(제184조 제2항).

(3) 종된 권리의 소멸

1) 의 의

주된 권리가 시효로 소멸하면 종된 권리도 함께 소멸한다. 예컨대 원본채권이 시효로 소멸하면 이자채권은 그 자체의 소멸시효가 완성되지 않았더라도 함께 소멸하며 또한 원본채무의 불이행에 따른 지연배상채무가 발생한 때에 원본이 시효소멸하면 지연배상채무도 함께 소멸한다.

2) 범 위

소멸하는 종된 권리의 범위는 시효로 소멸한 주된 권리부분으로부터 발생한 종된 권리부분에 한정된다.

(4) 소멸시효의 강행규정성

1) 의 의

법률행위에 의하여 소멸시효를 배제, 연장 또는 가중하는 것은 허용되지 않는다. 그러므로 소멸시효를 부정하거나 소멸시효기간을 연장하는 것 또는 법정시효중단사유 이외의 사유를 시효중단사유로 인정하는 것 등은 허용되지 않는다. 이와달리 법률행위에 의하여 소멸시료를 단축 또는 경감하는 것은 허용된다. 따라서 시효기간을 단축하는 것, 시효의 기산점을 앞당기는 것 또는 법정시효중단사유의 일부만을 인정하는 것 등은 유효하다.

관련판례

특정한 채무의 이행을 청구할 수 있는 기간을 제한하고 그 기간을 도과할 경우 채무가 소멸하도록 하는 약정은 민법 또는 상법에 의한 소멸시효 기간을 단축하는 약정으로서 특별한 사정이 없는 한 민법 제184조 제2항에 의하여 유효하다(대판 2006. 4. 14. 2004다70253).

2) 범 위

기간단축의 특약을 한 때에는 이 특약은 파산의 경우에도 마찬가지로 유효하다(대판 2006. 4. 28. 2004다70260).

(5) 소멸시효와 신의칙

시효완성전에 채권자의 권리행사나 시효중단을 불가능 또는 현저히 곤란하게 하거나 그러한 조치가 불필요하다고 믿게 하는 행동을 하였거나 객관적으로 채권자가 권리를 행사할 수 없는 장애사유가 있었거나 또는 일단 사효완성 후에 채무자가 시효를 원용하지 아니할 것 같은 태도를 보여 채권자로 하여금 그와 같이 신뢰하게 하였거나 채권자 보호의 필요성이 크고 같은 조건의 다른 채권자가 채무의 변제를 수령하는 등의 사정이 있어 채무이행의 거절을 인정함이 현저히 부당하거나 불공평하게 되는 등의 특별한 사정이 있는 경우에는 채무자가 소멸시효의 완성을 주장하는 것이 신의성실의 원칙에 반하여 권리남용으로서 허용될 수 없다(대판 1999. 12. 7. 98다42929).

판례색인

사항색인

(ㅁ)

(ㅂ)

(ㅅ)

(ㅇ)

(ㅊ)

(ㅌ)

(ㅍ)

(ㅎ)

【 저 자 약 력 】

법학박사 백 성 기

▣ 주요약력

* 중앙대학교 대학원 법학과 졸업(법학박사)
* 중앙대학교 행정대학원 졸업(행정학석사)
* 동국대학교 언론정보대학원 졸업(언론학석사)
* 중앙대학교 행정대학원 겸임교수
  (가족관계법·현대사회와 법)
* 중앙대학교 제2캠퍼스 외래교수
  (민법총칙·기업법)
* 중앙대학교 산업교육원 강사(민법)
* 세명대학교, 우송정보대학 강사
  (가족법·민사소송법·생활과 법률)
* 법원공무원 경력
  (대구지방법원·서울중앙지방법원·대법원 각 근무)
* 서울가정법원 가사 조정위원
* 저축은행중앙회 연수원강사
  (고객관리를 위한 법률·행원연수)
* 지식경제부공무원교육원 강사
* 중앙법률사무교육원 교수(가사소송법)
* 기상청 5급공무원 특채시험위원
* 서울중앙지방검찰청 형사조정위원
* 중앙대학교 행정대학원 객원교수

▣ 저서 및 논문

* 이혼에 따른 재산분할제도에 관한 연구
* 채무의 면책을 위한 가장이혼
* 가족법에 의한 양육권, 면접교섭권
* 부부간 갈등과 커뮤니케이션에 관한 연구
* 친권자 변경에 관한 고찰
* 혼인방해와 민사책임
* 현대사회와 법
* 가사소송실무
* 법과생활
* 민법총칙
* 회사법개설
* 가사소송법
* 친족상속법

▣ 연 락 처

H.P : 010-5204-5612

TEL : (02)599-9301(연구실)

E-mail : baiksk2010@hanmail.net

[제5판] 민법총칙

저 자	백 성 기	2008년 2월 20일 초 판 발행
발행인	양 진 수	2011년 2월 18일 제3판 발행
발행처	진 원 사	2013년 9월 12일 제4판 발행
		2018년 1월 23일 제5판 인쇄
		2018년 1월 31일 제5판 발행

서울시 서초구 법원로 2길 17-6 (서초3동, 형덕빌딩 1층)
전화 : 02) 916-1850 / 팩스 : 02) 916-3442
신고번호 제321-2512007002호
http://www.jinwonsa.co.kr
http://www.lawbookstore.co.kr
e-mail : hhansin@hanmail.net

저자와의 협의하에 인지생략

ISBN : 978-89-6346-519-7 93360 **정가 30,000 원**